세법총론

장 기 용 저

도서출판 두남

머리말

'요람에서 무덤까지(from the cradle to the grave)',
오늘을 살고 있는 현대인이라면 누구나 태어나서 죽음에 이를 때까지 직·간접적으로 세금과 관련을 맺고 있다고 할 수 있다.
그렇기에 세금은 오늘날의 현대인들이 알아두어야 할 기본상식이 되고 있다. 납세의무자로서 본인의 세금부담이 정당한 것인지를 이해하려고 하는 것은 당연한 것이다. 그러나, 저자를 포함한 세무전문가들 조차도 세법의 내용이 워낙 방대하고 복잡하여 세법관련 서적이나 편람, 국세청의 유권해석, 대법원 판례 등을 모두 살펴보아야 실수의 가능성을 줄일 수 있을 정도이다. 물론 정부에서는 2016년까지 2단계에 걸쳐 조세법령을 알기 쉽게 새로이 정비하는 작업을 추진 중이지만, 세법에 대해 무지한 일반인이 세금의 내용을 제대로 이해한다는 것은 결코 쉽지 않은 일이다.

본서는 세금에 대한 기본적인 지식습득을 원하는 일반인과 공인회계사나 세무사, 세무직공무원 등 세무전문가로서의 길을 가고자 하는 수험생들이 개별세법의 학습에 앞서 알아두어야 할 기본적인 조세 용어, 세금 부과 및 징수의 논리와 그 절차, 그리고 조세범칙행위 자에 대한 처벌 등 개별세법에 기본적이고도 공통적으로 적용되는 국세기본법과 국세징수법, 그리고 조세범처벌법의 내용을 다루고 있다. 개별세법을 본격적으로 학습하기에 앞서 기본적으로 알아두어야 할 기초적인 내용을 학습하게 되는 것이다. 이러한 점을 고려하여 본서는 다음과 같은 점에 중점을 두어 집필하였다.

첫째, 본서는 세금을 알고자 하는 일반인을 위해 가급적 법령을 알기 쉽게 풀어 쓰고 보충설명이 필요한 부분은 참고사항을 두어 이해를 돕도록 하였다.

둘째, 폭 넓고 깊이 있는 지식습득이 요구되는 수험생들을 위해 기본통칙의 내용 중에서 중요한 사항은 본문과 연습문제에 그 내용을 충실히 반영하였으며, 필요한 경우 법령의 제정 취지(입법목적), 법령과 관련한 유권해석(대법원 판례 포함) 등을 소개하고 법리적인 모순이 있는 법령에 대해서는 그 문제점을 지적하였다.

셋째, 본서에 수록된 주·객관식 연습문제는 해당 단원의 내용을 충분히 이해할 수 있도록 쉬운 문제에서부터 난이도가 있는 문제까지 망라하였다. 해당 단원의 내용을 충실히 이해하고 수록된 주·객관식 연습문제를 꼼꼼하게 풀어나간다면 공인회계사나 세무사시험 또는 세무직 공무원시험의 실전대비에 만전을 기할 수 있을 것으로 기대된다.

넷째, 독자들의 이해를 돕기 위해 실무에서 많이 사용되고 있는 시행규칙상의 중요한 서식을 각 단원에 첨부하였다.

본서의 내용을 알차고 충실하게 만들려고 노력하였으나, 저자의 능력이 미진하여 독자들의 기대에 미칠 수 있을 지 두려움과 걱정이 앞선다. 독자 여러분의 충심어린 질정을 바라마지 않는다.

끝으로, 본서가 세금을 알고자 하는 일반인과 수험생들에게 조그마한 도움이라도 될 수 있기를 기대하며, 본서의 출간을 흔쾌히 허락하여 주신 도서출판 두남의 전두표 사장님과 이승구 상무님, 편집 및 원고정리를 위해 애써 주신 직원여러분, 그리고 기출문제 정리에 남다른 수고를 아끼지 않은 박혜연 학생에게 깊은 감사를 드린다. 아울러 사랑하는 어머님과 아무런 불평 없이 묵묵히 내조해 준 사랑하는 아내, 그리고 자상한 아빠로서 대해주지 못해 늘 미안한 두 딸 소영이와 유정이에게도 고마움을 전한다.

2012년 4월

협성대학교 연구실에서

저자 씀

일러두기

■ 약어표

- 국기법 ········ 국세기본법
- 국기령 ········ 국세기본법 시행령
- 국기칙 ········ 국세기본법 시행규칙
- 국기통 ········ 국세기본법 기본통칙
- 국징법 ········ 국세징수법
- 국징령 ········ 국세징수법 시행령
- 국징칙 ········ 국세징수법 시행규칙
- 국징통 ········ 국세징수법 기본통칙
- 조범법 ········ 조세범처벌법
- 소　법 ········ 소득세법
- 소　령 ········ 소득세법 시행령
- 소　칙 ········ 소득세법 시행규칙
- 소기통 ········ 소득세법 기본통칙
- 부가법 ········ 부가가치세법
- 법　법 ········ 법인세법
- 법　령 ········ 법인세법 시행령
- 조특법 ········ 조세특례제한법
- 상증법 ········ 상속세 및 증여세법
- 상증령 ········ 상속세 및 증여세법 시행령
- 국조법 ········ 국제조세조정에 관한 법률
- 주　법 ········ 주세법
- 개소법 ········ 개별소비세법
- 농특법 ········ 농어촌특별세법
- 인지법 ········ 인지세법
- 지기법 ········ 지방세기본법
- 대　판 ········ 대법원 판례

차 례

제 I 편 조세의 기초개념 / 11

제 II 편 국세기본법 / 51

제Ⅲ편 국세징수법 / 297

제Ⅳ편 조세범처벌법 / 423

제 I 편

조세의 기초개념

제1장 조세(Tax)

제1절 조세의 개념과 특징

조세란 국가 또는 지방자치단체가 그들의 재정수요를 충족시키기 위하여 또는 다른 목적 특히 경제정책적·사회정책적 목적을 실현시키기 위하여 법률적 작용에 의해 다른 경제주체에 대하여 강제적으로 그리고 아무런 특별한 대가없이 부과하는 금전급부이다.

이를 나누어 설명하면 다음과 같다.

1. 국가 또는 지방자치단체의 수입이다

즉, 조세를 징수하는 주체는 국가나 지방자치단체와 같은 공권력체이다. 공권력체는 사경제의 주체와 같이 스스로의 이익추구를 위한 경제활동을 하지 아니하고 소속된 국민 또는 주민으로부터 조세를 징수하여 경비에 충당하게 되며, 그 경비는 국방, 치안, 교육, 복지 등 국민일반의 안녕 및 질서의 유지를 위하여 지출된다.

2. 국가의 경비에 충당할 재원이 된다

즉, 조세를 징수하는 목적은 국가의 경비충당에 있다. 국가는 국민의 생명과 자유를 보호하고 복지증진에 힘써야 할 의무와 책임이 있는 바, 이에 필요한 경비는 국민의 부담으로 돌아가게 된다. 조세는 이와 같은 경비의 주된 조달원천이 되는 것이다.

3. 국가의 반대급부가 없는 국민의 일방적 급부이다

사경제의 경우 수입과 경비는 대응되어 나타나는데 이를 경제활동이라고 한다. 그러나 조세는 수입과 경비가 대응관계를 이루지 아니하고 국민의 일방적 급부만이 국가의 수입이 된다는 점이 특징이다.

즉, 이러한 비보상성의 원리를 들어 조세를 권력적 작용으로 파악하는 것이 종래의 조세관이었다고 할 수 있다.

그러므로 국가의 금전적 수입이라 할지라도 사용료, 수수료 등과 같이 국가가 제공하는 용역의 대가로서 받는 것은 조세로 보지 아니한다. 이 경우 일방적 급부라고 함은 직접적 또는 개별적 대응관계가 형성되지 아니한다는 뜻으로 풀이해야 할 것이다. 왜냐하면 국가가 국민으로부터 징수한 조세는 다시 국민의 안녕을 보호하고 복지를 위하여 사용되기 때문에 종국적으로 반대급부가 있는 것과 같은 효과를 갖는 것이기 때문이다.

4. 법률적 작용으로서 이루어진다

근대시민사회에서의 조세는 국민의 동의 즉, 국회의 조세법 제정과 예산의 승인에 의하여 징수되는 것이므로 단순한 권력적 작용이라기 보다 법률적 작용으로 개념의 변화를 보이고 있다.

조세법은 국민과의 약속이라 할 것이고 그 약속된 내용에 따라 조세채무는 성립되고 이행되어야 하므로 국민은 그 약속의 당사자이며 조세는 그 약속된 의무와 권리로서 나타나는 현상인 것이다.

5. 금전적 급부이다

금전적 급부이므로 물품이나 노역의 제공은 원칙적으로 허용되지 않는다. 다만 국민의 납세편의를 위하여 예외적으로 물납이 인정되는 경우가 있다(현행 국세의 세목 중 물납이 허용되는 것으로는 법인세, 양도소득세, 상속세 및 증여세, 종합부동산세이며, 지방세 세목으로는 재산세가 있다).

제 2 절 조세의 기능

현대 자본주의 경제하에서 조세는 세 가지 주요기능을 수행한다. 첫째, 사적 부문의 자원을 공적 부문으로 이전시키고, 둘째, 동일소득 국민간 또는 소득계층간에 정부지출을 공평히 부담시킴으로써 소득을 재분배하는 기능을 하며, 셋째, 경제성장과 안정성·효율성을 제고시키는 기능을 한다.

조세의 이러한 기능을 요약하여 설명하면 다음과 같다.

1. 재정수요조달

자본주의 국가가 국가권력을 구성하고 국가의 임무를 수행하는데 필요한 자금을 조달하는 원천에는 조세, 국가의 재산수입, 사업수입, 원조자금, 대외차입금 등이 있다. 이 때 수입이 주로 조세를 통하여 조달되고 국가의 자기수입, 예를 들면 재산수입, 사업수입이 거의 없는 국가를 조세국가라고 한다.

우리나라에서 일반 재정수입 중 조세가 차지하는 비중이 50%를 초과한 것은 겨우 1965년부터이다. 즉, 1965년 이전의 우리나라의 재정수입은 조세수입보다 원조자금, 대외차입금 등으로부터 조달하는 비중이 더 컸던 것이다. 따라서, 우리나라는 조세국가로서의 역사가 다른 외국에 비하여 아주 짧은 편이다.

2. 정책수단

조세의 주요 목적은 국가재정수요를 충족시키기 위한 국고목적이지만, 예로부터 사치금지, 보건수단, 무역진흥 등을 위하여 다양한 방법으로 조세가 이용되어 왔으며, 현대 자본주의 하에서는 소득의 재분배, 경제의 성장과 안정 등을 위하여 조세의 활용은 더욱 광범위하게 확대되고 있다.

특히, 제2차 대전 후에는 조세의 국고목적으로의 주요목적과 동시에 조세의 경제정책적 목적도 다각화·다면화되어 기간산업의 보호, 국제수지개선, 산업구조개선 등 경제정책 수행을 위한 유효한 정책수단으로 그 중요성이 강조되고 있다. 그 외 사회정책적 차원에서의 여러 가지 조세제도가 정책수단으로서 자주 이용되며 거론되고 있다.

(1) 소득재분배정책

자유주의 경제국가에서 국가는 부의 분배상태에 중립적이어야 하나, 오늘날 부의 편재가 심화되어 여러 가지 사회문제가 일어나고 있다. 이러한 부의 편재를 해소하기 위하여 국가는 부유한 자로부터 누진과세 등을 통하여 더 많은 조세를 징수하여 각종의 사회보장급부에 충당함으로써 조세는 소득재분배의 기능을 수행하게 된다.

(2) 경기조절정책

현대국가는 재정규모가 방대해지면서 조세를 경기조절에 유효한 수단으로 이용한다. 즉, 경기의 후퇴 시에는 세부담을 경감하고 정부지출을 증액시키어 민간의 가처분소득을 증가시킴으로써 투자와 소비를 자극하여 경기를 활성화한다. 또한 인플레이

션 시기에는 세부담을 증가시키거나 조세감면규모를 축소시키고 정부지출을 축소시킴으로써 민간의 가처분소득을 감소시키어 투자와 소비를 억제한다. 이처럼 조세는 경기조절(stabilization)의 목적으로 이용되고 있다.

(3) 산업·사회정책

국가의 특정정책목표를 실천하기 위한 유인책으로서 특정의 경제부문 또는 국민에 대하여 조세의 경감·면제를 행하는 경우가 있다. 이를 위하여 조세특례제한법이 따로 제정되어 있다. 즉, 같은 경제적 지위에 있는 자에게는 같은 조세를 부과해야 한다는 원칙을 깨고, 조세부담의 불공평을 특정의 경우에 인정함으로써 소기의 목표를 달성하기 위한 조세특례정책을 활용하고 있다.

이러한 조세특례정책은 조세의 기본이 되는 조세부담의 공평성이 심히 저해되므로 정책목표에 맞는 필요최소한으로 그쳐야 하고 정책목표가 달성되면 즉시 과세될 수 있도록 원상회복이 되어야 한다. 그러나 한번 실시된 조세특례는 기득권으로서 장기화하려는 속성이 있어 조세부담상 불공평을 초래할 수 있다.

참고

조세특례에 관한 사항은 조세특례제한법이라는 특별법이 따로 제정되어 이 법에서 총괄적으로 규제하고 있다. 조세특례방법으로는 직접감면과 간접감면방법이 있다. 직접감면은 과세단계에서 영원히 제외시켜 세부담을 없애주는 경우이고, 간접감면은 당장에 과세할 수 있는 조세를 나중으로 이연시켜 주고 후에 이를 과세하는 것으로 이는 금융효과, 즉 무이자로 조세액만큼 대출해 주는 효과가 있다. 직접감면방법으로는 면세·비과세·특별공제에 의한 소득 등의 전부 또는 일부의 비과세·세율의 경감 등이 있고, 간접감면방법으로는 특별감가상각·준비금 등의 제도가 있다.

제 3 절 조세의 근거

국가는 왜 국민으로부터 세금을 징수하며, 국민들은 어떠한 이유에서 세금을 내야 하는가, 즉 세금의 근거에 대한 이론에는 다음과 같은 여러 가지 학설이 있다.

1. 이익설

조세의 이념으로서 이익설(benefit theory)은 조세총액과 공공급부간에 보상관계를 설정하고 각 납세자가 정부의 서비스를 받는 이익을 평가하여 이에 따라 조세를 지불하여야 한다는 것이다. 이익설은 여러 가지 종류로 분파되어 있으나 개인주의적 국가관과 국가계약설에 입각하여 국가는 계약의 대상으로서 국민의 재산 및 생명을 보호하고 그러한 보호에 대한 대가로 조세를 징수한다고 생각하는 점에서는 공통성을 갖고 있다. 즉 납세자와 정부의 관계를 보상이라는 관점에서 설명하고, 조세는 정부서비스와 교환되는 것이라고 생각하였다. 그러므로 이익설은 보상설 또는 교환설(exchange theory)이라고도 부른다. 이익설을 지지한 것은 그로티우스(H. Grotius), 홉스(T. Hobbs), 중농주의자 및 로크(J. Locke) 등의 17세기 정치이론가들과 그 후에는 루소(J. Rousseau), 벤담(J. Bentham), 스미스(A. Smith) 등의 학자들이다. 이와 같이 이익설을 주장한 학자들은 대체로 국가의 보호라는 관점에서 출발하여 비례과세를 찬성하는 결론에 도달하였다.

이익설은 정치사상의 표현으로서 공평이라는 기준을 설정하는 데에는 기여하였으나 조세배분상의 실천기준을 제시하지는 못하였다. 즉 이익설은 국가의 경비지출과 세금의 납부는 다른 것으로 직접적인 관계가 없으며, 이익의 대가를 구체적으로 측정하는 것도 불가능하고, 국가의 혜택을 가장 많이 받는 영세민들은 면세되고 있다는 사실을 설명할 수 없다는 점 등의 단점을 갖고 있다.

2. 보험료설

조세를 일종의 보험료로 생각하는 보험료설(insurance theory)은 사회계약설을 기초로 하여 이익설의 견해를 좁힌 학설이다. 즉 국가는 보험회사와 같은 것으로 보고 국민은 피보험자로 생각하며 조세는 재산의 안전을 보호하기 위하여 국민이 지급하는 보험료라고 생각한다.

몽테스키외(Montesquieu)는 「국가의 수입은 각 시민이 자기의 재산의 안전을 보장하기 위하여 또 그것을 유지하게 하기 위하여 재산 중에서 교부하는 일부분」이라고 생각하였고 19세기에도 마카록(JR. MeCulloch) 등에 의하여 지지를 받았다.

보험료설은 이익설과 같이 조세를 보험료라는 좁은 의미로 해석한 결과 공공지출에 대하여 편견을 갖게 되었으며 국가의 본질속에 공통목표를 지향하는 목적사회를 인식하게 하였다. 즉 보험료설은 조세를 국가의 보호에 대한 요금으로 보았기 때문에 공공서비스의 급부는 국가의 보호에 해당하는 것에 한정되어야 한다는 결론에 도달하였다. 또한 보험료설은 보험료를 어떻게 산정할 것인가의 문제점도 갖고 있다.

3. 능력설

공공서비스의 수익과 조세부담의 관계를 부정하여 조세를 강제적 지불로 본다면 그 부담배분에 대해서는 별도의 원칙을 필요로 한다. 지불능력에 따라 과세한다는 것을 주장하는 학설이 능력설(ability to pay theory)이다. 즉 과세액이 납세자의 지불능력에 따라 결정되어야 한다는 것이다. 그러나 지불능력의 지표를 어디에서 구할 것인가에 대해서는 근대사회의 발전과 세원의 분화에 대응하여 여러 가지의 논쟁이 있다. 궁극적으로는 개개의 개인의 담세력은 소득·소비·재산에서 도출되는 만족이나 효용으로 측정되는 것이지만, 만족이나 효용을 측정할 공통의 척도가 없으므로 소득·소비·재산이 추정 가능한 수량으로서 사용되어 왔다.

능력설의 또 하나의 문제점은 담세력에 대하여 공통의 척도가 주어졌다고 해서 「동등한 담세력을 갖는 자들은 동등한 세부담을 해야 한다」는 수평적 공평(horizontal equity)에 관한 기준은 명확하지만 담세력에 맞지 않는 납세자간에 어떠한 세부담의 차이가 있었을 때 수직적 공평(vertical equity)의 해결을 위한 만족할 만한 기준이 없다는 것이다.

그러나 선진제국에 있어서 현대조세체계의 근저에 있는 과세의 공정에 관한 기본은 능력설이며, 동시에 누진과세적 세부담의 배분에 대해서는 의견의 일치를 보이고 있다. 그래도 누진과세의 정도에 대해서 모든 납세자들의 납득을 얻어 낼 수는 없을 것이다. 그 누진도에 대해서는 각 나라마다의 소득분배정책의 목표와 관련되어 있다고 할 수 있다. 분배정책의 목표가 과도한 소득분배의 불균형을 시정하는 데 있다면 해당 국가의 조세체계의 누진도는 그만큼 강도가 있을 것이기 때문이다.

능력설은 소득의 불평등이 윤리적으로 용인할 수 없다는 점에서 누진의 논거를 찾고 정부지출의 재분배효과를 보강하는 누진과세를 도출하고 있는 것이 장점인 반면에 공공부문의 규모문제를 무시하고 있다는 것이 또한 단점이다.

4. 희생설

조세는 이익 또는 보상에 대한 대가라기보다는 오히려 의무나 희생이라는 것으로 의무설이라고도 하며, 헤겔(G. W. F. Hegel) 등의 국가 유기체관을 기초로 하여 국가를 하나의 유기체로 보는 이론이다. 즉, 국가와 국민과의 관계를 전체와 부분의 관계로 보아, 국민 각자를 국가라는 생명체를 이루는 하나의 세포로 보는 것이다.

그런데 생명체가 죽으면 그 생명체에 속하는 모든 세포도 죽고 말듯이 국가라는 큰 생명체가 멸망하면 그 안에 있는 세포와 같은 국민은 다른 국가의 지배를 받을 수밖에 없게 될 것이다. 즉, 국가를 떠난 국민은 있을 수도 없고, 또한 국민이 없는 국가도 존재할 수 없다는 것이다. 따라서 국가가 멸망하지 않도록 하기 위해서 필요한 경비를 국민 각자가 세금이라는 수단을 통하여 조달하는 것이다.

희생설(sacrifice theory)은 조세를 당연한 경제적 지급이라고 보며 공공지출의 배분에 대응한 이익과는 분리시켜 독립적인 문제로 취급하고, 조세의 부담은 국민의 공동선을 위한 의무 또는 희생이라고 생각하는 데 그 특징이 있다. 오늘날은 이 희생설이 세금의 근거에 대한 통설로 되어 있다.

제 4 절 조세부담률과 준조세

조세부담률은 일반적으로 담세능력(taxable capacity)에 대한 세수(tax revenue)의 비율로서 이는 전통적으로 조세총액을 국민소득으로 나눈 평균세율이 사용되고 있다. 이러한 조세부담률은 국민전체가 소득 중에서 부담하는 세액의 크기, 즉 조세부담능력 그 자체를 표시하기도 하고 이와 관련하여 민간자금이 정부부문으로 자원이 이전됨으로써 정부의 활동비율을 결정하는 자원배분의 근거로 삼기도 한다.

조세부담률을 계산하는데 있어서 국민총생산이나 분배국민소득 또는 개인소득개념 등이 사용되고 있으나 이러한 소득개념은 가변적이기 때문에 여러 가지 문제점이 지적되고 있다. 첫째, 국민총생산에 대한 조세부담의 비율을 조세부담의 지표로 사용할 때 국민총생산 중에 포함되어 있는 감가상각비의 크기가 변화함에 다라 조세부담의 지표가 달라진다. 둘째, 요소비용으로 평가된 분배국민소득(NI)에 대한 조세부담의 비율을 지표로 사용할 때에는 분배국민소득 자체가 국민총생산에서 간접세를 공제하고 추계되기 때문에 간접세의 크기에 따라 부담률의 지표가 달라지게 되며 조세체계가 간접세를 중심으로 되어 있는 국가와 그렇지 않은 국가와의 조세부담률간 비교성이 무의미하게 되는 문제가 있다.

이상과 같은 문제를 해결하기 위하여 국민총생산에서 감가상각비를 공제하되 간접세는 공제하지 않는 국민순생산(NNP) 개념을 이용하는 것이 합리적이지만 이러한 소득개념은 널리 이용되지 못하고 있고, 또 공제항목인 감가상각비의 크기에 따라 조세부담수준이 크게 달라지는 문제는 여전히 남게 된다. 또 어떠한 소득개념을 사용하든 조세부담의 구성에 어떤 항목을 포함시키고 또는 포함시키지 않을 것인가 하는 문제가 뒤따르게 된다. 가령 지방세 중 목적세·수익자부담금 등은 공공서비스의 반대급부적인 성격이 있으므로 조세개념의 범위에서 제외시켜야 할 것이며 강제적인 공과금은 조세개념의 범위에 포함시켜야 될 것이다.

<표 I -1> 주요 각국의 조세부담률

(단위 : %)

국가명	한국	독일	미국	프랑스	덴마크	노르웨이	일본	OECD 평균
연 도	2009	2008	2008	2008	2008	2008	2007	2008
조세부담률	19.7	23.1	20.3	27.1	47.3	33.2	18.0	26.6

〈표 I－1〉에서 보는 바와 같이 일반적으로 선진경제국의 조세부담률이 상대적으로 높은 것으로 나타나고 있는데, 이러한 국가에서는 보험, 연금, 의료 등 각 분야에 걸쳐 사회보장제도가 잘 마련되어 있어 자기가 부담한 조세액 중 상당부분이 다시 환수되므로 실질적인 조세부담률은 이보다 훨씬 낮다고 할 수 있다.

기업이 부담하는 조세 이외의 공과금으로서 준조세(quasi-taxes)라는 개념이 있는데 이러한 부담도 조세의 개념에 포함시켜야 한다. 우리나라의 기업이 부담하고 있는 준조세는 부담금, 분담금, 공과금, 부과금, 예치금, 기금출연금, 기여금, 기부금, 성금 등 여러 가지 형태를 띠고 있으며 납부자가 직접적인 반대급부나 공공시설로부터의 효익을 받음이 없이 거의 강제적 할당이나 권장에 의하여 조세처럼 납부의무를 지는 경우가 대부분이다.

준조세의 개념은 기업의 경영활동과정에서 필수적으로 부담해야 할 순수한 생산비용과 조세를 제외시킨 비필수적인 기업의 경제적 부담을 말하며 그 범위는 다음과 같다.

<표 I -2> 준조세의 범위

협의의 공과금	세부내용
부담금관리기본법에 의한 부담금	부담금관리기본법에 의한 부담금(부담금, 분담금, 부과금, 부가금, 예치금, 기금출연금, 기여금 등) 중 수익자 부담이나 원인자 부담에 해당하지 않는 것
사회보험료	국민연금, 고용보험, 산업재해보험, 국민건강보험, 장기요양보험의 고용주 부담분
비자발적 기부금, 성금	법정기부금, 지정기부금, 강제성을 띤 정치자금

[주] 부담금과 사회보험료는 기업의 납부의무가 법령에 의해 정해지지만, 기부금과 성금에 대한 의무는 법령상으로 규정되어 있지 않은 것이 일반적이다. 그러나 기부금과 성금의 경우에도 권유 등의 방법으로 어느 정도 강제성을 띠는 경우가 흔히 발생하고 있어 기업의 부담으로 작용하고 있다.

이러한 준조세는 기업의 경영자원을 최적성장 경로에 따라 적정하게 배분하는 것을 왜곡시키고 사회복지적 지출에 대한 계획적, 효율적인 관리·통제를 곤란하게 하여 국가자원을 합리적으로 이용할 수 없게 하는 폐단이 있다.

결국 일국의 조세부담률을 이야기하는 데 있어서 일반적인 기준 하나만을 가지고 논할 수는 없다. 즉 조세체계가 직접세 중심이냐, 간접세 중심이냐에 따라 국민조세부담액을 GNP에 비교하는 경우와 NI에 비교하는 경우 큰 차이가 있기 때문에 이러한 차이조정없이 국가간 조세부담률을 단순히 GNP 혹은 NI만을 기준으로 산정한다면 그 비교성은 별 의미가 없게 된다. 또한 이러한 수치상의 조세부담률도 여러 가지 사회보장제도가 잘 시행되어 국민에게 다시 환수되는 효익만큼 조세부담액을 차감해야 하는 국가와 그렇지 않은 국가간에는 실질 조세부담률은 많은 차이가 있게 된다. 그리고 실질상 조세성질의 공과금인 준조세가 많은 우리나라 같은 경우에는 이러한 부담을 조세의 개념에 포함시키지 않고 국고에 조세수입으로 수납된 형식적인 조세액만을 기준으로 조세부담률을 산정하는 것도 적절한 방법이라고 할 수 없다.

제 5 절 조세의 분류와 체계

앞에서 언급한 바와 같이 조세는 국가나 지방자치단체가 그의 재정을 조달하기 위한 국고목적과 사회적, 경제적 정책을 수행하기 위한 정책목표가 있기 때문에 그 각각의 목표와 목적에 따라 조세의 종류와 체계는 다양하게 전개된다.

1. 우리나라의 조세분류

우리나라의 현행 조세법에 의한 조세체계는「국세와 지방세의 조정 등에 관한 법률」제2조(국세)와 제3조(지방세)에 의하여 국세와 지방세로 분류되어 있다.

현재 우리나라에서 징수되고 있는 조세와 그 체계를 분류하면 〈표 Ⅰ - 3〉과 같다.

<표 Ⅰ - 3> 우리나라의 조세체계

- 조세(26)
  - 국세(15)
    - 보통세(13)
      - 내국세(11)
        - 직접세(5)
          - 소득세
          - 법인세
          - 상속세
          - 증여세
          - 종합부동산세
        - 간접세(6)
          - 부가가치세
          - 개별소비세
          - 교통 · 에너지 · 환경세
          - 주세
          - 인지세
          - 증권거래세
      - 관세(2)
        - 관세
        - 임시수입부가세
    - 목적세(2)
      - 교육세
      - 농어촌특별세
  - 지방세(11)
    - 특별시세 광역시세(9)
      - 보통세(7)
        - 취득세
        - 레저세
        - 담배소비세
        - 지방소비세
        - 주민세
        - 지방소득세
        - 자동차세
      - 목적세(2)
        - 지역자원개발세
        - 지방교육세
    - 도세(6)
      - 보통세(4)
        - 취득세
        - 등록면허세
        - 레저세
        - 지방소비세
      - 목적세(2)
        - 지역자원개발세
        - 지방교육세
    - 구세(2)
      - 보통세(2)
        - 등록면허세
        - 재산세
    - 시 · 군세(5)
      - 보통세(5)
        - 담배소비세
        - 주민세
        - 지방소득세
        - 자동차세
        - 재산세

2. 국세의 종류

국세(national tax)는 내국세와 관세로 구분되고, 내국세는 보통세(일반세)와 목적세(특별세)로 구분되며, 다시 보통세는 직접세와 간접세로 구분된다.

내국세 중 직접세에 해당하는 세목에는 5가지(소득세, 법인세, 상속세, 증여세, 종합부동산세)가 있으며 간접세에 해당하는 세목은 6가지(부가가치세, 개별소비세, 교통·에너지·환경세, 주세, 인지세, 증권거래세)가 있다. 그리고 목적세(특별세)는 세원의 사용목적이 정해진 조세로서 종전의 방위세가 이에 속하였으나 폐지되었고 현재는 교육세와 농어촌특별세(94년 7월부터 시행)가 있으며, 보통세는 세원의 사용목적이 정해지지 않은 것으로서 목적세 이외의 모든 세목이 이에 해당된다.

(1) 소득세

소득세(income tax)는 「소득세법」을 근거법으로 하며, 개인의 소득을 과세대상으로 한다. 소득세는 소득의 내용에 따라 종합소득세·퇴직소득세·양도소득세로 구성되어 있다.

소득세의 과세소득 금액은 일정 기간의 총수입금액에서 그 수입을 획득하는데 소요된 세법상의 필요경비를 차감하여 계산하는 것이 원칙이다.

(2) 법인세

법인세(corporation tax)는 「법인세법」을 근거법으로 하며, 법인의 소득을 과세대상으로 하여 과세표준과 세액을 산정한다. 법인세는 소득분류에 따라 각 사업연도 소득에 대한 법인세, 토지 등 양도소득에 대한 법인세, 청산소득에 대한 법인세로 나눌 수 있다. 외국법인에 대하여는 법인세 계산규정을 별도로 두고 있으나 대부분 내국법인의 것을 준용하고 있다.

법인세는 소득세와 마찬가지로 소득을 세원으로 삼고 있는 것은 동일하며, 과세소득금액의 계산시 기업회계기준을 따르도록 함으로써 회계학적 원리가 적용되는 것이 특징이다.

(3) 상속세

상속세(inheritance tax)는 「상속세 및 증여세법」을 근거법으로 하며, 상속인이 받을 상속재산을 과세대상으로 한다. 상속세는 상속의 특수성을 감안하여 상속재산 가액에서 공과금이나 부채액 등을 공제하여 과세가액을 산정하고 이 금액에서 다시 후생적 목적의 금액을 공제하여 과세표준을 산정한다.

현행 상속세제도는 피상속인의 유산총액을 기준으로 과세한 후 그 상속세를 상속인 간에 배분하는 유산세체계(유산취득세 체계에 대응되는 개념)를 채택하고 있다. 상속세는 개인의 경우에만 과세되고 영리법인은 과세되지 않는다.

(4) 증여세

증여세(donation tax)는 상속세의 경우와 같이 「상속세 및 증여세법」을 근거법으로 하며, 타인으로부터 증여받은 수증재산을 과세대상으로 한다.

증여세는 수증자가 거주자인가 비거주자인가에 따라 과세대상(물건)의 범위가 각각 다르다. 증여세는 상속세와 유사한 체계를 갖고 있으며, 다만 증여세는 증여자가 살아 있을 당시에 무상증여한 경우에 발생하며, 상속세는 사망 후의 무상증여로 인하여 발생한다는 점이 다를 뿐이다.

(5) 종합부동산세

종합부동산세(aggregated real estate tax)는 「종합부동산세법」을 근거법으로 하며, 부동산보유에 대한 조세부담의 형평성을 제고하고, 부동산의 가격안정을 도모함으로써 지방재정의 균형발전과 국민경제의 건전한 발전에 이바지함을 목적으로 2005년에 제정되었다.

이에 따라 2005년부터는 주택의 경우 종전의 건물분은 재산세, 부수토지분은 종합토지세로 구분평가·구분과세 되던 것이 1차로 시·군·구에서 통합평가·통합과세방식으로 재산세가 과세되고, 2차로 개인별 소유주택 합산가액이 6억원을 초과하는 분에 대해 12월 1일부터 15일 중에 종합부동산세가 부과·징수된다. 나대지와 사업용 토지의 경우에도 시·군·구에서 1차로 재산세를 과세하고, 2차로 개인별로 합산하여 나대지의 경우에 5억원 초과분, 사업용 토지의 경우 80억원 초과분에 대해서는 역시 종합부동산세가 부과·징수된다. 이 때 기준금액 초과분에 대한 1차 재산세 납부액 상당액은 종합부동산세 계산시 세액공제하여 이중과세를 배제하며, 징수한 종합부동산세는 시·군·구에 전액 배분되어 시·군·구의 재정으로 사용된다.

(6) 부가가치세

부가가치세(value added tax : VAT)는 「부가가치세법」을 근거법으로 하며, 재화나 용역이 공급되거나 제공되는 유통·소비단계에서 사업자가 창출한 부가가치를 과세대상으로 한다.

부가가치세는 개념상으로는 부가가치를 과세표준으로 삼으나, 부가가치의 계산 및 세무행정상의 어려움 등을 감안하여 우리나라의 「부가가치세법」에서는 전단계세액공제법을 적용하여 부가가치세를 계산하도록 하고 있다. 부가가치세는 재화의 수입도 과세거래로 보며, 공급대가(VAT 포함)의 규모에 따라 일반과세자와 간이과세자로 구분하여 과세한다.

(7) 개별소비세

개별소비세(special consumption tax)는 「개별소비세법」을 근거법으로 하며, 주로 사치성이 있는 특정한 물품과 특정장소에의 입장 및 유흥음식행위에 대하여 해당 물품가격과 입장 내지 유흥음식행위를 과세대상으로 한다.

개별소비세는 종전의 물품세와 입장세를 대체한 세목으로써 세수확보의 목적도 있지만 주로 사치성 물품 등의 소비억제를 하기 위한 목적으로 제정된 세목이다. 종전에 여러 세목으로 구성된 간접세의 대부분이 부가가치세라는 하나의 세목으로 통합된 간접세 체계를 따르고 있음에도 불구하고 개별소비세가 별도로 존재하는 이유는 부가가치세가 단일세율을 채택하고 있어 세부담의 역진성을 초래하기 때문에 이러한 간접세 체계를 보완하기 위한 것이다.

(8) 교통·에너지·환경세

교통·에너지·환경세(Traffic·Energy·Environmental Tax)는 「교통·에너지·환경세법」을 근거법으로 하며, 도로·도시철도 등 교통시설의 확충 및 대중교통 육성을 위한 사업, 에너지 및 자원 관련 사업, 환경의 보전과 개선을 위한 사업에 필요한 재원을 확보하기 위하여 1993년 12월 31일에 도입되었다. 납세의무자는 휘발유와 경유 등의 물품을 제조하여 반출하는 자, 휘발유와 경유 등의 물품을 보세구역으로부터 반출하는 자 등이다. 교통·에너지·환경세는 그 동안 목적세로 운영되어 재정 운영의 경직성을 초래하고 유류에 대한 과세체계를 복잡하게 하는 등의 문제점이 있어 2012년 12월말 폐지, 개별소비세로 통합될 예정이다.

(9) 주 세

주세(liquor tax)는 「주세법」을 근거법으로 하며, 주류 제조업자 또는 주류 수입업자가 제조 또는 수입한 주류를 제조장으로부터 출고하거나 보세구역으로부터 인취하는 경우를 과세대상으로 한다. 주세는 주류의 종류에 따라 세율이 다르며, 종가세 이외에 종량세도 채택하고 있는 것이 특징이다.

(10) 인지세

인지세(stamp tax)는 「인지세법」을 근거법으로 하며, 재산권의 창설·이전·변경 또는 소멸을 증명하거나 재산권에 관한 추인 또는 승인을 증명하는 과세문서를 과세대상으로 하며 과세문서의 작성자가 납세의무자이다. 인지세는 과세문서상의 기재금액 등급별로 세율이 각각 다르게 정해지는 것이 다른 간접세와 다르다.

(11) 증권거래세

증권거래세(securities transaction tax)는 「증권거래세법」을 근거법으로 하며, 주식회사의 주식이나 기타 회사출자지분의 양도행위를 과세대상으로 한다. 증권거래세는 주식 등을 증권거래소를 통하여 거래하는 경우에 거래금액에 따라 일정률로 부과되는 것이지, 주식 등의 양도차익에 대하여 과세하는 것은 아니다. 우리나라에서는 현재 상장주식의 양도차익에 대하여는 거주자 중 대주주(유가증권상장법인의 경우 지분율 3% 이상이거나 보유주식의 시가총액이 100억원 이상인 주주)의 거래분을 제외하고는 양도소득세를 부과하고 있지 않다.

(12) 관　세

관세(customs duty)는 「관세법」을 근거법으로 하며, 수입물품의 가격(종가세) 또는 수량(종량세)을 과세대상으로 한다. 관세는 수입세와 수출세 및 통과세를 총칭하여 관세라고 하나 일반적으로 수입세를 의미한다. 관세는 세수확보의 목적뿐만 아니라 국내산업 보호육성을 위한 목적도 가지고 있는 이중목적의 조세이다.

(13) 임시수입부가세

임시수입부가세는 「임시수입부가세법」을 근거법으로 하여, 수입물품(「관세법」 별표 관세율표의 무세물품은 제외한다)에 대하여 관세 이외에 부가하여 과세함으로써 국제수지를 개선하여 국민경제의 균형있는 발전을 도모함을 목적으로 하는 세목이다.

임시수입부가세는 다음 각 호의 1에 해당하는 경우에만 대통령령이 정하는 바에 의하여 부가세를 부과할 수 있다.

① 국제수지의 개선을 위하여 수입수요를 긴급히 억제할 필요가 있을 때

② 주요 교역국의 경제사정의 변동 등으로 인하여 국제수지의 악화를 초래할 우려가 있어 이에 긴급히 대처할 필요가 있을 때

임시수입부가세의 과세표준은 「관세법」에 의한 과세가격으로 하며, 세율은 모든 과세대상물품에 대하여 동일한 율로 하되 100분의 30의 범위 안에서 대통령령으로 정하도록 하고 있는 것이 특징이다. 그 이유는 수입물품의 수입억제 등의 목적을 달성하기 위하여는 탄력적으로 운영될 필요가 있기 때문이다.

관세법 및 기타 다른 법령이나 조약·협정 등에 의하여 관세가 감면되는 물품으로서 대통령령이 정하는 물품이 수입될 때에는 부가세를 면제할 수 있다. 이 경우 부가세를 면제할 물품은 미리 「관세법」에 의한 관세심의위원회의 심의를 거쳐야 한다.

임시수입부가세는 관세와 동시에 징수하여야 하며, 분할납부는 허용되지 않는다.

(14) 교육세

교육세(education tax)는 「교육세법」을 근거법으로 하며, 교육기반의 확충을 위한 재원의 확보를 위하여 금융보험업자의 수입금액, 개별소비세·주세를 과세대상으로 하는 목적세에 해당한다. 일부 지방세 세목을 과세대상으로 부가·징수되어 온 교육세는 지방교육세로 전환되었으며, 이는 지방세법상 목적세에 해당한다.

(15) 농어촌특별세

농어촌특별세(special agricultural and fishing villages tax)는 「농어촌특별세법」을 근거법으로 하며, 농어업의 경쟁력강화와 농어촌산업 기반시설의 확충 및 농어촌지역 개발사업을 위하여 필요한 재원을 확보함을 목적으로 1994년 3월 임시국회에서 신설된(농특법 1) 목적세이다.

농어촌특별세는 1994년 7월 1일부터 시행하고 있으며 2014년 6월 30일까지 효력을 갖는 시한부적 목적세에 해당된다(농특법 제4743호 부칙 2).

3. 조세의 분류

조세유형의 분류는 국민 경제적 차원인 재정학적 측면에서 분류하기도 하고, 조세의 법률적 차원인 세법학적 측면에서 분류하기도 한다. 그러나 모든 조세를 어느 한 방법으로만 분류하기는 어려운 문제이다. 본서에서는 조세의 개념을 이해하는 차원에서 몇 가지의 형태로 분류하여 보기로 한다.

(1) 조세부과권의 주체에 의한 분류(국세, 지방세)

국세란 조세부과권의 주체, 즉 과세권자가 국가인 조세를 말하며, 지방세는 지방자치단체인 경우를 말한다.

우리나라의 경우에 국세는 각 세목에 따라 각각 단일세법(즉, 「소득세법」·「법인세법」·「부가가치세법」·「상속세 및 증여세법」 등 14가지의 세법)이 제정되어 있어 「1세목 1법률주의」를 따르고 있으며, 기획재정부장관의 감독하에 내국세와 관세를 각각 국세청과 관세청에서 관장하고 있다. 우리나라의 현행 세법에서 정하고 있는 국세의 세목으로는 15가지(소득세, 법인세, 상속세, 증여세, 종합부동산세, 부가가치세, 개별소비세, 교통·에너지·환경세, 주세, 인지세, 증권거래세, 교육세, 농어촌특별세, 관세, 임시수입부가세)가 있다. 국세의 경우 세목은 15가지임에도 불구하고 세법은 14가지인 이유는 상속세와 증여세를 「상속세 및 증여세법」에서 함께 규정하고 있기 때문이다.

(2) 과세대상(물건)의 국경통과 여부에 의한 분류(내국세, 관세)

과세대상이 국경을 통과하는 경우에 과세되는 조세를 관세라 하고 그 이외의 조세를 내국세라 한다. 따라서 관세 이외의 모든 국세는 내국세가 되며, 관세는 관세법에 의거하여 관세청에서 관장하고 내국세는 국세청에서 관장한다.

(3) 조세전가 여부에 의한 분류(직접세, 간접세)

조세의 경우에 납세의무자와 실제의 담세자가 반드시 일치하는 것은 아니다. 이 경우에 납세의무자와 담세자가 일치하여 조세의 전가현상이 발생하지 않는 조세를 직접세라고 하고, 조세의 전가현상이 발생하여 납세의무자와 담세자가 불일치하는 조세를 간접세라고 한다.

참고

조세의 전가에 관한 구체적인 내용은 제2편 국세기본법 중 제1장 제2절 '조세에 관한 용어의 정의'를 참조하기 바란다.

현행 세법상 국세 중 직접세에 해당하는 세목은 소득세·법인세·상속세 및 증여세·종합부동산세 등이 있으며, 간접세에는 부가가치세·개별소비세·교통에너지환경세·주세·인지세·증권거래세 등이 있다.

주요 선진국의 직접세와 간접세의 구성비율을 살펴보면, 다음 표에서 보는 것처럼 미국·일본·영국 등과 같이 직접세 중심주의를 취하는 나라가 있는가 하면, 독일과 같이 직접세와 간접세의 비중을 거의 비슷하게 하는 나라도 있다.

<표 Ⅰ-4> 주요 각국의 직·간접세 구성 비율

(단위 : %)

한국('09)		일본('07)		미국('07)		영국('07)		독일('07)		OECD 평균('07)	
직접세	간접세	직접세	간접세	직접세	간접세	직접세	간접세	직접세	간접세	직접세	간접세
56.0	44.0	71.6	28.4	78.4	21.6	64.1	35.9	53.5	46.5	56.8	43.2

(4) 과세대상(물건)의 주체에 의한 분류(인세, 물세)

사람을 대상으로 과세요건이 성립되는 조세를 인세라고 하고, 재산이나 소득 등 물건을 중심으로 과세요건이 성립되는 조세를 물세라고 한다. 인세는 주체세 내지 인두세라고도 하며, 물세는 객체세라고도 한다.

국세의 경우 인세에 해당하는 세목으로는 소득세·법인세·상속세 및 증여세 등이 있고, 물세에는 부가가치세·개별소비세 등이 이에 속한다.

(5) 조세사용 목적의 특정 여부에 의한 분류(보통세, 목적세)

조세를 부과함에 있어서 당해 조세의 사용목적이 사전에 특정되지 아니한 조세를 보통세라고 하고, 사용목적이 특정된 경우의 조세를 목적세라 한다.

보통세(일반세라고도 함)는 과세권자가 일반 목적의 재정수요충당을 위하여 부과되는 것으로서 대부분의 조세가 이에 속한다. 목적세(특별세라고도 함)는 과세권자가 교육사업·농어촌사업·교통사업 등 특정목적으로 사용하고자 사전에 사용목적을 제한하여 부과하는 조세를 말한다. 예를 들어 보통세인 소득세를 10조원을 징수한 경우에는 어느 특정목적에만 사용할 필요는 없고 사회간접시설에 지출을 해도 좋고 일반공무원의 봉급을 지출하는 경우에 사용해도 된다는 것을 의미한다. 그러나, 목적세인 교육세를 3조원을 징수한 경우에는 동액 만큼을 교육사업에 지출하여야 하며 다른 목적의 지출, 즉 일반공무원의 봉급 등에 지출하여서는 아니되는 것이다.

우리나라의 경우 국세 중 목적세에 해당하는 것으로는 교육세·교통에너지환경세·농어촌특별세가 있으며, 이 이외의 세목은 모두 보통세에 해당한다.

(6) 과세대상(물건)의 속성에 의한 분류(소득과세, 재산과세, 소비유통과세)

조세는 과세대상(물건)이 어떠한 형태의 속성을 갖고 있는가에 따라 분류될 수 있다. 소득과세는 소득을 과세대상(물건)으로 하여 부과되는 조세이며, 재산과세는 재산의 소유라는 사실을 과세대상(물건)으로 하여 이에 대하여 부과되는 조세이며, 소비과세는 재화나 용역의 구입 내지 소비행위의 사실을 과세대상으로 하여 이에 대하여 부과되는 조세이다. 그리고 유통과세는 재화나 권리 등의 이전사실을 과세대상으로 하여 이에 대하여 부과되는 조세이며, 이와 같이 이전행위에 대하여 과세되는 이유는 이전행위 그 자체가 가치를 창출하기 때문이다.

우리나라의 현행 세법에서 국세의 경우 소득과세에 해당하는 세목으로는 소득세·법인세가 대표적이다. 재산과세에는 상속세·증여세·종합부동산세 등이 있으며, 소비과세에는 부가가치세·개별소비세·주세 등이 있다. 그리고 유통과세는 증권거래세·인지세 등이 있다.

(7) 과세표준의 측정기준에 의한 분류(종가세, 종량세)

과세표준의 표시가 화폐단위로 되어 있는 조세를 종가세라고 하고, 수량·중량·용적 등으로 표시되어 있는 조세를 종량세라고 한다.

우리나라의 국세의 대부분은 종가세에 해당되며, 종량세에는 주정할 주세와 인지세 등이 있다.

(8) 세율의 성질에 의한 분류(비례세, 차등세)

과세표준의 크기에 관계없이 일정률의 세율이 동일하게 적용되는 조세를 비례세라 하고, 과세표준의 크기정도에 따라 적용될 세율의 차이를 두는 조세를 차등세라 한다. 비례세는 과세표준이 얼마이든 관계없이 일정한 세율이 동일하게 적용된다. 차등세는 과세표준의 크기에 따라 다른 세율이 적용되는 것을 말하는데, 차등세는 누진세와 역진세로 다시 분류된다.

과세표준이 클수록 세율이 낮아지는 역진세는 이론상으로만 분류될 뿐이고 이를 실제로 적용하는 실정법은 없으며, 소득분배 등 경제정책차원에서 대부분 과세표준이 클수록 세율이 높아지는 누진세를 도입하고 있다.

국세의 경우에 비례세에 해당하는 세목으로는 부가가치세·개별소비세·임시수입부가세 등이 있으며, 차등세에는 소득세·법인세·상속세 및 증여세·종합부동산세 등이 있다.

(9) 과세의 세원 독립성에 의한 분류(독립세, 부가세)

일정 과세요건이 충족되어 독자적으로 부과된 조세를 독립세라 하는데 대부분의 조세가 이에 해당되며, 이 독립세에 추가하여 부가적으로 부과되는 조세를 부가세라고 한다. 이들 부가세의 과세대상은 당해 독립세의 세액이 되며, 이 세액에 부가세의 세율을 적용하여 부가세액을 계산한다.

우리나라의 현행 세법상 국세 중 부가세에 해당하는 세목으로는 교육세·농어촌특별세 등이 있다.

(10) 부과기간에 의한 분류(임시세, 경상세)

경제정책 등의 특정 목적을 수행하기 위하여 시한부적으로 일정기간 동안 임시로 부과되는 조세를 임시세라 하고, 그 이외의 조세는 경상세 내지 영구세라고 한다. 조세를 경상세 내지 영구세의 체계를 따르는 것은 법적인 안정성과 예측가능성을 확보할 수 있기 때문이다. 임시세의 대부분은 목적세에 해당된다.

우리나라의 현행 세법상 국세 중 임시세에 해당하는 것으로는 교육세·농어촌특별세·임시수입부가세가 있고, 대부분의 조세는 경상세에 속한다.

연습문제

[주관식 문제]

1. 조세의 특성을 설명하고, 조세가 사용료, 수수료와 다른 점을 설명하라.
2. 조세의 기능을 설명하라.
3. 준조세를 정의하고 조세부담률과의 관계를 설명하라.
4. 직접세와 간접세를 비교 설명하라.
5. 과세표준을 설명하라.

[객관식 문제]

1. 다음 중 조세의 분류에 관한 설명으로 잘못된 것은?

① 조세부과권자를 기준으로 분류할 때 국가가 부과·징수하는 조세를 국세라 하고, 지방자치단체가 부과·징수하는 조세를 지방세라 한다.

② 국가·지방자치단체의 일반적 재정수요를 충당하기 위하여 부과·징수하는 조세를 보통세라고 하고, 특별한 목적으로 부과·징수하는 조세를 목적세라고 한다.

③ 조세의 전가 유무의 기준에 따라 법률상의 납세자와 조세의 사실상 부담자인 담세자가 일치하도록 입법자가 예견하고 제정한 조세를 직접세라 하고, 조세부담의 전가에 의하여 납세자와 담세자가 일치하지 않도록 입법자가 예견하고 제정한 조세를 간접세라고 한다.

④ 경상세는 매년 계속적으로 부과하는 조세를 말하며, 임시세는 임시적으로 일정연한을 설정하여 부과하는 조세를 말한다.

⑤ 국가 또는 지방자치단체가 다른 조세와 관계없이 독립적 입장에서 주체성을 가지고 부과하는 조세를 독립세라고 하고, 국가 또는 지방자치단체가 부과하는 조세를 기준으로 하여 부가적으로 과세하는 조세를 가산세라 한다.

정답	1. ⑤

2. 조세의 분류 중에서 잘못 연결된 것은?

① 직접세 : 상속세, 증여세
② 인세 : 소득세, 법인세
③ 목적세 : 교육세, 농어촌특별세
④ 종량세 : 주세의 주정할, 인지세
⑤ 소비세 : 종합부동산세, 개별소비세

3. 목적세이면서 부가세인 것들로 짝지워져 있는 것은?

① 교통에너지환경세·종합부동산세
② 농어촌특별세·교육세
③ 개별소비세·증권거래세
④ 교육세·주세
⑤ 인지세·부가가치세

4. 다음 중 국세가 아닌 것은?

① 교육세
② 부가가치세
③ 자동차세
④ 증권거래세
⑤ 인지세

정답	2. ⑤ 3. ② 4. ③

제2장 조세법(Tax Law)

제1절 조세법의 기본개념

1. 조세법의 의의

조세는 국민으로부터 직접적인 반대급부없이 무상으로 그의 재산을 감소시키는 금전급부의무이다. 따라서 조세는 직접적으로 개별 국민의 재산권에 관계되고 또 전체 국민생활에 미치는 영향이나 그 효과가 매우 크다. 이러한 조세를 공평하게 부과하고 효율적으로 징수하기 위하여는 여러 가지 절차·방법·기술 등이 법률로서 정하여져 있어야 하며 이러한 조세에 관한 법을 총칭하여 조세법이라 한다.

조세법(tax law)은 과세권의 주체로서의 국가나 지방자치단체와 경제활동의 주체로서의 국민 또는 주민간에 조세와 관련하여 일어나는 법률관계를 규율하는 법으로서 가변적이고 다양한 경제현상과 이를 법률적인 일정의 형식으로 규율하는 과정이기 때문에 다른 어느 법분야보다 복잡하고 난해하다.

2. 조세법의 규정형태

조세법의 규정형태는 국가에 따라 다르며, 일반적으로 다음의 3가지 형태로 분류되어진다.

(1) 통일법전을 가진 국가

통일법전이란 조세법규의 전부를 하나의 법전으로 통합하여 규정한 것이다. 이는 법전 전체의 체계적 이해에는 도움이 되나, 일관된 방법으로 법전화하는 데에는 각 조세법규가 서로 통일하기 어려운 점도 적지 않고, 일부 법률의 개정에 따라 전체법전을 변경하여야 하는 등의 단점이 있다. 이러한 통일법전의 형태를 갖는 국가에는 미국, 프랑스 등이 있다.

(2) 조세통칙법전과 각종 세법을 가진 국가

조세에 관한 일반적이고 공통적인 사항은 통칙법 또는 공통법으로서 법전형식으로 제정하고, 각 조세의 개별적인 사항에 대해서는 각각의 독립된 별개의 법률체계를 갖는 것으로, 독일, 오스트리아, 일본, 우리나라 등이 여기에 속한다.

(3) 각종 세법만을 가진 국가

국세기본법 등과 같은 조세공통법은 갖지 않고 각종의 조세에 대하여 단행세법만을 제정한 경우로서, 종래 대부분의 국가에서 취하던 조세법 형태였다.

3. 우리나라의 조세법체계

우리나라의 조세법체계는 크게 공통적이고도 일반적인 사항을 규정한 조세통칙법률과 국세 및 지방세의 각 세목에 대한 구체적인 사항을 규정한 조세실체법률로 구분할 수 있다.

<표 I - 5> 우리나라의 현행 세법 분류

<table>
<tr><th colspan="3">구 분</th><th>내 용</th></tr>
<tr><td colspan="3">I. 공통적, 일반적 세법(6)</td><td>국세기본법, 국세징수법, 조세범처벌법, 조세범처벌절차법, 조세특례제한법, 국제조세 조정에 관한 법률</td></tr>
<tr><td rowspan="3">II. 각 조세 개별실체법 (25)</td><td rowspan="2">국세 (14)</td><td>내국세 (12)</td><td>소득세법, 법인세법, 상속세 및 증여세법, 종합부동산세법, 부가가치세법, 개별소비세법, 교통에너지환경세법, 주세법, 인지세법, 증권거래세법, 교육세법, 농어촌특별세법</td></tr>
<tr><td>관세(2)</td><td>관세법, 임시수입부가세법</td></tr>
<tr><td colspan="2">지방세(3)</td><td>지방세기본법, 지방세법, 지방세특례제한법</td></tr>
</table>

각 세법별 주요 내용을 살펴보면 다음과 같다.

(1) 국세기본법

「국세기본법」(basic national tax act)은 국세에 관한 기본적인 사항 및 공통적인 사항과 위법 또는 부당한 국세처분에 대한 불복절차를 규정함으로써 국세에 관한 법률관계를 확실하게 하고, 과세의 공정을 도모하며, 국민의 납세의무를 원활히 이행할 수 있도록 하는 목적에서 제정된 법률이다(국기법 1).

「국세기본법」에서 규정하고 있는 주요 내용으로는 ① 국세에 관한 기본적, 공통적 사항(국세부과원칙, 세법적용원칙, 납세의무자, 법인, 과세기간, 과세표준의 정의, 납세의무의 성립·확정·승계·소멸, 과세표준 신고, 연대납세의무 및 국세우선권 등)과 ② 위법 또는 부당한 국세처분에 대한 불복절차에 관한 내용을 규정하고 있다.

(2) 국세징수법

「국세징수법」(national tax collection act)은 국세의 징수에 관하여 필요한 사항을 규정하여 국세수입을 확보함을 목적으로 제정된 법률이다(국징법 1). 이 「국세징수법」은 국세 뿐만 아니라 지방세의 부과 및 징수에 대하여도 「지방세법」 및 기타 법령에서 규정한 것을 제외하고는 「국세징수법」이 준용되도록 하고 있으며(지기법 147), 또한 텔레비전의 시청료 등과 같이 국가 및 공공기관 등에서 금전채권을 강제징수하는 경우에도 대부분 「국세징수법」이 준용되고 있다.

(3) 조세범처벌법

「조세범처벌법」은 각 세법에서 정한 조세(관세를 제외)의 납세의무를 위반한 자에 대하여 처벌하는 법률로서 조세포탈행위 등의 범칙행위를 처벌하는 내용을 규정하고 있다. 관세와 지방세에 대한 조세범처벌은 각각 「관세법」과 「지방세기본법」에서 규정하고 있다(지방세의 경우 지기법 128~133).

(4) 조세범처벌절차법

「조세범처벌절차법」은 조세에 관한 범칙사건을 간편 신속하게 처리함을 목적으로 하는 법률로서, 「조세범처벌법」에서 규정한 조세포탈행위 등 범칙행위에 대한 조사, 통고처분 및 고발 등에 관하여 규정하고 있다. 관세와 지방세에 대한 조세범처벌절차에 관하여는 각각 「관세법」과 「지방세기본법」에서 규정하고 있다(지방세의 경우 지기법 133의 2 ~ 133의 14).

(5) 조세특례제한법

「조세특례제한법」은 조세의 감면 및 이에 관련되는 특례에 관한 사항을 규제하여 과세의 공평을 기하고 조세정책을 효율적으로 수행함으로써 국민경제의 건전한 발전에 기여함을 목적으로 하고 있다(조특법 1). 이와 같이 「조세특례제한법」은 「국세기본법」 상의 조세감면의 사후관리원칙(국기법 17)과 관련된다.

지방세의 조세감면에 대하여는 「지방세특례제한법」에서 별도로 규정하고 있다.

(6) 국제조세 조정에 관한 법률

「국제조세 조정에 관한 법률」은 국제거래에 관한 조세의 조정 및 국가 간의 조세행정 협조에 관한 사항을 규정함으로써 국가 간의 이중과세 및 조세 회피를 방지하고 원활한 조세협력을 도모함을 목적으로 제정된 법률이다(국조법 1). 따라서 「국제조세조정에 관한 법률」은 국세와 지방세에 관하여 규정하는 다른 법률보다 우선하여 적용된다(국조법 3).

(7) 각 개별실체법

각 조세의 개별실체세법은 각 세목에 대한 과세요건과 확정·징수·납부절차 등을 규율한 법률로서 국세와 관련한 법률과 지방세에 관한 법률로 구분되는데, 국세와 관련된 법률로는 14가지의 세법이 있으며, 지방세와 관련한 법률로는 「지방세기본법」「지방세법」「지방세특례제한법」의 3가지가 있다. 특히 「지방세법」은 지방자치단체가 과세권자로 되어 있는 11가지의 세목을 「지방세법」이라는 하나의 세법에 통합하여 규정하고 있는 점이 특징이다.

이와 같이 국세의 경우 하나의 세목에 대하여 하나의 법률로 규정되어 있다고 하여 "1세목 1법률주의"라고 하고, 지방세의 경우 여러 세목을 하나의 법률로 규정하고 있다고 하여 "다세목 1법률주의"라고도 한다.

제 2 절 조세법의 법원과 효력

1. 조세법의 법원

(1) 개 념

조세법의 법원이란 세법의 존재형식을 말한다. 일반적으로 법은 성문법과 불문법으로 대별되며 계층적 체계로 구성된다. 이러한 법체계 중 조세법은 조세법률주의를 최고의 지도원리로 하고 있는 조세법의 특성을 반영하여 성문법을 중심으로 제한된 범위의 것만을 법원으로 인정한다.

(2) 성문법원

1) 헌 법

성문법으로서의 최상위의 법이다. 헌법에는 조세법의 지배원리로서 직접적인 규정을 마련하였는 바, 그 첫째는 제38조에서 「모든 국민은 법률의 정하는 바에 의하여 납세의무를 진다」고 함으로써 법률적 근거가 없으면 국민의 조세부담은 지울 수 없도록 하였으며 둘째는 제59조에서 「조세의 종목과 세율은 법률로서 정한다」고 함으로서 조세법의 구체적인 제정근간을 제시하여 조세법률주의를 명시적으로 선언하고 있는 최상위의 법원이다.

2) 법 률

조세에 관한 법률은 조세법원의 근간이 되는 것으로 헌법이 규정한 조세법률주의에 가장 충실한 법원성을 지니고 있다.

따라서 조세에 관련하여 국민의 권리가 제한되거나 의무를 부과하는 모든 요건은 법률로서 정하여야 하므로 납세의 기본요건이라 할 수 있는 납세의무자(납세주체), 과세물건(대상), 과세표준, 세율은 반드시 법률에 정하여야 하고 포괄적으로 명령에 위임하는 것은 헌법에 위배되어 허용되지 않는다.

현행 세법은 소득세법 등 각 세목에 따라 독립된 법률로서 제정되는 것을 원칙으로 하고 모든 세목에 공통되는 성질을 가진 사항은 국세기본법, 국세징수법, 조세범처벌법, 조세범처벌절차법을 각각 마련하여 규정하고 있다. 또한 지방세는 수개세목을 단일 법률로 규정한 지방세법과 모든 지방세 세목에 공통되는 사항을 규정한 지방세기본법, 그리고 지방세의 감면 등에 관한 사항을 규정한 지방세특례제한법으로 구성되어 있다.

3) 명 령

국회의 의결을 거치지 아니하고 행정기관에 의하여 제정된 법규를 명령이라 한다. 명령은 법률의 위임에 의하여 대통령이 명령하는 대통령령(시행령)과 법률 또는 대통령령의 위임에 의하여 총리 또는 각부 장관이 제정한 총리령 또는 부령(시행규칙)으로 구분된다.

이러한 명령은 법률의 위임이 있었으므로 법률과 같은 효력이 있으나 그 위임은 사항마다 개별적으로 그 범위를 정하여 위임하여야 하고 백지위임이나 포괄위임은 법규로서의 효력을 가질 수 없고 단순한 법규의 집행에 관한 효력을 가질 뿐이다.

4) 행정규칙(훈령, 통칙, 예규 등)

행정규칙이란 행정기관이 행정권에 근거하여 제정하는 규정으로서 훈령, 통칙, 예규 등을 총칭하는 것이다. 행정규칙은 조세법률주의 원칙에 기인하여 조세법의 법원으로는 인정되지 아니한다. 그러나 행정규칙은 과세관청이 세무행정을 집행하는 기준이 되므로 현실적으로는 조세법률관계에 상당한 영향을 미치고 있다.

참고 훈령·통칙·예규

1. 훈령 : 행정관청이 소속공무원을 통제하기 위한 목적으로 직무수행에 관한 절차 및 요령을 규정한 것을 말한다. 예를 들면, 국세청훈령인 국세징수사무처리규정 등이 있다.
2. 통칙 : 세법의 해석과 집행기준을 법조문 형식으로 체계화하여 행정관청이 소속공무원에게 시달하는 것으로서 재정경제부장관의 승인을 받아 국세청장이 제정한다. 예를 들면, 국세기본법 기본통칙, 법인세법 기본통칙 등이 있다.
3. 예규 : 개별문제에 대하여 행정관청이 법령의 해석에 관한 사항을 질의·회신형식으로 시달하는 것을 말하며 재정경제부장관 또는 국세청장이 제정한다.

5) 조 약

조약이란 문서에 의한 국가간의 합의를 말한다. 조약은 헌법 제6조의 규정에 근거하여 법률로서의 효력이 있으며 국내법에 우선하여 적용된다. 따라서 조세에 관한 조약은 조세법의 법원을 구성한다. 2010년 6월 30일 현재 우리나라는 77개 국가와 국제적 이중과세 방지를 위한 조세조약을 체결하여 시행하고 있다.

6) 조례·규칙

조례는 지방자치단체(의회)가 그 자치에 관하여 규정한 법규이다. 이러한 자치법규는 헌법에서「지방자치단체는 법령의 범위 안에서 자치에 관한 규정을 제정할 수 있다」고 한 규정에 근거한 것이다.

따라서 국회가 제정한 지방세법의 범위 안에서「지방자치단체는 지방세의 세목, 과세객체, 과세표준, 세율 기타 부과·징수에 관하여 필요한 사항을 정함에 있어서는 조례로서 정하여야 한다」고 규정하여 조례의 법원성을 명시하였으며,「지방자치단체의 장은 조례의 시행에 따른 절차 기타 그 시행에 관하여 필요한 사항을 세칙으로 정할 수 있다」고 규정하여 지방세법과 조례의 범위 안에서의 규칙제정의 권한이 있음을 규정하였으므로 자치단체의 규칙도 법원이 될 수 있다.

(3) 불문법원

1) 관습법

조세법 이외의 다른 법률분야에서는 관습법을 법원으로 삼고 있는 것이 일반적이다. 그러나 세법분야는 조세법률주의가 지배하고 있는 관계로 관습법의 법원성이 인정되느냐 하는 문제가 제기된다.

조세법률주의는 과세요건이나 그 절차를 모두 법률의 규정에 의하여만 실현될 수 있다고 하는 원칙이나 현실적으로 조세와 관련되는 경제사회의 모습은 복잡·다양하고 변화·발전하기 때문에 구체적 사안에까지 그 전부를 법률로 미리 제정하여 적용할 수는 없을 뿐만 아니라 불명료한 법률관계가 지속되는 가운데 일정한 관습이 형성되어 버리는 경우도 있다.

국민이 이러한 관습을 법에 적합한 것으로 믿고 계속하여 같은 행위를 되풀이하였을 때에는 그 신뢰이익은 보호할 필요가 있으며, 국세기본법(18 ③)이 「국세행정의 관행이 일반적으로 납세자에게 받아들여진 후에는 그 관행에 의한 행위 또는 계산은 정당한 것으로 보며 새로운 관행에 의하여 소급하여 과세하지 못한다」고 규정한 것은 납세자에게 이익이 되는 과세관행을 존중하여 법적효력을 부여한 것으로서 관습법으로서의 법원성을 인정하는 것으로 볼 수 있다.

그러나 이러한 관습법은 세법이 미치지 못하는 영역에서 세법으로서의 효력이 인정되는 것이라고 보아야 할 것이므로 세법에 위반되는 관습법은 인정될 수 없을 것이며 장래에 향하여 반드시 그 효력이 지속되는 것도 아닐 것이다.

2) 판례법

판례의 법원성에 관한 규정은 없다. 대법원의 판결은 당해 사건에 관한 하급심을 기속하는 효력은 있으나(법원조직법 8) 일반적인 법률적용에 있어서는 구속력을 갖지 아니한다.

최근 조세소송에 있어서 과세관청의 패소판결이 있었음에도 불구하고 비슷한 사건에 대하여 계속하여 과세하는 것은 판결이 당해 사건 이외에는 구속력이 미치지 아니하기 때문이다.

그러나 모든 재판은 대법원이 종국적인 판결을 하게 되어 선판결은 후판결의 준칙이 될 수밖에 없으므로 사실상 대법원 판례는 법원성을 갖는다고 할 수 있다.

3) 조 리

조리란 사물의 본질적 법칙 또는 도리를 말하며 이성을 가진 자에 의한 건전한 판단을 의미하기도 한다. 조리는 사법분야에서 법원성을 인정받고 있다.

조세법률주의를 지도원리로 하고 있는 조세법분야에서 조리는 법원으로 인정될 수 없음이 원칙이다. 다만, 세법제정의 원리, 세법의 해석·적용시 법규의 추상적 흠결을 보충하는 해석요소로서의 기능을 하는 일부 조리(신의성실의 원칙·권리남용금지의 원칙·응능부담의 원칙·실질과세의 원칙 등)는 제한된 범위 내에서 법원성을 인정받고 있다.

2. 조세법의 효력

조세법의 효력이 어느 범위에까지 미치는가는 지역적 한계, 인적 한계, 시간적 한계 등이 있다.

(1) 지역적 한계

조세법은 그를 제정하는 주체(국가 또는 지방자치단체)의 권한이 미치는 전 지역에 대하여 효력이 있기 때문에 그 지역에 효력의 한계가 있다. 따라서 국회가 제정하는 세법에 관한 법률과 중앙행정관청이 제정하는 명령은 전 영토에 그 효력이 미치고, 지방자치단체가 제정하는 조례·규칙은 당해 지방자치단체의 구역 내에서만 효력을 가진다.

(2) 인적 한계

조세법규는 원칙적으로 속지주의의 원칙에 의하여 당해 조세법규가 적용되는 지역 내의 모든 사람에게 일률적으로 적용된다. 즉, 내국인이든, 외국인이든, 자연인이든, 법인이든 불문하고 세법의 효력이 미친다. 다만, 납세의무의 범위나 과세절차 등에 있어서 거주자와 비거주자, 국내에 고정사업장이 있는 외국법인과 그것이 없는 외국법인 등에 대하여 약간의 차이가 있을 뿐이다. 그러나 외교관이나 국제기관의 직원 등 치외법권이 인정되는 자에게는 조세법의 적용을 배제한다.

(3) 시간적 한계

조세법규 역시 다른 법규와 마찬가지로 시행에 의하여 효력이 발생하고 그 후의 사실에 대하여 적용된다. 따라서 조세법령에 따로 정하고 있지 않는 한 공포일로부터 기산하여 20일을 경과함으로써 그 효력은 발생한다. 그러나 실제에 있어서는 각 조세법규의 부칙에서 공포일로부터 이를 시행하는 것이 통례이다.

조세법규의 효력에 관한 시간적 한계에서 특히 중요한 것은 소급입법 후 공포일전으로 소급하여 적용하는 입법을 할 수 있는가 하는 문제이다. 조세법률주의 원칙과 예측가능성 및 법적 안정성을 위협하는 소급입법은 절대 있어서는 안될 것이다. 따라서 납세자에게 불이익을 주는 소급입법은 허용될 수 없으며 다만 납세자에게 유리한 소급입법은 허용될 수 있다고 해석한다.

제 3 절 조세법의 기본원칙

조세법의 기본원칙이란 조세법을 입법·해석·적용하는 때에 준수하여야 할 조세법의 지도원리를 말하며 조세법률주의와 조세평등주의로 대별된다.

조세는 국가의 재정지출에 소요되는 재원을 국민으로부터 국가에게 무상 이전시키는 것이다. 이는 공공적 필요에 의한 것이기는 하나 헌법이 보장하고 있는 사유재산권에 대한 중대한 침해 중의 하나가 된다. 따라서 조세의 부과는 국가가 자의적으로 할 수 없으며 국민의 대표기관인 국회에서 합의한 바에 따라 하여야만 한다. 이것이 조세법률주의의 형성배경이다.

또한 조세는 국민의 경제적 부담이므로 그 부담은 국민이 능력에 따라 공평하게 부담하도록 하여야 한다. 이것이 조세평등주의의 기본사상이다.

1. 조세법률주의

(1) 의의 및 헌법적 근거

조세법률주의란 법률에 의하지 아니하고는 과세할 수 없다는 원칙을 말한다. 조세법률주의를 선언한 헌법적 근거는 제38조에서 「모든 국민은 법률이 정하는 바에 의하여 납세의 의무를 진다」고 규정함으로써 법률에 근거하지 아니하고는 납세의무를 질 수 없다는 대원칙을 밝혔고 또 제59조에서 「조세의 종목과 세율은 법률로서 정한다」고 규정함으로서 납세의무의 요건을 구체적으로 법률로 정할 것을 밝힌 것이다.

이러한 조세법률주의의 헌법적 정신은 조세부과에 관한 실체적 요건은 물론이고 이를 실현하는 절차적 요건까지도 법률로 정하여야 한다는 개괄적 표현으로 보아야 할 것이며, 판례도 같은 취지이다.

(2) 조세법률주의의 내용

조세법률주의는 과세요건 법정주의·과세요건 명확주의·소급과세의 금지 및 조세법의 엄격해석 등으로 구성된다.

1) 과세요건 법정주의

헌법 제59조는 조세의 종목과 세율을 법률로 정한다고 표현하였는 바 그 내용은 조세부과의 기본적 요건이라고 할 수 있는 납세의무자, 과세물건(대상), 과세표준, 세율 등 세부적인 사항에 이르기까지 국민의 부담이 되는 행위는 모두 법률로서 정하여야 한다는 것이다. 그러나 법률이 지니고 있는 보수성 또는 입법기술성 등의 문제로 변화 발전하는 조세현상을 빠짐없이 법률로 제정하기에는 한계가 있으므로 명령에 위임하는 경우에도 그 위임의 범위를 정하여 개별적으로 위임되어야 하고 포괄적 위임은 조세법률주의에 위배된다는 것이 통일된 법리이고 판례도 그러하다.

이 경우의 과세요건은 과세절차까지를 포함하는 개념으로 이해하여야 할 것이다.

2) 과세요건 명확주의

과세요건은 법률로 정하되 그 내용이 명확하여야 한다는 원칙이다. 이 경우 명확이라고 함은 각 규정의 개념이 뚜렷하여 자의적인 해석의 여지를 없애는 것과 법률을 집행하는 관청이나 납세자의 재량적 판단을 최소화함으로써 법적용의 공정성이 이루어질 수 있도록 하여야 한다는 것이다.

따라서 법규를 제정할 때는 과세요건 뿐만 아니라 그 실행절차에 이르기까지 구체적으로 상세히 규정하여 그 내용이 명확하고 일의적(一義的)으로 이해될 수 있게 함으로써 국민의 경제생활에 법적 안정성과 예측가능성을 보장하여야 한다.

이러한 이유로 조세법은 그 집행기관의 자유재량을 인정하는 규정은 원칙적으로 허용되지 않아야 하며 또한 법률을 제정함에 있어 불확정개념은 사용을 하지 않는 것이 과세요건 명확주의에 합당하다고 할 것이다.

● **참고** ● **불확정개념**

세법을 규정함에 있어서 '부당히', '현저히', '정당한 이유 없이' 혹은 '필요한 때' 등의 문구로서 정하는 경우에 이를 불확정개념이라고 하는데, 이와 같이 세법을 불확정하게 규정하다 보면 과세관청이 법해석상의 판단을 함에 있어서 임의재량을 행사할 수 있기 때문에 국민의 권리를 부당하게 침해할 우려가 있게 된다. 따라서, 너무 모호한 문구에 의한 세법의 규정은 과세요건 명확주의에 위배되어 무효가 된다고 볼 수 있다.

3) 소급과세의 금지

소급과세금지의 원칙이란 세법의 효력이 발생되기 전에 완결된 사실에 대하여 해당 새로운 세법을 적용해서는 안된다는 원칙을 말한다.

● **참고** ●

소급과세금지 원칙의 구체적인 내용은 제2편 국세기본법 중 제2장 '국세부과의 원칙과 세법적용의 원칙'을 참조하기 바란다.

4) 조세법의 엄격해석

조세법률주의 원칙상 세법의 해석은 문리해석을 원칙으로 하며 법규정의 확장·유추해석을 통한 납세의무의 확대는 허용되지 아니한다.

● 참고 ●

세법의 해석유형에 대한 자세한 설명은 제2편 국세기본법 중 제2장 제2절 '세법적용의 원칙'을 참조하기 바란다.

(3) 조세법률주의의 한계

조세가 법률로 제정되었다는 형식요건만 충족되면 그 내용에 불구하고 무조건 인정되는지 여부가 조세법률주의의 한계에 관한 문제이다. 조세법률주의에는 다음과 같은 내재적인 한계가 있다.

1) 자유민주주의 기본질서에 의한 한계

조세법은 헌법에서 천명한 자유민주주의를 위한 기본질서를 침해하여서는 아니된다. 예를 들면 소득의 전액을 세금으로 징수하는 조세법, 일부계층에 대한 면세특권을 부여하거나 국민의 경제적 활동을 본질적으로 훼손하는 정도에 이르는 조세부과를 정한 세법 등은 사유재산권의 보장·국민의 평등권·인간다운 삶을 누릴 수 있는 권리 등 헌법이 보장하고 있는 기본질서를 침해하는 것으로서 법률로 정해졌다고 해도 한계를 벗어나는 것이다.

2) 공평과세를 위한 한계

조세는 그 본질이 경제적 부담이므로 경제적 부담능력에 기초한 배분적 평등을 실현할 수 있어야 한다. 따라서 조세를 법률로 정함에 있어서는 경제적 부담능력과 관련된 사실 또는 행위를 과세대상으로 하는 원칙을 준수하여야 한다.

2. 조세평등주의

(1) 의 의

조세평등주의란 조세부담이 국민들 사이에 공평하게 배분되고 각종 조세법률관계에서 국민은 평등하게 대우받아야 한다는 원칙을 말한다. 이러한 조세평등주의는 헌법 11조에서 규정한 국민의 평등권을 조세법의 영역에서 구현하는 기능을 한다.

(2) 조세평등주의의 내용

1) 수평적 공평

수평적 공평이란 동일한 담세력을 가진 자는 동일한 세부담을 하게 하는 것을 말한다. 이러한 공평과세의 실현을 위한 노력은 세법의 입법단계에서부터 적용되는데 다음과 같은 항목은 그 대표적인 사례들이다.

① 실질과세의 원칙(국세기본법)
② 부당행위계산의 부인(법인세법·소득세법)
③ 부당대가의 부인(부가가치세법)
④ 증여의제(상속세 및 증여세법)
⑤ 의제배당(법인세·소득세법)
⑥ 최저한세(조세특례제한법)

참고

조세평등주의의 예에 해당하는 위 항목들에 대한 구체적인 내용은 추후 각 개별세법에 대한 학습을 통하여 자연스럽게 알게 될 것이므로 자세한 설명은 생략하기로 한다.

2) 수직적 공평

수직적 공평이란 추가적인 담세력에 대하여 보다 많은 세부담을 하게 하는 것을 말하며 '응능부담의 원칙'이라고도 한다. 이의 실현을 위한 대표적인 제도는 초과누진세율이며 법인세·소득세·상속세·증여세 등의 세율이 초과누진세율 구조로 되어 있다.

(3) 조세평등주의의 적용

조세평등주의는 세법의 입법시에는 지도원리로 적용되어야 하며 세법의 해석·적용시에도 적용될 수 있는 원칙이다. 다만, 세법의 해석·적용시 조세평등주의의 적용은 조세법률주의의 테두리 안에서 적용되어야 하는 한계를 지닌다.

제 4 절 조세법률관계

조세법률관계란 조세를 부과·징수하는 주체로서의 국가(과세관청)와 조세를 납부하는 주체로서의 국민이라는 두 주체 사이의 법률적 위치와 관계를 말한다.

1. 권력관계설

이는 Otto Mayer를 중심으로 한 조세법률관계에 대한 전통적 학설로서, 조세는 국가의 통치권에 기한 적용으로 국가의 조세부과행위에 따라 국민은 당연히 부담의 의무를 져야 한다는 것이다. 따라서 국가와 납세자는 불대등한 위치에서 명령과 복종의 관계로 이해되었던 것이다(예 : 체납처분제도, 정부부과제도, 세무조사 등).

2. 채무관계설

이는 Albert Hensel이 주장한 학설로서, 마치 사권(私權)에 있어서의 채권·채무와 같은 논리의 바탕에서 출발한 것이다. 즉 국가는 채권자이고 국민은 채무자일 뿐이며 권리·의무의 당사자로서의 대등한 관계라고 보는 견해이다.

다만, 권리·의무의 발생이 사권(私權)에 있어서는 당사자의 의사표시에 의하여 이루어지는데 대하여 조세는 법률이 정한 요건이 충족됨으로써 자동적으로 발생할 뿐이므로 국가는 어떠한 권력적 작용으로도 조세채권을 발생시키거나 변경시킬 수 없다는 이론이다.

더욱이 세법은 국민의 대표기관이 제정하므로 넓은 의미로는 국민과 국가 사이에 정형적인 약속에 의하여 조세채권·채무가 성립된다는 것이다.

이러한 채권·채무관계설을 바탕으로 발전된 모습은 신고확정제도와 납세자 권리헌장, 조세불복제도 등에서 찾아볼 수 있다. 예를 들면, 신고확정제도에서는 납세의무자가 법률에 정한대로 과세표준과 세액을 산출하여 신고하면 그대로 납세의무를 확정하고 별도의 행정처분을 필요로 하지 아니하게 되는 것이다.

따라서 조세법률관계를 채권채무관계설로 볼 때에는 부과처분이란 법정요건의 충족으로 이미 성립되어 있는 조세채무를 확인하는 행위에 불과하게 된다.

조세 채권·채무관계설은 민주적인 여러 제도와도 합치되는 것으로 발전적 조세이론으로 평가된다.

<표 Ⅰ-6> 조세법률관계 학설

구 분	조세권력관계설	조세채무관계설
① 법률관계성격	공법상 권력관계	사법상 채권·채무관계
② 우월적 당사자	과세권자	과세권자와 국민(주민)간 대등
③ 행정처분 중요성	중시함	경시함
④ 조세실체의 강조	중요시 않음(조세절차강조)	중요시 함
⑤ 권리구제강조	중요시 않음	중요시 함
⑥ 급부의무의 성격	공법적 관계의 강조	사법적 관계의 강조

연습문제

[주관식 문제]

1. 조세법의 규정형태를 설명하라.
2. 조세법의 법원과 그 효력에 대하여 설명하라.
3. 조세법률주의의 의의와 그 내용을 약술하라.
4. 과세요건 법정주의와 과세요건 명확주의의 내용을 약술하라.
5. 조세평등주의의 의의와 그 내용을 약술하라.
6. 조세법률관계를 설명하라.

[객관식 문제]

1. 국세에 관한 일반적 · 공통적 세법에 해당하지 않는 것은?

① 국세기본법
② 부가가치세법
③ 조세범처벌법
④ 조세범처벌절차법
⑤ 국세징수법

2. 다음의 조세법원에 관한 설명 중 가장 올바른 것은?

① 국가간의 이중과세 방지조약 등의 조세와 관련된 조약은 법원이라 할 수 없다.
② 위임명령 중 포괄위임의 경우와 위임되지 않은 사항을 규정한 경우도 그 명령의 효력이 인정될 수 있다.
③ 지방세의 경우는 조례·규칙도 법원이다.
④ 예규나 통칙은 조세에 영향을 미치는 정도가 상당하므로 법원으로 인정된다.
⑤ 조세에 관한 시행규칙은 기획재정부장관이 정하는 기재부령으로 제정되는데 과세물건 대상에 따라서는 법률이나 시행령의 위임이 없이도 가능하다.

정답	1. ② 2. ③

3. 조례와 규칙에 대한 설명으로서 올바른 것은?

① 조례는 지방자치단체의 장이 법령에서 위임한 범위 내에서 제정한다.
② 규칙은 지방의회의 의결을 거쳐서 법령의 범위 안에서 제정된다.
③ 규칙은 지방자치단체의 장이 법령 또는 조례에서 위임한 범위 내에서 제정한다.
④ 지방세의 경우에는 조례와 규칙은 법원이 될 수 없다.
⑤ 규칙은 지방자치단체의 장이 법무부장관의 승인을 얻어서 제정한다.

4. 조세법률주의에 대한 설명 중 잘못된 것은?

① 국민의 납세의무가 국회를 통과한 법률에 의하여서만 성립할 수 있다는 사상을 의미한다.
② 대표 없이는 과세 없다는 사상과 일맥상통한다.
③ 국민을 과세권의 자의적 발동으로부터 보호하기 위한 대원칙이다.
④ 법률에 의하여야 하므로 법규의 유추나 확장해석이 필요하다.
⑤ 조세의 종목과 세율은 법률로 정하여야 한다.

정답	3. ③ 4. ④

제 Ⅱ 편

국세기본법

제1장 총 칙

제1절 국세기본법의 의의 · 목적 · 규율사항

1. 국세기본법의 의의

국세기본법은 국세에 관한 기본적이고 공통적인 사항과 위법·부당한 행정처분에 대한 불복절차를 규정한 법률이다.

따라서 실체적인 규정과 절차적인 규정이 하나의 법률로서 만들어졌다. 이 법률은 1974년 12월 21일에 제정하여 1975년 1월 1일부터 시행하고 있는 법률로서 이 법 제정 이전에는 국세에 관한 기본적이고 공통적인 사항을 각 세법마다 따로 규정함으로써 같은 내용이 중복규정 되어 비경제적이고, 법령의 해석·적용에 있어서도 통일성이 없을 뿐만 아니라 세법 상호간에 상충되는 규정에 대하여 효력의 우열을 조정할 수 있는 기능적 장치가 없었다고 할 수 있다. 이러한 문제점을 해결하고 세법의 논리적 체계를 정비하기 위하여 모든 세법의 기본이 되는 작용을 할 수 있는 법률을 제정하도록 하였던 것이다. 다만, 위법·부당한 행정처분에 대한 불복절차 규정으로서 국세심판청구법이 단행법률로 있던 것을 국세기본법에 흡수하여 실체적 규정과 함께 이 법 중 절차규정이 된 것이다.

현대사회는 날로 다양화하고 복잡하여져 가고 있다. 그 가운데서도 경제적 측면 즉, 경제사회는 생산·유통·소비의 제현상이 예측하지 못할 정도로 변화발전하여 가고 있으며, 자유방임을 원칙으로 하는 경제질서는 통제를 가하여 사법질서와 공법질서간에 새로운 조화를 모색하고 있다. 이러한 중재적 작용의 수단으로서 가장 큰 비중을 갖고 있는 것이 조세이다.

사경제는 자유로운 경제활동을 하는 것을 보장하는 한편 여기서 얻어지는 부에 대하여는 조세로서 흡수하여 팽창하는 재정수요를 충족하고 소득재분배효과를 거두어 국민 모두가 자유와 안녕과 인간다운 생활을 누릴 수 있도록 하는 것이 자유민주사회가 갖고 있는 경제구조의 본질인 것이다.

그러나 국민으로부터 세금을 거두어들이는 일은 어려운 일이다. 세금을 부담하는 일은 국민의 당연한 의무라고 생각하면서도 이를 현실적으로 납부하는 데는 많은 문제를 야기한다. 이에 국가는 권력적 작용에 의하여 이를 징수하게 되고 그 작용에 관한 법률이 각 조세법인 것이다.

2. 국세기본법의 제정목적

조세는 경제활동에서 얻어진 부로부터 징수하는 것이므로 경제현상의 복잡화는 세법의 복잡화를 초래하게 되었다. 그러나 세법의 복잡화는 조세부담의 공평과 납세의무 이행의 편의가 보장되도록 하여야 한다. 법 제1조는 그 제정목적을 다음 3가지로 규정하고 있다.

(1) 국세에 관한 법률관계를 확실하게 한다

조세의 개념에 관하여는 국가의 권력적 작용에 의하여 강제징수하는 금전적 가치라는 관념으로부터 조세는 채권·채무관계라는 이론으로 발전하여 가고 있다.

채권·채무관계설은 사법상의 채권·채무에 관한 실체법적 이론과 유사한 관계라고 보고, 다만 채권·채무의 성립이 당사자의 의사표시에 의하여 이루어지는 것이 아니고 법률이 정한 요건이 충족됨으로써 이루어지며, 채권자인 국가와 채무자인 납세의무자간의 당사자적 지위는 대등한 관계라고 보는 것이다. 그러나 채권자인 국가가 채권을 실행하는 절차는 획일적이고 강제성이 나타남으로써 조세채권자의 우위성이 인정되지 않을 수 없어 사법상 권리의 실행절차와는 성격을 달리하고 있다.

따라서 조세채권자의 우위성이 인정될수록 법에 의한 국민의 재산권 보호장치가 요청된다고 할 것이므로 조세채권자와 조세채무자간의 법률관계를 확실하게 하는 것은 물론 여러가지의 세법상호간에 그 내용에 있어 모순되거나 효력의 우열 등으로 형평을 잃지 않도록 각 법률관계를 확실히 하려는데 있다.

(2) 과세의 공정을 도모한다

과세는 공정을 생명으로 한다.

공정은 「와그너」가 주장한 조세원칙 가운데 "공평한 조세배분의 원칙"과 같은 뜻으로 본다. 그러나 법률이 보호하고자 하는 공정은 조세정책적 측면에서의 공정보다는 조세행정적 측면에서 과세관청의 자의적인 판단을 최소한으로 배제하여 법에 적합하고 확실한 과세를 하게 함으로써 법이 목적하는 부담능력에 따른 공평한 과세가 이루어지는 것을 뜻한다고 할 것이다.

(3) 납세의무의 원활한 이행에 기여하게 한다

이는 세법을 평이하게 만들어 이해를 돕고 법체계의 통일성과 확실성을 기함으로써 납세의무를 이행하는 방법이나 절차를 간편하고 쉽게 하여 도움이 되도록 하려는 데 있다.

3. 국세기본법의 규율사항

국세기본법의 규율사항은 첫째, 국세에 관한 기본적인 사항과 둘째, 국세에 관한 공통적인 사항(국세의 행정처분에 대한 구제절차 포함)으로 대별할 수 있으며, 이를 요약하면 다음과 같다.

<표 Ⅱ-1> 국세기본법의 규율사항

규율사항	내 용
국세에 관한 **기본적인** 사항	① 납세의무자 ② 조세채권의 성립요건인 과세기간과 과세표준 ③ 과세표준의 신고 ④ 법인격 없는 단체 ⑤ 국세부과의 원칙 ⑥ 세법적용의 원칙 ⑦ 납세의무의 성립시기와 확정 ⑧ 납세의무의 승계 ⑨ 연대납세의무 ⑩ 납세의무의 소멸
국세에 대한 **공통적인** 사항	① 기간과 기한 ② 서류의 송달 ③ 납세담보 ④ 국세의 우선권 ⑤ 제2차 납세의무자 ⑥ 물적 납세의무 ⑦ 관할관청 ⑧ 수정신고 ⑨ 가산세의 부과와 감면 ⑩ 국세환급금과 동 가산금 ⑪ 심사와 심판 ⑫ 납세자의 권리 ⑬ 납세관리인 등 기타 보칙 규정

제 2 절 조세에 관한 용어의 정의

조세법을 이해하는 데에는 먼저 조세용어를 알아 두어야 한다. 국세기본법 제2조에서 규정하고 있는 조세용어를 기초로 하여 살펴보면 다음과 같다.

1. 국 세(national tax)

조세는 일반적으로 과세주체에 따라 국세와 지방세로 구분되고, 국세는 다시 재화가 국경을 통과하는가의 여부에 따라 내국세와 관세로 구분되며, 내국세는 또 전가여부에 따라 직접세와 간접세로 구분된다.

국세기본법의 적용대상이 되는 국세는 내국세로서 다음에 열거하는 것을 말한다.

① 소득세 ② 법인세 ③ 상속세 ④ 증여세 ⑤ 종합부동산세 ⑥ 부가가치세 ⑦ 개별소비세 ⑧ 교통 · 에너지 · 환경세 ⑨ 주세 ⑩ 인지세 ⑪ 증권거래세 ⑫ 교육세 ⑬ 농어촌특별세

● 참고 ● 세금의 전가

어떤 사람에게 세금이 부과되면 그 사람은 형식적으로 세금을 납부하는 납세자가 된다. 그러나 실제에 있어서도 그 납세자가 반드시 최종적으로 세금을 부담하는 담세자가 된다고는 할 수 없다. 왜냐하면 최초로 세금을 납부한 사람은 가격 조정과정을 통해서 세금을 다른 사람에게 이전하고, 그 자신은 세금의 부담에서 벗어나려고 하기 때문이다. 즉, 납세자는 세금의 부담을 제3자에게 이전시키고자 하며, 경우에 따라서는 제3자로부터 제4자 또는 제5자에게 이전되는 경우도 있다.

1) 의 의

일단 납부한 세금의 부담이 납세자로부터 다른 사람에게 이전되는 현상을 세금의 전가(轉嫁)라고 한다. 그런데 직접세의 경우에는 전가현상이 일어나지 않아, 납세와 실제의 부담이 서로 일치하게 되는 경우가 많다. 그러나 대부분의 간접세는 정도의 차이는 있을지라도 전가현상이 항상 일어난다.

예를 들어, 가구의 제조업자에게 부가가치세가 부과되었을 때 그 가구 제조업자는 부과된 세금만큼 가구의 가격을 올림으로써 소비자에게 세금을 전가시키는 것이다.

2) 전가방법

세금의 전가는 일반적으로 가격 변화를 통해 이루어지지만 경우에 따라서는 상품의 질 및 양적 변화의 형태를 취할 때도 있다. 세금의 전가현상은 세금 부담이 이전되는 과정인 전전(展轉)과 세금부담이 최종적으로 어떤 사람에게 낙착되는 귀착으로 나누어진다. 즉, 세금은 가격에 전가된 세금을 부담하는 사람에게 귀착되는 것이다. 따라서 귀착은 세금의 종착역이라고 할 수 있다.

따라서 세금 부담의 공평을 위하여서는 어떠한 세금이 어떻게 전가되어 누구에게 귀착되는가를 명확히 판단하여야 한다.

3) 전가의 형태

① 전전(前轉) : 상품의 유통과정과 세금의 전가방향이 같은 경우로서, 상품의 유통과정에 있어서 전자(생산자나 판매자)로부터 후자(소비자나 구매자)에게 세금 부담이 이전되는 현상을 말한다.

예를 들어, 판매자가 세금만큼 상품의 가격을 올려서 팔면 구입자가 그 세금의 실질적인 부담자가 되는 것이다. 그런데 부가가치세를 비롯한 대부분의 소비세는 상품 가격의 인상을 통해서 구입자에게 전부 또는 일부의 전전형상을 일으킨다.

생산자(전자) —전전→ 판매자(후자)

② 후전(後轉) : 전전의 반대로, 거래관계에 있어서 후자로부터 전자에게 세금부담이 이전되는 현상을 말한다. 즉, 세금 부담이 판매자로부터 제조업자에게, 또는 제조업자로부터 원료 생산자에게 이전되는 현상이다.

예를 들어, 구두 제조업자에게 세금이 부과되는 경우에, 원료인 가죽가격을 인하시켜 가죽의 제조자 또는 판매자에게 세금 부담을 전가시키는 것이다.

원료생산자(전자) ←후전— 제조업자(후자)

③ 갱전(更轉) : 전전 또는 후전이 각기 연속적으로 일어나는 현상을 말한다. 예를 들면 목재에 대한 세금이 가구 제조업자에게 이전되고, 또 가구의 가격 인상을 통하여 가구 제조업자로부터 소비자에게 세금 부담이 이전되는 경우이다.

④ 소전(消轉) : 생산자에게 세금이 부과된 경우에 그것이 자극이 되어, 생산자가 생산방법을 개선하고, 경영을 합리화하여 부과된 세금만큼 생산 비용을 낮추는데 성공한 경우를 말한다. 이 경우에는 부과된 세금이 그 누구에게도 부담이 되지 않고 생산과정에서 흡수되는 것이다. 이와 같은 세금 흡수현상을 소전이라고 한다.

따라서 소전은 생산과정에서만 일어나며, 전전이나 후전과 같은 교환과정에서는 일어나지 않는다.

⑤ 환원(還元) : 후전의 일종으로서, 주로 부동산·유가증권에 대하여 세금이 부과되었을 때 그 부담을 다른 사람에게 전가할 수 없으면 과세물건의 가격은 그에 부과된 세금의 자본 환원액만큼 떨어지게 되는데, 이 같은 하락현상을 환원이라고 한다.

즉, 부동산에 대해서 새로운 세금이 부과되는 경우에 그 부동산은 세금이 부과되지 않은 다른 자산에 비해서 불리하게 되므로, 그 부동산의 가격은 일반적으로 하락하게 된다.

예를 들면, 한 평에 1백만원자리 대지가 있는데, 여기에 2만원의 세금이 부과되었다고 하자. 그리고 그 당시의 이자율이 10%라고 하면, 과세액 2만원의 자본 환원액은 2십만원(2만원÷10%)이 되고, 과세후의 대지의 가격은 자본 환원액 2십만원만큼 떨어진 8십만원(1백만원－2십만원)이 될 수 있다. 따라서 구입자는 자본 환원액만큼 하락된 가격으로 구입하게 되며, 실질적으로는 세금을 부담하지 않게 되는 것이다.

이와 같이 토지에 과세되었을 경우에는 지가가 떨어지게 마련이며, 우리나라의 경우에도 양도소득세와 종합토지세가 지가의 상승을 방지하는 수단으로 활용되고 있다. 그러나 토지에 대한 세율이 완화되면 지가가 다시 상승하는 경향이 있다.

그리고 이와 같은 자본 환원현상은 다음과 같은 세 가지 경우에만 일어난다는 점에 유의하여야 한다. 첫째, 소비재가 아닌 자본재 또는 소득을 가져올 수 있는 자산(예 : 유가증권, 토지, 건물, 기타 부동산)

> 둘째, 미래에 과세가 신설될 가능성이 있을 때나 또는 세율이 인상될 가능성이 보일 때
> 셋째, 과세대상의 공급이 수요를 초과할 때

2. 세법(tax law)

과세권의 주체로서의 국가 또는 지방자치단체와 경제활동의 주체로서의 국민과의 사이에 형성되는 조세법률관계를 규율하는 법을 말한다. 다만, 국세기본법에서 세법이라 함은 국세의 종목과 세율을 정한 실체법 즉, 각 개별세법과 국세징수법·조세범처벌법·조세범처벌절차법·조세특례제한법·국제조세 조정에 관한 법률을 포함한다.

> • **참고** •
>
> 관세법, 임시수입부가세법, 지방세법, 국세기본법은 국세기본법상의 세법의 범위에서 제외된다.

3. 원천징수(withholding)

원천징수의무 있는 자가 그 상대방의 수익 또는 소득이 되는 금전 등을 지급하는 경우 그 지급하는 수익 또는 소득에서 일정률의 세액(이에 관계되는 가산세는 제외)을 징수하여 납부하는 것을 말한다.

원천징수의무자는 법률의 규정에 의하여 국가를 대위하여 세금을 징수하여 국가에 납부하고 있는 것이다. 즉, 원천징수의무자는 국가의 법정대위권자로서, 거래상대방(피원천징수의무자)에 대하여는 그에게 귀속되는 수익이나 소득의 원천에서 원천징수할 권리가 있으며, 국가에 대하여는 원천징수하여 납부할 의무를 지고 있는 것이다.

예를 들면, 급여를 지급할 때 지급하는 자는 지급받는 자의 급여에서 일정률의 세액(근로소득세)을 징수(공제)하여 이를 국가에 납부한다. 이 때 급여를 지급하는 자를 원천징수의무자라 한다.

원천징수의무자는 상대방의 세금을 징수하여 납부하여야 할 납세자이나 원천징수금액을 부담하는 자는 원천징수의무자로부터 수익 또는 소득이 되는 금액을 지급받는 상대방이 된다.

이를 표로 살펴보면 다음과 같다.

<표 Ⅱ-1>

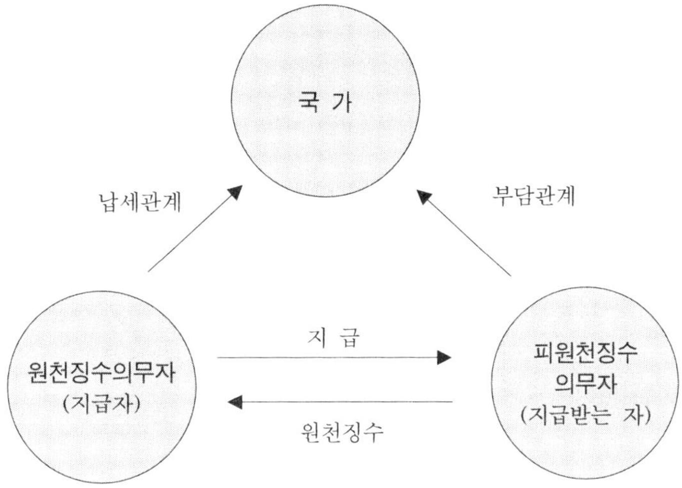

4. 가산세(additional tax)

세법상 납세의무자가 이행하여야 할 의무를 성실히 이행하도록 하기 위하여 의무위반에 대한 제재로서 본세에 부가하여 과하는 행정벌적인 성질의 금액을 말하며, 가산금은 여기에 포함하지 않는다.

예를 들면, 신고불성실가산세·납부불성실가산세·세금계산서 미제출 및 지연제출가산세·무기장가산세 등이 이에 속한다.

형식상 가산세는 해당 세법이 정하는 국세의 세목으로 한다(국기법 47 ②). 즉 부가가치세에 대한 가산세는 그 자체가 부가가치세의 일부인 것이다.

5. 가산금(an additional money)

납세의무자가 국세를 납세고지서상의 납부기한까지 완납하지 아니한 때는 그 납부기한이 지난 날부터 체납된 국세의 3%를 가산하여 징수하는데, 이를 가산금이라고 한다. 또한 체납된 국세를 납부하지 않은 때에는 그 납부기한이 지난 날부터 매 1월이 지날 때마다 체납된 국세의 1.2%에 상당하는 가산금을 가산하여 징수하게 되는데, 이를 중가산금이라고 한다. 이 경우 중가산금을 가산하여 징수하는 기간은 60개월을 초과하지 못한다. 따라서 가산금으로서 징수할 수 있는 최대금액은 납부할 국세의 75%가 된다[가산금(3%) + 중가산금(1.2%×60개월=72%) = 75%].

• 참고 •

1. 체납된 국세가 100만원 미만인 때에는 중가산금은 적용되지 않는다(국징법 21 ②).
2. 가산금과 중가산금은 일종의 연체이자적 성격을 가지고 있으며, 이러한 가산금은 국세에 속하지 않는다.

6. 체납처분비

납부기한 내에 국세를 납부하지 아니한 경우에 국세징수법에 따라 강제징수하는 것을 체납처분이라 하며, 체납처분비란 강제징수에 따른 비용을 말한다. 즉 압류·보관·운반·매각 등 체납처분절차에 소요된 비용(매각을 대행시키는 경우 그 수수료를 포함한다)을 말한다.

7. 지방세(local tax)

지방자치단체가 지방세법에 따라 징수하는 조세를 말한다. 지방세는 지방자치단체에 따라 서울특별시·부산광역시·대구광역시·인천광역시·광주광역시·대전광역시·울산광역시가 부과하는 특별시세 및 광역시세(9개)와 구가 부과하는 구세(2개)로 나누기도 하고, 도가 부과하는 도세(6개)와 시·군이 부과하는 시·군세(5개)로 나누기도 한다.

8. 공과금(public impost)

공과금은 조세이외의 공법상의 금전채권을 말한다. 따라서 이러한 공과금의 범위에는 국세·관세·임시수입부가세 및 지방세와 이에 관계되는 가산세 및 체납처분비는 포함되지 아니한다. 공과금은 공법상의 채권이므로 국세징수법상의 체납처분 예에 따라 강제징수할 수 있다.

9. 납세의무자(tax payer)

납세의무자라 함은 법률(세법)상 국세를 납부할 의무가 있는 자를 말한다. 다만, 국세를 징수하여 납부할 의무가 있는 자(원천징수의무자, 부가가치세법상 대리납부의무자)는 제외한다. 따라서 실체법상 조세를 부담할 의무가 있을 뿐만 아니라 이를 납부하여야 할 의무까지 지고 있는 자를 말한다.

10. 납세자

납세자는 납세의무자보다 광범위한 개념이다. 납세의무자는 담세의무자임과 동시에 납세자이나 납세자는 본래의 납세의무자가 아닌 자가 법률의 규정에 따라 납세자가 되는 경우까지를 포함하여 실제로 세금을 납부하는 자를 말한다. 납세자의 범위는 다음과 같다.

① (본래의)납세의무자
② 연대납세의무자
③ 제2차 납세의무자
④ 납세보증인
⑤ 세법에 따라 국세를 징수하여 납부할 의무가 있는 자(원천징수의무자, 부가가치세법상 대리납부의무자)등이다.

11. 담세자

자기의 재산 또는 소득에 대하여 조세를 부담하는 자이다. 소득세와 같은 직접세의 경우에는 원칙적으로 납세자가 담세자이지만 부가가치세와 같은 간접세의 경우에는 납세자인 재화 또는 용역을 공급하는 자와 재화를 수입하는 자가 조세를 납부하지만 그 부가가치세는 궁극적으로 최종소비자에게 전가시키는 것이 보통이다. 따라서 이와 같은 경우에 담세자는 원칙적으로 최종소비자가 된다.

12. 징수의무자

법률이 정하는 바에 따라 세금을 징수하여 이것을 정부 또는 지방자치단체에 납부할 의무를 지는 자를 말한다.

예컨대, 이자소득·배당소득·세법이 정하는 사업소득·근로소득·연금소득·기타소득 및 퇴직소득을 지급하는 자는 그 지급하는 금액에 일정한 세율을 적용하여 원천징수하고 이를 정부 또는 지방자치단체에 납부하게 되는데, 이와 같은 세금을 징수하여 납부하는 자를 징수의무자라 한다.

13. 연대납세의무자

하나의 조세채무에 대하여 2인 이상의 납세의무자가 연대하여 납부할 의무가 있는 것을 말한다.

14. 제2차 납세의무자

본래의 납세의무자가 납세의무를 이행할 수 없는 경우에 그 납세자에 갈음하여 납세의무를 지는 자를 제2차 납세의무자라고 한다.

15. 납세보증인

납세보증인은 납세자의 국세·가산금·체납처분비의 납부를 보증한 자를 말한다. 납세보증은 일반채권·채무에 있어서의 보증채무와 같은 것이다. 즉, 주채무자인 납세자가 조세채무를 이행하지 않는 경우에 납세보증인은 보증한도 내에서 납세할 채무를 지는 것이다. 다만, 납세보증인이 보증한 채무를 이행하지 않는 경우에는 보증인에 대하여도 국세징수법에 의해 강제징수할 수 있다.

16. 납세관리인

납세의무자가 납세지에 주소 또는 거소를 두지 아니한 때에 그 납세의무자의 납세에 관한 사무를 처리하기 위하여 선정한 자를 말한다. 납세관리인은 납세의무자가 선정하여 세무관서에 신고한다. 따라서 납세의무를 이행하지 아니하고 출국하고자 할 때나 일정한 장소에 거주하지 아니하는 납세의무자는 납세관리인을 선임하여 정부에 신고하여야 한다.

17. 과세기간(tax period)

세법에 따라 국세의 과세표준의 계산에 기초가 되는 기간을 말하며, 소득세와 법인세는 일반적으로 매년 1월 1일부터 12월 31일까지가 1과세기간이 되며, 부가가치세는 1월 1일부터 6월 30일(제1기), 7월 1일부터 12월 31일(제2기)로 과세기간이 둘로 나누어져 있다.

18. 과세표준(tax base)

과세표준은 세법에 따라 직접적으로 세액산출의 기초가 되는 과세대상의 수량 또는 가액을 말한다. 즉, 과세대상을 금액 또는 수량으로 구체화하여 이에 세율을 적용하여 세액을 산출하는 기초를 과세표준이라 한다.

19. 과세표준 신고서

국세의 과세표준과 국세의 납부 또는 환급을 위하여 필요한 사항을 기재한 신고서를 말한다.

20. 과세표준 수정신고서

당초에 제출한 과세표준신고서의 기재사항을 수정하는 신고서를 말한다.

21. 법정신고기한(statutory due date of tax return)

세법에 의하여 과세표준신고서를 제출할 기한을 말한다. 참고로 세목별 법정신고기한의 예를 들면 다음과 같다.

(1) 소득세

다음연도 5월 31일(소법 70)

(2) 법인세

각 사업연도 종료일이 속하는 달의 말일부터 3월(법법 60 ①)

(3) 상속세 및 증여세

상속개시일이 속하는 달의 말일부터 6개월 또는 증여받은 날이 속하는 달의 말일부터 3개월(상증법 67, 68)

(4) 부가가치세

7월 25일(제1기 확정신고)과 다음연도 1월 25일(제2기 확정신고) (부가법 19)

22. 세무공무원(tax official)

국세청장·지방국세청장·세무서장 또는 그 소속공무원 및 세법에 따라 국세에 관한 사무를 세관장이 관장하는 경우의 당해 세관장 또는 그 소속공무원을 말한다.

<표 Ⅱ-2> 세무공무원의 범위

구 분	범 위
① 일반적인 경우	국세청장, 지방국세청장, 세무서장 또는 그 소속공무원
② 국세에 관한 사무를 세관장이 관장하는 경우	'①' 및 당해 세관장 또는 그 소속공무원

● **참고** ●

관세청장은 세무공무원이 아니다.

23. 정보통신망

전기통신법 제2조 제2호의 규정에 따른 전기통신설비를 활용하거나 전기통신설비와 컴퓨터 및 컴퓨터의 이용기술을 활용하여 정보를 수집·가공·저장·검색·송신 또는 수신하는 정보통신체계를 말한다.

24. 전자신고

과세표준신고서 등 국세기본법 또는 세법에 따른 신고관련 서류를 국세청장이 정하여 고시하는 (국세)정보통신망(Home Tax Service : HTS)에 의하여 신고하는 것을 말한다.

25. 특수관계인

'특수관계인'이란 본인과 다음 중 어느 하나에 해당하는 관계에 있는 자를 말한다. 이 경우 국세기본법 및 세법을 적용할 때 본인도 그 특수관계인의 특수관계인으로 본다. 즉, 쌍방관계를 기준으로 판단하는 것이며, 甲을 기준으로 乙이 특수관계인에 해당하면 甲도 乙의 특수관계인에 해당한다.

① 혈족·인척 등 대통령령으로 정하는 친족관계
② 임원·사용인 등 대통령령으로 정하는 경제적 연관관계
③ 주주·출자자 등 대통령령으로 정하는 경영지배관계

2012년부터 특수관계인의 범위를 국세기본법 총칙에서 정의하고 각 법령의 조항에서 국세기본법의 특수관계인을 인용하면서 제도의 취지에 따라 그 범위를 조정하도록

하였다. 구체적으로 '특수관계인'이란 본인과 다음 중 어느 하나의 관계에 있는 자를 말한다(국기령 1의 2).

(1) 친족관계

① 6촌 이내의 혈족
② 4촌 이내의 인척
③ 배우자(사실상의 혼인관계에 있는 자를 포함한다)
④ 친생자로서 다른 사람에게 친양자 입양된 자 및 그 배우자·직계비속

(2) 경제적 연대관계

① 임원과 그 밖의 사용인
② 본인의 금전이나 그 밖의 재산으로 생계를 유지하는 자
③ 위 ① 및 ②의 자와 생계를 함께하는 친족

(3) 경영지배관계

1) 본인이 개인인 경우

① 본인이 직접 또는 그와 친족관계 또는 경제적 연관관계에 있는 자를 통하여 법인의 경영에 대하여 지배적인 영향력을 행사하고 있는 경우 그 법인
② 본인이 직접 또는 그와 친족관계, 경제적 연관관계 또는 ①의 관계에 있는 자를 통하여 법인의 경영에 대하여 지배적인 영향력을 행사하고 있는 경우 그 법인

2) 본인이 법인인 경우

① 개인 또는 법인이 직접 또는 그와 친족관계 또는 경제적 연관관계에 있는 자를 통하여 본인인 법인의 경영에 대하여 지배적인 영향력을 행사하고 있는 경우 그 개인 또는 법인
② 본인이 직접 또는 그와 경제적 연관관계 또는 ①의 관계에 있는 자를 통하여 어느 법인의 경영에 대하여 지배적인 영향력을 행사하고 있는 경우 그 법인
③ 본인이 직접 또는 그와 경제적 연관관계, ① 또는 ②의 관계에 있는 자를 통하여 어느 법인의 경영에 대하여 지배적인 영향력을 행사하고 있는 그 법인
④ 본인이 「독점규제 및 공정거래에 관한 법률」에 따른 기업집단에 속하는 경우 그 기업집단에 속하는 다른 계열회사 및 그 임원

위의 경영지배기준을 적용할 때 다음의 구분에 따른 요건에 해당하는 경우 해당 법인의 경영에 대하여 지배적인 영향력을 행사하고 있는 것으로 본다.

구 분	경영지배기준
영리법인인 경우	㉠ 법인의 발행주식총수 또는 출자총액의 100분의 30 이상을 출자한 경우 ㉡ 임원의 임면권의 행사, 사업방침의 결정 등 법인의 경영에 대하여 사실상 영향력을 행사하고 있다고 인정되는 경우
비영리법인인 경우	㉠ 법인의 이사의 과반수를 차지하는 경우 ㉡ 법인의 출연재산(설립을 위한 출연재산만 해당한다)의 100분의 30 이상을 출연하고 그 중 1인이 설립자인 경우

제 3 절 국세기본법의 세법 및 타법률과의 관계

1. 세법과의 관계(국기법 3)

(1) 우선적 효력

국세기본법은 다른 세법보다 우선하여 적용한다. 이러한 점에서 보면 세법보다 상위법적 성격을 가지고 있다. 따라서 국세기본법에서 규정한 내용과 다른 세법에서 규정한 내용이 상충되거나 모순되는 경우에는 국세기본법을 먼저 적용해야 한다.

(2) 예외(국기법 3 ① 단서)

1) 세법상 특례규정

국세기본법 가운데 다음에 열거하는 항목의 내용에 관하여 세법에 특별한 규정이 있는 경우에는 그 세법의 규정을 우선하여 적용한다.

<표 Ⅱ-3> 국세기본법 우선의 예외

국세기본법 규정	세법의 특례규정
① 국세부과의 원칙	•상속세 및 증여세법에 따른 명의신탁재산의 증여의제규정
② 납세의무의 승계	-
③ 연대납세의무	•소득세법에 따른 공동사업의 경우 손익분배비율에 따른 납세의무

④ 납부의무의 소멸	•조세특례제한법 제99조의 5에 따른 영세개인사업자의 결손처분세액 납부 의무 소멸특례
⑤ 납세담보	•주세법에 따른 납세담보
⑥ 제2차납세의무	•조세특례제한법에 따른 정비사업조합의 체납국세에 대한 제2차납세의무
⑦ 관할관청	-
⑧ 경정 등의 청구	•상속세 및 증여세법에 따른 후발적 사유로 인한 경정청구 기한의 특례 •국제조세 조정에 관한 법률에 따른 외국납부세액공제액을 환급받기 위한 경청청구 기한의 특례
⑨ 기한 후 신고	•법인세법 제62조에 따른 이자소득에 대한 비영리내국법인의 분리과세 특례
⑩ 가산세 부과	•조세특례제한법에 따른 근로장려금의 경정에 따른 가산세와 유가환급금의 부당환급에 따른 가산세
⑪ 국세환급금의 충당과 환급	•법인세법에 따른 분식회계로 인한 과다납부세액의 환급제한 특례 •부가가치세법에 따른 환급에 관한 규정 •조세특례제한법에 따른 외국인관광객 등에 대한 환급 특례
⑫ 국세환급가산금	•근로장려금 환급시 국세환급가산금 적용 배제
⑬ 보칙	•개별세법에 따른 고지금액의 최저한(과세최저한)에 관한 규정

2) 관세법상 특례규정

관세법 및 「수출용 원재료에 대한 관세 등 환급에 관한 특례법」 에서 세관장이 부과·징수하는 국세에 관하여 이 법에 대한 특례규정을 두고 있는 경우에는 그 특례규정이 정하는 바에 의한다(국기법 3 ②). 즉, 관세법이 국세기본법에 우선한다.

2. 타법률과의 관계

(1) 국세기본법과 행정심판법과의 관계

행정처분 중 위법·부당한 처분과 그 밖에 공권력의 행사, 불행사 등으로 인한 국민의 권리나 이익에 침해를 당한 경우에는 행정심판법에 의하여 심판을 청구할 수 있으나, 국세기본법에서는 국세기본법 또는 세법에 의한 위법·부당한 처분이나 필요한 처분을 받지 못함으로써 권리나 이익에 침해를 당한 경우에는 우선 국세기본법에 의한 심사·심판을 하도록 하고 있어 행정심판법의 특별법적 성격을 띠고 있다(국기법 56 ①).

(2) 국세기본법과 행정소송법과의 관계

행정심판을 제기할 수 있는 경우로서 행정소송법에 의하여 행정소송 중 취소소송을 하고자 할 때에는 그 행정심판에 대한 재결을 거친 후 재결서의 송달을 받은 날로 90일 내에 제기하도록 규정하고 있다(행소법 18 ① , 20 ①).

그러나 국세기본법에서는 동법 또는 세법에 의한 위법·부당한 처분의 행정소송은 국세기본법의 심판청구의 결정서의 송달을 받은 날로부터 90일 내에 제기하도록 하고 있다. 따라서 국세기본법에 의한 심판청구를 거치면 행정소송을 할 수 있도록 하여 행정소송법에 대한 특별법적 지위를 갖는다(국기법 56 ②).

(3) 국세기본법과 감사원법과의 관계

감사원법 제43조는 "감사원의 감사를 받는 자의 직무에 관한 처분 기타 행위에 관하여 이해관계 있는 자는 감사원에 그 심사의 청구를 할 수 있다"고 규정하였고 과세관청은 감사원의 감사를 받는 자이므로 과세관청의 처분은 감사원 심사청구의 대상이 된다.

따라서 국세에 관한 처분에 대하여는 국세기본법에 규정한 절차에 따라 불복할 수도 있고 감사원법의 규정에 따라 불복할 수도 있다고 보나 이는 선택적으로 적용하여야 하고, 두 가지 절차를 모두 적용할 수는 없다고 본다. 왜냐하면 국세기본법 제55조 제5항 제3호의 규정에 의하여 "감사원법에 의하여 심사청구를 한 처분이나 그 심사청구에 대한 처분은 국세기본법에 의한 불복의 대상이 되지 아니한다"고 한 규정으로 미루어 당연한 귀결이다. 감사원 심사청구기간은 처분이 있는 것을 안 날 또는 처분의 통지를 받은 날로부터 90일 내에 하여야 하고(감사원심사규정 6), 그 감사원의 처리는 감사원이 접수한 날로부터 90일 내에 하여야 한다(감사원법 46).

감사원 심사청구와 그 결정(재결)이 행정소송법 제2조에서 규정한 행정심판으로서의 행정소송 요건이 충족되느냐 하는 문제에 대하여 동조에 의하면 "다른 법률의 규정에 의하여 행정심판, 심사의 청구, 이의신청을 할 수 있는 경우에는…"라고 규정하였으므로 감사원의 심사청구는 "다른 법률의 심사청구"에 해당되어서 행정소송법상 전심으로서의 요건이 충족되는 것이다.

(4) 국세기본법과 민법과의 관계

민법이 규율하는 대상을 사법관계라 하면 국세기본법이 규율하는 대상은 공법관계라 한다. 민법에서는 채권자평등주의가 적용되지만 국세기본법은 다른 공과금, 기타 채권보다 국세가 우선함을 규정하고 있고(국기법 35), 기간과 기한 및 소멸시효에 관하여는 국세기본법 또는 세법에 특별한 규정이 있는 경우를 제외하고는 민법에 의하도록 하고 있다(국기법 27 ②, 54 ②).

제 4 절 기간과 기한

1. 개 설

시간의 흐름에 따라 모든 사물은 변화를 일으킨다. 따라서 모든 존재는 시간과 함께 있고 존재의 변화는 시간의 흐름을 의미한다고 할 수 있다. 법률사회 또한 마찬가지다. 시간의 흐름이라는 사실에 의하여 법률효과가 발생하기도 하고 변경되기도 하고 소멸되기도 한다. 그런데 시간의 흐름을 길이로서 측정한다는 것은 물리적 현상의 측정과는 달리 매우 어려운 것이다.

조세법률의 효력 또한 시간의 흐름에 따라 발생·변경·소멸되는 것이므로 기간과 기한은 매우 중요한 의의를 갖고 있으나 세법이 특별한 규정을 둔 경우에는 이에 따르고 일반적으로는 민법의 규정에 따르도록 하였다. 이러한 시간의 경과로 법률효과가 변경되는 것을 시효라고 하고, 법률효과가 발생하는 것은 취득시효, 법률효과가 소멸하는 것은 소멸시효라고 한다.

2. 기 간

(1) 일반적 개념

기간이란 한 시점에서 다른 시점까지의 계속되는 시간의 구분을 말한다. 예를 들면, "…부터 60일 이내", "…부터 3개월 이내"라고 하는 것과 같이 시간의 경과를 내용으로 하는 것이므로 "6월 30일에 지급한다"는 것과 같은 일정한 시점을 의미하는 기일과는 다르다. 즉, 기일에는 계속의 관념이 없다.

법률이 정하거나 또는 계약 당사자간의 계약 등과 같이 기간의 경과나 만료 등이 법률효력발생의 요건이 되는 경우가 많다. 세법에서 기간은 국세 등의 과세표준을 계산하는 기초가 되고 또 결정, 경정, 불복신청(이의신청·심사청구 및 심판청구 등)과 각 세법상의 신고 및 신청은 그 세법이 정하는 바에 따라 그 기간에 의하여 제한을 받게 된다.

세법이 정하는 기간의 계산은 각 세법에서 특별히 규정한 것을 제외하고 민법 제155조 내지 제161조의 기간계산의 규정을 준용한다(국기법 4).

● 참고 ● 기간의 계산방법

기간의 계산방법에는 자연적 계산방법과 역법적 계산방법의 2가지가 있다. 전자는 자연의 시간의 흐름을 순간에서 순간까지 계산하는 것이고, 후자는 역에 따라 계산하는 방법이다. 전자는 정확하지만 불편하며 후자는 부정확하지만 편리하다. 현행 세법상 자연적 계산방법은 적용되지 아니한다.

(2) 기간의 기산점

기간을 일, 주, 월 또는 년으로 정한 때에는 초일은 산입하지 아니한다. 그러나 그 기간이 오전 영시로부터 시작하는 때와 연령계산의 경우에는 그러하지 아니한다(민법 157, 158). 예를 들면, 상속세 및 증여세법상 증여세 과세표준은 증여받은 날이 속하는 달의 말일부터 3개월이 되는 날까지 신고하여야 하는데, 만일 2012년 2월 20일에 증여를 받았다면 당해 신고기간인 3월을 계산함에 있어 그 초일인 2월 28일은 포함하지 아니하고, 그 다음날인 3월 1일부터 기산하여 3월에 해당하는 날인 6월 1일의 전일인 2012년 5월 31일까지가 증여세과세표준을 신고하는 기간이 된다.

| 예제 1 | 다음 각 문항에 대하여 답하시오.

1. 10월 4일에 국세에 관한 처분을 받은 자가 이의신청을 제기한 경우 소관세무서장은 30일 내에 결정하여 통보해 주어야 하는데, 이 경우 언제까지 통보해 주어야 하는가?(초일 불산입)
2. 소득세법상 부양가족공제를 받기 위해서는 직계존속이 남자인 경우 만60세 이상이어야 한다. 2012. 12. 31을 과세기간종료일로 하는 경우 1953. 1. 1 출생한 남자의 경우 부양가족공제를 받을 수 있는가?(초일 산입)

해답

1. 초일인 10월 4일은 불산입하므로 11월 3일까지 통보해 주어야 한다.
2. 연령계산은 초일도 산입한다. 따라서 기산일은 1953. 1. 1이므로 60세가 되는 날은 기산일의 전일인 2012. 12. 31이 된다. 따라서 2012년에 부양가족공제를 받을 수 있다.

(3) 기간의 만료점

① 기간을 일, 주, 월 또는 연으로 정한 때에는 기간 말일의 종료로 기간이 만료한다.

② 기간을 주, 월 또는 연으로 정한 때에는 이를 일로 환산하지 않고 역에 의하여

계산한다.

③ 주, 월 또는 연의 처음부터 기간을 기산하지 아니하는 때에는 최후의 주, 월 또는 연에서 그 기산일에 해당한 날의 전일로 기간이 만료한다.

④ 월 또는 연으로 기간을 정한 경우에 최종의 월에 해당일이 없는 때에는 그 월의 말일로 기간이 만료한다.

⑤ 기간의 말일이 공휴일에 해당하는 때에는 기간은 그 다음 날로 만료한다.

| 예제 2 | 다음 각 문항에 대하여 답하시오.

1. 1월 30일부터 1개월이란 언제까지인가?
2. 5월 10일 상속을 받은 상속인들은 상속개시일이 속하는 달의 말일부터 6개월 이내에 상속세 과세표준신고를 하여야 한다. 언제까지 신고하여야 하는가?
3. 2012년 6월 1일부터 2년이란 언제까지인가?

해답
1. 평년의 경우 : 2월 28일
   윤년의 경우 : 2월 29일
2. 초일인 5월 31일은 불산입하므로 6월 1일부터 기산하게 되고, 12월 1일의 전일인 11월 30일이 기간만료일이 된다.
3. 2014년 6월 1일이 기간의 만료일이 된다.

3. 기 한

(1) 일반적 개념

일정한 일시에 도달하게 되면 법률행위의 발생·소멸 또는 채무를 이행하여야 하는데 이 경우 그 도래되는 일정한 일시를 기한이라 한다. 기한에는 익월 10일, 익월 25일과 같이 확정일로 하는 경우도 있고 기간의 말일로 정하는 경우도 있다.

기한에는 시기(법률행위의 효력이 발생하는 시기 또는 채무의 이행이 가능한 시기)와 종기(법률행위의 효력이 소멸되는 시기 또는 채무를 이행할 최후의 시기)가 있다. 세법에서 특히 문제가 되고 있는 것은 법정신고·신청·청구·서류제출·통지·납부 및 징수기한이 있다.

(2) 기한의 특례

국세기본법 또는 세법에서 규정하는 신고, 신청, 청구, 그 밖에 서류의 제출, 통지, 납부 또는 징수에 관한 기한이 공휴일, 토요일이거나 근로자의 날일 때에는 공휴일, 토요일, 근로자의 날의 다음날을 기한으로 한다(국기법 5 ①).

한편, 국세기본법 또는 세법에서 규정하는 신고 또는 납부기한일에 국세정보통신망이 대통령령이 정하는 장애로 정지되어 전자신고 또는 전자납부(국세기본법 또는 세법에 의하여 납부할 국세 및 가산금을 정보통신망에 의하여 납부하는 것을 말함)를 할 수 없는 경우에는 그 장애가 복구되어 신고 또는 납부할 수 있게 된 날의 다음날을 기한으로 한다(국기법 5 ③).

● 참고 ●

대통령령이 정하는 장애라 함은 정전, 통신상의 장애, 프로그램의 오류 및 그 밖의 부득이한 사유에 의하여 국세정보통신망의 가동이 정지되어 전자신고 또는 전자납부를 할 수 없게 되는 경우를 말한다(국기령 1의 2 ①).

(3) 우편신고 및 전자신고

우편으로 과세표준신고서·과세표준수정신고서 또는 과세표준신고·과세표준수정신고와 관련된 서류를 제출한 경우에는 우편법에 의한 통신일부인이 찍힌 날(통신일부인이 찍히지 아니하였거나 분명하지 않은 경우에는 통상 걸리는 우송일수를 기준으로 발송한 날로 인정되는 날)에 신고된 것으로 본다(발신주의 특례, 국기법 5의 2 ①).

또한, 신고서 등을 국세정보통신망에 의하여 제출하는 경우에는 국세정보통신망에 입력된 때에 신고된 것으로 본다(국기법 5의 2 ②). 그리고 전자신고된 경우 과세표준신고 또는 과세표준수정신고와 관련된 서류 중 대통령령이 정하는 서류에 대하여는 대통령령이 정하는 바에 따라 10일의 범위 이내에서 제출기한을 연장할 수 있다(국기법 5의 2 ③).

● 참고 ●

(1) 대통령령이 정하는 서류라 함은 수출대금입금증명서 등 전자신고시 제출하여야하는 관련 서류로서 국세청장이 지정하여 고시하는 서류를 말한다(국기령 1의 2 ②).
(2) 국세기본법 제 5조의 2 제3항의 규정에 의하여 제출기한을 연장하는 경우 부가가치세법의 규정에 의한 조기환급에 필요한 서류의 제출기한은 국세청장이 따로 정하여 고시한다(국기령 1의 2 ③).

(4) 기한의 연장

1) 기한연장의 사유

다음 중 어느 하나에 해당하는 사유로 인하여 국세기본법 또는 세법에 규정하는 신고·신청·청구·그 밖에 서류의 제출·통지·납부를 정하여진 기한까지 할 수 없다고 인정하거나 납세자의 신청이 있는 경우에는 관할세무서장은 그 기한을 연장할 수 있다(국기법 6 ①, 국기령 2 ① ③).

① 천재지변이 발생한 때
② 납세자가 화재·전화 기타 재해를 입거나 도난을 당한 때
③ 납세자 또는 그 동거가족이 질병으로 위중하거나 사망하여 상중인 때
④ 납세자가 그 사업에 심한 손해를 입거나, 그 사업이 중대한 위기에 처한 때(납부의 경우에 한한다)
⑤ 정전, 프로그램의 오류, 그 밖의 기타 부득이한 사유로 한국은행(그 대리점 포함) 및 체신관서의 정보통신망의 정상적인 가동이 불가능한 때
⑥ 금융회사(한국은행 국고대리점 및 국고수납 대리점인 금융회사에 한함) 또는 체신관서의 휴무, 그 밖에 부득이한 사유로 인하여 정상적인 세금납부가 곤란하다고 국세청장이 인정한 때
⑦ 권한 있는 기관에 장부·서류가 압수 또는 영치된 때
⑧ 납세자의 형편, 경제적 사정 등을 고려하여 기한의 연장이 필요하다고 인정되는 경우로서 국세청장이 정하는 기준에 해당하는 때(납부의 경우에 한한다)
⑨ 위 ②, ③ 또는 ⑦에 준하는 사유가 있는 때

2) 기한연장에 따른 담보의 제공

납부기한을 연장하는 경우 관할세무서장은 납부할 금액에 상당하는 담보의 제공을 요구할 수 있다. 다만, 대통령령이 정하는 사유가 발생한 때(상기의 ①, ②, ⑤, ⑥의 경우와 그 밖에 이에 준하는 사유에 해당하는 경우)에는 그러하지 아니하다(국기법 6 ②, 국기령 2 ②).

● 참고 ● **기한연장사유 등**

기 한 연 장 사 유	신고 등 기한	납부기한	납세담보
① 천재·지변	연장 가능	연장 가능	제공하지 않아도 됨
② 납세자가 화재·전화 그 밖의 재해*를 입거나 도난을 당한 때	연장 가능	연장 가능	제공하지 않아도 됨
③ 납세자 또는 그 동거가족이 질병으로 위중하거나 사망하여 상중인 때	연장 가능	연장 가능	제공하여야 함
④ 권한있는 기관에 장부·서류가 압수 또는 영치된 때	연장 가능	연장 가능	제공하여야 함
⑤ 위 ②, ③, ④ 및 아래 ⑥, ⑦의 경우와 그 밖에 이에 준하는 사유가 있는 때	연장 가능	연장 가능	제공하지 않아도 됨
⑥ 정전, 프로그램의 오류, 기타 부득이한 사유로 한국은행 및 체신관서의 정보통신망의 정상적인 가동이 불가능한 때	연장 가능	연장 가능	제공하지 않아도 됨
⑦ 금융회사 등 또는 체신관서의 휴무 그 밖에 부득이한 사유로 인하여 정상적인 세금납부가 곤란하다고 국세청장이 인정하는 경우	연장 가능	연장 가능	제공하지 않아도 됨
⑧ 납세자가 그 사업에 심한 손해를 입거나, 그 사업이 중대한 위기에 처한 때**	연장 불가능	연장 가능	제공하여야 함
⑨ 납세자의 형편, 경제적 사정 등을 고려하여 기한의 연장이 필요하다고 인정되는 경우로서 국세청장이 정하는 기준에 해당하는 때	연장 불가능	연장 가능	제공하여야 함

* 그 밖의 재해의 범위 : 화약류·가스류 등의 폭발사고, 광해, 교통사고, 건물의 도괴 기타 이에 준하는 물리적 재해를 말한다. 다만, 조세포탈 목적의 고의적인 행동에 의한 재해는 제외한다(국기통 6-2…1).

** 사업이 중대한 위기에 처한 때 : 판매의 격감, 재고의 누적, 거액 매출채권의 회수곤란, 거액의 대손발생, 노동쟁의 등으로 인한 조업중단 또는 일반적인 자금경색으로 인한 부도발생이나 기업도산의 우려가 있는 경우 등을 말한다(국기통 6-2…3).

3) 기한연장기간 및 분납한도(국기령 2의 2 ① 및 ②)

구 분	내 용
① 기한연장	천재·지변 등의 기한연장사유로 인한 기한연장은 3개월 이내로 하되 당해 기한연장의 사유가 소멸되지 아니하는 경우 관할세무서장은 1개월 범위 내에서 그 기한을 다시 연장할 수 있다*
② 분납한도	기한연장 기간 중의 분납기한 및 금액은 관할세무서장이 정할 수 있다. 이 경우 관할세무서장은 기한연장의 기간이 6개월을 초과하는 때에는 가능한한 6개월이 지난 날부터 3개월 이내에 균등액을 분납할 수 있도록 정하여야 한다.

* 신고 및 납부와 관련된 기한연장은 9월을 넘지 않는 범위 안에서 관할세무서장이 이를 연장할 수 있다(국기령 2의 2 ②).

4) 기한연장의 신청(국기령 3)

천재 등으로 기한의 연장을 받고자 하는 자는 기한만료일 3일 전까지 문서로 당해 행정기관의 장에게 신청하여야 한다. 이 경우 당해 행정기관의 장은 기한연장을 신청하는 자가 기한만료일 3일 전까지 신청할 수 없다고 인정하는 경우에는 기한의 만료일까지 신청하게 할 수 있다.

그리고 관할세무서장은 기한을 연장하였을 때에는 문서로 지체 없이 관계인에게 통지하여야 하며, 기한 만료일 3일 전까지 신청한 기한연장에 대하여는 기한 만료일 전에 그 승인 여부를 통지하여야 한다(국기령 3, 4). 만일 납부기한 만료일 10일 전에 납세자의 납부기한 연장 신청에 대하여 세무서장이 신청일로부터 10일 이내에 승인 여부를 통지하지 않으면 그 10일이 되는 날에 납부기한의 연장을 승인한 것으로 본다(국기법 6 ③).

5) 납부기한 연장의 취소

세무서장은 납부기한을 연장한 경우에 당해 납세자가 다음 중 하나에 해당하게 된 때에는 그 납부기한 연장을 취소하고, 당해 연장에 관계되는 국세를 즉시 징수할 수 있다(국기법 6의 2 ①, 국기령 4의 2).

① 담보의 제공·변경 등 세무서장의 요구에 응하지 아니한 때
② 국세징수법에 의한 납기전징수의 사유에 해당되어 그 연장한 납부기한까지 당해 연장에 관계되는 국세 전액을 징수할 수 없다고 인정되는 때
③ 재산상황의 변동 등의 사유로 인하여 그 연장의 필요가 없다고 인정되는 때
④ 다음의 사유로 인하여 납부기한이 연장된 경우에 당해 사유가 소멸되어 정상적인 세금납부가 가능한 경우
  ㉠ 정전·프로그램의 오류 기타 부득이한 사유로 한국은행 및 체신관서의 정보통신망의 정상적인 가동이 불가능한 때
  ㉡ 금융회사 등 또는 체신관서의 휴무 그 밖에 부득이한 사유로 인하여 정상적인 세금납부가 곤란하다고 국세청장이 인정하는 때

(5) 송달지연으로 인한 납부기한의 연장

납세고지서·납부통지서·독촉장 또는 납부최고서를 송달한 경우에 도달한 날에 이미 납부기한이 지났거나 도달한 날로부터 14일 내에 납부기한이 도래하는 것에 대하여는 도달한 날로부터 14일이 지난 날을 납부기한으로 한다(국기법 7 ①).

예컨대, 납부기한이 2012년 6월 15일인 납세고지서가 2012년 6월 10일에 도달한 경

우에는 위 규정에 의하여 그 납부고지서가 도달한 날인 2012년 6월 10일부터 14일이 지난 날인 2012년 6월 24일을 납부기한으로 하게 된다.

그러나 국세징수법 제14조 제2항의 규정에 의하여 납기전징수를 위한 고지를 한 경우 당해 고지서가 도달한 날에 이미 납부기한이 지난 때에는 그 고지서가 도달한 날을 납부기한으로 하고, 당해 고지서의 도달 후 납부기한이 도래하는 때에는 그 도래하는 날로부터 납부기한이 14일이 되지 아니한 경우에도 고지서에 표기된 납부기한을 그 고지서의 납부기한으로 한다(국기법 7 ②).

● 참고 ● **송달지연으로 인한 납부기한의 연장**

구 분	내 용
(1) 납기전징수를 위한 고지의 경우	다음 중 더 늦은 날 ① 납세고지서 등이 도달한 날 ② 납세고지서상의 납부기한
(2) 기타 일반적인 납세고지 등의 경우	다음 중 더 늦은 날 ① 납세고지서 등이 도달한 날로부터 14일이 지난 날 ② 납세고지서상의 납부기한

[별지 제1호의 2 서식] 〈개정 2007.4.4〉

납부기한연장승인신청서			처리기간	수수료
			3일	없음

신청인	①성명		②주민등록번호	③사업자등록번호
	④주소 또는 사업장	(우 -)	⑤전화번호	
	⑥상호		⑦업종	

신청내용			
납부할 국세의 내용			⑪납기연장을 받고자 하는금액
⑧세목	⑨납부기한	⑩금액	
	. . .		
	. . .		
	. . .		
⑫연장받고자하는사유			
⑬연장받고자하는기간	년 월 일부터 년 월 일까지 (일간)		

분납금액 및 납부기한			
⑭횟수	⑮세목	⑯납부기한	⑰금액
1회		. . .	
2회		. . .	
3회		. . .	

국세기본법 제6조 및 동법시행령 제3조의 규정에 의하여 위와 같이 납부기한연장의 승인을 신청합니다.

년 월 일

신청인 (서명 또는 인)

세무서장 귀하

구비서류 : 사유를 증빙하는 자료

이 신청서는 무료로 배부합니다.

22226-79111민 210mm×297mm

99.2.23 승인 (신문용지(특급) 34g/㎡)

■ 국세기본법 시행규칙 [별지 제2호의 2 서식] 〈개정 2011.4.11〉

NTS

행 정 기 관 명

수신자
(경유)
제 목 **납부기한연장승인(기각) 통지**

귀하(귀사)가 년 월 일 신청한 '납부기한 연장'에 대한 처리결과를 아래와 같이 알려드립니다. (근거: 「국세기본법」 제6조 및 같은 법 시행령 제4조)

<table>
<tr><td rowspan="2">신청인</td><td colspan="2">성 명
(상 호)</td><td colspan="2"></td><td>생 년 월 일
(사업자등록번호)</td><td></td></tr>
<tr><td colspan="2">주 소
(사업장)</td><td colspan="4"></td></tr>
<tr><td rowspan="4">납부기한 연장
신청한
국세의 내용</td><td colspan="2">세 목</td><td colspan="3">납부기한</td><td>금 액(원)</td></tr>
<tr><td colspan="2"></td><td colspan="3">년 월 일</td><td></td></tr>
<tr><td colspan="2"></td><td colspan="3">년 월 일</td><td></td></tr>
<tr><td colspan="2"></td><td colspan="3">년 월 일</td><td></td></tr>
<tr><td>연장 승인(기각)
사 유</td><td colspan="6"></td></tr>
<tr><td>연장한 기간</td><td colspan="6">년 월 일 ~ 년 월 일(일간)</td></tr>
<tr><td rowspan="4">분납금액
및
납부기한</td><td>횟수</td><td colspan="2">세 목</td><td colspan="2">납부기한</td><td>금 액(원)</td></tr>
<tr><td>1회</td><td colspan="2"></td><td colspan="2">년 월 일</td><td></td></tr>
<tr><td>2회</td><td colspan="2"></td><td colspan="2">년 월 일</td><td></td></tr>
<tr><td>3회</td><td colspan="2"></td><td colspan="2">년 월 일</td><td></td></tr>
</table>

끝.

발 신 명 의 직인

이 통지에 대한 문의사항이 있을 때에는 ○○○과 담당자 ○○○(전화:)에게 연락하시면 친절하게 상담해 드리겠습니다.

기안자 직위(직급) 서명 검토자 직위(직급)서명 결재권자 직위 (직급)서명
협조자
시행 처리과-일련번호(시행일자) 접수 처리과명-일련번호(접수일자)
우 주소 / 홈페이지 주소
전화( ) 전송( ) / 기안자의 공식전자우편주소 / 공개구분

210㎜×297㎜[일반용지 70g/㎡(재활용품)]

■ 국세기본법 시행규칙 [별지 제2호의 3 서식] 〈개정 2011.4.11〉

행 정 기 관 명

수신자
(경유)
제 목 **납부기한 연장 취소통지**

귀하(귀사)에게 년 월 일 통지(승인)한 '납부기한 연장'을 아래와 같은 이유로 취소하였음을 알려드립니다. (근거: 「국세기본법」 제6조의2)

<table>
<tr><td rowspan="2">납세자</td><td>성 명
(상 호)</td><td></td><td>생 년 월 일
(사업자등록번호)</td><td></td></tr>
<tr><td>주 소
(사업장)</td><td colspan="3"></td></tr>
<tr><td rowspan="9">납부기한연장
취소 국세의 내용</td><td>세 목</td><td colspan="2">납부기한</td><td>금 액(원)</td></tr>
<tr><td></td><td colspan="2">년 월 일</td><td></td></tr>
<tr><td></td><td colspan="2">년 월 일</td><td></td></tr>
<tr><td></td><td colspan="2">년 월 일</td><td></td></tr>
<tr><td></td><td colspan="2">년 월 일</td><td></td></tr>
<tr><td></td><td colspan="2">년 월 일</td><td></td></tr>
<tr><td></td><td colspan="2">년 월 일</td><td></td></tr>
<tr><td></td><td colspan="2">년 월 일</td><td></td></tr>
<tr><td>연장한 기간</td><td colspan="3">년 월 일 ~ 년 월 일</td></tr>
<tr><td>취소일</td><td colspan="4">년 월 일</td></tr>
<tr><td>취소 이유</td><td colspan="4"></td></tr>
</table>

끝.

발 신 명 의 [직인]

이 통지에 대한 문의사항이 있을 때에는 ○○○과 담당자 ○○○(전화:)에게 연락하시면 친절하게 상담해 드리겠습니다.

기안자 직위(직급) 서명 검토자 직위(직급)서명 결재권자 직위 (직급)서명

협조자

시행 처리과-일련번호(시행일자) 접수 처리과명-일련번호(접수일자)

우 주소 / 홈페이지 주소

전화( ) 전송( ) / 기안자의 공식전자우편주소 / 공개구분

210㎜×297㎜[일반용지 70g/㎡(재활용품)]

제 5 절 서류의 송달

1. 서류송달의 개념

조세법상 서류의 송달이라 함은 조세의 부과·징수에 관한 서류(송달의 목적물이라 함)를 그 명의인의 송달장소에 송달하는 절차를 말한다.

2. 송달대상자(서류의 송달을 받을 자)

송달대상자란 지정된 장소에서 서류의 송달을 받을 권리와 의무가 있는 자로서 다음과 같이 몇 가지 종류가 있다.

(1) 명의인

이는 내용의 실질과는 관계없이 외관으로 나타난 명목상의 주체로서 "당해 서류에 수신인으로 지정되어 있는 자"를 말한다(국기법 8 ①).

(2) 상속재산관리인(국기법 8 ③)

(3) 납세관리인(납세의 고지와 독촉에 관한 서류에 한한다)(국기법 8 ④)

(4) 무능력자의 법정대리인

(5) 파산관재인

3. 송달장소

이는 관계서류가 도달되어야 하는 장소적 개념이다. 이러한 송달장소에는 다음과 같이 여러 가지 종류가 있다.

(1) 일반적인 경우

명의인의 주소·거소·영업소 또는 사무소[정보통신망을 이용한 송달인 경우에는 명의인의 전자우편주소(국세정보통신망에 저장하는 경우에는 명의인의 사용자확인기호를 이용하여 접근할 수 있는 곳을 말한다)] (국기법 8 ①)

(2) 예외적인 경우

1) 연대납세의무자에게 서류송달을 하는 경우

연대납세의무자에게 서류를 송달하고자 할 때에는 그 대표자를 명의인으로 하며, 대표자가 없는 때에는 연대납세의무자 중 국세징수상 유리한 자를 명의인으로 한다. 다만, 납세의 고지와 독촉에 관한 서류는 연대납세의무자 모두에게 각각 송달하여야 한다(국기법 8 ②).

2) 상속재산관리인이 있는 경우

상속이 개시된 경우에 상속재산관리인이 있는 때에는 그 상속재산관리인의 주소 또는 영업소에 송달한다(국기법 8 ③).

3) 납세관리인이 있는 경우

납세관리인이 있는 때에는 납세의 고지와 독촉에 관한 서류는 그 납세관리인의 주소 또는 영업소에 송달한다(국기법 8 ④).

4) 무능력자에 대한 송달

송달을 받아야 할 자가 무능력자인 경우에는 그 법정대리인의 주소 또는 영업소에 서류를 송달한다(국기통 8-0…4).

참고

무능력자라 함은 민법상 단독으로 완전·유효한 법률행위를 할 수 있는 능력(행위능력)이 없는 자, 즉 미성년자, 금치산자 및 한정치산자를 말한다.

5) 파산자에 대한 송달

서류의 송달을 받을 자가 파산선고를 받은 때에는 파산관재인의 주소 또는 영업소에 서류를 송달한다(국기통 8-0…5).

6) 수감자 등에 대한 송달

송달을 받을 자가 교도소 등에 수감 중이거나 이에 준하는 사유가 있는 경우에는 그 사람의 주소지에 서류를 송달한다. 그러나 주소가 불명인 경우와 서류를 대신 받아야 할 자가 없는 경우에는 그 사람이 수감되어 있는 교도소 등에 서류를 송달한다

(국기통 8-0…6).

7) 송달받을 장소의 신고를 한 경우

서류의 송달을 받을 자가 주소 또는 영업소 중에서 송달을 받을 장소를 정부에 신고한 때에는 그 신고된 장소에 송달하여야 한다. 송달받을 장소를 변경한 때에도 또한 같다(국기법 9).

4. 송달방법

서류를 송달하는 형식적인 절차를 말하는 것으로서 여기에는 ① 교부송달, ② 우편송달, ③ 유치송달, ④ 전자송달, ⑤ 공시송달 등이 있다. 서류의 송달은 교부·우편(유치 포함) 또는 전자송달에 의함을 원칙으로 하며, 이러한 방법에 의한 송달이 불가능한 경우에 한하여 예외적으로 공시송달이 가능하다.

이를 나누어 설명하면 다음과 같다.

(1) 교부송달

서류를 송달하여야 할 행정기관의 세무공무원이 송달장소에서 송달대상자(송달을 받을 자)에게 교부하는 방법으로 다음 각각의 경우에 의한다(국기법 10 ③, ④, ⑤).

1) 내 용

① 송달을 교부받아야 할 자가 있는 경우
납세의 고지·독촉·체납처분 또는 세법에 따른 정부의 명령에 관계되는 서류를 교부에 의하여 송달하고자 할 때에는 당해 행정기관의 소속공무원이 이를 송달할 장소에서 그 송달을 받아야 할 자에게 서류를 교부함으로써 행한다. 다만, 송달을 받아야 할 자가 송달받기를 거부하지 아니하면 다른 장소에서 교부할 수 있다(국기법 10 ③ 단서).

② 송달을 교부받아야 할 자를 만나지 못한 경우
송달할 장소에서 송달을 받아야 할 자를 만나지 못한 때에는 그 사용인 그 밖의 종업원 또는 동거인으로서 사리를 판별할 수 있는 자에게 서류를 교부할 수 있다.

● 참고 ●

1. '종업원'이라 함은 송달을 받아야 할 자와 고용관계에 있는 자를 말하며(국기통 10-0…1), '동거인'이라 함은 송달을 받을 자와 동일한 장소내에서 공동생활을 하는 자를 말하며, 생계를 같이하는 것을 요하지 아니한다(국기통 10-0…2).
2. '사리를 판별할 수 있는 자'라 함은 서류의 송달취지를 이해하고 수령한 서류를 송달받아야 할 자에게 교부할 것이라고 기대할 수 있는 능력이 있는 자를 말한다(국기통 10-0…3).

③ 송달을 교부받을 자의 주소 또는 영업소가 이전된 경우
송달을 받아야 할 자가 주소 또는 영업소를 이전한 때에는 주민등록표 등에 의하여 이를 확인하고 그 이전한 장소에 송달하여야 한다.

2) 서명날인

서류를 교부한 때에는 송달서에 수령인이 서명 또는 날인하게 하여야 한다. 이 경우에 수령인이 서명 또는 날인을 거부한 때에는 그 사실을 송달서에 적어야 한다(국기법 10 ⑥).

(2) 우편송달

우편송달은 일반우편에 의한 송달이든 등기우편에 의한 송달이든 상관이 없다. 다만, 납세의 고지·독촉·체납처분 또는 세법에 따른 정부의 명령에 관계되는 서류의 송달은 등기우편에 의하여야 한다. 다만, 소득세 중간예납세액의 납세고지서 및 부가가치세 예정고지에 의한 납세고지서로서 50만원 미만에 해당하는 납세고지서는 일반우편으로 송달할 수 있다(국기법 10 ②). 또한 국세환급금송금통지서도 등기우편에 의하여 송달토록 되어 있으나 납세자의 은행계좌 등에 직접 이체하는 경우에는 일반우편으로 송달할 수 있다(국기칙 17 ③).

우편송달의 경우에도 그 송달을 받아야 할 자가 주소 또는 영업소를 이전한 때에는 주민등록표 등에 의하여 이를 확인하고 그 이전한 장소에 송달하여야 하며, 우편송달한 서류가 회송되었다는 이유로 교부송달 등 적법한 송달절차를 이행함이 없이 공시송달하는 것은 허용되지 아니한다.

(3) 유치송달

교부 또는 등기우편에 의한 송달의 경우 서류의 송달을 받아야 할 자 또는 그 사용인 기타 종업원 또는 동거인으로서 사리를 판별할 수 있는 자가 정당한 사유 없이 서류의 수령을 거부한 때에는 송달할 장소에 서류를 둘 수 있다(국기법 10 ④ 후단). 이를 유치송달이라 한다.

유치송달제도는 서류의 수령을 거부하는 등 납세에 조력하지 아니하는 자에게 공시송달을 함으로써 공시기간 14일이라는 납기연장이익을 주게 되고, 부과제척기간이 임박한 경우 공시송달을 하게 되면 기간경과로 국세부과권이 제척될 우려가 있어 이를 방지하기 위하여 1996년 법 개정으로 도입되었다.

(4) 전자송달

전자송달은 납세자가 신청하는 경우에 한하여 이를 행한다(국기법 10 ⑧). 다만, 일정한 사유로 인해 전자송달이 불가능한 경우에는 교부 또는 우편에 의하여 송달할 수 있다(국기법 10 ⑨).

참고 ● 전자송달이 불가능한 경우

① 국세정보통신망의 장애로 전자송달이 불가능한 경우
② 정보통신망의 장애로 전자송달이 불가능한 경우
③ 그 밖에 전자송달이 불가능한 경우로서 국세청장이 정하는 경우

전자송달을 신청하거나 그 신청을 철회하고자 하는 자는 다음 각호의 사항을 기재한 문서를 관할세무서장에게 제출하여야 한다(국기령 6의 2 ①).

① 납세자의 성명·주민등록번호 등 인적사항
② 납세자의 주소 또는 본점소재지 및 사업장소재지
③ 전자송달과 관련한 안내를 받을 수 있는 전자우편주소 또는 연락처
④ 전자송달의 안내방법 및 신청(철회)사유
⑤ 그 밖에 기획재정부령이 정하는 사항

전자송달의 개시 및 철회는 신청서를 접수한 날의 다음 날부터 적용하며, 전자송달의 신청을 철회한 자가 전자송달을 재신청하는 경우에는 철회신청일로부터 30일이 경과한 날 이후 이를 신청할 수 있다(국기령 6의 2 ②·③)

전자송달할 수 있는 서류의 범위와 그 구체적인 방법은 다음과 같다(국기령 6의 4 ①).

전자송달할 수 있는 서류	전자송달의 구체적인 방법
① 납세고지서(또는 납부통지서) ② 국세환급금통지서	국세청장이 해당 납세자로 하여금 국세정보통신망에 접속하여 해당 서류를 열람하게 할 수 있다.
③ 신고안내문 ④ 그 밖에 국세청장이 정하는 서류	국세청장이 해당 납세자가 지정한 전자우편주소로 송달하여야 한다.

(5) 공시송달

어떠한 사유로 인하여 서류를 받아야 할 자에게 직접 송달하는 것이 불가능한 경우에 그 서류의 주요내용을 일정한 장소 또는 지면에 게시·게재하는 것으로서 송달에 갈음하는 것을 공시송달이라고 한다. 공시송달은 원칙적인 서류의 송달방법은 아니기 때문에 법정사유에 해당하는 경우에만 적용되며, 그 적용요건과 방법은 엄격하게 해석되어야 한다.

1) 공시송달사유

① 주소 또는 영업소가 외국에 있고 그 송달이 곤란한 때

② 주소 또는 영업소가 분명하지 아니한 때

참고 · 주소 또는 영업소가 분명하지 아니한 때

주소 또는 영업소가 분명하지 아니한 때라 함은 주민등록표·법인등기부 등에 의하여도 이를 확인할 수 없는 경우로서(국기령 7), 선량한 관리자의 주의로 송달을 받아야 할 자의 주소 또는 영업소를 조사(시·읍·면·동의 주민등록사항, 인근자, 거래처, 관계자 탐문, 등기부 등의 조사)하였으나 그 주소 또는 영업소를 알 수 없는 경우를 말한다(국기통 11-7…1). 따라서 주소 또는 영업소를 이전한 경우에 당초의 주소로만 발송하였다가 반송되었다고 해서 공시송달하는 것은 적법한 송달로 볼 수 없다.

③ 서류를 등기우편으로 송달하였으나 수취인이 부재 중인 것으로 확인되어 반송됨으로써 납부기한내 송달이 곤란하다고 인정되는 경우

④ 세무공무원이 2회 이상 납세자를 방문하여 서류를 교부하고자 하였으나 부재중인 것으로 확인되어 납부기한내 송달이 곤란하다고 인정되는 경우

2) 공시장소

공시송달을 하여야 할 공시장소는 다음의 장소로 한다.

① 국세정보통신망. 다만, 이 경우에는 다른 공시송달방법과 함께 하여야 한다.

② 세무서의 게시판

③ 송달하여야 할 장소를 관할하는 시·군·구(자치구를 말한다)의 게시판이나 기타 적절한 장소. 여기서 기타 적절한 장소는 공중이 볼 수 있는 장소로서 세무서장이 선택할 수 있다고 본다.

④ 관보 또는 일간신문에의 게재

5. 송달의 효력발생(국기법 12)

(1) 우편송달·교부송달·유치송달(도달주의 원칙)

송달하는 서류는 그 송달을 받아야 할 자에게 도달한 때로부터 그 효력이 발생한다(국기법 12 ①). 이 경우 도달이라 함은 통상적으로 그 내용을 알 수 있는 상태에 도달시킴으로써 그 효력은 발생하는 것이며, 송달을 받아야 할 자가 그 송달내용을 알아야 할 필요까지는 없다고 본다.

(2) 전자송달

전자송달의 경우에는 송달받은 자가 지정한 전자우편주소에 입력된 때(국세정보통신망에 저장하는 경우에는 저장된 때)에 그 송달을 받아야 할 자에게 도달된 것으로 본다(국기법 12 ①).

(3) 공시송달

공시송달의 경우에는 서류의 주요 내용을 공고한 날부터 14일이 지나면 서류 송달이 된 것으로 본다(국기법 11 ①).

송달의 효력발생을 요약하면 다음과 같다.

<표 Ⅱ-3> 송달의 효력발생

구 분	효 력 발 생
우편송달·교부송달·유치송달	송달을 받아야 할 자에게 도달한 때
전 자 송 달	송달받을 자의 전자우편주소에 입력된 때
공 시 송 달	공고한 날부터 14일이 지난 때

● 참고 ●

송달의 효력발생이 되는 '도달'이라 함은 송달을 받아야 할 자에게 직접 수교(手交)할 것임을 요하는 것이 아니고, 상대방의 지배권내에 들어가 사회통념상 일반적으로 그 사실을 알 수 있는 상태에 있는 때(예컨대, 우편이 수신함에 투입된 때 또는 동거하는 가족·친족이나 고용인이 수령한 때)를 말하며, 일단 유효하게 송달된 서류가 후에 반송되더라도 송달의 효력에는 영향이 없다(국기통 12-0…1).

제 6 절 인 격

1. 인격의 개념

'인격(또는 법인격)'이란 권리의무의 주체가 될 수 있는 자격이나 지위를 말하며, 권리능력이라고도 한다. 납세의무자도 조세법률관계의 당사자로서 법률상의 권리의무의 주체이므로 당연히 인격이 있는 존재에 국한된다.

민법은 모든 살아있는 사람(자연인)과 일정한 단체(법인)에 대하여 법인격을 인정하고 있는데, 법인을 설립하기 위해서는 설립등기를 하여야 한다. 그런데 설립등기를 하지 아니함으로써 법인이 아닌 사단, 재단, 그 밖의 단체(이하 '법인 아닌 단체'라 한다)는 자연인도 아니고 법인도 아니므로 인격이 없다. 이를 그대로 방치하게 되면 그 단체가 획득한 소득에 대하여 어떠한 납세의무도 부담하지 않게 된다는 문제가 발생하므로 세법에서는 법인 아닌 단체도 일정한 요건을 충족하는 경우에는 법인으로, 그렇지 않은 경우에는 자연인으로 보도록 규정하여 제반 납세의무를 부담하도록 하고 있다.

2. 법인 아닌 단체

(1) 개 념

'법인 아닌 단체'란 법률상 법인격이 부여되어 있지 아니함으로써 사법상 법인으로서의 권리·의무의 주체로서 능력을 갖추지 못하는 단체를 말한다. 이와 같이 법인 아닌 단체는 사회적으로도 많이 존재하고 있는데, 이들은 법인격이 없다는 점을 제외하고는 그 내부관계나 외부관계에 있어서 법인격이 있는 사단·재단의 경우와 유사하게 운영되고 있다.

(2) 법인 아닌 단체에 대한 세법상 적용

자연인의 소득에 대하여는 소득세법상의 납세의무가 있고 법인의 소득에 대하여는 법인세의 납세의무가 있다. 그러나 법인 아닌 단체에 대하여 세법상 일률적으로 소득세의 납세의무 또는 법인세의 납세의무가 있는 것으로 규정할 수는 없다. 그러므로 국세기본법에서는 법인격 없는 단체 중 '법인으로 보는 단체'의 범위에 관하여 특별히 규정하고 있고, 동 단체에 대하여는 법인세의 납세의무가 있는 것으로 규정하고 있다. 따라서 국세기본법상 법인세의 납세의무를 규정한 '법인으로 보는 단체' 이외의 단체의 경우에는 소득세법상 납세의무가 있는 것으로 해석하여야 한다(국기법 13, 국기령 8~10).

> ● 참고 ●
>
> 법인세법과 상속세 및 증여세법에서는 법인으로 보는 '법인 아닌 단체'를 '비영리내국법인'으로 보아 납세의무를 규정하고 있다.

1) 세법상 법인으로 보는 단체(법인세법상 납세의무자)

국세기본법상 법인세의 납세의무가 있는 법인 아닌 단체에는 세법상 무조건 법인으로 보는 단체와 신청·승인에 의해 법인으로 보는 단체로 구분할 수 있다.

① 세법상 무조건 법인으로 보는 단체(국기법 13 ①)
다음에 해당하는 단체로서 수익을 구성원에게 분배하지 않는 것은 법인으로 보아 국세기본법과 세법을 적용한다.

㉠ 주무관청의 허가 또는 인가를 받아 설립되거나 법령에 의하여 주무관청에 등록한 사단·재단 또는 기타 단체로서 등기되지 아니한 것
㉡ 공익을 목적으로 출연된 기본재산이 있는 재단으로서 등기되지 아니한 것

이는 법인설립을 위한 가장 중요한 행위(허가·인가·기본재산의 출연)가 완료됨으로써 그 실질이 법인과 동일하므로 법인으로 보는 것이며, 신청 또는 승인을 요하지 아니한다.

② 신청·승인에 의해 법인으로 보는 단체
다음의 요건을 모두 갖춘 단체로서 대표자 또는 관리인이 관할세무서장에게 법인으로 신청하여 승인을 얻은 경우에는 이를 법인으로 보아 국세기본법과 세법을 적용한다.

㉠ 단체의 조직과 운영에 관한 규정을 가지고 대표자 또는 관리인을 선임하고 있을 것
㉡ 단체 자신의 계산과 명의로 수익과 재산을 독립적으로 소유·관리할 것
㉢ 단체의 수익을 구성원에게 분배하지 아니할 것

이는 실질운영형태가 법인과 유사한 종교단체, 종중 등 법인격 없는 단체에 대하여 동 단체의 납세편의를 위해 법인으로의 선택을 허용한 것이다. 절차상으로는 대표자 또는 관리인이 관할세무서장에게 신청서를 제출하고 관할세무서장은 신청일로부터

10일 이내에 신청인에게 승인여부를 통지하도록 하고 있다(국기령 8 ①, ②).

● 참고 ●

1. 신청·승인에 의해 법인으로 보는 단체의 경우에는 그 신청에 의하여 관할세무서장으로부터 승인을 얻은 날이 속하는 과세기간과 그 과세기간 종료일부터 3년이 되는 날이 속하는 과세기간까지는 소득세법에 따른 거주자(또는 비거주자)로 변경할 수 없다. 다만, 신청·승인 요건을 갖추지 못하게 되어 승인취소를 받는 경우에는 그러하지 아니하다(국기법 13 ③).
2. 법인으로 보는 법인 아닌 단체의 국세에 관한 의무는 그 대표자 또는 관리인이 이행하여야 한다(국기법 13 ④). 대표자 또는 관리인의 선임·변경시는 지체없이 문서로 관할세무서장에게 신고하여야 한다. 무신고시는 관할세무서장이 그 구성원 또는 관계인 중 1인을 의무이행자로 지정할 수 있다(국기법 13 ⑥).

2) 법인으로 보지 아니하는 단체(소득세법상 납세의무자)

법인 아닌 단체 중 국세기본법상 법인으로 보는 단체 외의 단체는 1 거주자로 보는 경우와 공동사업자로 보는 경우로 구별된다.

① 1 거주자로 보는 단체

법인으로 보는 단체 외의 법인 아닌 단체로서 그 단체의 대표자 또는 관리인이 선임되어 있으나 이익의 분배방법 및 분배비율이 정하여져 있지 아니한 경우에는 이를 거주자로 보아 소득세법을 적용한다(소법 1 ③). 이 경우 그 단체는 구성원과 독립된 별도의 소득세 납세의무자가 되며, 단체의 소득은 구성원의 소득과 합산되지 아니한다.

② 공동사업자로 보는 단체

법인 아닌 단체 중 1거주자에 해당하지 않는 법인 아닌 단체에 대하여는 자산의 공유 또는 사업을 공동으로 영위하는 공동사업자로 보아 소득세법을 적용한다(소칙 2, 소기통 1-1 ②, ③). 따라서 그 단체의 소득을 구성원에게 지분비율 등에 따라 배분하여 각 구성원들이 소득세의 납세의무를 지게 된다.

<표 Ⅱ-2> 인격과 납세의무

- 인격
  - 법 인 → 법인세법 적용
  - 법인 아닌 단체
    - 법인으로 보는 단체 → 법인세법 적용
      - 세법상 무조건 법인으로 보는 단체
      - 신청·승인에 의해 법인으로 보는 단체
    - 법인으로 보는 단체 외의 단체 → 소득세법 적용
      - 1 거주자로 보는 단체
      - 공동사업자로 보는 단체
  - 자연인 → 소득세법 적용

● **참고** ●

법인 아닌 단체도 부가가치세법상 납세의무자에 포함된다. 따라서 그 단체가 사업적으로 부가가치세 과세대상 재화·용역을 공급한 경우에는 부가가치세의 납세의무를 진다(부가법 2 ②).

연습문제

[주관식 문제]

1. 국세기본법의 의의와 제정목적·규율내용을 약술하라.
2. 원천징수에 대하여 설명하라.
3. 가산세와 가산금을 정의하고 그 차이를 설명하라.
4. 국세기본법의 우선적용에 대하여 설명하고, 그 예외사항을 약술하라.
5. 기간과 기한을 설명하라.
6. 서류송달의 방법과 그 내용을 설명하라.
7. 법인 아닌 단체의 세법상 정의와 그 취급에 관하여 설명하라.

[객관식 문제]

1. 국세기본법에 대한 설명으로 틀린 것은?

① 위법 또는 부당한 국세처분에 대한 불복절차가 규정되어 있다.
② 국세기본법은 타법에 우선하는 것이 원칙이다.
③ 실질과세의 원칙에 대한 예외규정을 둘 수 있다.
④ 기간은 민법을 준용한다.
⑤ 신고, 청구 그 밖에 서류의 제출 등은 납세자의 사업이 중대한 위기에 처한 때 기한의 연장을 받을 수 있다.

2. 다음 중 국세기본법에 대한 설명으로 옳지 아니한 것은?

① 국세기본법상의 국세에는 관세, 임시수입부가세가 포함되지 않으므로 국세기본법은 실질적으로 내국세에 대한 기본법이라고 할 수 있다.
② 국세기본법은 세법에 우선하나 특정한 경우에는 세법이 국세기본법에 우선한다.
③ 각 세법의 기본적 사항과 공통적 사항을 규정함으로써 총칙법적 성격을 갖고 있다.

정답	1. ⑤ 2. ④

④ 국세기본법은 국세와 지방세에 관한 기본적 사항, 공통적 사항과 위법·부당한 국세처분에 대한 불복절차를 규정하고 있다.
⑤ 국세기본법은 절차법적 규정보다는 실체법적 규정을 많이 두고 있으므로 실체법에 속한다고 보아야 한다.

3. 다음 중 국세기본법의 목적으로 타당한 것은?

① 과세의 공평을 기하고 조세정책을 효율적으로 수행함으로써 국민경제의 건전한 발전에 기여한다.
② 적정한 감가상각을 가능하게 하고 기업자본의 적정을 기함으로써 경영의 합리화를 도모한다.
③ 국세에 관한 법률관계를 확실히 하고 과세의 공정을 도모하며 국민의 납세의무의 원활한 이행에 기여한다.
④ 조세부담의 형평과 물가의 안정 및 토지의 효율적인 이용을 기하고 국민경제의 건전한 발전에 이바지한다.
⑤ 조세에 관한 범칙사건을 간편·신속하게 처리한다.

4. 다음 국세와 관련된 용어의 설명 중 틀린 것은?

① 원천징수란 세법에 따라 원천징수의무자가 가산세를 포함하여 국세를 징수하는 것을 말한다.
② 체납처분비란 체납처분에 관한 규정에 따라 재산의 압류, 보관, 운반과 매각에 소요된 비용을 말한다.
③ 공과금이란 국세징수법에 규정하는 체납처분의 예에 따라 징수할 수 있는 채권 중 국세, 관세, 임시수입부가세 및 지방세와 관련되는 가산금 및 체납처분비 이외의 것을 말한다.
④ 과세기간이란 국세의 과세표준의 계산에 기초가 되는 기간을 말한다.
⑤ 과세표준이란 세법에 따라 직접적으로 세액산출의 기초가 되는 과세물건의 수량 또는 가액을 말한다.

5. 다음 중 국세기본법의 내용으로서 가장 옳은 것은?

① 이 법은 국세에 관한 기본적인 사항, 공통적인 사항 및 위법 또는 부당한 국세부과처분에 대한 불복절차를 규정하고 있다.
② 이 법은 관세에 관한 기본적인 사항 및 공통적인 사항과 위법 또는 부당한 국세부과처분에 대한 불복절차를 규정하고 있다.

정답 3. ③ 4. ① 5. ③

③ 이 법은 국세에 관한 기본적인 사항 및 공통적인 사항과 위법 또는 부당한 국세처분에 대한 불복절차를 규정하고 있다.
④ 이 법은 국세와 지방세에 관한 기본적인 사항 및 공통적인 사항과 위법 또는 부당한 국세징수처분에 대한 불복절차를 규정하고 있다.
⑤ 이 법은 국세에 관한 기본적인 사항 및 공통적인 사항을 규정하고 있기 때문에 여하한 경우에도 다른 세법에 우선하여 적용한다.

6. 다음에 열거한 국세에 관한 일반세법의 설명으로 잘못된 것은?

① 국세기본법은 국세에 관한 기본적 사항 및 공통적 사항과 위법 또는 부당한 국세처분에 대한 불복절차를 규정하고 있으며, 지방세와 관세는 국세기본법이 정의하는 국세에 포함되지 아니한다.
② 국세징수법은 국세의 징수에 관한 사항이 규정되어 있는 개별세법을 주체법으로 하는 절차법으로 이 법에는 국세의 징수절차, 징수유예, 독촉 및 체납처분절차가 포함되어 있다.
③ 조세범처벌법은 각종 조세에 관한 법률을 위반한 자에 대하여 처벌을 규정한 형법의 특별법으로 지방세와 관세를 포함한 모든 위반자를 처벌대상자로 한다.
④ 조세범처벌절차법은 조세에 관한 범칙사건을 신속하게 처리하여 조세채권을 확보하려는데 그 목적이 있다.
⑤ 조세특례제한법은 조세의 감면 및 이와 관련되는 특례에 관한 사항을 규제하기 위하여 제정되었다.

7. 국세기본법에 관한 내용으로 잘못된 것은?

① 목적은 과세의 공평을 기하고 조세정책을 효율적으로 수행함으로써 국민경제의 건전한 발전에 기여하는 것이다.
② 세법에 특별한 규정을 둘 수 있는 경우를 제외하고는 세법보다 우선하는 특별법적 성격을 갖고 있다.
③ 위법 또는 부당한 국세처분에 대하여 불복절차를 규정함으로써 불복절차법적 성격을 갖고 있다.
④ 각 세법의 공통적 사항을 규정함으로써 총칙법적 성격을 갖고 있다.
⑤ 위법·부당한 처분의 불복은 언제나 행정심판법의 적용을 배제한다.

8. 다음 용어의 정의 중 틀린 것은?

① 세법 : 국세의 종목과 세율을 정하고 있는 법률과 국세징수법, 조세특례제한법, 조세범

정답	6. ③ 7. ① 8. ④

처벌법, 조세범처벌절차법과 국제조세조정에 관한 법률을 말한다.
② 원천징수 : 세법에 따라 원천징수의무자가 국세를 징수함을 말한다.
③ 지방세 : 지방세법이 규정하는 제세를 말한다.
④ 납세보증인 : 납세자가 납세의무를 이행할 수 없는 경우에 납세자에 갈음하여 납세의무를 지는 자를 말한다.
⑤ 과세기간 : 세법에 따라 국세의 과세표준의 계산에 기초가 되는 기간을 말한다.

9. 다음은 국세기본법상의 용어에 대한 설명이다. 가장 옳은 것은?

① 원천징수라 함은 세법에 따라 원천징수의무자가 국세(이에 관계되는 가산세 포함)를 징수함을 말한다.
② 납세의무자보다는 납세자의 개념이 더 포괄적이다.
③ 과세표준이란 세법에 따라 직접적으로 세액산출의 기초가 되는 과세물건의 가액을 말한다.
④ 체납처분비는 독촉, 재산의 압류, 압류재산의 보관·운반·매각에 소요된 비용을 말한다.
⑤ 원천징수의무자도 국세기본법상 납세의무자에 포함된다.

10. 다음 중 국세기본법상 세무공무원에 대한 용어 설명으로 가장 옳은 것은?

① 국세청장을 포함한 국세청 소속공무원만을 말한다.
② 국세기본법의 대상은 국세에 관한 사항만이기 때문에 지방세를 맡고 있는 지방공무원은 세무공무원에 해당될 수 없다.
③ 국세든 지방세든 세금을 받고 있는 공무원은 모두 세무공무원에 포함된다.
④ 지방자치단체의 공무원이나 세관소속공무원이라 하더라도 세무공무원에 포함될 수 있다.
⑤ 국세에 관한 사무를 세관장이 관할하는 경우에는 관세청장과 그 소속공무원도 세무공무원에 포함된다.

11. 다음은 국세기본법상의 용어에 대한 설명이다. 옳지 않은 것은?

① 가산세라 함은 국세를 납부기한까지 납부하지 아니한 때에 고지세액에 가산하여 징수하는 금액과 납부기한이 지난 후 일정기한까지 납부하지 아니한 때에 그 금액에 다시 가산하여 징수하는 금액을 말한다.
② 납세의무자란 세법에 따라 국세를 납부할 의무(국세를 징수하여 납부할 의무를 제외한다)가 있는 자를 말한다.
③ 납세자라 함은 납세의무자, 연대납세의무자, 제2차납세의무자, 납세보증인과 원천징수

정답	9. ② 10. ④ 11. ①

의무자를 말한다.

④ 지방자치단체의 공무원이라 하더라도 국세징수법에 의한 위탁징수의 경우에는 세무공무원에 포함될 수 있다.

⑤ 공과금이란 국세징수법에 규정하는 체납처분의 예에 따라 징수할 수 있는 채권 중 국세, 관세, 임시수입부가세 및 지방세와 이에 관계되는 가산금 및 체납처분비 이외의 것을 말한다.

12. 다음의 국세기본법에 대한 용어의 정의 중 올바른 것은?

① 납세의무자라 함은 세법에 따라 국세를 납부할 의무(징수하여 납부할 의무 포함)가 있는 자를 말한다.

② 과세표준신고서라 함은 국세의 과세표준과 세액의 납부를 위하여 필요한 사항을 기재한 신고서를 말한다.

③ 납세자라 함은 납세의무자, 연대납세의무자, 제2차 납세의무자, 납세보증인을 말한다.

④ 지방자치단체의 공무원이라 하더라도 국세징수법에 의하여 국세를 시장·군수에게 위탁하여 징수하는 경우에는 당해 시장·군수 또는 그 소속공무원도 세무공무원에 포함된다.

⑤ 과세표준이라 함은 직접적으로 세액산출의 기초가 되는 과세물건의 가액을 말한다.

13. 다음 설명 중 맞는 것은?

① 국세기본법은 국세기본법상 세법에 속한다.

② 가산금이란 국세를 납부기한까지 납부하지 아니한 때에는 국세징수법에 의해 고지세액의 100분의 2에 상당하는 금액을 가산하여 징수하는데 이 때의 금액을 말한다.

③ 과세표준이란 세액산출의 기초가 되는 과세물건의 금액만을 지칭한다.

④ 과세표준신고서는 국세의 환급을 위해서는 작성하지 않는다.

⑤ 관세청장은 세무공무원이 아니다.

14. 다음 중 가장 옳은 설명은?

① 가산금은 세법상의 각종의무를 납세자가 이행하지 아니하는 경우에 그에 대한 행정상의 제재로서 세금의 형태로 부과하는 것이다.

② 가산세는 조세채무의 이행지체에 대하여 부과하는 연체이자적 성격을 갖는다.

③ 청산소득에 대한 법인세에는 가산세에 관한 규정이 적용되지 아니한다.

④ 가산세는 재정권에 근거하여 가해지는 행정상의 제재이나 조세벌은 일반통치권에 근거하며 형벌의 형식으로 과해진다.

⑤ 가산금은 해당 세법이 정하는 국세의 세목으로 한다.

정답	12. ④ 13. ⑤ 14. ④

15. 다음 중 국세기본법에서 국세에 관한 기본적·공통적인 사항으로 규정하고 있지 않은 것은?

① 법인격 없는 단체
② 납세관리인
③ 심사와 심판
④ 가산세의 부과와 감면
⑤ 체납처분

16. 국세기본법상 용어의 정의 중 맞는 것은?

① 세법은 국세의 종목과 세율을 정하고 있는 법률과 국세기본법, 국세징수법, 조세특례제한법, 조세범처벌법, 조세범처벌절차법, 국제조세조정에 관한 법률을 말한다.
② 납세자는 세법에 따라 국세를 납부할 의무(국세를 징수하여 납부할 의무를 제외함)가 있는 자를 말한다.
③ 과세표준은 세법에 따라 직접적으로 세액산출의 기초가 되는 과세물건의 가액을 말한다.
④ 가산금은 세법에 규정하는 의무의 성실한 이행을 확보하기 위하여 그 세법에 따라 산출한 세액에 가산하여 징수하는 금액을 말한다.
⑤ 납세보증인은 납세자의 국세, 가산금 또는 체납처분비의 납부를 보증한 자를 말한다.

17. 다음 국세기본법과 관련된 설명 중 올바른 것은?

① 납세의무자에 연대납세의무자, 제2차 납세의무자, 원천징수의무자를 포함한다.
② 국세라 하면 가산금을 포함하는 말이다.
③ 국세기본법은 모든 타 세법에 우선 적용된다.
④ 세법에서는 민법과 같이 도달주의에 의한다.
⑤ 납세자의 처가 위중하면 기한의 연장이 가능하다.

18. 다음의 국세기본법에 관한 일반적 사항에 대한 설명 중 틀린 것은?

① 국세기본법은 국세에 관한 법률관계를 확실하게 하고, 과세의 공정을 도모하며 국민의 납세의무의 원활한 이행과 국세수입의 확보를 목적으로 한다.
② 가산금이란 국세를 납부기한까지 납부하지 아니한 때에 국세징수법에 의해 고지액에 가산하여 징수하는 것으로 최고 75%를 넘지 못한다.
③ 우편에 의해 신고하는 때는 통신일부인이 찍힌 날을 신고일로 본다.
④ 서류의 송달에는 교부송달, 우편송달, 전자송달, 공시송달이 있다.
⑤ 기한이 공휴일에 해당하는 때에는 그 공휴일의 다음 날을 기한으로 한다.

정답	15. ⑤ 16. ⑤ 17. ⑤ 18. ①

19. 국세기본법에 규정된 세법이 아닌 것은?

① 교육세법
② 국세기본법
③ 조세범처벌법
④ 종합부동산세법
⑤ 조세특례제한법

20. 다음 중 국세기본법상 국세인 것은 어느 것인가?

① 재산세
② 취득세
③ 임시수입부가세
④ 관세
⑤ 증권거래세

21. 다음 중 국세기본법이 세법에 항상 우선하는 경우는?

① 실질과세의 원칙
② 소급과세의 금지
③ 고지금액의 최저한
④ 연대납세의무
⑤ 납세담보

22. 다음 중 각 세법의 특례규정이 국세기본법에 우선하는 법률관계에 있는 경우가 아닌 것은?

① 공동사업의 연대납세의무
② 납세의무의 성립과 확정
③ 합병법인의 납세의무의 승계
④ 과세자료의 제출과 그 수집에 대한 협조
⑤ 고지금액의 최저한

23. 국세기본법은 세법에 우선하여 적용한다. 이에 대한 예외규정을 들 수 있는 경우는?

① 천재·지변으로 인한 기한의 연장
② 세무공무원의 재량의 한계
③ 국세징수권의 소멸시효
④ 국세환급금의 충당과 환급
⑤ 과세표준 수정신고

24. 다음의 기간과 기한에 대한 설명 중 잘못된 것은?

① 세법의 기간계산에는 반드시 초일을 불산입한다.
② 기간의 말일이 공휴일에 해당시 기간은 그 다음 날에 만료한다.
③ 납세자가 그 사업에 심한 손해를 입거나 그 사업이 중대한 위기에 처한 때는 기한의 연장을 할 수 있으나 반드시 연장신청을 하여 승인을 받아야 한다.
④ 권한있는 기관에 장부·서류가 압수 또는 영치된 때도 기한연장사유가 된다.

정답	19. ②	20. ⑤	21. ②	22. ②	23. ④	24. ①

⑤ 납기전징수를 위한 고지의 경우 해당 고지서가 도달한 날에 이미 납부기한이 경과된 때는 도달한 날을 납부기한으로 본다.

25. 국세기본법에서의 기간과 기한에 대한 설명으로 틀린 것은?

① 초일불산입의 원칙에서 연령계산시의 출생일은 예외이다.
② 민법과 세법에서의 기간·기한이 다를 경우 세법이 우선적용된다.
③ 기간 말일이 공휴일에 해당할 경우 그 다음 날에 만료한다.
④ 우편으로 과세표준신고서를 제출할 경우 납세자보호를 위해 발신주의를 채택하고 있다.
⑤ 납기전징수를 위한 고지의 경우 고지서가 도달한 날에 이미 납부기한이 경과한 때에는 도달한 날로부터 14일이 지난 날이 기한이 된다.

26. 다음 기간의 만료점에 관한 설명 중 잘못된 것은?

① 기간을 주로 정한 때는 기간 말일의 종료로 기간이 만료한다.
② 년의 경우 역에 의해 기간을 계산한다.
③ 월의 시작에 기산일로 시작하지 않았을 때는 월의 최후의 기산일에 해당하는 날의 전일로 기간이 만료한다.
④ 8월 31일로부터 1개월이 지난 날은 10월 1일이다.
⑤ 기간말일이 공휴일인 경우 기간은 그 다음 날에 만료한다.

27. 기간과 기한에 관한 국세기본법의 내용에 관한 설명으로 옳지 않은 것은?

① 월 또는 연으로 기간을 정한 경우에 최종의 월에 해당하는 날이 없는 때에는 그 월의 말일로 기간이 만료한다.
② 삼일절이 신청기한에 해당하는 경우에는 그 다음 날인 3월 2일이 신청기한이 된다.
③ 기간을 일, 주, 월, 년으로 계산하는 경우 초일은 산입하지 않음을 원칙으로 한다.
④ 홍수로 인하여 납세고지서가 지연송달된 경우 국가에 지연송달의 책임이 없으므로 납부기한은 연장되지 아니한다.
⑤ 소득세법상 부양가족공제대상가족의 연령계산시 초일은 산입한다.

28. 국세의 기간과 기한에 관한 내용으로 틀린 것은?

① 기간의 계산에서는 초일은 불산입하고, 말일은 산입하는 것이 원칙이다.
② "9월에 납부할 것"이라는 것은 9월 30일이 마감일이라는 의미이다.
③ 2012년이 윤년인 경우 1월 31일부터 1월 후라는 것은 2월 28일에 해당한다.
④ 종기(終期)가 공휴일이면, 그 다음 날이 기한이 된다.

정답	25. ⑤ 26. ④ 27. ④ 28. ③

⑤ 납기전징수가 아닌 경우로서 세금납부고지서를 받은 날 현재 납부기한이 지났으면, 받은 날부터 14일 후로 기한이 연장된다.

29. 다음의 기간과 기한에 관한 설명 중 잘못된 것은?

① 기간을 일, 주, 월 또는 년으로 정한 때에는 기간 말일의 종료로 기간이 종료된다.
② 기한이 공휴일에 해당하는 경우에는 그 공휴일의 다음 날을 기한으로 한다.
③ 우편에 의한 신고시 우편법에 의한 통신일부인이 찍힌 날에 신고된 것으로 본다.
④ 송달의 방법에는 교부와 우편 및 전자송달이 있다. 이 때 납세의 고지, 독촉, 체납체분 또는 세법에 따른 정부의 명령에 관계되는 서류의 송달을 우편에 의하고자 할 때는 등기우편으로 해야 한다.
⑤ 일반우편에 의한 송달은 회사의 대표자 또는 결정책임자에게 전달되어야 한다.

30. 다음 설명 중 옳은 것은?

① 1월 20일이 납부기한인 고지서가 1월 17일에 송달된 경우의 납부기한은 1월 31일까지 연장된다.
② 연령계산시에는 초일불산입 원칙을 적용한다.
③ 세법에서 규정하는 기간계산은 모든 경우에서 민법의 기간계산을 준용한다.
④ 우편에 의한 신고의 효력발생시기는 도달가능주의를 원칙으로 한다.
⑤ 기간계산의 초일 혹은 중간에 공휴일이 있으면 그 일수만큼 기한을 연장한다.

31. 다음 중 국세기본법상 신청기한의 연장사유로 옳지 아니한 것은?

① 납세자가 화재, 전화 그 밖의 재해를 입거나 도난을 당한 때
② 납세자 또는 그 동거가족이 질병으로 위중하거나 사망하여 상중인 때
③ 납세자가 그 사업에 심한 손해를 입거나 그 사업이 중대한 위기에 처한 때
④ 권한 있는 기관에 장부·서류가 압수 또는 영치된 때
⑤ 납세자가 화약류, 가스류 등의 폭발사고를 당한 때

32. 납세자가 천재 등으로 인한 신고기한을 연장받고자 할 때 다음 중 그 사유가 못되는 것은?

① 납세자가 화재를 입은 때
② 납세자가 도난을 당한 때
③ 납세자의 동거가족이 질병으로 위중한 때
④ 납세자가 그 사업에 심한 손해를 입거나 그 사업이 중대한 위기에 처한 때
⑤ 권한 있는 기관에 장부·서류가 압수 또는 영치된 때

정답	29. ⑤ 30. ① 31. ③ 32. ④

33. 다음 중 기한연장에 대한 설명으로 옳은 것은?

① 천재, 지변으로 인한 기한의 연장을 받고자 하는 자는 "기한연장신청서"를 제출하여야 한다.

② 세법에 규정하는 신고기한이 공휴일에 해당하는 때에는 그 전날까지 신고하여야 한다.

③ 납세자가 화재를 입은 경우에는 그 재해의 원인이 조세포탈목적에 의한 고의에 의한 것이라 하더라도 기간을 연장할 수 있다.

④ 기한을 연장한 때에는 행정기관의 장은 문서로 결정일로부터 10일 내에 관계인에게 통지하여야 한다.

⑤ 일반적인 자금경색에 의한 부도발생의 우려가 있는 경우에도 납부기한을 연장할 수 있다.

34. 사업자 A씨가 7월 15일 납세고지서를 받아보니 납부기한이 7월 20일로 되어 있었다. 국세징수법에 의한 납기전징수의 고지가 아닌 경우 납부기한은?

① 7월 15일 ② 7월 20일

③ 7월 30일 ④ 7월 15일

⑤ 7월 29일

35. 다음 중 납기전징수의 경우에는 기한의 연장사유가 안 되는 경우는?

① 납세자 또는 그 동거가족이 질병으로 위중하거나 상중인 때

② 납세자가 사업에 심한 손해를 입거나 그 사업이 중대한 위기에 처해 있을 때

③ 권한 있는 기관에 장부, 서류가 압수 또는 영치된 때

④ 납세자가 화재, 전화, 기타 재해를 입거나 도난당한 때

⑤ 송달지연으로 납부기간이 지난 후에 납세고지서가 도착한 때

36. 다음은 국세기본법상의 서류송달에 관한 설명이다. 옳지 않은 것은?

① 서류는 교부·우편 또는 전자송달에 의하여 송달함을 원칙으로 한다.

② 적법하지 않은 방법에 의한 서류송달에 대해서는 서류의 수령을 거부하여도 공시송달의 사유가 되지 아니한다.

③ 송달받을 자가 거부하면 송달장소 이외의 장소에서 교부송달하는 것은 국세기본법에 어긋난다.

④ 송달을 받아야 할 자가 주소 또는 영업소를 이전한 사실만으로 공시송달할 수 있다.

⑤ 송달한 장소에서 송달을 받아야 할 자를 만나지 못한 때에는 그 사용인 그 밖의 종업원 또는 동거인으로서 사리를 판별할 수 있는 자에게 서류를 교부할 수 있다.

정답	33. ⑤ 34. ⑤ 35. ⑤ 36. ④

37. 서류의 송달장소에 관한 설명 중 틀린 것은?

① 서류는 명의인의 주소, 거소, 영업소 또는 사무소(전자송달의 경우에는 명의인의 전자우편주소)에 송달함을 원칙으로 한다.
② 연대납세의무자에게 서류를 송달하는 경우 대표자가 없는 때에는 연대납세의무자 중 국세징수상 유리한 자를 명의인으로 한다.
③ 상속이 개시된 경우에 상속재산관리인이 있는 때에는 그 상속재산관리인의 주소 또는 영업소에 송달한다.
④ 송달받을 장소를 변경하고도 변경신고를 하지 아니하면 변경전의 장소로 송달한다.
⑤ 교부에 의하여 서류를 송달하는 경우에 송달받을 자가 거부하지 아니하면 송달할 장소 이외의 장소에서도 교부할 수 있다.

38. 납세의 고지·독촉·체납처분 또는 세법에 따른 정부의 명령에 관한 서류는 공시송달의 경우를 제외하고는 그 명의인의 주소, 거소, 영업소, 또는 사무소에 다음방법으로 송달하여야 한다. 이 중 가장 옳은 것은?

① 일반우편
② 교부 또는 등기우편
③ 관할세무서에서 교부
④ 교부 또는 일반우편
⑤ 등기우편 또는 일반우편

39. 서류의 송달에 관한 설명 중 틀리는 것은?

① 서류를 교부한 때에는 송달서에 수령인이 서명 또는 날인하게 하여야 하며, 수령인이 서류를 받고 서명 또는 날인을 거부한 때에는 그 사실을 송달서에 적어야 한다.
② 우편에 의하여 송달한 서류는 당해 우편물이 송달을 받아야 할 자에게 도달한 때부터 송달의 효력이 발생한다.
③ 송달하여야 할 장소 이외에서 서류의 명의인의 동거가족을 만난 경우에는 동거 가족에게 서류를 교부할 수 있다.
④ 납세의 고지·독촉·체납처분 또는 세법에 따른 정부의 명령에 관계되는 서류의 송달을 우편에 의하고자 할 때에는 등기우편에 의하여야 한다.
⑤ 교부송달의 경우에만 송달서를 작성하여야 하므로 그 이외의 송달방법에 의하는 경우에는 송달서의 작성이 불필요하다.

40. 다음 중 공시송달의 사유에 해당하지 않는 것은?

① 서류를 등기우편으로 송달하였으나 수취인이 부재중인 것으로 확인되어 반송됨으로써 납부기한 내 송달이 곤란하다고 인정되는 경우

정답	37. ④ 38. ② 39. ③ 40. ⑤

② 주소 또는 영업소가 국외에 있고 그 송달이 곤란한 때
③ 세무공무원이 2회 이상 납세자를 방문하여 서류를 교부하고자 하였으나 부재중인 것으로 확인되어 납부기한 내 송달이 곤란하다고 인정되는 경우
④ 주소 또는 영업소가 분명하지 아니한 때
⑤ 송달할 장소 이외의 장소에서 서류를 교부하고자 하였으나 서류의 수령을 거부한 때

41. 다음 중 공시송달의 방법으로서 틀린 것은?

① 관보에 게재
② 주간신문에 게재
③ 시·군·구의 게시판에 게시
④ 일간신문에 게재
⑤ 세무서의 게시판에 게시

42. 공시송달에 관한 설명으로 틀린 것은?

① 서류의 주요 내용을 공고한 날부터 14일이 지남으로써 송달의 효력이 발생한다.
② 공시송달에 대한 세법의 규정은 국세기본법의 규정에 우선한다.
③ 주소 또는 영업소가 국외에 있고 그 송달이 곤란한 사유만으로도 공시 송달할 수 있다.
④ 주소 또는 영업소가 분명하지 아니한 경우에도 공시 송달할 수 있다.
⑤ 관보나 일간신문에 게재하는 것은 공시송달의 한 방법이다.

43. 다음 중 서류송달의 효력발생에 대한 국세기본법의 규정으로 옳지 않은 것은?

① 서류의 송달은 명의인에게 도달한 때에 송달의 효력이 발생한다.
② 일단 유효하게 송달된 서류는 그 후에 반송되더라도 송달의 효력에는 영향이 없다.
③ 공시송달의 경우에는 공고한 날부터 14일이 지나는 때에 송달의 효력이 발생한다.
④ 서류를 교부송달하는 경우 수령인이 서류를 수령하고도 송달서에 서명날인을 거부하면 송달의 효력이 발생하지 아니한다.
⑤ 일반우편에 의하여 송달한 서류는 그 송달을 받아야 할 자에게 도달한 때부터 송달의 효력이 발생한다.

44. 서류의 송달에 관한 국세기본법의 규정으로 옳지 않은 것은?

① 서류를 우편으로 송달하는 경우에는 반드시 등기우편에 의하여야 한다.
② 납세관리인이 있는 때에는 국세기본법 또는 세법이 규정하는 서류 중 납세의 고지와 독촉에 관한 서류에 한하여 납세관리인에게 송달한다.
③ 법원의 게시판에 게시하는 것은 적법한 공시송달이라 할 수 없다.

정답	41. ② 42. ② 43. ④ 44. ①

④ 송달을 받아야 할 자의 주소 또는 영업소가 분명하지 아니한 경우에도 공시송달할 수 있다.
⑤ 송달을 받아야 할 자가 파산선고를 받은 때에는 파산관재인의 주소 또는 영업소에 서류를 송달한다.

45. 법인 아닌 단체의 법적 성격에 관한 설명 중 맞는 것은?

① 주무관청의 허가는 안 받았지만 설립한 재단·사단 그 밖의 단체는 법인으로 간주되어 법인세를 부과한다.
② 법인 아닌 단체로서 단체의 대표자, 관리인이 선정되어 있으면 이익분배방법과 관계없이 소득세를 부과한다.
③ 공익목적으로 출연된 기본재산이 있는 재단으로서 등기되지 않은 것은 법인격이 있는 것으로 간주하여 법인세를 부과한다.
④ 이익분배방법이 정해져 있지 않으면 무조건 공동사업자로 간주한다.
⑤ 대표자가 선정되고 이익분배방법·비율이 정해져 있으면 공동사업자로 간주하되 대표자 1인에게 소득세를 부과한다.

46. 다음 중 국세기본법상 법인으로 보지 아니하는 것은?

① 주무관청의 허가를 받았으나 설립등기하지 아니한 사단
② 주무관청의 허가를 받지 아니하였으나 공익을 목적으로 출연된 기본재산이 있는 재단
③ 설립등기하지 아니하였으나 주무관청의 허가를 받아 조직된 단체
④ 주무관청의 허가를 받지 아니하였으나 공익을 목적으로 조직된 사단
⑤ 주무관청의 허가를 받았으나 설립등기하지 아니한 재단

47. 법인 아닌 단체에 관한 내용 중 틀린 것은?

① 법인 아닌 단체에 대한 국세기본법의 규정은 세법에 우선한다.
② 교회나 사찰은 설립등기하지 아니한 경우에도 기본재산이 있으면 법인으로 본다.
③ 법인 아닌 단체의 국세에 관한 의무는 그 대표자나 관리인이 이행하여야 한다.
④ 법인으로 보는 법인 아닌 단체는 법인세법상 영리법인에 해당한다.
⑤ 법인으로 보지 아니하는 법인 아닌 단체는 소득세법상 1거주자나 공동사업자로 본다.

48. 납세의무자의 구분에 있어 다음 중 옳은 것은?

① 공익을 목적으로 출연된 기본재산이 있는 사단으로서 등기되지 아니한 것은 법인으로 본다.

정답	45. ③ 46. ④ 47. ④ 48. ②

② 주무관청의 허가를 받아 설립한 사단, 재단 또는 그 밖의 단체로서 미등기된 것은 법인으로 본다.
③ 주무관청의 허가를 받아 설립한 재단으로서 미등기상태이며 이익의 분배방법 및 비율이 정해져 있지 않은 경우에는 법인으로 보지 않는다.
④ 법인 아닌 단체로서 단체의 대표자 또는 관리인이 선정되어 있는 경우 자연인으로 본다.
⑤ 주무관청에 신고를 하여 설립한 기타 단체는 법인으로 본다.

49. 다음 중 국세기본법의 규정과 다른 것은?

① 법인 아닌 모든 단체는 국내에 주소를 둔 자 1인을 대표자로 하여 정부에 신고하여야 한다.
② 법인 아닌 단체라 하더라도 부가가치세법상 사업자에 해당하면 부가가치세의 납세의무를 진다.
③ 대표자 신고를 하여야 할 법인 아닌 단체가 대표자 신고를 하지 아니하는 때에는 그 구성원 또는 관계인 중 1인을 대표자로 지정할 수 있다.
④ 주무관청의 허가를 받지 아니한 재단이라 하더라도 특정한 경우는 법인으로 볼 수 있다.
⑤ 주무관청의 허가를 받아 설립한 사단은 상속세법상 비영리법인으로 본다.

정답	49. ①

제2장 국세부과의 원칙과 세법적용의 원칙

제1절 국세부과의 원칙

1. 부과의 의의

'부과'라 함은 국가 또는 공공단체가 조세 또는 공과금을 특정인에게 할당하여 부담시키는 것을 말한다. 따라서 국세의 부과라 함은 납세의무의 내용을 확정하여 그 이행을 명령하는 행정처분이라고 할 수 있다.

국세의 부과방법은 두 가지가 있는데, 그 하나는 정부부과제도로서, 이는 정부(과세관청)가 납세의무자의 납세의무의 내용을 확정하기 위하여 조사를 한 후, 소득 등 과세표준과 세액을 결정하고 그 결정된 세액의 납부를 명령하는 행위(납세고지서에 의한 고지)를 함으로써 이루어진다. 다른 하나는 과세표준과 세액을 납세의무자가 스스로 결정하여 과세관청에 신고함으로써 납세의무를 확정하는 자기부과제도(신고납세제도)가 있다. 어느 경우이든지 납세의무를 확정하는 효력으로서의 부과개념에 포함되는 것이다.

국세기본법은 국세의 부과를 하기 위하여 ① 실질과세의 원칙 ② 신의성실의 원칙 ③ 근거과세의 원칙 ④ 조세감면의 사후관리 원칙 등 4가지 원칙을 제시하고 있다. 이러한 원칙의 제시는 과세의 공평을 기하고 조세법률주의에 충실하기 위한 것이다.

2. 실질과세의 원칙(국기법 14)

(1) 개 념

'실질과세의 원칙'은 세법의 해석 및 과세요건 사실의 검토·확인에 있어서 조세부담의 공평이 이루어지도록 경제적 의의 및 실질에 따라 해석하고 판단해야 한다는 세법 고유의 원칙이다. 이 실질과세의 원칙은 조세법에 본래적으로 내재하는 조리로서 시인되어야 하는 것이고 실정법에 성문화된 것은 이를 창설적 규정으로 해석할 것이 아니고 이 원칙의 존재를 확인하고 선언하는데 불과한 선언적 규정으로 이해해야 한다는 것이 세법학자간의 지배적 태도라고 할 수 있다.

이 경우의 실질의 의미는 조세가 응능부담의 원칙에 따라 공평하게 부과되어야 한다는 사회적 당위성을 가진 경제적 부담이라고 보아야 할 것이므로 그 경제적 실질이 어디에 있는가를 추구하여야 하는 것이다. 또한 경제적 실질은 경제력의 표현으로서의 소득·수익·부가가치·부당이득·상속증여재산과 같은 경제적 존재에 관한 실질과 그러한 경제력이 귀속되는 주체적 실질을 모두 말하는 것이다. 이와 같이 순수한 경제적 실질에 따라 과세한다면 도박과 같은 불법소득에 대하여도 과세하여야 한다는 것이 독일의 조세조정법 제5조 및 미국의 판례태도이다.

(2) 귀속에 관한 실질과세(국기법 14 ①)

과세의 대상이 되는 소득·수익·계산·행위 또는 거래의 귀속이 명의일 뿐이고 사실상 귀속자가 따로 있는 때에는 사실상의 귀속자를 납세의무자로 하여 국세를 부과한다.

조세는 경제적인 거래 또는 경제적 이득에 부과되는 것이므로 표면상으로 명의자가 있더라고 실질적인 거래자나 그 귀속자에게 부과함으로써 응능부담의 원칙에 따라 과세의 공평을 기하려는 데 있다.

(3) 거래내용에 관한 실질과세(국기법 14 ②)

세법 중 과세표준 계산에 관한 규정은 소득·수익·재산·행위 또는 거래의 명칭이나 형식에 불구하고 그 실질내용에 따라 적용한다.

(4) 우회거래에 대한 실질과세(국기법 14 ③)

제3자를 통한 간접적인 방법이나 둘 이상의 행위 또는 거래를 거치는 방법으로 국세기본법 또는 세법의 혜택을 부당하게 받기 위한 것으로 인정되는 경우에는 그 경제적 실질 내용에 따라 당사자가 직접 거래를 한 것으로 보거나 연속된 하나의 행위 또는 거래를 한 것으로 보아 국세기본법 또는 세법을 적용한다.

(5) 실질과세를 근거로 한 세법상의 제규정

1) 귀속에 관한 실질과세의 예

① 사업자등록 명의자와 실제 사업자가 다른 경우에는 사실상의 사업자를 납세의무자로 본다(국기통 14-0…1).

② 공부상 등기·등록 등이 타인의 명의로 되어 있더라도 사실상 당해 사업자가 취득하여 사업에 공하였음이 확인되는 경우에는 그 사실상 사업자의 사업용자산으로 본다(국기통 14-0…4).

③ 자산 또는 사업에서 생기는 수입의 전부 또는 일부가 법률상 귀속되는 법인과 실질상 귀속되는 법인이 서로 다른 경우에는 그 수입이 실질상 귀속되는 법인에 대하여 법인세법을 적용한다(법법 4).

④ 신탁재산에 귀속되는 소득은 그 신탁의 수익자를 당해 신탁재산의 소유자로 보고 그 소득금액을 계산한다(소법 2의 2 ⑥).

⑤ 신탁재산에 귀속되는 소득은 그 신탁의 이익을 받는 수익자로 하고, 수익자가 특정되지 아니하거나 존재하지 아니하는 경우 위탁자 또는 그 상속인의 소득으로 처리한다(법법 5).

2) 거래내용에 관한 실질과세의 예

① 거래의 형식은 매매이나 그 실질이 증여이면 증여로 보아 증여세를 부과한다.

② 내국법인 또는 사업소득·기타소득·양도소득이 있는 거주자의 행위 또는 계산이 세법이 정하는 특수관계자와의 거래로 인하여 조세부담을 감소시키는 것으로 인정되는 경우에는 그 법인 또는 거주자의 행위 또는 계산을 부인하고 정부가 그 법인의 각사업연도 소득금액 또는 거주자의 소득금액을 계산할 수 있다(법법 52, 소법 41, 101).

③ 부담부증여에 있어서 증여자의 채무를 수증자가 인수하는 경우에는 증여가액 중 그 채무액에 상당하는 부분은 그 자산이 유상으로 사실상 이전되는 것으로 보아 양도소득세를 부과한다(소법 88 ① 후단, 상증법 47 ③).

④ 상속세 및 증여세법상의 증여의제와 증여추정 규정(상증법 44~45의 2).

⑤ 채무자가 채무의 변제를 담보하기 위한 자산의 양도계약 즉, 양도담보는 양도로 보지 아니한다(소령 151).

⑥ 양도소득세가 비과세되는 '농지'란 지적공부상의 지목에 관계없이 사실상 경작에 사용된 토지를 말한다(소칙 70).

⑦ 법인세의 과세소득계산은 그 명칭 여하에 불구하고 거래의 실질내용에 따라 적용한다(법법 4 ②).

⑧ 과세물품의 판정은 그 명칭여하에 불구하고 당해 물품의 형태·용도·성질 기타 중요한 특성에 의한다(개소법 1 ⑧).

⑨ 제조장 이외의 장소에서 과세물품을 조립하는 경우 또는 중고품을 신품과 동등한 정도로 가공·개조하는 경우 이를 과세물품의 제조로 의제한다(개소법 5).

⑩ 과세문서는 명칭여하에 불구하고 그 실질내용에 따라 이를 적용한다(인지법 3 ④).

(6) 개별세법상 실질과세원칙에 대한 예외

실질과세원칙은 국세부과의 원칙 중 하나이므로 개별세법에서 특례를 규정하고 있는 경우에는 개별세법의 규정이 우선 적용된다. 개별세법상 특례규정의 예는 다음과 같다.

① 양도소득세 계산시 기준시가의 적용
② 특수관계자에게 증여 후 3년 이내 양도시 증여자가 그 자산을 직접 양도한 것으로 보는 양도소득세의 부당행위계산부인 규정
③ 소득처분시 소득의 귀속이 불분명한 경우 대표이사에 대한 상여처분
④ 제 3자 명의로 등기한 재산에 대한 증여의제
⑤ 배우자 등에 대한 양도행위의 증여추정

(7) 조세법률주의와의 관계

실질과세의 원칙을 무제한으로 적용하는 경우에는 과세권자의 자의성이 개입됨으로써 납세자의 법적 안정성과 재산권이 부당하게 침해받을 가능성이 있다. 따라서 실질과세의 원칙은 조세법에 내재된 기본원리의 하나라 하더라도 조세법률주의의 범위 내에서 행사되어야 한다.

3. 신의성실의 원칙(국기법 15)

(1) 개 념

'신의성실의 원칙'이란 상대방의 신뢰에 어긋나지 않도록 신의와 성실로 행동하여야 한다는 원칙으로 신의칙(信義則) 또는 금반언(禁反言)의 원칙이라고도 한다. 이는 사법분야에서 형성된 법원리를 조세법분야에서 채택한 것으로서 조세법에 내재하는 기본원리의 하나로 파악된다.

신의성실의 원칙은 조세법률관계의 당사자인 과세관청과 납세의무자의 신의에 의한 성실한 행동을 촉구함으로써 조세법률관계의 안정성과 신뢰성을 유지함에 그 목적이 있다. 국세기본법은 다음과 같이 신의성실의 원칙을 규정하고 있다.

"납세자가 그 의무를 이행함에 있어서는 신의에 좇아 성실히 하여야 한다. 세무공무원이 그 직무를 수행함에 있어서도 또한 같다"(국기법 15).

(2) 적용대상자

신의성실의 원칙은 납세자와 세무공무원 모두에게 적용된다. 그러나 현실적으로는

납세자보다는 과세관청에게 주로 적용되고 있다. 왜냐하면 납세자가 신뢰를 위배한 경우에는 세무조사, 조세범처벌 등의 각종 제재수단을 가할 수 있으므로 과세관청은 굳이 신의칙에 호소할 필요가 없기 때문이다. 반면, 관세관청이 신뢰를 위배한 경우에 납세자는 이를 제재할 수단이 없으므로 신의칙에 호소하게 되는 것이다.

(3) 적용요건과 효과

신의성실원칙의 적용요건에 대해서는 법에는 규정된 바 없으나 판례와 학설에 따르면 과세관청에 대한 신의성실원칙의 적용요건을 다음과 같이 규정하고 있다.

1) 과세관청이 납세자에게 신뢰의 대상이 되는 공적인 견해를 표명하였어야 한다. 견해표명은 문서 또는 구두를 가리지 아니하며 묵시적인 언동으로 볼 수 있는 부작위를 포함한다.
2) 과세관청의 견해표명이 정당하다고 신뢰한데 대하여 납세자에게 귀책사유가 없어야 한다. 귀책사유가 없어야 한다는 것은 과세관청의 견해표명에 관련된 배신행위가 없어야 한다는 것이다. 즉, 납세자의 사실은폐 또는 허위사실 고지로 인한 과세관청의 견해표명은 신의칙 적용대상이 아니라는 것이다.
3) 납세자가 그 견해표명을 신뢰하고 그 신뢰를 기초로 무엇인가 행위를 하였어야 한다. 행위란 경제적 거래, 세무처리 등 모두를 의미하며 신뢰와 행위 사이에는 상당한 인과관계가 있어야 한다.
4) 과세관청이 당초의 견해표명에 반하는 적법한 처분을 하였어야 한다. 이 경우 처분은 반드시 적법한 것이어야 한다. 위법한 처분이라면 신의칙의 적용 이전에 무효 또는 취소되는 것이기 때문이다. 적법한 처분임에도 불구하고 그 처분이 당초의 신뢰를 배반하는 처분에 해당되는 경우 신의칙이 적용되는 것이다.
5) 과세관청의 신의칙을 위반한 처분으로 인하여 납세자가 불이익을 받아야 한다.

상술한 요건이 충족되면 과세관청의 처분은 적법함에도 불구하고 신의성실의 원칙을 위반하였으므로 취소대상 행정처분이 된다.

(4) 조세법률주의와의 관계

신의성실의 원칙은 합법성의 원칙을 희생하여 신뢰의 이익을 보호하고자 하는 것이므로 조세법률주의와 모순된다. 따라서 합법성의 원칙을 지나치게 훼손하지 않는 범위 내에서 제한적으로 적용되어야 한다. 즉, 신의성실의 원칙은 상위개념인 조세법률주의에 의하여 제약을 받는다.

● 참고 ● **합법성의 원칙**

합법성의 원칙이란 과세요건 법정주의와 과세요건 명확주의에 의하여 결정된 합법적인 조세채권은 합법적 절차에 의하여 반드시 부과·징수되어야 한다는 원칙을 말한다.

4. 근거과세의 원칙(국기법 16)

(1) 개 념

납세의무자가 비치·기장하고 있는 장부·서류 등 실제의 자료에 입각하여 과세하여야 한다는 원칙을 '근거과세의 원칙'이라 한다. 근거과세의 원칙은 근거가 충분하지 아니한 과세를 방지함으로써 납세자의 재산권이 부당하게 침해되는 것을 막는데 그 취지가 있다.

(2) 근거과세원칙의 내용

1) 실지조사결정 : 납세의무자가 세법에 따라 장부를 갖추어 기록하고 있는 경우 당해 국세의 과세표준에 대한 조사와 결정은 그 장부와 이에 관계되는 증거자료에 의하여야 한다(국기법 16 ①). 이는 실지조사결정이 국세의 과세표준과 세액의 원칙적인 결정방법임을 의미한다.

2) 조사결정서의 작성과 근거의 기록 : 장부의 기록 내용이 사실과 다르거나 장부의 기록에 누락된 것이 있는 때에는 그 부분에 대해서만 정부가 조사한 사실에 따라 결정할 수 있다(국기법 16 ②). 이 경우에는 정부가 조사한 사실과 결정의 근거를 결정서에 적어야 한다(국기법 16 ③).

3) 조사결정서의 열람 : 해당 납세의무자 또는 그 대리인이 요구하면 조사결정서를 열람 또는 복사하게 하거나 그 등본 또는 초본이 원본과 일치함을 확인하여야 한다(국기법 16 ④). 이 경우 요구는 구술(口述)로 한다. 다만, 해당 행정기관의 장이 필요하다고 인정할 때에는 열람하거나 복사한 사람의 서명을 요구할 수 있다(국기법 16 ④, ⑤). 조사결정서의 열람 허용은 자의적인 과세를 방지하고 납세의무자가 조세불복을 하는 때의 편의를 도모하기 위한 조치이다.

5. 조세감면의 사후관리원칙(국기법 17)

(1) 개 념

특정 납세의무자에 대한 조세감면은 다른 납세의무자의 조세부담을 증가시키게 되므로 조세감면은 공평과세를 저해하는 요소의 하나로 지목된다. 따라서 조세감면은 신중해야 하며 일단 법이 정하는 바에 따라 감면된 경우에도 당초의 감면 취지가 달성될 수 있도록 사후관리가 필요하다. 이를 위하여 국세기본법은 다음과 같은 내용으로 조세감면의 사후관리 원칙을 규정하고 있다.

1) 정부는 국세를 감면한 경우 그 감면의 취지를 성취시키거나 국가정책을 수행하기 위하여 필요하다고 인정하는 때에는 세법이 정하는 바에 의하여 감면한 세액에 상당하는 자금 또는 자산의 운용범위를 정할 수 있다(국기법 17 ①).
2) 이 운용범위에 따르지 아니한 자금 또는 자산에 상당하는 감면세액은 세법이 정하는 바에 의하여 감면을 취소하고 추징할 수 있다(국기법 17 ②).

(2) 조세감면의 사후관리에 관한 예

개별세법에 규정된 다음 사항들은 조세감면의 사후관리에 관한 구체적인 예들이다.

1) 조세특례제한법상 세액공제 받은 자산의 2년간 매각제한(조특법 146)
2) 상속세 및 증여세법상 공익법인 출연재산의 사후관리(상증법 48)

제 2 절 세법적용의 원칙

1. 의 의

법은 이를 해석하여 적용함으로써 구체적으로 효력을 발생한다. 조세법률주의 하에서 아무리 구체적 사안을 자세히 규정하였다고 하더라도 물리적 현상으로서의 볼트와 너트를 맞추는 것처럼 맞추어지는 것은 아니고 해석이라는 작용을 거쳐야 비로소 적용되는 것이다. 따라서 이러한 해석은 그 해석하는 사람의 주관에 의하여 추구하는 목적이나 가치를 달리할 수도 있게 된다.

그러나 세법은 조세법률주의에 의하여 지배되고 조세법률주의는 조세에 관한 사항을 완결적으로 명확하게 규정할 것을 요구하고 있으므로 그 규정의 해석은 법문의 문언에서 시작하여 법문의 문언에서 종결되어야 하며, 정적 상태의 규범적 의미를 탐구해야 한다고 한다. 따라서 세법은 문리해석이 주된 것이고 논리해석은 보충적 방법일 수밖에 없는 것이다.

세법의 적용이란 세법규정의 의미를 명확히 하고(세법해석), 구체적 사실이 이러한 법규정에 해당되는지를 확인하여(사실인정), 이 양자를 결부시켜 법률효과를 발생하게 하는 과정을 말한다. 따라서 세법적용의 원칙이란 이러한 세법의 해석과 적용에 있어서 따라야 할 기본족 지침을 말하는 것이다. 세법적용의 원칙으로는 ① 해석기준 ② 소급과세금지 ③ 재량의 한계 ④ 기업회계 존중을 들고 있다.

2. 세법의 해석기준(국기법 18)

세법을 해석·적용함에 있어서는 과세의 형평과 당해 조항의 합목적성에 비추어 납세자의 재산권이 부당하게 침해되지 아니하도록 하여야 한다.

(1) 과세의 형평이 유지되도록 하여야 한다.

조세는 납세자의 부담능력에 따라 부과하는 것이 이상적인 조세이며 응능부담이 될 때에 조세의 공평이 실현되는 것이므로 세법을 해석하고 적용할 때는 이러한 원칙이 기준이 되어야 할 것이다.

(2) 당해 조항의 합목적성에 비추어 해석·적용되어야 한다.

세법 중 해석·적용을 필요로 하는 조항의 제정취지가 무엇인가를 알고 그 취지에 맞는 해석·적용이 되어야 한다는 것이다. 그러나 각 조항의 합목적성의 판단은 공평성의 유지와 조세법률주의의 본질적 논리에 부합되도록 해석하여야 할 것이다.

(3) 납세자의 재산권이 침해되지 아니하도록 하여야 한다.

국가가 세법을 해석·적용함에 있어 재산권의 침해를 방지하여야 하는 한편, 납세자의 재산권이 침해되지 아니하도록 엄격하고 중립적인 해석·적용이 되어야 한다.

국세기본법의 당해 조항이 납세자의 재산권 침해를 방지하려는 명문규정만을 둔 것은 과세행정이 법치행정이라고는 하나 권력적 작용이 강한 점을 감안하여 행정집행상 국민의 재산권 침해가 없도록 하자는 데 뜻이 있으므로 "의심스러운 것은 피고인의 이익"으로 한다는 형사상의 법류(法謬)와도 일맥상통하는 규정이라고 보아 "의심스러운 것은 납세자의 이익으로" 해석해야 할 것으로 본다.

(4) 확대해석이나 유추해석의 금지

세법을 해석함에 있어서 조세공평의 원칙이나 경제적 실질의 파악을 위하여는 유추해석이나 확대해석이 허용되어야 한다는 설이 있는가 하면 세법이 재산권의 침해법규이며 법적 안정성이 강하게 요청되는 법률이므로 그 해석을 유추하거나 확대하는 것은 금지되어야 한다는 견해가 있다. 그러나 조세법률주의에 충실한 책임이 되려면 무엇보다도 그 문언에 충실한 해석이 근간이 되어야 할 것이며, 다만, 그 문언의 개념에는 상대성이 있음을 인정하지 않을 수 없으므로 용어가 수반하는 법적 안정성이나 예측가능성을 저해하지 않는 한계에서 법률규정의 취지·목적에 따른 목적론적 해석이 허용될 뿐이라고 하여야 할 것이다.

참고 **해석유형**

① 문리해석 : 법령의 문자·문언·문장의 문법적 구조에 중점을 두고 해석하는 것(문언에 충실한 해석방법)
② 논리해석 : 법에 담겨있는 이치 내지 조리(條理), 법령의 취지 내지 목적에 중점을 두고 해석하는 것
③ 확대(장)해석 : 통상적인 의미보다 넓은 개념으로 해석하는 것(↔축소해석)
④ 유추해석 : 어떤 사항에 대하여 직접 규정하고 있지 아니한 경우에 가장 유사한 사항에 관하여 규정한 법규정을 찾아 해석하는 방법
⑤ 물론해석 : 법의 규정에 명문으로 표현되어 있지 않더라도 그 법의 입법목적 내지 입법취지에 비추어 보아 마땅히 그렇다고 해석하는 방법

3. 소급과세의 금지(국기법 18 ②)

(1) 의 의

'소급과세금지의 원칙'이란 법규의 효력발생 전에 완결된 사실에 대하여 새로 제정된 법을 적용하여 과세할 수 없다는 원칙을 말한다. 이는 헌법 제13조 제2항의 "모든 국민은 소급입법에 의하여 재산권을 침해받지 아니한다"는 규정의 조세법상 선언으로서 그 취지는 조세법률관계에 대한 법적 안정성과 예측가능성의 확보에 있다.

소급과세금지의 원칙은 국민의 조세부담이 증가되는 경우에는 당연히 적용된다. 그러나 국민의 조세부담이 감소되는 경우에는 소급을 인정함이 통설이다.

(2) 소급과세금지 원칙의 내용

1) 입법에 의한 소급과세의 금지

국세를 납부할 의무(원천징수납부의무 포함)가 성립한 소득·수익·재산·행위 또는 거래에 대하여는 그 성립 후의 새로운 세법에 의하여 소급하여 과세하지 아니한다(국기법 18 ②).

2) 해석에 의한 소급과세의 금지

세법의 해석 또는 국세행정의 관행이 일반적으로 납세의무자에게 받아들여진 후에는 그 해석 또는 관행에 의한 행위 또는 계산은 정당한 것으로 보며 새로운 해석 또는 관행에 의하여 소급하여 과세되지 아니한다(국기법 18 ③). 새로운 세법해석이 종전과 다른 경우에는 새로운 해석이 있는 날 이후에 납세의무가 성립하는 분부터 새로운 해석을 적용한다.

이는 신의성실의 원칙을 보다 구체화한 원칙으로 이해된다. 이 원칙은 과세관청의 세법해석 또는 관행을 마치 법규범처럼 인식하고 있는 다수 납세의무자들의 신뢰이익을 보호하기 위한 것이다.

3) 소급과세 여부의 판정 기준일

소급과세에 해당되는지 여부를 판정하는 기준일은 납세의무 성립일이다. 납세의무가 이미 성립한 경우에는 새로운 세법을 적용할 수 없으며, 납세의무가 성립하지 아니한 경우에는 새로운 세법을 적용할 수 있다.

(3) 진정소급과 부진정소급

'진정소급'이란 이미 성립한 소득 등에 대하여 납세의무성립일 이후에 개정된 세법을 적용하는 것을 말한다. 이는 소급과세금지원칙에 위배되므로 허용되지 않는다.

'부진정소급'이란 과세기간별로 과세하는 법인세·소득세·부가가치세 등의 경우 과세기간 중의 세법개정 내용을 과세기간 개시일부터 적용하는 것을 말한다. 부진정소급이 금지되는지 여부에 대해서는 논란이 있으나 소급과세금지의 원칙에 위배되지 아니하는 것으로 보는 것이 통설이다.

● 참고 ● 진정소급과 부진정소급의 예

소득세의 납세의무성립일은 과세연도 종료일이다. 2012년 4월에 세율을 인상하여 2011년 소득에 대하여 적용하는 것은 진정소급에 해당하며, 2012년 1월에서 4월까지의 소득에 대하여 적용하는 것은 부진정소급에 해당한다.

4. 세무공무원 재량의 한계(국기법 19)

"세무공무원이 그 재량에 의하여 직무를 수행할 때에는 과세의 형평과 해당 세법의 목적에 비추어 일반적으로 적당하다고 인정되는 한계를 엄수하여야 한다"(국기법 19).

조세법률주의에 따르면 조세에 관한 모든 사항은 법률로 정해야 하며 과세관청에 재량권을 부여하지 않는 것이 원칙이다. 그러나 이것은 이상일 뿐 현실적으로는 불가피하게 재량권을 부여하지 않을 수 없다. 이 경우에도 과세관청의 재량권 행사는 과세의 형평과 세법의 목적(입법취지)을 고려한 한계 내에서 행사되어야 하는 것이다.

예를 들면 납세자가 천재·지변 등으로 납부기한의 연장을 신청하는 경우 과세관청은 연장여부와 연장기간에 대하여 재량권을 가지고 있다. 이때 동일 상황의 납세자에게 연장여부 및 연장기간을 다르게 승인하는 것은 재량의 한계를 벗어난 것이다.

5. 기업회계의 존중(국기법 20)

(1) 의 의

기업소득에 대한 과세를 규정하고 있는 법인세법·소득세법은 소득계산에 관한 모든 사항을 규정한 것이 아니라 상당부분을 기업회계에 의존하고 있다. 이러한 점을 반영하여 기업회계의 존중원칙이 세법적용의 원칙으로 규정되었다.

이의 취지는 기업소득계산에 관한 일반기준으로서의 기업회계를 인정함으로써 회계처리에 대한 지나친 국가간섭을 배제하고 과세표준 계산시의 경제성을 확보하는데 있다.

(2) 기업회계존중 원칙의 내용

국세의 과세표준을 조사·결정함에 있어서 해당 납세의무자가 계속하여 적용하고 있는 기업회계의 기준 또는 관행으로서 일반적으로 공정·타당하다고 인정되는 것은 이를 존중하여야 한다. 다만, 세법에 특별한 규정이 있는 것은 그러하지 아니하다(국기법 20).

연습문제

[주관식 문제]

1. 국세부과의 원칙을 설명하라.
2. 실질과세원칙에서 귀속의 실질과 거래내용의 실질 및 우회거래에 대한 실질에 대하여 설명하라.
3. 세법적용의 원칙을 설명하라.
4. 소급과세금지의 원칙을 설명하라.
5. 신의성실의 원칙을 설명하라.

[객관식 문제]

1. 다음 중 국세부과의 원칙으로 옳지 않은 것은?

① 실질과세의 원칙 ② 소급과세금지의 원칙
③ 조세감면 사후관리의 원칙 ④ 근거과세의 원칙
⑤ 신의성실의 원칙

2. 국세부과원칙의 내용에 대한 설명 중 잘못된 것은?

① 실질적으로 노동을 제공하지 않는 주주에게 급여 등의 명칭으로 지급한 경우 이를 기업의 손금으로 처리한다.
② 각종 준비금을 적립한 자가 이를 사용하지 않은 경우 미사용분에 대한 이자상당액을 가산하여 세액을 징수한다.
③ 국세의 과세표준의 조사·결정은 납세의무자가 비치·기장한 장부와 이에 관계되는 증거자료에 의하여야 한다.
④ 상속세과세가액에 산입하지 아니한 재산 및 그 재산에서 생기는 이익의 전부 또는 일부가 상속인 및 그와 특수관계에 있는 자에게 귀속되는 경우에는 대통령령이 정하는 가액을 상속인 및 그와 특수관계에 있는 자가 상속받은 것으로 보아 당해 상속세과세가액에 산입하여 즉시 상속세를 부과한다.

정답	1. ② 2. ①

⑤ 납세의무자나 그 대리인의 요구가 있으면 결정서의 열람이나 등본 또는 초본을 발급하여 과세근거를 공개해야 한다.

3. 신의성실의 원칙에 관한 설명 중 옳지 않은 것은?

① 소급과세금지의 원칙은 신의성실의 원칙을 구체화한 규정이라 할 수 있다.
② 신의성실의 원칙은 납세자뿐만 아니라 과세권자에게도 적용되는 원칙이다.
③ 세법상의 "금반언(Estoppel)의 원칙"과 같이 신뢰의 이익을 보호하자는 데 그 뜻이 있다.
④ 조세법에서는 신의성실의 원칙이 최고의 지도원리이므로 관습법을 조세법의 법원으로 인정하고 있다.
⑤ 신의성실의 원칙에 대하여 세법에 특례규정을 두고 있으면 세법의 규정이 국세기본법보다 우선하여 적용된다.

4. 국세부과의 원칙에 관한 다음 설명 중 틀리는 것은?

① 납세의무자가 세법에 따라 장부를 갖추어 기록하고 있는 경우에는 해당 국세 과세표준의 조사와 결정은 그 장부와 이에 관계되는 증거자료에 의하여야 하며, 장부의 기록 내용이 사실과 다르거나 장부의 기록에 누락된 것이 있을 때에는 그 부분에 대해서만 정부가 조사한 사실에 따라 결정할 수 있다.
② 행정기관의 장은 납세의무자 또는 그 대리인의 문서에 의한 요구가 있는 경우에 한하여 등본 또는 초본이 원본과 일치함을 확인하여야 한다.
③ 조세감면의 사후관리 규정에 위반한 경우에는 감면을 취소하고 감면세액을 추징할 수 있다.
④ 조세특례제한법상의 세액공제받은 자산의 매각제한은 조세감면 사후관리규정의 예이다.
⑤ 신의성실의 원칙은 세무공무원은 물론 납세자에게도 적용된다.

5. 국세부과의 원칙에 대한 설명 중 타당치 못한 것은?

① 과세의 대상이 되는 소득, 수익, 재산, 행위, 거래의 귀속이 형식적인 명의일 뿐이고 사실상 귀속이 되는 실질적 주체가 따로 있을 경우는 사실상 귀속주체를 납세의무자로 한다.
② 과세표준의 계산은 소득, 수익, 재산, 행위, 거래의 명칭이나 형식에도 불구하고 그 실질 내용에 따라 적용해야 한다.
③ 납세자 및 세무공무원은 그 의무나 직무를 수행함에 있어서 신의에 따라 성실히 행하여야 한다.

정답	3. ④ 4. ② 5. ④

④ 국세과세표준의 조사와 결정은 납세의무자가 기장한 장부와 상관없이 정부가 조사·결정하며, 과세근거를 공개해야 한다.
⑤ 조세감면의 취지를 성취시키고 국가의 정책을 효과적으로 수행하기 위하여 필요하다고 인정되는 경우 감면한 세액에 상당하는 자금 또는 자산의 운용범위를 정할 수 있다.

6. 국세기본법상의 실질과세원칙에 대한 다음 설명 중 틀리는 것은?

① 과세소득의 계산과정에 있어서 거래의 형식적인 명의인과 실질상의 귀속자가 다른 경우에 그 실질에 따라서 조세법률관계를 규율한다는 원칙이다.
② 과세표준의 계산에 있어서는 소득·수익·재산·행위 또는 거래의 명칭이나 형식에 관계없이 그 실질내용에 따른다는 원칙이다.
③ 우리나라의 세법에는 국세기본법, 소득세법, 법인세법 및 부가가치세법 등에 실질과세원칙에 대한 명문규정을 두고 있다.
④ 소득세법상의 기준시가에 의한 양도차익 계산규정은 국세기본법상의 실질과세원칙에 우선한다.
⑤ 실질과세의 원칙은 조세부담의 형평을 위한 것이므로 국세기본법에 명문규정이 없더라도 당연히 적용되어야 할 원칙이다.

7. 다음 중 실질과세의 원칙에 대한 설명으로 옳지 않은 것은?

① 독일 조세조정법에서 '세법의 해석은 경제적 의의를 고려하여야 한다'는 경제적 관찰방법은 실질과세의 원칙과 같은 뜻이며 부당행위계산의 부인제도도 여기에 속한다.
② 실질과세의 원칙은 공평부담의 원칙을 실현하기 위한 세법고유의 법원리이다.
③ 실질과세의 원칙을 적용하여 과세함에 있어서는 조세법률주의에 제한을 받지 않는다.
④ 실질과세원칙에 대하여 세법에 특례규정을 두고 있는 경우에는 세법의 규정이 국세기본법에 우선한다.
⑤ 실질과세의 원칙을 조세법에 성문화한 것은 선언적 규정으로 보는 것이 통설이다.

8. 다음은 국세기본법상의 국세부과의 원칙에 관한 사항을 열거한 것이다. 가장 옳은 것은?

① 근거과세의 원칙에 있어서 국세의 과세표준과 세액의 결정서 사본 등의 열람 또는 등본의 요구는 문서에 의하는 것이 원칙이다.
② 현행 조세특례제한법상 최저한세제도는 조세감면의 사후관리의 예이다.
③ 신의성실의 원칙은 세무공무원이 그 직무를 이행할 때에 지켜야 할 원칙이므로 납세의무자에게는 적용되지 않는다.
④ 실질과세의 원칙에는 소득귀속에 대한 실질과세와 거래내용에 관한 실질과세, 그리고 우회거래에 대한 실질과세의 3가지가 있다.

정답	6. ③ 7. ③ 8. ④

⑤ 상속세 및 증여세법상 배우자 등에 대한 양도행위의 증여추정 규정은 국세기본법상 실질과세원칙에 우선하지 아니한다.

9. 실질과세의 원칙에 대한 설명으로 잘못된 것은?

① 과세표준을 계산함에 있어서는 소득, 수익, 재산, 행위 또는 거래의 명칭이나 형식에 관계 없이 그 실질에 따른다는 원칙이다.
② 실질과세의 원칙은 조세부담의 공평을 실현하기 위한 세법고유의 법리이다.
③ 실질과세의 원칙은 국세부과의 원칙으로서 개별 조세실체법에 특별한 규정이 없는 경우에도 적용되는 원칙이다.
④ 실질과세의 원칙은 조세회피행위를 방지하기 위한 수단이다.
⑤ 등기 기타 행정상의 이유로 소유권 이전이 되기 전에 그 토지·가옥 등 부동산에서 생긴 수익을 얻게 되는 경우 아직 소유권이 이전되지 않았으므로 기존의 소유권자에게 과세하는 것은 실질과세의 원칙에 위배되지 않는다.

10. 다음의 주장은 국세부과의 원칙 중 어떠한 원칙에 근거를 두고 있는가?

5년 동안 면허세를 부과할 수 있는 법을 알면서도 수출확대라는 공익상의 필요에서 한 건도 이를 부과한 일이 없었다면 납세자로서도 그것을 믿을 수밖에 없고 그로써 비과세의 관행이 이루어졌다고 보아야 할 것이므로 소급과세를 할 수 없다.

① 조세감면 사후관리의 원칙
② 실질과세의 원칙
③ 신의성실의 원칙
④ 소급과세금지의 원칙
⑤ 근거과세의 원칙

11. 실질과세의 원칙과 관련된 설명 중 잘못된 것은?

① 과세의 대상이 되는 소득, 수익, 재산, 행위 또는 거래의 귀속형식이 명의일 뿐이고, 실질귀속주체가 있는 경우 사실상의 귀속주체를 납세의무자로 한다.
② 배우자 또는 직계존비속간의 재산양도는 대가지급사실과 무관하게 증여로 본다.
③ 과세물품의 판정은 그 명칭 여하에도 불구하고 당해 물품의 형태, 용도, 성질 기타 중요한 특성에 의한다.
④ 실질과세의 원칙은 실질귀속의 원칙뿐만 아니라, 실질계산의 원칙도 포함된다.
⑤ 소득의 귀속이 명목뿐이고 사실상 그 소득을 얻는 자가 따로 있을 경우에는 소득을 얻은 자에게 소득세를 부과한다.

정답	9. ⑤ 10. ③ 11. ②

12. 국세기본법상의 실질과세원칙에 대한 다음 설명 중 옳지 않은 것은?

① 1인 명의로 사업자등록을 하고 2인 이상이 동업하여 그 수익을 배분하는 경우에는 외관상의 사업명의인에 불구하고 실질과세원칙에 따라 국세를 부과한다.
② 사업자등록명의자와는 별도로 사실상의 사업자가 있는 경우에는 사실상의 사업자를 납세의무자로 본다.
③ 공부상 등기·등록 등이 타인의 명의로 되어 있더라도 사실상 당해 사업자가 취득하여 사업에 공하였음이 확인된 경우에는 이를 그 사실상 사업자의 사업용 자산으로 본다.
④ 명의신탁부동산을 매각처분한 경우에는 양도의 주체 및 납세의무자는 명의신탁자가 아니고 명의수탁자가 된다.
⑤ 회사의 주주로 명부상 등재되어 있더라도 회사의 대표자가 임의로 등재한 것일 뿐 회사의 주주로서 권리행사를 한 사실이 없는 경우에는 그 명의자인 주주를 세법상의 주주로 보지 아니한다.

13. 다음 중 신의성실의 원칙의 적용요건으로 볼 수 없는 것은?

① 어떤 사실에 대하여 과세관청의 공적인 견해표시가 있었을 것
② 과세관청의 공적인 견해표시가 세법의 명문규정에 근거한 것일 것
③ 납세자가 과세관청의 공적인 견해에 기하여 특정의 행위를 하였을 것
④ 과세관청의 공적인 견해표시를 신뢰한데 대하여 납세자에 귀책사유가 없을 것
⑤ 과세관청이 납세자의 ③의 행위에 대하여 당초의 견해에 반하여 적법한 과세처분을 함으로써 납세자의 이익을 침해하였을 것

14. '비과세 관행의 인정'은 국세부과의 원칙 중에서 어느 원칙에 의거한 것인가?

① 실질과세의 원칙 ② 근거과세의 원칙
③ 재산권 부당침해금지의 원칙 ④ 신의성실의 원칙
⑤ 조세감면 사후관리의 원칙

15. 다음 사항 중 세법적용의 원칙과 관련되어 있는 것은?

① 조세법률주의에 의해 소급주의에 의한 재산권박탈의 금지
② 법적 형식과 경제적 실질이 불일치할 경우 경제적 실질에 따라 과세
③ 조세감면의 취지를 효과적으로 달성하기 위한 감면세액의 운용범위 제한
④ 조세의 부과에 있어 납세자가 기록·유지하고 있는 장부와 증빙을 근거
⑤ 납세자가 그 의무를 이행함에 있어서는 신의에 좇아 성실히 행함

정답	12. ④ 13. ② 14. ④ 15. ①

16. 다음 중 세법적용의 원칙으로 가장 옳지 않은 것은?

① 기업회계는 국세의 과세표준을 조사·결정하는 경우에 한하여 존중하므로 그 이외의 경우에는 존중되지 않는다.
② 세법의 규정은 기업회계에 우선하므로 세법에 특별한 규정이 있는 경우는 기업회계는 존중될 수 없다.
③ 과세기간 중에 법인세법이 개정되어 손금불산입 항목이 추가된 경우에 동 규정에 의한 과세는 소급과세에 해당하지 아니한다.
④ 부과처분을 취소한 후에는 그 취소처분을 취소할 수 없는 것이 원칙이다.
⑤ 소급과세인지 여부는 납세고지서 발송시기를 기준으로 하는 것이므로 납세의무가 성립되었더라도 납세고지서를 발송하지 않았더라면 개정세법을 적용하는 것은 소급과세가 아니다.

17. 다음 중 당해조항의 합목적성을 중요시하는 경우는?

① 기업회계의 존중
② 세법해석의 기준
③ 세무공무원의 재량의 한계
④ 소급과세의 금지
⑤ 신의성실의 원칙

18. 세법해석의 기준과 소급과세금지에 대한 설명으로 옳은 것은?

① 세법의 해석·적용에 있어서는 과세의 형평과 해당 조항의 합목적성에 비추어 조세수입이 부당히 감소되지 않도록 하여야 한다.
② 새로운 세법의 해석이 종전의 해석과 상이한 경우에는 새로운 해석이 있은 날 이후에 납세의무가 확정된 분부터 새로운 해석을 적용한다.
③ 세법 이외의 법률에서 국세의 부과·징수·감면 또는 그 절차에 관하여 규정하고 있는 경우에는 소급과세금지의 원칙이 적용되지 아니한다.
④ 소득 또는 수입금액의 지급시기 이후에 개정된 소득세법을 적용하여 원천징수의무자에게 원천징수세액과 가산세를 추징하는 경우에도 소급과세 금지의 원칙이 적용된다.
⑤ 소급과세가 납세자에게 유리한 경우에도 소급과세금지의 원칙이 적용된다.

19. 다음 중 소급과세금지에 대한 설명으로 옳지 않은 것은?

① 소급과세금지의 원칙은 감사원의 감사 및 그 결과에 의한 시정요구를 배제하거나 제한하지 아니한다.
② 소급과세금지의 원칙에 대하여 세법에 특례규정을 두고 있는 경우에도 국세기본법을 우선하여 적용한다.

정답	16. ⑤ 17. ② 18. ④ 19. ⑤

③ 국세를 납부할 의무가 성립하기 전에는 새로운 세법에 의하여 소급과세 할 수 있다.
④ 소급과세에 의한 추징세액이 경미한 경우에도 소급과세하는 것은 국세기본법에 어긋난다.
⑤ 종전의 국세청 예규가 법률에 위반되어 폐지된 경우에는 새로운 예규에 의하여 소급과세할 수 있다.

20. 세법적용의 원칙에 대한 설명으로서 옳지 않은 것은?

① 국세행정의 관행이 일반적으로 납세자에게 받아들여진 경우에는 감사원 감사 및 그 결과에 의한 시정요구를 배제하거나 제한한다.
② 세법 이외의 법률 중 국세의 부과·징수·감면 또는 그 절차에 관하여 규정하고 있는 조항에 대하여도 소급과세금지의 원칙이 적용된다.
③ 세법에 특별한 규정이 있는 경우를 제외하고 기업회계는 존중되어야 한다.
④ 새로운 해석이 종전해석과 상이한 경우에는 새로운 해석이 있은 날 이후에 납세의무가 성립하는 분부터 새로운 해석을 적용한다.
⑤ 세법의 해석 또는 국세행정의 관행이 일반적으로 납세자에게 받아들여진 후에는 새로운 해석 또는 관행에 의하여 소급과세하지 아니한다.

21. 소급과세금지의 원칙에 대한 설명으로 적당하지 않은 것은?

① 국세를 납부할 의무가 성립한 소득, 수익, 재산, 행위 또는 거래에 대하여는 그 성립 후의 새로운 세법에 의하여 소급하여 과세하지 아니한다.
② 납세의무에 대한 법적 안정성과 예측가능성을 보장하는 데 목적이 있다.
③ 과세연도 도중에 세법을 제정 또는 개정하여 연도말로 종료하는 사업연도부터 적용함으로써 사실상 동 연도 초부터 소급하여 과세하는 것은 위의 원칙에 어긋나 무효이다.
④ 비과세관행에 의한 행위는 정당한 것으로 보며, 새로운 해석 또는 관행에 의하여 소급하여 과세되지 아니한다.
⑤ 비과세관행이 성립되었다 하더라도 감사원의 시정요구가 있으면 과세할 수 있다.

22. 다음 중 소급과세 할 수 있는 경우는?

① 새로운 예규에 의한 소급과세를 납세자가 양해하는 경우
② 소급과세에 의한 추징세액이 10만원 미만인 경우
③ 국세기본법 기본통칙에 따른 처분에 대하여 감사원이 시정을 요구하는 경우
④ 국세의 납세의무성립 후에 개정된 세법으로 소급하여 과세하는 경우
⑤ 소급과세에 의한 불이익이 중요하지 아니한 경우

정답	20. ① 21. ③ 22. ③

23. 다음 중 세무공무원의 재량의 한계로서 가장 옳은 것은?

① 국가의 과세권이 부당히 침해되지 아니하는 범위내의 한계
② 과세의 형평과 해당 조항의 합목적성에 비추어 납세자의 재산권이 부당히 침해되지 아니하도록 하는 범위내의 한계
③ 과세의 형평과 해당 세법의 목적에 비추어 일반적으로 적당하다고 인정되는 한계
④ 국고주의에 의하여 재정수입이 확보되는 범위내의 한계
⑤ 국세기본법에 세무공무원의 재량의 한계에 대하여 규정하고 있는 바 없음

24. 세법적용원칙의 내용이 아닌 것은?

① 기업회계존중의 원칙
② 세무공무원 재량한계의 원칙
③ 소급과세금지의 원칙
④ 조세공평주의의 원칙
⑤ 누진세율 적용의 원칙

25. 다음 중 기업회계의 존중에 대한 설명으로 옳지 않은 것은?

① 기업회계가 항상 존중되는 것은 아니다.
② 국세의 과세표준을 조사·결정하는 경우에만 기업회계를 존중한다.
③ 세법에 특별한 규정이 있는 경우에는 기업회계는 존중되지 아니한다.
④ 기업회계의 기준 또는 관행으로서 일반적으로 공정 타당하다고 인정되는 것을 존중한다.
⑤ 기업회계의 존중여부는 세무공무원의 재량에 속한다.

26. 다음 설명 중 틀린 것을 고르시오.

① 국세부과의 원칙에는 실질과세의 원칙, 근거과세의 원칙, 신의성실의 원칙, 조세감면 사후관리의 원칙이 있다.
② 세법적용의 원칙에는 재산권부당침해금지의 원칙, 소급과세금지의 원칙, 재량권한계 엄수의 원칙이 있다.
③ 실질과세의 원칙에는 과표계산시 소득·수익·재산·행위와 거래의 명칭이나 형식에 불구하고 그 실질내용에 따른다는 의미가 포함되어 있다.
④ 실질과세의 원칙을 적용하여 과세하는 경우에는 조세법률주의에 제약을 받지 아니한다.
⑤ 신의성실의 원칙은 세무공무원뿐만 아니라 납세자에게도 적용된다.

27. 세법적용의 원칙 중 기업회계존중의 원칙에 관한 다음의 기술 중 틀린 것은 어느 것인가?

① 과세표준을 조사·결정할 때 적용되는 원칙이다.
② 세법의 규정에 앞서서 적용되는 원칙이다.

정답	23. ③ 24. ⑤ 25. ⑤ 26. ④ 27. ②

③ 기업회계의 기준과 관행은 해당 납세의무자에 의해서 계속하여 적용되어야 한다.
④ 적용하고 있는 기업회계의 기준 또는 관행으로서 공정·타당하다고 인정되는 것이어야 한다.
⑤ 세법에 특별한 규정이 없어야 한다.

제3장 납세의무

제1절 (추상적)납세의무의 성립

1. 개 념

납세의무(liability for tax payment)는 조세를 납부할 의무로서 국가에 대한 채무로서 이해될 수 있다. 이와 같이 조세를 채무로 인식하는 이론은 조세채권·채무관계설에서 비롯된다. 다만, 민사상의 채권·채무는 일반적으로 당사자의 의사표시에 의하여 발생하나 조세채무는 세법에서 규정한 요건(과세요건)의 충족으로 당연히 발생한다는 점에서 차이가 있다.

조세채무가 발생하였다고 함은 추상적으로 권리·의무가 성립되었다는 것을 의미하고 그 성립된 권리·의무가 구체적으로 실현되어 확정되는 것과는 그 개념을 구분하여야 한다. 어떠한 권리·의무가 실현되어 확정되기 위해서는 그에 앞서 권리·의무의 성립이 전제되어야 한다. 따라서 납세의무의 성립은 조세채권자인 국가의 입장에서는 과세권 행사의 전제요건이 된다고 할 수 있다.

2. 납세의무의 성립요건

납세의무의 성립요건으로는 일반적으로 ① 납세의무자, ② 과세대상, ③ 과세표준, ④세율, ⑤ 과세기간의 도래 등을 들고 있으며, 이러한 요건이 모두 존재하면 성립요건이 충족되었다고 말한다. 과세요건은 헌법 제95조(조세의 종목과 세율은 법률로 정한다)에 의하여 각 세법에서 정하고 있으나 일반적인 요건을 설명하면 다음과 같다.

(1) 납세의무자

조세채무를 부담하는 주체를 말한다. 납세의무자는 자연인인 개인 또는 법인이 되는 것이 일반적이나 법인 아닌 단체가 납세의무자가 되기도 하며, 조세의 종목에 따라서 납세의무자가 되는 요건은 다르다. 예를 들면, 법인의 소득에 대한 납세의무는 소득이 있는 당해 법인이 되고 재화를 공급함에 따른 부가가치세는 그 공급하는 자연인 또는 법인이 납세의무를 지는 것과 같다.

(2) 과세대상

과세물건 또는 과세객체라고도 하는데, 과세의 대상이 되는 물건, 행위 또는 사실을 의미한다. 예를 들면, 법인세의 과세대상은 법인의 소득이며, 부가가치세의 과세대상은 공급되는 재화나 용역이다.

(3) 과세표준

세액산출의 기초가 되는 금액 또는 수량을 말한다. 금액을 과세표준으로 하는 세제를 종가세제라고 하고, 수량을 과세표준으로 하는 세제를 종량세제라고 한다. 이는 과세대상에 따라 다르나, 현대 화폐경제사회에서는 일반적으로 종가세제를 채택하고 있으며 예외적으로 종량세제를 사용하기도 한다. 예를 들면, 종가세에 있어서 법인세의 과세대상은 소득인 바, 이 소득을 화폐가치로 평가하여 금액으로 표시하고, 이와 같이 표시된 금액을 세액산출의 기초가 되는 과세표준으로 삼는 것이다.

(4) 세 율

세액은 과세표준에 세율을 곱하여 산출한다. 따라서 세율이란 세액을 산출하기 위한 비율로서 과세표준의 세액 상당율을 의미한다.

(5) 과세기간의 도래

납세의무는 과세요건이 충족되는 일정한 시점 또는 기간의 도래로서 성립한다. 따라서 이 시점 또는 기간의 도래 전에는 과세권을 행사할 수 없는 것이다.

3. 납세의무의 성립시기

납세의무는 일정한 시기가 도래함으로써 성립한다. 따라서 과세요건이 되는 어떠한 사실 또는 행위가 있었더라도 법률이 정한 시기가 도래할 때까지는 납세의무가 성립되지 아니하였으므로 납세의무자는 납세에 관한 의무를 이행할 책임이 없으며, 과세권자는 과세권을 행사할 수 없는 것이 일반원칙이다. 다만, 법률이 특례를 두어 납세의무의 성립시기가 도래하기 전에 과세권을 행사할 수 있도록 한 경우, 예를 들면, 수시부과(소법 82)와 같은 경우에만 예외가 될 수 있다.

(1) 원칙적인 납세의무의 성립시기

국세기본법상 납세의무의 성립시기는 과세기간이 끝나는 때 성립하는 경우와 과세

사실 발생시 성립하는 경우, 그리고 정해진 과세기준일의 도래시 성립하는 경우로 대별할 수 있다.

과세기간을 단위로 파악하는 유량(flow)에 대하여 부과되는 기간과세조세의 납세의무 성립시기는 과세기간이 끝나는 때로 한다. 반면, 일정시점을 기준으로 파악되는 저량(stock)에 대하여 부과하는 조세인 수시부과조세는 과세사실 발생시점을 납세의무의 성립시기로 한다.

각 세목별 납세의무의 성립시기를 살펴보면 다음과 같다(국기법 21 ①).

<표 Ⅱ-4> 원칙적인 납세의무의 성립시기

구분	세 목	납 세 의 무 성 립 시 기
기간과세 조 세	소득세	과세기간이 끝나는 때(원칙적으로 12월 31일)
	법인세	과세기간이 끝나는 때(각 사업연도 종료일) (단, 청산소득에 대한 법인세는 당해 법인이 해산 또는 합병을 하는 때)
	부가가치세	과세기간이 끝나는 때(원칙적으로 6월 30일, 12월 31일) (단, 수입재화의 경우에는 세관장에게 수입신고를 하는 때)
수시부과 조 세	상속세	상속이 개시되는 때
	증여세	증여에 의하여 재산을 취득하는 때
	개별소비세·주세·교통에너지환경세	과세물품을 제조장으로부터 반출하거나 판매장에서 판매하는 때 또는 과세장소에 입장하거나 과세유흥장소에서 유흥음식행위를 한 때, 또는 과세영업장소에서 영업행위를 한 때 (단, 수입물품의 경우에는 세관장에게 수입신고를 하는 때)
	인지세	과세문서를 작성한 때
	증권거래세	당해 매매거래가 확정되는 때
과세기준일 부과조세	종 합 부동산세	과세기준일(매년 6월 1일) 현재 주택 및 토지분 재산세의 납세의무자로서 일정 가액을 초과하는 주택 및 토지를 보유한 경우
부 가 세	교육세	① 국세에 부과되는 교육세 : 해당 국세의 납세의무가 성립하는 때 ② 금융·보험업자의 수익금액에 부과되는 교육세 : 과세기간이 끝나는 때
	농어촌특별세	본세의 납세의무가 성립하는 때
가 산 세		가산할 국세의 납세의무가 성립하는 때

(2) 납세의무 성립시기의 예외

소득세·법인세·부가가치세의 원칙적인 납세의무의 성립시기는 과세기간이 끝나는 때이다. 그런데 원천징수세액·중간예납세액·예정신고세액 등은 과세기간 중에 납부·소멸되는 것이므로 납세의무의 성립 전에 납세의무가 소멸된다는 모순을 초래한다.

이러한 모순의 해결을 위하여 국세기본법은 과세기간 중에 징수하는 국세의 경우에는 원칙적인 성립시기와는 달리 다음과 같이 그 시기를 규정하고 있다.

<표 Ⅱ-5> 예외적인 납세의무의 성립시기

구 분	납세의무 성립시기
① 원천징수하는 소득세 또는 법인세	소득금액 또는 수입금액을 지급하는 때
② 납세조합이 징수하는 소득세 또는 예정신고 납부하는 소득세	과세표준이 되는 금액이 발생한 달의 말일
③ 중간예납하는 소득세·법인세	중간예납기간이 끝나는 때
④ 예정신고기간에 대한 부가가치세	예정신고기간이 끝나는 때
⑤ 수시부과에 의하여 징수하는 국세	수시부과할 사유가 발생하는 때

제 2 절 납세의무의 확정(구체적 납세의무의 성립)

1. 개 념

납세의무가 성립되었다고 하여 반드시 납세의무의 내용이 구체적으로 확정되는 것은 아니다. '납세의무의 확정'이라 함은 조세의 납부 또는 징수를 위하여 세법이 정하는 바에 따라 납부할 세액을 납세의무자 또는 과세관청의 일정한 행위나 절차를 거쳐서 구체적으로 확정하는 것을 말한다.

2. 납세의무의 확정방법

(1) 정부부과제도

과세요건의 충족으로 성립된 납세의무에 대하여 그 내용의 확정권을 과세관청에게 부여하고 있는 제도를 정부부과제도(official assessment system)라고 하며, 과세관청의 결정이라는 행위가 있는 때 조세채무가 확정되고, 그 적용 예로는 상속세 및 증여세, 종합부동산세 등이 있다. 정부조사 결정제도라고도 하는 이것은 구체적 방식에 따라 다음과 같이 두 가지로 나누어지며, 실지조사결정을 원칙으로 한다.

1) 실지조사결정

과세요건사실의 파악과 과세표준의 산정을 납세의무자가 갖추어 기록하고 있는 장부와 증거서류를 근거로 하여 정부가 조사결정하는 방법으로서, 이는 후술하는 신고납세제도하에서 납세의무자의 신고가 없거나 신고의 내용에 오류·탈루가 있는 경우에도 적용된다(법법 66 ③, 소법 80 ③).

2) 추계조사결정

과세표준을 계산함에 있어서 장부 또는 증거서류가 없거나 중요한 부분이 미비 또는 허위인 때, 또는 기장내용이 시설규모, 종업원 수와 각종 요금(전기, 수도) 및 원자재사용량 등 조업상황에 비추어 허위임이 명백한 경우 정부가 정한 일반적이고 객관적인 기준에 의거하여 과세표준과 세액을 결정하는 방법이다(법법 66 ③ 단서, 소법 80 ③).

(2) 신고납세제도

1) 의 의

'신고납세제도'란 과세요건의 충족에 의하여 성립한 납세의무를 1차적으로 납세의무자가 스스로 조사·확인·계산하여 과세표준과 세액을 정부에 신고함으로써 그 내용이 구체적으로 확정되는 제도이다. 이는 전통적으로 미국에서 채용되어 온 방법으로 일명 자기부과제도(self-assessment system)라고도 하는데 그 적용 예는 법인세·소득세·종합부동산세(신고납부방식을 선택한 경우)·부가가치세·개별소비세·주세·증권거래세·교육세 및 교통에너지환경세 등의 신고에 의한 확정을 들 수 있다.

2) 성 격

신고납세제도의 특성은 정부부과제도와의 비교에서 잘 드러난다.

① 신고납세제도는 조세채권·채무의 확정이 납세자의 신고에 의하여 이루어지기 때문에 국민주권원리에 부합되는 민주적 조세제도이다. 그러나 정부부과제도는 조세채권·채무의 확정이 납세자의 신고에 의하여 이루어지는 것이 아니라 정부의 조사결정에 의하여 확정되기 때문에 비민주적 조세제도라 할 수 있다.

② 신고납세제도는 납세도의를 배양할 수 있어 성실신고를 관습화할 수 있으나 정부부과제도는 성실한 신고를 하는 것보다 정부조사결정에 의하여 조세를 확정하려는 납세자의 조세납부지연의 타성이 생긴다.

③ 신고납세제도는 납세자의 조세저항과 조세마찰을 제거할 수 있으나 정부부과제

도는 이를 피할 수 없다.

④ 신고납세제도는 납세자의 신고에 의하여 조세채권·채무가 확정되기 때문에 납세자와 정부간의 법률관계가 납세의무성립과 더불어 조기 확정됨으로써 미결이 없게 되지만, 정부부과제도에서는 조사결정행위가 있지 않는 한 납세자와 정부간의 법률관계는 미결상태로 남아 있게 된다.

⑤ 신고납세제도는 납세도의가 높지 않는 한 정부에서 기대하는 조세수입을 달성할 수 없으나 정부부과제도는 국가재정수요에 따라 조세수입의 조정을 할 수 있다.

⑥ 신고납세제도는 불성실신고법인에 대하여 집중적으로 행정력을 투입하게 되기 때문에 조세행정의 효율성을 기대할 수 있으나, 정부부과제도는 모든 법인에 대하여 조사결정을 하여야 하며 또한 기업경영이 복잡화하고 있기 때문에 한정적인 행정력으로 이를 감당하기에는 그 한계를 느끼게 된다.

⑦ 신고납세제도 아래서는 조사권은 정부의 의무 없는 순수 권한이므로 세액 탈루가 있을 때 이를 추징함은 물론 처벌까지 할 수 있는데 비하여 정부부과제도에서는 조사권이 정부의 권한인 동시에 의무이며 따라서 처벌 없이 탈루세액의 추징에 그치게 된다.

⑧ 신고납세제도는 조세범에 대한 조세범처벌법을 적용함에 있어서 기수시기는 신고시점 이후가 되는 데 비하여 정부부과제도에 있어서의 기수시기는 조사결정시점 이후가 된다.

● 참고 ● **기수와 미수**

기수란 미수에 반대되는 개념으로 범죄의 구성요건이 완전히 성립되어 실현된 것을 의미한다.

<표 Ⅱ-6> 납세의무확정방식의 비교

구 분		신고납세제도		부과납세제도
		신고시	무신고시	
조세채권 확정	확정주체	납세의무자	과세관청	과세관청
	확정방식	과세표준 신고	과세표준과 세액의 결정	과세표준과 세액의 결정
	확정의 효력발생시기	신고서 제출시	결정통지서(고지서) 도달시	결정통지서(고지서) 도달시
세수의 확보		납세자의 납세도의에 의존		정부의 자의조정에 의존
조세행정의 효율성		효율적		비효율적

적용세제	법인세·소득세· 종합부동산세(신고납부방식을 선택한 경우)·부가가치세·개별소비세·주세·증권거래세·교육세·교통에너지환경세	상속세, 증여세, 종합부동산세
탈루세액에 대한 조치	세액추징·처벌(가산세 등의 부과)	세액추징
조사권의 성질	무신고 또는 신고내용에 오류 등이 있는 경우 조사권 발동(순수한 정부권한)	정부의 권한인 동시에 의무
조세포탈범의 기수시기	신고·납부기한 경과시점	정부의 결정에 의한 납부기한 경과시점

(3) 자동확정조세

납세의무 성립과 동시에 특별한 확정행위를 요하지 아니하고 확정의 효력이 생기는 조세이다(국기법 22 ②).

1) 인지세 : 과세문서의 작성으로 납세의무가 성립되므로 문서의 작성사실이 종료하면서 확정의 효력이 동시에 부여된다.

2) 원천징수하는 소득세·법인세 : 지급하는 때

3) 납세조합이 징수하는 소득세 : 과세표준금액이 발생한 달의 말일

4) 중간예납하는 법인세(세법에 의하여 정부가 조사·결정하는 경우를 제외한다) : 중간예납기간이 끝나는 때

3. 경정의 효력

(1) 경정의 의의

'경정(경정결정)'이란 이미 확정된 납세의무의 내용을 과세관청이 다시 고쳐 결정하는 처분을 말한다(이에 반하여 '결정'이란 과세관청이 처음으로 결정하는 처분을 말한다). 이 경우 당초 처분과 경정처분의 확정력이 어디까지 미치는가 하는 문제가 제기된다. 이른바 '당초처분과 경정처분의 관계'라는 문제로서 ① 불복의 대상과 불복청구기한 ② 고지·독촉·체납처분과 같은 후속처분이나 가산금 등에 관하여 중요한 의미를 갖는다.

(2) 경정의 효력에 대한 학설

경정이 있는 경우 그 경정처분과 당초 처분과의 관계에 관한 학설로는 다음의 것이 있다.

1) 병존설(분리설)

'병존설'은 경정처분의 효력은 경정처분으로 증가 또는 감소된 세액에 대해서만 미치며, 당초 처분에 의하여 확정된 납세의무에는 영향을 미치지 않는다는 학설이다. 이에 따르면 당초처분과 경정처분은 별개의 것이므로 당초 처분에 대한 독촉·체납처분 등은 경정처분으로 영향을 받지 아니하며, 각각 별개로 불복청구·소송의 대상이 되며(따라서 경정처분에 대한 소송에서 당초처분에 대한 하자를 다툴 수 없다), 소멸시효도 각각 기산일을 달리하게 된다.

2) 흡수설(소멸설)

'흡수설'은 당초처분에 의하여 확정된 효력은 경정처분으로 소멸하며, 당초처분이 경정처분에 흡수된다는 학설이다. 이에 따르면 당초 처분에 기한 독촉·압류 등은 경정처분으로 효력을 상실하며, 경정처분만이 불복청구·소송의 대상이 된다(따라서 경정처분에 대한 소송에서 경정처분에 흡수된 당초처분에 대한 하자를 다툴 수 있다).

3) 국세기본법의 규정

현행 국세기본법은 경정의 효력에 대하여 다음과 같이 규정하고 있다.

① 세법의 규정에 의하여 당초 확정된 세액을 증가시키는 경정은 당초 확정된 세액에 관한 국세기본법 또는 세법에서 규정하는 권리·의무관계에 영향을 미치지 아니한다(국기법 22의 2 ①).

② 세법의 규정에 의하여 당초 확정된 세액을 감소시키는 경정은 그 경정에 의하여 감소되는 세액외의 세액에 관한 국세기본법 또는 세법에서 규정하는 권리·의무관계에 영향을 미치지 아니한다(국기법 22의 2 ②).

제 3 절 납세의무의 승계

1. 납세의무승계의 개념

승계라 함은 특정인의 권리와 의무 기타 법률상의 지위가 그 내용이 불변된 상태로 타인에게 이전되는 것(포괄승계)을 말한다. '납세의무의 승계'라 함은 일정한 납세의무자의 납세의무가 다른 납세의무자(승계납세의무자)에게 포괄적으로 이전되는 것을 말한다. 이러한 납세의무의 승계는 당사자의 의사와 관계없이 법정요건의 충족에 의하여 강행적으로 이루어지며, 법정요건이 충족되면 어떠한 별도의 처분이나 행위도 필요 없이 당연히 납세의무가 승계된다(국기통 24-0…2).

2. 납세의무승계의 구체적 내용

(1) 합병에 의한 승계

법인이 합병하는 경우 합병법인은 피합병법인에게 부과되거나 그 법인이 납부할 국세, 가산금, 체납처분비를 납부할 의무가 있다(국기법 23). 여기서 "부과되거나" "납부할" 국세 등이라 함은 합병으로 인하여 소멸된 법인에게 귀속되는 국세 등과 세법에 정한 납세의무의 확정절차에 따라 장차 부과되거나 납부하여야 할 국세 등을 말한다((국기통 23-0…2). 따라서 이미 구체적으로 확정된 국세는 물론 추상적으로 성립되어 앞으로 확정될 국세 등도 승계된다.

(2) 상속에 의한 승계

사망 또는 실종선고로 인하여 상속이 개시된 때에는 피상속인에게 부과되거나 그 피상속인이 납부할 국세, 가산금, 체납처분비는 상속인 또는 상속재산관리인이 그 상속으로 받은 재산의 한도 내에서 납부할 의무가 있다(국기법 24 ①, 국기령 11). 여기서 "상속으로 받은 재산"이란 다음 계산식에 따른 가액을 말하며, 자산총액과 부채총액의 가액은 상속세 및 증여세법의 규정을 준용하여 평가한다(국기법 24 ①, 국기령 11 ①, ②).

상속으로 받은 재산 = 자산총액 - 부채총액 - 상속세

이 경우에 피상속인에게 한 처분 또는 절차는 상속으로 인한 납세의무를 승계하는 상속인이나 상속재산관리인에 대하여도 효력이 있다(국기법 24 ⑤).

이를 요약하면 다음과 같다.

<표 Ⅱ-7> 납세의무의 승계

승계시기	승계납세의무자	승 계 내 용
법인합병시	① 합병후 존속법인 ② 합병후 신설법인	합병으로 소멸된 법인의 국세, 가산금, 체납처분비(한도 없이 전액 승계됨)
상속개시시	① 상속인(수유자 포함) ② 상속재산관리인	① 피상속인의 국세, 가산금, 체납처분비 ② 상속재산 한도 내 승계 ③ 상속인이 다수일 때 상속지분에 따라 안분한 금액에 대하여 승계

● 참고 ●

1. 상속인이 2인 이상인 경우 : 각 상속인은 피상속인에게 부과되거나 그 피상속인이 납부할 국세·가산금과 체납처분비를 민법상 상속분에 따라 나누어 계산한 국세·가산금과 체납처분비를 상속으로 받은 재산을 한도로 연대하여 납부할 의무를 짐. 이 경우 각 상속인은 피상속인의 국세·가산금·체납처분비를 납부할 대표자를 정하여 대통령령이 정하는 바에 따라 관할세무서장에게 신고하여야 한다(국기법 24 ②).
2. 상속인의 존부가 불명확한 경우 : 상속인에게 하여야 할 납세의 고지·독촉 기타 필요한 사항은 상속재산관리인에게 하여야 하며, 상속인과 상속재산관리인의 존부가 모두 불명확한 경우에는 세무서장은 상속개시지를 관할하는 법원에 상속재산관리인의 선임을 청구할 수 있다(국기법 24 ③, ④).
3. 상속으로 인한 납세의무의 승계는 피상속인이 부담한 연대납세의무·제2차 납세의무·물적납세의무 뿐만 아니라 원천징수의무 등 징수납부의무도 포함된다(국기통 24-0…1).

제 4 절 연대납세의무

1. 개 념

'연대납세의무'란 여러 사람이 동일한 납세의무에 관하여 각각 독립하여 전액의 납부의무를 부담하고, 그 가운데의 1인이 전액을 납부하면 모든 납세의무자의 납부의무가 소멸하는 납세의무를 말한다. 이 경우 연대납세의무자 중 1인의 변제 등으로 모든 연대납세의무자가 공동 면책된 경우에는 그 1인은 다른 연대납세의무자의 부담부분에 대하여 구상권을 행사할 수 있다.

연대납세의무는 조세채권 보전제도 가운데 하나라고 할 수 있는데, 이는 국가가 실질적으로는 하나의 조세채권을 가지는데 지나지 않으나, 납세의무자가 다수 있게 됨으로써 조세를 확실하게 징수할 수 있게 되기 때문이다.

2. 국세기본법상 연대납세의무

(1) 공유물·공동사업 등에 관한 연대납세의무

공유물·공동사업 또는 공동사업에 속하는 재산에 관계되는 국세·가산금과 체납처분비는 그 공유자 또는 공동사업자가 연대하여 납부할 의무를 진다(국기법 25 ①).

(2) 분할 또는 분할합병의 경우 연대납세의무

분할시 연대납세의무에 관한 규정은 다음과 같다(국기법 25 ②, ③).

1) 분할법인이 존속하는 경우

분할(또는 분할합병)되는 법인에 대하여 분할일 또는 분할합병일 이전에 부과되거나 납세의무가 성립한 국세·가산금 및 체납처분비는 ① 분할되는 법인, ② 분할 또는 분할합병으로 인하여 설립되는 법인, ③ 존속하는 분할합병의 상대방법인(분할법인의 일부가 다른 법인과 합병하여 그 다른 법인이 존속하는 경우 그 다른 법인을 말한다)이 연대하여 납부할 의무를 진다(국기법 25 ②).

2) 분할법인이 소멸하는 경우

분할(또는 분할합병)로 해산하는 법인에 대하여 부과되거나 그 법인이 납부할 국세·가산금 및 체납처분비는 ① 분할 또는 분할합병으로 인하여 설립되는 법인, ② 존속하는 분할합병의 상대방법인이 연대하여 납부할 의무를 진다(국기법 25 ③).

(3) 신회사 설립으로 인한 연대납세의무

법인이 채무자 회생 및 파산에 관한 법률에 따라 신회사를 설립하는 경우 기존의 법인에 부과되거나 납세의무가 성립한 국세·가산금 및 체납처분비는 신회사가 연대하여 납부할 의무를 진다(국기법 25 ④).

3. 국세기본법상 연대납세의무에 관한 소득세법의 예외규정

(1) 소득세법의 거주자별 납세의무

소득세법에 따른 공동사업(사업소득이 발생하는 사업을 말한다)에서 발생하는 소득금액은 공동사업자간 손익분배비율에 의하여 분배되었거나 분배될 소득금액에 따라 각 거주자별로 납세의무를 진다(소법 2의 2 ①, 43 ②).

(2) 국세기본법과 소득세법의 우선관계

연대납세의무에 관한 규정은 개별세법의 특례규정이 국세기본법에 우선한다. 따라서 소득세법상 공동사업자는 연대납세의무가 아닌 각 거주자별(지분별) 납세의무를 진다. 다만, 공동사업 합산과세가 적용되는 경우에는 연대납세의무를 지는 예외가 있다.

4. 국세기본법상 연대납세의무를 적용한 주요 개별세법의 규정

연대납세의무를 적용한 주요 세법의 내용은 다음과 같다.

① 공동사업 합산과세시 주된 공동사업자와 특수관계자의 소득세 연대납세의무(소법 2 ①)
② 증여를 통한 우회양도시 증여자와 수증자의 소득세 연대납세의무(소법 2 ④)
③ 법인해산시 해산법인과 청산인·잔여재산분배를 받는 자의 법인세 연대납세의무(법령 127 ①)
④ 상속인과 수유자(사인증여의 수증자 포함)의 상속세 연대납세의무(상증법 3 ④)
⑤ 증여자와 수증자의 증여세 연대납세의무(상증법 4 ④)
⑥ 2인 이상이 공동으로 과세문서를 작성하는 경우 그 작성자의 인지세 연대납세의무(인지법 1 ②)

제 5 절 제 2 차 납세의무

1. 개 념

'제2차 납세의무'란 주된 납세자의 국세를 징수하기 위하여 그 납세자의 재산에 대하여 체납처분을 집행하더라도 징수할 세액에 미달한다고 인정되는 경우에 한하여 그 납세자와 특수관계가 있는 제3자에 대하여 2차적으로 납부의무를 부여하는 제도를 뜻한다. 이 제도는 조세징수의 확보와 실현을 위하여 행하는 것이기 때문에, 주된 납세의무자와 제2차 납세의무자간의 납세의무의 관계는 부종성과 보충성의 양면적 관계가 있다.

'부종성'이라 함은 주된 납세의무자에 있어서 생긴 납세의무의 변경·소멸 등의 효력은 원칙적으로 제2차 납세의무자에게 미친다는 것을 말하며, '보충성'이란 주된 납세의무자의 재산에 체납처분을 집행하여도 징수할 금액에 부족한 경우 그 부족부분에 대해서만 납세의무를 진다는 뜻이다.

2. 제2차 납세의무자의 유형

제2차 납세의무자의 유형으로는 다음의 4가지를 들 수 있다.

(1) 청산인 등의 제2차 납세의무

1) 개 념

법인이 해산한 경우에 그 법인에게 부과되거나 그 법인이 납부할 국세·가산금·체납처분비를 납부하지 아니하고 잔여재산을 분배 또는 인도한 때에는 그 법인에 대하여 체납처분을 집행하여도 징수할 금액에 부족한 경우에 청산인 또는 잔여재산의 분배 또는 인도를 받은 자는 그 부족액에 대하여 제2차로 납세의무를 지는 것을 말한다.

2) 요 건(국기법 38)

① 본래의 납세의무자는 해산한 법인이다.

법인의 해산에 관한 개념은 상법 및 민법의 규정에 따라야 하겠으나 그 해산으로 보는 시기는 해산 등기일에 불구하고 실질적으로 해산한 날이라고 볼 수 있는 바, 주주총회에서 해산하기로 결의한 날 또는 정관에서 정한 해산사유가 발생한 날, 법원의 해산명령이나 주무관청의 해산명령으로 그 효력이 생기는 날로 한다고 해석하고 있다.

② 해산법인에게 부과되거나 해산된 법인이 납부할 국세·가산금·체납처분비를 납부하지 아니한 경우이다.

해산법인에게 부과되거나 해산된 법인이 납부할 국세 등은 해산한 법인이 종국적으로 부담해야 할 모든 국세 등을 말하는 것이므로 제2차 납세의무를 지는 날 현재 납세의무가 성립된 것만으로 족하고 납세의무가 확정된 것을 요하지는 않는다.

③ 잔여재산을 분배 또는 인도한 경우이다.

잔여재산을 분배하기 전에는 그 잔여재산에서 국세 등을 납부하면 되는 것이므로 제2차 납세의무에 관한 문제가 생기지 아니하나 납부할 세액을 납부하지 아니한 채로 분배가 되었다면 국세기본법 제35조의 국세우선원칙에 의한 국세가 우선 변제받지 못하는 결과를 가져오기 때문에 잘못 분배를 한 책임을 물어 제2차 납세의무를 지우게 되는 것이다.

분배라 함은 법인이 청산하는 경우에 잔여재산을 사원·주주·조합원·회원 등에게 출자비율에 따라 분배하는 것을 말하며(민법 724 ②, 상법 260·269·538·612), 인도라 함은 법인이 청산하는 경우에 있어서 잔여재산을 민법 제80조 등의 규정에 의하여 처분(잔여재산의 귀속)하는 것을 말한다.

④ 해산한 법인에 대하여 체납처분을 하여도 징수할 금액에 부족한 경우이다.

본래의 납세의무자에게 귀속되는 모든 재산(제3자 소유재산으로서 납세담보로 제공한 재산과 납세보증액 포함)을 체납처분(교부청구 및 참가압류를 포함)으로 징수할 수 있는 가액이 그 법인이 부담할 국세총액에 부족한 금액을 말하며, 부족액의 판단은 제2차 납부통지를 하는 때의 현황에 의한다(국기통 38-0…5). 이 때 부족액의 계산은 총자산가액에서 총부채액을 공제한 순자산가액을 징수할 수 있는 재산가액으로 보아야 할 것이므로 다음과 같은 예에 따라 계산되어야 할 것이다.

㉠ 매각하여 국세 등을 징수하고자 하는 재산(이하 재산이라 한다)에 국세기본법 또는 기타 법률의 규정에 의하여 국세에 우선하는 채권·공과금·지방세 등이 있는 경우에는 그 우선하는 채권액에 상당하는 금액을 그 재산의 처분예정가액에서 공제하여 그 재산가액을 산정한다.

㉡ 교부청구 등을 한 경우에는 장차 분배받을 수 있다고 인정되는 금액을 기준으로 하여 재산가액을 산정한다.

㉢ 재산 중에 국세징수법 제31조(압류금지재산)의 규정 등에 의하여 체납처분을 할 수 없는 재산이 있을 때에는 이를 제외하여 재산가액을 산정한다.

㉣ 재산의 종류가 채권인 경우에는 그 채권을 환가하는 경우의 평가액을 기준으로 하고, 장래의 채권 또는 계속수입 등의 채권은 장래의 그 이행가능성을 고려한 금액을 재산가액으로 산정한다.

ⓜ 체납처분비가 필요하다고 인정하는 경우에는 그 징수예상가액은 체납처분비를 공제하여 재산가액을 산정한다.

3) 제2차 납세의무를 지는 자

해산법인의 국세 등에 대하여는 청산인과 청산인으로부터 분배를 받은 사람이 연대하여 제2차 납세의무를 져야 한다.

청산인이라 함은 민법 82～84, 상법 251·252·287·531·613에 의하여 청산업무를 담당하는 사람을 말하며, 청산인으로부터 분배를 받는 자는 해산법인의 출자자로서 해산에 의한 잔여재산의 분배를 받는 자를 말한다. 청산인은 청산에 관한 책임에 기하여 제2차 납세의무를 지는 것이며 분배를 받는 자는 납부할 국세 등을 납부하지 아니하고 분배됨으로써 그 국세 등에 상당한 금액을 과다하게 분배받았기 때문에 이를 환급하는 의미에서의 제2차 납세의무를 지게 된다.

4) 제2차 납세의무의 한도

해산법인에 체납처분을 하여도 징수할 국세 등에 부족한 금액에 대하여 제2차 납세의무를 지되 다음과 같은 한도 내에서 책임이 있다.

① 청산인

청산인이 분배 또는 인도(처분)한 잔여재산의 가액을 한도로 한다. 이 때 수인의 청산인이 있는 경우에는 다음과 같이 책임한도를 정한다.

㉠ 각 청산인이 각각 별도로 분배 등을 한 경우에는 그 분배 등을 한 재산가액을 각각 그 한도로 한다.

㉡ 분배 등에 관한 청산인회의 결의에 찬성한 청산인의 경우에는 그 결의에 의하여 분배 등을 한 재산가액 전액을 각각 그 한도로 한다.

㉢ 공동행위에 의하여 분배 등을 한 청산인은 그 분배 등을 한 재산가액 전액을 각각 그 한도로 한다.

② 잔여재산의 분배를 받은 자

청산인으로부터 분배 또는 인도를 받은 자는 각자가 받은 재산의 가액을 한도로 하여 제2차 납세의무를 진다.

(2) 출자자 등의 제2차 납세의무

1) 개 념

법인(주식을 유가증권시장에 상장한 법인은 제외)의 재산으로 그 법인에게 부과되거나 그 법인이 납부할 국세·가산금·체납처분비에 충당하여도 부족한 경우에는 그 국세의 납세의무 성립일 현재 그 법인의 무한책임사원이나 과점주주는 그 부족액에 대하여 제2차 납세의무를 지는 것을 말한다.

2) 요 건(국기법 39)

법인이 납부할 세액에 대하여 출자자 등이 제2차 납세의무를 지는 요건은 다음과 같다.

① 본래의 납세의무자가 코스닥시장에 상장한 법인이나 비상장법인인 경우에만 적용된다. 즉, 주식을 유가증권시장에 상장하고 있는 법인의 출자자는 제2차 납세의무를 지지 아니한다.

② 본래의 납세의무자(법인)에게 부과되거나 납부할 국세·가산금·체납처분비로서 본래의 납세의무자의 재산으로 납부할 세액에 부족한 금액에 대하여 제2차 납세의무를 진다.

③ 제2차 납세의무를 지는 자는 무한책임사원 또는 과점주주이다. 무한책임사원이란 합명회사(상법 212), 합자회사(상법 269)의 출자사원으로서 회사의 채무에 대하여 직접 연대 무한의 책임을 지는 사원을 말하며, 과점주주란 유한책임사원(상법 279 ①, 553) 또는 주주 등 출자자 1인과 그의 특수관계인으로서 그들의 소유주식(또는 출자액) 합계가 당해 법인의 발행주식총수 또는 출자총액의 50%를 초과하는 자들을 말한다. 이를 산식으로 표시하면 다음과 같다.

$$\text{과점주주} = \frac{\text{출자자 1인 + 특수관계인의 소유주식(또는 출자액)}}{\text{법인의 발행주식총수 또는 출자총액}} > 50\%$$

이 경우 소유주식 및 발행주식총수에는 의결권 없는 주식은 포함하지 않고 50%를 초과하는지의 여부를 판정한다. 또한, 과점주주란 그 법인의 경영을 실질적으로 지배하는 위치에 있음을 요하므로 사원명부 또는 주주명부 등에 등재만 되어 있는 형식상의 출자자는 과점주주라고 할 수 없다(국기통 39-0…3).

④ 친족·그 밖의 특수관계인의 범위
과점주주를 판정함에 있어서 적용되는 '특수관계인'의 범위는 "제1장 총칙, 제2절 조세에 관한 용어의 정의, 25. 특수관계인"에서 설명한 것과 동일하다. 이 경우 어느 특정 주주와 특수관계인인 모든 주주들의 주식을 합하여 발행주식총수의 50%를 초과하면, 비록 어느 주주들 사이에는 특수관계가 없다 하더라도 당사자 개개인을 모두 과점주주로 본다(국기통 39-0…2).

3) 판정기준일

제2차 납세의무요건을 판정하는 기준은 해당 세목의 납세의무 성립일을 기준으로 한다. 즉, 무한책임사원 또는 과점주주 여부, 법인의 재산으로 징수할 세액에 대한 부족 여부 등이 납세의무 성립일에 그 요건이 충족되어 있음으로써 족하고 제2차 납세의무 통지일이나 납부기한 등과는 관계가 없다고 본다. 다만, 무한책임사원은 상법상 퇴사등기후 2년, 해산등기후 5년이 경과하면 무한책임이 소멸되므로(상법 225, 267), 이 기간 내에 제2차 납세의무 통지를 하지 아니하면 제2차 납세의무가 없는 것으로 해석하고 있다.

4) 제2차 납세의무의 한도

무한책임사원은 별도의 한도 없이 징수 부족한 국세 등의 전액에 대하여 제2차 납세의무를 진다. 이에 반하여 과점주주는 다음의 금액을 한도로 하여 제2차 납세의무를 진다. 이 경우 지분율 계산시 의결권 없는 주식은 제외하며, 그 과점주주가 실질적으로 권리를 행사하는 주식수(출자액)만 포함한다.

$$\text{과점주주의 제2차 납세의무 한도} = \text{징수부족액} \times \frac{\text{과점주주의 소유주식수(출자액)}}{\text{발행주식총수(출자총액)}}$$

(3) 법인의 제2차 납세의무

1) 개　념

출자자 등의 국세 등에 대하여 법인이 제2차 납세의무를 지는 경우로서 법인의 국세 등에 대하여 출자자 등이 제2차 납세의무를 지는 경우와는 반대의 경우이다.

이와 같이 법인이 납부할 국세 등에 대하여는 출자자에게 제2차 납세의무를 지우고 또한 출자자가 납부할 국세 등에 대하여는 법인이 제2차 납세의무를 지도록 함으로써 법인과 출자자를 하나로 묶어서 납세의무를 지도록 확장하는 것은 상장되지 않은 법인들이 과점주주에 의해 경영권이나 경제적 이익이 독점되어 실질적으로는 개인기업과 유사하기 때문에 법률상으로는 법인과 그 법인의 출자자와는 인격이 독립되어 있다고 하더라도 그 경제적 이익의 귀속은 실질적으로 동일하다는 데 착안하여 조세권 확보의 방안으로 제정된 규정이라고 할 수 있다.

2) 요　건(국기법 40)

① 출자자 등에게 부과되거나 그 출자자가 납부할 국세·가산금·체납처분비에 대

하여 납세의무를 진다.

출자자 등이라 함은 무한책임사원 및 과점주주를 말하며, 이 경우 과점주주의 범위에는 아무런 제한이 없다.

② 출자자 등의 재산에 대하여 체납처분을 하여도 징수할 국세·가산금·체납처분비에 부족한 금액에 대하여 납세의무를 진다(국기법 40 ①).

이 경우 출자자 등에 대한 징수부족액을 계산함에 있어 출자자 등의 재산가액에는 제2차 납세의무를 지게 되는 법인이 발행한 주식 또는 지분의 소유금액은 제외한 것으로 한다. 예를 들면 납부할 국세 등이 7천만원이고 본래의 납세의무자(출자자 등)의 재산가액이 1억원인데 그 가운데 5천만원이 출자한 법인의 주식가액이라면 출자자 등의 재산가액은 5천만원(1억원－5천만원)으로 보고 징수부족액을 2천만원(7천만원－5천만원)으로 계산한다.

③ 정부가 출자자 등(본래의 납세의무자)의 소유주식 또는 지분을 재공매하거나 수의계약에 의하여 매각하려고 해도 매수희망자가 없거나 출자자 등의 소유주식 또는 출자지분이 법률 또는 법인의 정관에 의하여 양도가 제한되어 있어야 한다(국기법 40).

따라서 매수희망자가 없다든지 양도가 제한되어 있다든지 두 가지 경우 가운데 어느 한 가지에는 해당되는 사실이 있어야만 제2차 납세의무 요건이 충족되는 것이며, 제2차 납세의무 통지에 앞서 이러한 선행요건의 이행이 결여되면 제2차 납세의무를 지우는 처분은 위법한 처분이 된다.

이 경우 법률상 양도의 제한이라 함은 상법 등 민사상의 법률이거나 공법이거나를 가리지 아니하는 것이며 법인이 주권을 발행하지 아니함으로써 주식이 사실상 양도될 수 없는 경우 등도 이에 해당된다.

④ 제2차 납세의무의 요건을 판단하는 기준이 되는 시점은 납부할 국세(둘 이상의 국세의 경우에는 납부기한이 뒤에 오는 국세)의 납부기간 만료일 현재이다(국기법 40 ①).

따라서 법인의 무한책임사원 또는 과점주주에 해당되는지의 여부와 징수부족액을 계산하는 것은 당해 국세 등의 납부기간 만료일을 기준으로 하여야 한다. 이 경우의 납부기간 만료일은 신고에 의한 납부기한이거나 고지에 의한 납부기한이거나 법률에서 정한 기한 및 행정처분으로 정한 기한을 모두 지칭한다. 이 점에서 법인이 납부할 세액에 대한 출자자 등의 제2차 납세의무가 당해 납세의무의 성립일을 기준으로 하는 것과 차이가 있다.

3) 제2차 납세의무를 지는 자

본래의 납세의무자인 무한책임사원 또는 과점주주가 출자하고 있는 법인이며, 이 경우 법인은 상장 여부와 관계없이 모든 법인이 포함된다. 또한 본래의 납세의무자는 개인이거나 법인이거나 관계가 없다.

4) 제2차 납세의무의 한도(국기법 40 ②)

출자자의 국세 등에 대하여 법인이 제2차 납세의무를 지는 금액은 그 출자자 등이 소유하고 있는 당해 법인의 주식가액을 한도로 한다. 이 경우 주식가액은 당해 법인의 자산총액에서 부채총액을 공제하여 계산하고 이를 다시 발행주식총액 또는 출자총액으로 나눈 후 소유주식금액 또는 출자금액을 곱하면 제2차 납세의무를 지는 금액이 산출된다. 이를 산식으로 표시하면 다음과 같다.

$$\frac{(\text{자산의 총액}-\text{부채의 총액})}{\text{발행주식총액 또는 출자총액}} \times \text{출자자의 소유주식금액 또는 출자금액} = \text{한도액}$$

여기서 자산총액과 부채총액의 평가는 해당 국세(둘 이상의 국세의 경우에는 납부기한이 뒤에 오는 국세)의 납부기간 만료일 현재의 시가로 한다(국기령 21).

● 참고 ● 출자자의 제2차 납세의무와 법인의 제2차 납세의무의 비교

구 분	출자자의 제2차 납세의무	법인의 제2차 납세의무
① 법인의 종류	주된 납세의무자가 「코스닥상장법인 또는 비상장법인」인 경우에만 무한책임사원·과점주주가 제2차 납세의무를 진다.	주된 납세의무자가 무한책임사원·과점주주인 경우에는 주식을 유가증권시장에 상장한 법인을 포함한 「모든 법인」이 제2차 납세의무를 진다.
② 기준시점	「납세의무 성립일」 현재의 무한책임사원·과점주주*	「납부기간 만료일」 현재의 무한책임사원·과점주주(제한 없음)
③ 한 도	㉠ 무한책임사원 : 한도 없음 ㉡ 과점주주 : 지분율	지분율

* 출자자의 제2차 납세의무의 회피가능성을 배제하기 위하여 납부기간 만료일보다 빠른 날인 납세의무 성립일을 기준으로 하고 있다.

(4) 사업양수인의 제2차 납세의무

1) 개 념

사업을 양도·양수한 경우에 양도인에게 부과되거나 그 양도인이 납부할 양도사업에 관한 국세·가산금·체납처분비를 양도인의 재산으로 충당하기에 부족한 금액에 대하여는 그 사업양수인이 제2차로 납세의무를 지는 것을 말한다.

2) 요 건(국기법 41)

제2차 납세의무를 지는 요건을 나누어 설명하면 다음과 같다.

① 사업의 포괄적인 양도·양수가 있어야 한다.

㉠ 사업이라 함은 사업장 단위별로 파악한다. 즉, 사업의 주체(사업주)별로 양도되는 것을 의미하지 아니하고 사업장의 물적 집합체로서의 단위를 양도하는 것을 말한다. 따라서 개인사업장이 개인 또는 법인에게 양도되기도 하고 법인사업장이 개인 또는 법인에게 양도될 수도 있다.

㉡ 포괄적인 양도라 함은 그 사업에 관련된 모든 권리와 의무를 함께 양도함으로써 사업의 동질성이 유지될 수 있는 정도의 포괄성이 있어야 한다는 것이다. 이 경우의 권리와 의무란 회계적 측면에서 보면 권리는 자산으로, 의무는 부채로 파악하면 되나 자산 중 미수금과 부채 중 미지급금은 제외하고 양도하여도 포괄적인 양도로 보도록 하였다(국기령 22).

이 경우의 미수금과 미지급금은 회계적 개념으로 파악한다는 해석이 있으나 외상거래를 총칭하는 것으로 봄이 합리적일 것이다. 왜냐하면 미수금·미지급금·외상매출금·외상매입금 등의 외상거래는 거래주체의 신용을 담보로 거래되는 것이므로 당초의 거래주체끼리 이를 완결토록 하는데 그 뜻이 있다고 보기 때문이다. 그러나 국세청의 해석은 기업회계기준의 개념에 따른 미수금과 미지급금에 한정하고 있다.

㉢ 양도·양수라 함은 어떠한 사업에 관련된 권리와 의무의 소유주체가 변동되어 다른 주체가 그대로 승계하는 것을 말한다. 따라서 그 소유주체의 변동이 매도 등과 같이 대가를 지급하고 승계되는 경우뿐만 아니라 증여와 같이 무상으로 승계되는 경우도 포함하는 것으로 본다. 그러나 강제집행에 의한 경락(競落)에 의하여 승계되는 경우와 같이 양도자와 양수자 사이에 의사의 연대가 없는 경우에는 양수인의 제2차 납세의무가 없다고 해석한다.

② 사업을 양도한 자에게 부과되거나 그가 납부할 국세·가산금·체납처분비가 있는 경우이다.

이 경우의 국세 등은 그 양도된 사업장에 관련된 것을 말하며 간접세·직접세를 불문하고 모든 국세를 말한다. 물세인 간접세는 사업장 과세를 원칙으로 하므로 당해 사업장의 세액이 분명하나 인세인 직접세는 사업주체별로 합산과세하기 때문에 양도된 사업장과 양도되지 아니한 사업장의 소득이 합산되어 산출된 세액에 대하여는 각 사업장의 수입금액 또는 소득금액 비례로 안분하여 양도된 사업장의 국세 등을 계산한다.

사업양수자가 제2차 납세의무를 지는 대상이 되는 국세 등은 사업의 양수일 현재 납부기한이 도래하거나 이미 부과된 세액, 즉 양도일 이전에 양도인의 납세의무가 확정된 세액에 한한다고 해석한다. 따라서 사업양도를 함으로써 토지 등에 대하여 부과되는 양도소득세는 제2차 납세의무를 지는 국세 등의 범위에 포함되지 아니한다.

③ 사업양도인의 재산에 대하여 체납처분을 하여도 징수할 국세 등의 금액에 부족한 금액이어야 한다.

따라서 납부할 국세 등에 충당할 수 있는 양도인의 재산이 있음에도 불구하고 양수인에게 제2차 납세의무를 지우는 것은 위법을 면할 수 없을 것이며 이 경우 사업양수인은 처분청에 대하여 사업양도인의 재산으로부터 먼저 징수할 것을 요구하는 검색의 항변권 또는 최고의 항변권을 행사할 수 있을 것이다.

3) 제2차 납세의무를 지는 자

제2차 납세의무를 지는 자는 사업양수인이다. 따라서 양수인으로부터 다시 양수한 자는 당초 양도자의 국세 등에 대하여는 제2차 납세의무를 지지 아니하나 사업을 양수하기 전에 이미 제2차 납세의무 통지를 받은 경우에는 부채로서 양수된 것으로 보아 납세의무를 져야 할 것이다.

4) 제2차 납세의무의 한도

사업양수인은 사업양도인의 재산으로 부족한 금액에 대하여 양수한 재산가액을 한도로 제2차 납세의무를 진다. 여기서 "양수한 재산가액"이란 다음의 가액을 말한다(국기령 23 ②).

① 사업양수인이 양도인에게 지급하였거나 지급하여야 할 금액이 있는 경우 : 그 금액

② 지급할 금액이 없거나 불분명한 경우 : 양수한 자산총액에서 부채총액을 뺀 가액(이 경우 자산 및 부채는 상속세 및 증여세법의 재산평가 규정을 준용하여 평가한다)

<표 Ⅱ-8> 제2차 납세의무의 내용 요약

구 분		청산인 등의 제2차 납세의무	출자자의 제2차 납세의무	법인의 제2차 납세의무	사업양수인의 제2차 납세의무
요 건		법인의 해산시 징수금의 미납상태에서 잔여재산을 분배·인도하여, 법인재산으로 징수금의 충당이 부족한 경우	코스닥상장법인 또는 비상장법인의 재산으로 징수금의 충당이 부족한 경우	무한책임사원 또는 과점주주의 재산으로 징수금의 충당이 부족한 경우	양도인의 재산으로 징수금의 충당이 부족한 경우
납세의무자	본래의 납세의무자	법 인	코스닥상장법인 또는 비상장법인	① 무한책임사원 ② 과점주주	사업양도인
	제2차 납세의무자	① 청산인 ② 잔여재산을 분배·인도받은 자	① 무한책임사원 ② 과점주주	법인(주식을 유가증권시장에 상장한 법인도 포함)	사업양수인
제2차 납세의무의 한도액		청산인은 분배·인도한 가액을, 잔여재산의 분배·인도받은 자는 각자가 분배·인도받은 가액	① 무한책임사원 : 한도 없음 ② 과점주주 : 지분율	(자산총액－부채총액)×지분율	양수한 재산가액

제 6 절 물적 납세의무

1. 개 념

양도담보권자가 양도담보설정자의 국세 등에 대하여 그 양도담보재산으로서 납세의무를 지는 것을 말한다. 양도담보권자의 물적 납세의무라고도 한다.

더 자세히 말하면 납세자가 국세·가산금·체납처분비를 납부하지 아니한 경우에 그 납세자에게 양도담보로 제공한 재산이 있는 때에는 납세자의 재산으로 납부하기에 부족한 금액을 한도로 하여 그 양도담보로 제공된 재산으로 양도담보권자의 채권에 우선하여 징수할 수 있는 것을 말한다.

'양도담보'라 함은 채무자가 제공한 담보물의 소유권 자체를 일단 채권자에게 양도하는 형식을 취하여 그 채권을 담보하게 하고 채무자가 채무를 이행한 때에는 양도재산의 소유권을 회복하고 만일 변제기한까지 채무를 이행하지 않는 경우에는 양도담보채권자의 소유로 확정하는 담보제도이다. 즉, 실질적으로는 채무의 담보로서 재산을 제공하고 형식적으로는 양도를 하여 채권의 담보 효과를 거두는 것으로 관습법 및 판례법이 인정하고 있는 특수한 담보제도이다.

양도담보와 가등기는 이를 구분하여야 한다. 가등기의 본질은 본등기를 할 수 없는 사정이 있는 경우에 장래 본등기를 청구할 수 있는 권리를 보존하기 위한 등기제도로서 본등기가 되면 그 효력을 가등기한 시점으로 소급하여 본등기의 효력이 발생하도록 하는 것이다. 이 점에서 실질적으로 담보로서 활용되는 양도담보와 개념이 다르나 현실적으로는 가등기 또한 담보로서 활용하는 경우가 많이 있으므로 이는 당사자간의 실질적인 계약내용에 따라 판단하여야 할 것이다.

<표 Ⅱ-3> 양도담보관계

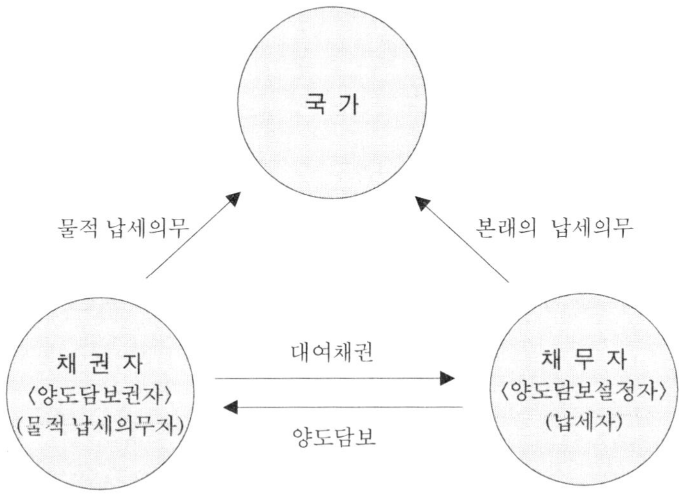

2. 요 건(국기법 42)

(1) 양도담보설정자(채무자)가 국세·가산금·체납처분비를 체납하고 있어야 한다.

(2) 본래의 납세의무자(채무자)가 양도담보로 제공한 재산이 있어야 한다. 이 경우의 양도담보 목적물은 동산·부동산 등 양도할 수 있는 모든 재산권을 말하며, 양도담보 제공방법은 민법의 규정에 의하여 양도로 공시되는 것이면 된다. 또한 양도담보 사실은 당사자간의 계약서 등 증거에 의하여 실질적으로 담보에 제공된 사실에 의하여 판단하여야 하며 등기·등록 등의 형식에 의해서는 표시되지 않는 것이 특징이다.

(3) 양도담보재산은 채무자가 체납한 국세 등의 법정기일 이후에 담보로 제공된 것

이어야 한다. 따라서 체납된 국세의 법정기일 전에 담보로 제공된 재산에 대하여는 그 담보권자는 물적 납세의무를 지지 아니한다.

(4) 본래의 납세의무자(채무자)의 재산으로 체납처분을 하여도 징수할 국세 등에 부족한 금액에 대하여만 납세의무가 있다.
이 경우 본래의 납세의무자의 재산가액 중에 양도담보로 제공된 재산은 제외하고 부족액을 계산한다.

3. 물적 납세의무를 지는 자

물적 납세의무를 지는 자는 양도담보된 재산의 공부상 채권자인 양도담보권자이다. 양도담보권자는 채권의 담보로서 채무자의 재산을 담보로 제공받았다 하더라도 국세우선의 원칙에 의하여 그 담보재산을 한도로 채무자의 국세 등에 대하여 납부할 의무를 진다.

4. 물적 납세의무의 한도

양도담보권자의 물적 납세의무는 그 양도담보 재산가액을 한도로 책임을 진다. 이는 양도담보권자와 양도담보설정자간의 인적 관계를 요소로 하지 아니하고 단순히 국세우선원칙에 의하여 그 재산에 대한 양도담보권자의 우선권만 인정하지 않기 때문이다.

● 참고 ● 제2차 납세의무와의 차이점

물적 납세의무도 보충적 납세의무로서 제2차 납세의무와 마찬가지로 보충성과 부종성을 지닌다. 다만, 제2차 납세의무는 제2차 납세의무자의 전 재산이 징수권의 행사대상이 되는 반면, 물적 납세의무는 양도담보재산만이 징수권의 행사대상이 된다는 차이점이 있다. 이러한 의미로 물적 납세의무라고 부른다.

5. 물적 납세의무의 이행

물적 납세의무의 요건이 충족되면 과세관청이 양도담보권자에게 물적 납세의무 지정통지와 납부통지를 하고 통지된 납부기한 내에 납부하지 아니하면 그 담보재산을 국세징수법의 체납처분절차에 의하여 징수한다(국징법 13). 즉 양도담보재산을 압류하고 공매하여 청산절차를 밟아 채무자의 국세에 충당한다.

제 7 절 납세의무의 소멸

1. 납세의무 소멸의 개념

'납세의무의 소멸(extinguishment of liability for tax payment)'이란 법이 규정하는 납세의무의 소멸원인이 발생한 경우에 이미 확정된 세액에 대한 납세의무가 없어지는 것을 말한다.

2. 납세의무의 소멸원인

국세·가산금 또는 체납처분비를 납부할 의무는 다음에 해당하는 때에는 소멸한다(국기법 26).

<표 Ⅱ-9> 납세의무의 소멸원인*

구 분	소 멸 사 유	개 념
납세의무의 이행	① 납 부	확정된 세액을 국고에 납입하는 것
	② 충 당	국세·가산금·체납처분비를 국세환급금과 상계하는 것
납세의무의 불이행 (실현불가능한 사유 발생)	③ 부과취소	유효하게 성립된 부과처분에 대하여 그 성립에 하자가 있음을 이유로 당초의 부과시점으로 소급하여 효력을 상실시키는 과세관청의 처분
	④ 국세부과권의 제척기간 만료	과세권자의 조세부과권의 존속기간이 경과하는 것
	⑤ 국세징수권의 소멸시효 완성	과세권자가 조세징수권을 행사할 수 있는 때로부터 5년 동안 행사하지 아니한 것

* '부과취소'는 '부과철회'와 구별하여야 한다. 납세고지서 등을 송달할 수 없는 경우에는 부과결정을 철회할 수 있는데, 이러한 부과철회 후에도 납세자의 행방이나 재산을 발견한 때에는 지체 없이 부과·징수의 절차를 밟게 되므로(국징법 18), 부과철회는 납부의무의 소멸사유에 해당하지 않는다.

(1) 국세부과권의 제척기간

1) 개 념

과세요건과 과세기간의 도래로 성립된 추상적 납세의무를 정부가 확정하는 권한을 '부과권'이라 하며, 그 법적 성격은 형성권에 해당한다. 다른 형성권과 마찬가지로 국세부과권도 일정기간 동안만 그 권리의 존속이 인정되며 일정기간 경과시에는 권리를 행사할 수 없다. 이러한 국세부과권의 존속기간을 '국세부과권의 제척기간'이라 한다.

● 참고 ●

1. 제척기간의 법률적 의의 : 조세법률관계의 조속한 확정을 도모함으로써 납세의무자의 법적 안정성을 보장하기 위한 것이다(따라서 제척기간에는 중단·정지제도가 없다).
2. 형성권(形成權) : 당사자 일방의 의사표시 또는 행위로 법률효과가 발생하는 권리를 말한다. 형성권은 그 행사에 상대방의 협력을 필요로 하지 아니하므로 권리의 존속기간인 제척기간은 있어도 권리의 불행사기간인 소멸시효는 없다.

2) 일반적인 경우의 국세부과권의 제척기간

일반적인 국세부과권의 제척기간은 국세를 부과할 수 있는 날부터 일정기간이며, 그 내용은 다음과 같다(국기법 26의 2 ①).

<표 Ⅱ-10> 일반적인 경우의 국세부과권 제척기간

세목	구 분	제척기간
상속세와 증여세	① 사기·기타 부정한 행위(이하 '부정행위[*1]'라 함)로 조세포탈·환급·공제시, 무신고·허위신고 또는 누락신고시(허위·누락신고분에 한함)	15년
	② 그 밖의 경우	10년
상속세와 증여세 외의 세목	① 부정행위로 조세포탈·환급·공제시. 이 경우 부정행위로 포탈하거나 환급·공제받은 국세가 법인세이면 이와 관련하여 법인세법에 따라 처분된 금액에 대한 소득세 또는 법인세에 대해서도 그 소득세 또는 법인세를 부과할 수 있는 날부터 10년간으로 함	10년
	② 부정행위로 세금계산서 또는 계산서 불성실가산세 부과대상이 되는 경우 해당 가산세	10년
	③ 무신고의 경우	7년[*2]
	④ 그 밖의 경우	5년[*2]

*1) '부정행위'란 다음 중 어느 하나에 해당하는 행위로서 조세의 부과와 징수를 불가능하게 하거나 현저히 곤란하게 하는 적극적 행위를 말한다(국기법 26의 2 ① (1), 국기령 12의 2 ①, 조범법 3 ⑥).
① 이중장부의 작성 등 장부의 거짓 기장, ② 거짓 증빙 또는 거짓 문서의 작성 및 수취, ③ 장부와 기록의 파기, ④ 재산의 은닉, 소득·수익·행위·거래의 조작 또는 은폐, ⑤ 고의적으로 장부를 작성하지 아니하거나 비치하지 아니하는 행위 또는 계산서, 세금계산서 또는 계산서합계표, 세금계산서합계표의 조작, ⑥「조세특례제한법」에 따른 전사적 기업자원관리설비의 조작 또는 전자세금계산서의 조작, ⑦ 그 밖에 위계(僞計)에 의한 행위 또는 부정한 행위

*2) 다만, 7년 또는 5년이 끝난 날이 속하는 과세기간 이후의 과세기간에 소득세법 또는 법인세법에 따라 10년 이내의 기간에서 이월결손금을 공제하는 경우에는 해당 결손금이 발생한 과세기간의 소득세 또는 법인세는 이월결손금을 공제한 과세기간의 법정신고기한으로부터 1년이 되는 날을 제척기간으로 한다(취지 : 2009.1.1. 이후 발생하는 결손금부터 이월결손금 공제기간이 5년에서 10년으로 연장됨에 따라 국세부과 제척기간도 연장한 것이다).

3) 국세부과권 제척기간의 특례

① 상속세와 증여세의 고액포탈에 대한 제척기간의 연장특례

상속세와 증여세의 경우 일반적인 부과권의 제척기간은 상기 표와 같으나 다음에 해당하는 경우에는 부과권 제척기간의 특례가 적용된다(국기법 26의 2).

<표 Ⅱ-11> 부과권 제척기간의 특례

제척기간의 특례가 적용되는 경우*	제척기간의 특례
납세자가 부정행위로 상속세·증여세를 포탈하는 경우로서 다음 각호에 해당하는 경우. 단 상속인(수유자 포함)이나 증여자 및 수증자가 사망한 경우와 포탈세액 산출의 기준이 되는 재산가액(다음 각호의 재산가액의 합계액)이 50억원 이하인 경우에는 일반적인 경우의 부과권 제척기간(15년)을 적용한다. ㉠ 제3자의 명의로 되어 있는 피상속인 또는 증여자의 재산을 상속인 또는 수증자가 보유하고 있거나 그 자의 명의로 실명 전환을 한 경우 ㉡ 계약에 의하여 피상속인이 취득할 재산이 계약이행기간 중에 상속이 개시됨으로써 등기·등록 또는 명의개서가 이루어지지 아니하여 상속인이 취득한 경우 ㉢ 국외에 소재하는 상속 또는 증여재산을 상속인 또는 수증자가 취득한 경우 ㉣ 등기·등록 또는 명의개서가 필요하지 아니한 유가증권·서화·골동품 등 상속 또는 증여재산을 상속인 또는 수증자가 취득한 경우	해당 재산의 상속 또는 증여가 있음을 안 날부터 1년간

* 취지 : 「과세포착이 어려운 재산」에 대하여는 시기와 관계없이 평생 부과할 수 있도록 하여 부정한 부의 세습을 방지하고자 하는 데 있다.

② 기타 제척기간의 연장특례(국기법 26의 2 ② (1), (2), (3))

다음의 경우에는 위의 일반적인 제척기간이 지난 후에라도 그 결정 등의 실효성을 보장하기 위하여 일정기간(1년 또는 2개월) 제척기간을 연장한다.

구 분	내 용
조세쟁송의 경우	국세기본법에 따른 이의신청, 심사청구, 심판청구, 감사원법에 따른 심사청구 또는 행정소송법에 따른 소송에 대한 결정 또는 판결이 있는 경우* 에는 그 결정 또는 판결이 확정된 날부터 1년이 지나기 전까지는 해당 결정 또는 판결에 따라 경정결정 그 밖의 필요한 처분을 할 수 있다.
조세조약에 의한 상호합의의 경우	조세조약에 부합하지 아니하는 과세의 원인이 되는 조치가 있는 경우 그 조치가 있음을 안 날부터 3년 이내(조세조약에서 따로 규정하는 경우에는 그에 따른다)에 그 조세조약의 규정에 따른 상호합의가 신청된 것으로서 그에 대하여 상호합의가 이루어진 경우에는 상호합의가 종결된 날부터 1년이 지나기 전까지는 상호합의에 따라 경정결정 그 밖의 필요한 처분을 할 수 있다.

후발적 사유에 따른 경정청구의 경우	국세기본법에 따른 후발적 사유에 의한 경정청구 또는 국제조세조정에 관한 법률에 따른 간주배당금액에 대한 경정청구 또는 조정권고가 있는 경우에는 그 경정청구또는 조정권고일부터 2개월이 지나기 전까지는 경정청구에 따라 경정결정 그 밖의 필요한 처분을 할 수 있다.

* 이러한 결정 또는 판결에서 명의대여 사실이 확인된 경우에는 그 결정 또는 판결이 확정된 날부터 1년 이내에 명의대여자에 대한 부과처분을 취소하고 실제로 사업을 경영한 자에게 경정결정이나 그 밖의 필요한 처분을 할 수 있다.

4) 국세부과권 제척기간의 기산일

국세부과권의 제척기간은 당해 국세를 부과할 수 있는 날부터 기산한다. 여기에서 국세를 부과할 수 있는 날은 과세표준과 세액의 신고의무가 있는지의 여부에 따라 다음과 같이 달라진다(국기령 12의 3).

<표 Ⅱ-12> 국세부과권 제척기간의 기산일

구 분		제척기간의 기산일
원칙	① 과세표준과 세액을 신고하는 국세(신고납부하는 국세와 신고의무·신고절차가 규정된 부과과세 국세를 포함하되, 종합부동산세는 제외)	과세표준과 세액의 신고기한의 다음날(중간예납·예정신고 및 수정신고기한은 과세표준신고기한에서 제외함*)
	② 종합부동산세·인지세	해당 국세의 납세의무가 성립한 날
	③ 원천징수의무자 또는 납세조합에 대하여 부과하는 국세	해당 원천징수세액 또는 납세조합징수세액의 법정납부기한의 다음날
	④ 과세표준신고기한 또는 법정납부기한이 연장된 경우	그 연장된 납부기한의 다음날
	⑤ 공제·면제·비과세 또는 낮은 세율의 적용 등에 따른 세액(소득공제를 받은 경우에는 공제받은 소득금액에 상당하는 세액을 말하고, 낮은 세율을 적용받은 경우에는 일반세율과의 차이에 상당하는 세액을 말함)을 의무불이행 등의 사유로 인하여 징수하는 경우	해당 공제세액 등을 징수할 수 있는 사유가 발생한 날

* 따라서 당해 국세의 과세표준과 세액에 대한 정기분 또는 확정신고기한의 다음 날을 그 기산일로 본다(예 : 예정신고하는 부가가치세의 경우 제척기간의 기산일은 예정신고기한의 다음 날이 아닌 그 예정신고기간이 속하는 과세기간의 확정신고기한의 다음 날이 된다).

5) 국세부과권 제척기간 만료의 효과

제척기간이 만료되면 정부는 부과권이 소멸되었으므로 추상적 납세의무는 성립되었으나 미부과된 국세를 부과할 수 없을 뿐만 아니라 이미 부과한 과세표준 및 세액을 변경하는 결정(경정)도 할 수 없다. 국세부과권 제척기간의 만료로 성립한 납세의무는 확정되지 아니한 채 자동으로 소멸하므로 다음 단계인 징수권은 발생할 여지가 없으며, 결손처분도 불필요하다. 국세부과권 제척기간의 만료의 효과는 미래에 미치며 소급효는 인정되지 아니한다.

(2) 국세징수권의 소멸시효

1) 개 념

정부가 납세의무자에게 확정된 납세의무에 대한 이행을 청구하고 강제로 실현하는 권리를 '징수권'이라 하며, 그 법적 성격은 청구권에 해당한다. 다른 청구권과 마찬가지로 국세징수권도 일정기간 동안 행사하지 아니하면 그 권리가 소멸되는 데, 이 기간을 '국세징수권의 소멸시효'라 한다.

참고

1. 소멸시효의 법률적 의의 : 권리의 불행사기간이 장기화됨에 따라 법적 안정성의 저해를 방지하고 부실조세채권의 정리근거를 마련하고자 하는데 있다.
2. 청구권(請求權) : 어떤 사람이 다른 사람에 대하여 일정한 작위 또는 부작위를 요구할 수 있는 권리를 말하며, 그 대표적인 예가 채권이다.

2) 소멸시효기간과 기산일

① 소멸시효기간
국세징수권은 이를 행사할 수 있는 때부터 5년간 행사하지 아니하면 소멸시효가 완성한다(국기법 27 ①).

② 소멸시효의 기산일
소멸시효는 국세징수권을 행사할 수 있는 때로부터 기산하며, "국세징수권을 행사할 수 있는 때"라 함은 다음의 날을 말한다(국기령 12의 4).

<표 Ⅱ-13> 징수권 소멸시효의 기산일

구 분		기 산 일
일반적인 경 우	① 과세표준과 세액의 신고에 의하여 납세의무가 확정되는 국세에 있어서 신고한 당해 세액	그 법정신고납부기한의 다음 날
	② 과세표준과 세액을 정부가 결정·경정 또는 수시부과결정하여 고지한 당해 세액	그 납세고지에 따른 납부기한의 다음 날
특수한 경 우	③ 원천징수의무자 또는 납세조합으로부터 징수하는 국세로서 납세고지한 원천징수생개 또는 납세조합징수세액	그 납세고지에 따른 납부기한의 다음 날

④ 인지세로서 납세고지한 인지세액	그 납세고지에 따른 납부기한의 다음 날
⑤ 법정신고납부기한 또는 법정납부기한이 연장되는 경우	그 연장된 기한의 다음날

3) 시효의 중단과 정지

① 시효의 중단

시효의 중단이란 시효기간이 진행하는 도중에 권리행사로 볼 수 있는 특정사유가 발생함으로써 이미 경과한 시효기간의 효력이 상실되는 것을 말한다.

소멸시효는 ㉠ 납세고지, ㉡ 독촉 또는 납부최고, ㉢ 교부청구, ㉣ 압류 등의 사유로 인하여 중단되며(국기법 28 ①), 중단된 소멸시효는 ㉠ 고지한 납부기한이 지난 때, ㉡ 독촉 또는 납부최고에 의한 납부기한이 지난 때, ㉢ 교부청구 중의 기간이 지난 때, ㉣ 압류해제까지의 기간이 지난 때부터 새로이 진행한다(국기법 28 ②).

② 시효의 정지(진행정지)

시효의 정지란 시효가 진행되는 도중에 권리자가 권리를 행사할 수 없는 특정사유가 발생한 경우 일정기간 동안 시효의 완성을 유예하는 것을 말한다. 소멸시효는 ㉠ 징수유예기간, ㉡ 연부연납기간, ㉢ 세법에 의한 분납기간, ㉣ 체납처분유예기간, ㉤ 세무공무원이 국세징수법에 따른 사해행위 취소소송이나 민법에 따른 채권자대위 소송을 제기하여 그 소송이 진행 중인 기간에는 시효의 진행이 일시 정지되었다가 이들 기간이 지나간 다음에 다시 진행된다(국기법 28 ③). 따라서 이 경우에 시효 기간은 그 정지 전후의 기간을 합산한다. 다만, 사해행위 취소소송 또는 채권자대위 소송의 제기로 인한 시효정지의 효력은 소송이 각하, 기각 또는 취하된 경우에는 효력이 없다(국기법 28 ④).

4) 소멸시효 완성의 효과

소멸시효가 완성되면 국세징수권이 당연히 소멸하고 부과된 납세의무는 부과시로 소급하여 소멸한다. 또한 행정절차상으로는 이미 확정·부과된 세액이 있으므로 그에 대한 결손처분절차를 필요로 한다(국징법 86 ① 3호). 한편 국세의 소멸시효 완성시 이는 그 국세의 가산금·체납처분비 및 이자상당세액에도 효력을 미치며, 주된 납세자의 국세가 소멸한 때에는 연대납세의무자, 제2차 납세의무자, 물적 납세의무자 및 납세보증인의 의무도 당연히 소멸한다.

5) 국세부과권 제척기간과 국세징수권 소멸시효의 비교

이상에서 살펴 본 국세부과권의 제척기간과 국세징수권의 소멸시효에 대한 내용을 비교하면 다음과 같다.

<표 Ⅱ-14> 국세부과권 제척기간과 국세징수권 소멸시효의 비교

구 분	국세부과권의 제척기간	국세징수권의 소멸시효
(1) 의의	권리의 존속기간	권리의 불행사기간
(2) 성격	국세부과권(형성권의 일종)	국세징수권(청구권의 일종)
(3) 기간	5년, 7년, 10년, 15년, 평생	5년(중단·정지를 통해 연장가능)
(4) 기산일	신고의무의 유무에 따라 달라짐 -국세를 부과할 수 있는 날	언제 납세의무가 확정되는가에 따라 달라짐 -국세징수권을 행사할 수 있는 날
(5) 중단과 정지	없음	① 징수권 행사로 인해 중단되고, ② 징수권 행사가 불가능한 기간에는 정지된다.
(6) 기간만료의 효과	① 장래를 향해 부과권 소멸 ② 결손처분 불필요	① 기산일에 소급하여 징수권 소멸 ② 결손처분 필요
(7) 시효이익의 포기	규정 없음	포기할 수 없음
(8) 원용의 필요성	원용이 불필요함	

참고

1. 시효이익의 포기 : 시효로 인하여 생기는 법률상의 이익을 받지 않겠다는 의사표시를 말한다. 만일 시효이익의 포기를 인정하게 되면 과세관청의 억압 등으로 인하여 진의 아닌 포기가 이루어질 수 있으므로 시효이익을 포기할 수 없도록 금하고 있다.
2. 시효의 원용(時效의 援用) : 시효의 이익을 받을 자가 그 시효의 이익을 받겠다고 시효완성을 주장하는 것을 말한다. 조세와 관련된 재판과정에서 국세부과 제척기간의 만료나 국세징수권 소멸시효의 완성은 굳이 납세의무자가 그 시효완성을 주장하지 않더라도 법원이 이를 고려하므로 별도의 원용이 불필요하다.

연습문제

[주관식 문제]

1. 과세요건이란 무엇이며, 그 구성요소는 어떤 것이 있는가?
2. 국세의 세목별로 납세의무의 성립시기에 대하여 설명하라.
3. 추상적 납세의무와 구체적 납세의무는 어떻게 다른가?
4. 납세의무의 확정방법을 열거하고 설명하라.
5. 신고납세제도의 특성을 정부부과제도와 비교하여 설명하라.
6. 납세의무승계의 개념과 그 내용을 설명하라.
7. 연대납세의무의 개념과 세목별 적용내용을 약술하라.
8. 제2차 납세의무의 개념과 그 유형을 약술하라.
9. 사업양수인의 제2차 납세의무에 대하여 설명하라.
10. 물적 납세의무를 설명하라.
11. 납세의무의 소멸원인을 설명하라.
12. 국세부과권의 제척기간을 설명하라.
13. 국세징수권의 소멸시효를 설명하라.

[객관식 문제]

1. 국세의 납세의무 성립시기에 대한 설명으로 옳지 않은 것은?

   ① 소득세 : 과세기간이 끝나는 때
   ② 상속세 : 상속이 개시되는 때
   ③ 증여세 : 증여에 의해 재산을 취득하는 때
   ④ 인지세 : 과세문서에 인지를 붙이는 때
   ⑤ 가산세 : 가산할 국세의 납세의무가 성립하는 때

정답	1. ④

2. 납세의무 성립시기로서 맞는 것은?

① 인지세에 있어서는 과세문서에 인지를 붙이는 때
② 예정신고납부하는 소득세에 있어서는 예정신고기간이 종료하는 때
③ 증권거래세에 있어서 해당 거래금액이 확정되는 때
④ 가산세에 있어서는 이를 가산할 국세의 납세의무가 성립하는 때
⑤ 원천징수하는 소득세의 경우에는 징수금액이 확정되는 때

3. 다음 중 국세의 납세의무 성립시기로 옳은 것은?

① 유흥음식행위에 대한 개별소비세에 있어서는 과세유흥장소에서 유흥음식행위를 할 때
② 청산소득에 대한 법인세에 있어서는 잔여재산가액이 확정된 때
③ 원천징수하는 법인세에 있어서는 소득금액 또는 수입금액을 지급하는 달의 말일
④ 예정신고기간에 대한 부가가치세에 있어서는 해당 과세기간이 끝나는 때
⑤ 중간예납하는 소득세·법인세에 있어서는 과세기간이 끝나는 때

4. 다음 보기 중 납세의무의 성립시기에 대해 올바르게 서술한 것은?

① 모든 소득세·법인세는 과세기간이 끝나는 때 납세의무가 성립한다.
② 수시부과에 의하여 징수하는 국세에 있어서의 납세의무는 수시부과할 사유가 발생한 때이다.
③ 상속세에 있어 납세의무는 친권자가 유언장을 작성하고 나서 발생한다.
④ 5월 30일 영업을 처음 시작한 회사의 처음 부가가치세 납세의무발생은 과세기간이 종료되는 12월 31일이 된다.
⑤ 인지세는 과세문서를 교부할 때 납세의무가 성립한다.

5. 납세의무의 성립에 필요한 법률상 요건이 아닌 것은?

① 납세의무자가 규정되어야 한다.
② 세율이 정해져야 한다.
③ 과세물건이 뚜렷해야 한다.
④ 법적 근거가 명확해야 한다.
⑤ 과세표준이 나타나야 한다.

6. 납세의무의 성립시기를 잘못 나타낸 것은?

① 증권거래세에 있어서는 해당 매매거래가 확정되는 때
② 개별소비세에 있어서 수입물품의 경우에는 세관장에게 수입신고를 하는 때
③ 인지세에 있어서는 해당 과세문서를 작성한 때
④ 청산소득에 대한 법인세에 있어서는 과세기간이 끝나는 때

정답	2. ④ 3. ① 4. ② 5. ④ 6. ④

⑤ 가산세에 있어서는 이를 가산할 국세의 납세의무가 성립하는 때

7. 다음 중 국세의 납세의무 성립시기에 대한 설명으로 옳은 것은?

① 상속세에 있어서는 상속이 개시되는 날부터 6월이 되는 때
② 수입재화에 대한 부가가치세에 있어서는 수입면허를 받는 때
③ 예정신고하는 부가가치세에 있어서는 예정신고하는 때
④ 증여세에 있어서는 증여에 의하여 재산을 취득하는 달의 말일
⑤ 가산세의 경우에는 이를 가산할 국세의 납세의무가 성립하는 때

8. 국세의 납세의무 성립시기에 관하여 옳지 않은 것은?

① 중간예납하는 법인세는 중간예납기간이 끝나는 때
② 원천징수하는 소득세 또는 법인세에 있어서는 소득금액 또는 수입금액을 지급하는 때
③ 예정신고하는 소득세에 있어서는 예정신고사유가 발생한 때
④ 수입재화에 대한 부가가치세, 개별소비세 또는 주세의 경우에는 세관장에게 수입 신고하는 때
⑤ 수시부과에 의하여 징수하는 국세에 있어서는 수시부과할 사유가 발생한 때

9. 다음은 국세의 납세의무성립에 대한 설명이다. 옳지 않은 것은?

① 국세의 납세의무는 과세관청이나 납세자가 특별한 행위를 하지 아니하더라도 과세요건을 충족하면 자동적으로 성립한다.
② 납세의무가 성립한 국세는 그 내용이 구체적으로 확정된 것은 아니므로 추상적 조세채무라고 한다.
③ 납세의무의 성립시기에 관하여 세법에 특별한 규정을 두고 있는 경우에도 국세기본법의 규정이 우선한다.
④ 국세의 납세의무가 성립한 경우에도 확정되지 아니한 경우에는 정부가 국세징수권을 행사할 수 없다.
⑤ 과세요건이 모두 충족되지 아니한 경우에도 납세의무가 성립될 수 있다.

10. 납세의무의 성립시기로 잘못된 것은?

① 증권거래세에 있어서는 증권의 매매거래가 확정되는 때
② 부당이득세는 기준가격을 초과하여 거래하는 때
③ 종합부동산세는 과세기준일(매년 6/1) 현재 과세대상 부동산을 보유한 때
④ 납세조합이 징수하는 소득세에 있어서는 그 과세표준이 되는 금액이 확정되는 때

정답	7. ⑤ 8. ③ 9. ⑤ 10. ④

⑤ 청산소득에 대한 법인세는 해당 법인이 해산 또는 합병하는 때

11. 납세의무 확정시기에 대한 설명으로 옳지 않은 것은?

① 중간예납하는 법인세는 정부가 조사결정하는 경우에도 중간예납기간이 끝나는 때에 납세의무가 확정된다.
② 부가가치세는 해당 국세의 과세표준을 정부에 신고하는 때에 납세의무가 확정된다.
③ 증권거래세는 해당 국세의 과세표준을 정부에 신고하는 때에 납세의무가 확정된다.
④ 종합부동산세는 원칙적으로 정부의 조사결정에 의하여 납세의무가 확정된다.
⑤ 정부가 조사결정하는 주세에 있어서는 정부가 조사결정하는 때에 납세의무가 확정된다.

12. 다음은 납세의무의 확정에 대한 설명이다. 옳지 않은 것은?

① 중간예납하는 법인세는 중간예납기간이 종료하는 때에 확정됨이 원칙이다.
② 교육세에 있어서는 과세표준과 세액을 정부가 조사결정하는 때에 납세의무가 확정된다.
③ 법인세에 있어서는 과세표준과 세액을 정부에 신고하는 때 납세의무가 확정된다.
④ 인지세는 납세의무성립시 납세의무가 확정된다.
⑤ 원천징수하는 소득세에 있어서는 소득금액이나 수입금액을 지급하는 때에 납세의무가 확정된다.

13. 다음은 납세의무가 성립하는 때에 특별한 절차 없이 세액이 확정되는 경우이다. 옳지 않은 것은?

① 원천징수하는 소득세
② 납세조합이 징수하는 소득세
③ 중간예납하는 소득세
④ 중간예납하는 법인세(정부가 조사결정하는 경우는 제외)
⑤ 인지세

14. 다음 중 부과과세제도를 채택하고 있는 세목만 열거한 것은?

① 양도소득세, 상속세, 개별소비세
② 법인세, 소득세, 부가가치세
③ 상속세, 증여세, 종합부동산세
④ 상속세, 증여세, 인지세, 주세
⑤ 소득세, 증여세, 교육세

정답	11. ① 12. ② 13. ③ 14. ③

15. 납세의무의 성립과 동시에 이루어지는, 즉 납세의무가 성립하는 때에 특별한 절차 없이 그 세액이 확정되는 국세가 아닌 것은?

① 수시 부과하여 징수하는 소득세 또는 법인세
② 중간예납하는 법인세(정부가 조사결정하는 경우는 제외)
③ 인지세
④ 원천징수하는 소득세 또는 법인세
⑤ 납세조합이 징수하는 소득세

16. 납세의무의 성립 후 납세자의 신고를 통해 납세의무가 확정되는 것은?

① 인지세
② 원천징수하는 법인세
③ 납세조합이 징수하는 소득세
④ 법인세
⑤ 중간예납하는 법인세

17. 다음 중 국세의 과세표준과 세액을 신고하는 때에 세액이 확정되는 세목만 열거한 것은?

1. 법인세	2. 소득세	3. 종합부동산세	4. 부가가치세
5. 개별소비세	6. 상속세	7. 증권거래세	8. 증여세

① 1, 3, 4, 7
② 2, 4, 6, 8
③ 1, 2, 3, 5, 7
④ 1, 2, 4, 5, 7
⑤ 3, 5, 7, 8

18. 납세의무의 승계에 대한 다음 설명 중 옳지 않은 것은?

① 상속인과 합병법인은 국세기본법에 의하여 피상속인 또는 피합병법인의 납세의무를 승계한다.
② 합병법인은 합병으로 인하여 얻은 순자산가액을 한도로 하여 피합병법인의 납세의무를 승계한다.
③ 상속인은 상속으로 인하여 얻은 재산을 한도로 하여 피상속인이 납부할 국세·가산금과 체납처분비를 납부할 의무를 진다.
④ 피상속인에게 행한 처분 또는 절차는 상속인 또는 상속재산관리인에 대하여도 효력이 있다.
⑤ 상속인 또는 합병법인에 납세의무가 승계되는 경우에는 별도의 지정절차가 필요 없다.

정답	15. ① 16. ④ 17. ④ 18. ②

19. 상속인은 피상속인에게 부과되거나 그 피상속인이 납부할 국세·가산금과 체납처분비를 상속으로 얻은 재산을 한도로 하여 납부할 의무를 진다. 이 경우 상속으로 얻은 재산에 대한 설명으로 옳지 않은 것은?

① "상속으로 얻은 재산"이란 상속으로 얻은 자산총액에서 부채총액과 그 상속으로 인하여 부과되거나 납부할 상속세를 공제한 가액을 말한다.
② "①"의 자산총액과 부채총액의 평가는 상속세 및 증여세법에 따라 평가한다.
③ 상속재산에는 사인증여 및 유증의 목적이 된 재산을 포함한다.
④ 부양청구권과 같이 일신에 전속하는 권리는 상속재산에 포함되지 아니한다.
⑤ 피상속인이 수탁하고 있는 신탁재산은 수탁자의 상속재산에 속한다.

20. 납세의무승계에 대한 다음 설명 중 옳은 것은?

① 상속인에게 납세의무가 승계되는 경우에는 별도의 지정절차가 필요하다.
② 상속인의 존부가 분명하지 아니한 때에는 상속인에게 하여야 할 납세의 고지·독촉 기타 필요한 사항은 상속재산관리인에게 이를 하여야 한다.
③ 피상속인에게 행한 처분 또는 절차는 상속인에게 그대로 승계되는 것은 아니므로 상속인에게 이를 다시 행하여야 한다.
④ 상속인의 존부가 분명하지 아니하고 상속재산관리인도 없는 때에는 세무서장은 상속재산관리인을 선임하여야 한다.
⑤ 상속인이 2인 이상인 때에는 상속개시일로부터 3개월 이내에 대표자를 정하여 신고하여야 한다.

21. 연대납세의무에 대한 다음 설명 중 옳지 않은 것은?

① 연대납세의무자 중 1인이 다른 연대납세의무자의 부담분까지 납부한 경우 그 구상관계는 연대납세의무자간에 약정한 바에 따른다.
② 국세기본법상의 연대납세의무에 관한 규정은 다른 세법의 특별규정에 우선하지 아니한다.
③ 공유물, 공동사업 또는 그 공동사업에 속하는 재산에 관계되는 국세·가산금과 체납처분비는 공유자 또는 공동사업자가 연대하여 납부할 의무를 진다.
④ 어느 연대납세의무자에 대한 법률행위의 무효나 취소의 원인은 다른 연대납세의무자의 채무에 영향을 미치지 아니한다.
⑤ 어느 연대납세의무자 1인에 대한 시효의 중단이나 시효정지의 효력은 다른 연대납세의무자에게는 영향을 미치지 아니한다.

정답	19. ⑤ 20. ② 21. ①

22. 다음 중 연대납세의무에 대한 설명으로 옳지 않은 것은?

① 연대납세의무제도는 조세채권의 확보를 목적으로 하는 제도이다.
② 연대납세의무제도는 2이상의 납세의무자가 각자 전체의 납세의무를 지게 되는 경우를 말한다.
③ 인지세법상 과세문서를 2인 이상이 공동으로 작성하는 경우에는 그 작성자는 작성한 과세문서의 인지세에 대한 연대납세의무를 진다.
④ 소득세법상 공동사업에서 발생하는 소득금액에 대한 소득세는 공동사업자가 연대하여 납세의무를 진다.
⑤ 법인이 채무자 회생 및 파산에 관한 법률에 따라 신회사를 설립하는 경우 기존의 법인에 부과되거나 납세의무가 성립한 국세·가산금 및 체납처분비는 신회사가 연대하여 납부할 의무를 진다.

23. 다음 중 연대납세의무와 관계가 없는 것은?

① 법인이 해산한 경우에 원천징수하여야 할 법인세를 징수하지 않고 잔여재산을 분배한 때의 그 법인세
② 2인 이상이 공동으로 상속받았을 때의 상속세
③ 하나의 과세문서를 2인 이상이 공동으로 작성하는 경우의 인지세
④ 2인 이상이 공동으로 증여받았을 때의 증여세
⑤ 공동사업에 대한 소득금액 계산시 소득세

24. A, B, C 세 사람은 1,500만원의 체납국세에 대한 연대납세의무자이다. 다음 내용 중 틀린 것은?

① 일시에, A, B, C에게 각각 1,500만원씩을 청구할 수 있다.
② A에게 소멸시효가 완성되었을 때 B, C도 동시에 소멸시효가 완성된다.
③ 연대납세의무자 중 A에 대한 서류의 송달은 B, C에 대해서도 효력을 발생하는 절대적 효력이 있다.
④ 연대납세의무자 중 A에 대한 이행청구는 B, C에게도 효력을 발생하는 절대적 효력이 있다.
⑤ 연대납세의무자 중 A에 대한 제척기간의 완료는 B, C에게도 효력을 발생하는 절대적 효력이 있다.

25. 제2차 납세의무에 대한 설명 중 틀린 것은?

① 출자자의 재산으로 출자자가 납부할 국세·가산금과 체납처분에 충당하여도 부족한 경우

정답	22. ④ 23. ⑤ 24. ④ 25. ④

에 법인은 출자지분의 가액을 한도로 그 부족액의 범위 내에서 제2차 납세의무를 진다.

② 정부가 출자자의 소유주식 또는 출자지분을 수의계약에 의하여 매각하려해도 매수희망자가 없는 경우 법인은 제2차 납세의무를 진다.

③ 출자자가 무한책임사원 또는 과점주주가 아니면 법인은 제2차 납세의무를 지지 않는다.

④ 사업양수인의 제2차 납세의무는 보충성과 부종성을 가지므로 양도인에게 부과되거나 납부할 국세로서 양도인의 재산으로 부족한 것은 국세의 세목에 관계없이 제2차 납세의무를 진다.

⑤ 국세의 납세의무성립일 현재 무한책임사원과 과점주주는 비상장법인의 국세·가산금과 체납처분비에 대하여 제2차 납세의무를 진다.

26. 국세기본법상 제2차 납세의무가 없는 자는?

① 유가증권시장 상장법인의 과점주주
② 해산법인의 청산인
③ 사업양수인
④ 비상장법인의 무한책임사원
⑤ 코스닥 상장법인

27. 다음 중 법인의 제2차 납세의무에 관한 설명으로 옳지 않은 것은?

① 출자자의 소유주식 또는 출자지분이 법률 또는 그 법인의 정관에 의하여 양도가 제한된 경우에 법인은 제2차 납세의무를 진다.

② 출자자의 소유주식 또는 출자지분을 수의계약에 의하여 매각할 수 있을 때에는 법인은 제2차 납세의무를 지지 않는다.

③ 해당 법인에 대한 출자자의 과점주주 해당여부의 판정은 출자자가 납부하여야 할 국세의 납부기간 만료일 현재를 기준으로 판단한다.

④ 법인은 출자자가 납부하지 못한 국세 전액에 대하여 제2차 납세의무를 진다.

⑤ 출자자가 무한책임사원 또는 과점주주가 아니면 법인은 제2차 납세의무를 지지 아니한다.

28. 다음 중 출자자의 제2차 납세의무 판정시 특수관계인에 해당하지 않는 자는?

① 6촌 이내의 혈족
② 4촌 이내의 인척
③ 배우자(사실혼 관계에 있는 자 포함)
④ 임원과 그 밖의 사용인
⑤ 동향관계, 동창관계 등으로 인하여 친한 사실이 객관적으로 명백한 자

정답	26. ① 27. ④ 28. ⑤

29. 출자자에 대한 법인의 제2차 납세의무에 관하여 설명한 것 중 틀리는 것은?

① 과점주주란 주주 1인과 그와 친족 그 밖의 특수관계인이 소유한 주식의 합계액이 총발행주식의 50% 이상인 자를 말한다.
② 법인의 제2차 납세의무는 그 출자자의 소유주식 또는 출자지분의 가액을 한도로 한다.
③ 출자자가 무한책임사원이나 과점주주가 아니면 법인은 제2차 납세의무를 지지 않는다.
④ 출자자의 소유주식 또는 출자지분을 수의계약에 의하여 매각할 수 있을 때에는 법인은 제2차 납세의무를 지지 않는다.
⑤ 해당 법인에 대한 출자자의 과점주주 해당여부의 판단은 출자자가 납부하여야 할 국세의 납부기간 만료일 현재를 기준으로 판단한다.

30. 다음 중 국세기본법상 친족의 범위에 해당하지 않는 것은?

① 처남 ② 동서
③ 재종 ④ 처당숙
⑤ 사실상 혼인관계에 있는 배우자

31. 제2차 납세의무자에 대한 다음 설명 중 틀린 것은?

① 제2차 납세의무는 부종성과 보충성을 갖는다.
② 법인해산 후 법인에 대한 국세, 가산금, 체납처분비의 부족액이 있을 경우 청산인은 분배·인도한 가액을 한도로 하여 제2차 납세의무를 진다.
③ 비상장법인의 납세부족액 발생시 비상장법인의 과점주주나 무한책임사원은 제2차 납세의무를 진다.
④ 법인은 과점주주, 무한책임사원의 납세부족액 발생시 무제한적으로 제2차 납세의무를 진다.
⑤ 사업양수인이 제2차 납세의무자가 되기 위해서는 '포괄적 승계'이어야 한다.

32. 제2차 납세의무에 대한 다음 설명 중 맞는 것은?

① 제2차 납세의무는 부종성과 보충성을 띤다.
② 청산인 등의 제2차 납세의무는 분배받은 재산의 가액에 관계 없이 무제한적으로 진다.
③ 유가증권시장 상장법인으로서 법인이 납부할 국세·가산금·체납처분비를 납부하지 못한 경우, 과점주주·무한책임사원은 무제한적으로 제2차 납세의무를 진다.
④ 법인의 무한책임사원·과점주주의 다른 재산으로 이들이 납부할 국세·가산금·체납처분비에 충당하여도 부족한 경우, 소유주식 또는 출자지분의 가액과는 관계 없이 법인이 제2차 납세의무를 진다.

정답	29. ① 30. ④ 31. ④ 32. ①

⑤ 양도인의 재산으로 양도인이 납부할 국세·가산금·체납처분비에 충당하여도 부족한 경우 사업양수인은 무제한으로 제2차 납세의무를 진다.

33. 제2차 납세의무에 관한 다음 설명 중 옳지 않은 것은?

① 납세의무 성립일 현재 출자자가 무한책임사원이나 과점주주가 아니면 법인은 제2차 납세의무를 지지 아니한다.
② 주된 납세의무가 무효이거나 취소되는 경우에는 제2차 납세의무도 이에 따라 무효 또는 취소된다.
③ 사업양수인은 양도인이 납부할 양도소득세에 대하여 제2차 납세의무를 지지 아니한다.
④ 제2차 납세의무자에 대하여 그 보충적 납세의무를 면제하는 경우 그 면제효과는 주된 납세의무자에게 미치지 아니한다.
⑤ 청산인은 해산법인에게 부과되거나 그 법인이 납부할 국세·가산금 또는 체납처분비에 대하여 제2차 납세의무를 지되 분배 또는 인도한 재산가액을 한도로 한다.

34. 제2차 납세의무자에 대한 내용 중 틀린 것은?

① 제2차 납세의무는 주된 납세의무자에 대한 부종성을 지닌다.
② 법인이 미납세 상태에서 청산했을 때 청산인은 체납국세와 잔여재산분배액 중 적은 금액을 한도로 제2차 납세의무를 진다.
③ 잔여재산을 분배받은 자는 그 분배받은 가액을 한도로 제2차 납세의무를 진다.
④ 공동행위에 의하여 분배한 2인의 청산인은 그 분배한 재산가액 전액에 대하여 각각 납세의무를 진다.
⑤ 제2차 납세의무의 대상이 되는 미납국세는 해산할 때나 잔여재산을 분배 또는 인도할 때에 이미 납세의무가 확정된 국세에 한한다.

35. 출자자의 제2차 납세의무에 관한 다음 설명 중 틀리는 것은?

① 어느 특정주주와 그와 친족, 그 밖의 특수관계에 있는 주주들의 소유주식금액을 합하여 당해 법인의 발행주식총액의 50%를 초과하면, 그 주주 전원을 과점주주로 본다.
② 비상장법인의 국세·가산금과 체납처분비는 무한책임사원과 과점주주가 제2차 납세의무를 진다.
③ 무한책임사원과 과점주주 해당여부의 판정은 법인이 납부하여야 할 국세의 납세의무 성립일 현재를 기준으로 한다.
④ 과점주주는 소유하고 있는 주식이나 지분상당액을 한도로 제2차 납세의무를 진다.
⑤ 과점주주로서 제2차 납세의무를 지기 위해서는 출자한 사실이 있거나 운영에 참여하여

정답	33. ① 34. ⑤ 35. ⑤

그 법인을 실질적으로 지배할 수 있는 위치에 있음을 요하며, 형식상 주주명부에 등재되어 있더라도 일정한 경우에는 제2차 납세의무를 진다.

36. 사업양수인의 제2차 납세의무에 대한 다음 설명 중 틀리는 것은?

① 법인의 사업을 갑에게 양도하고, 갑이 다시 그 사업을 을에게 양도한 경우에는 을은 법인에 대한 제2차 납세의무를 지지 않는 것이 원칙이다.
② 사업양수인은 양도인에게 부과되거나 납부할 국세로서 양도인의 재산으로 징수 부족한 것은 국세의 세목에 관계없이 제2차 납세의무를 진다.
③ 제2차 납세의무에 대하여는 세법에 특례규정이 있더라도 국세기본법에 의한다.
④ 양도인에게 2인 이상의 사업장이 있는 경우에 1사업장을 양수한 자의 제2차 납세의무는 양수한 사업장에 관계되는 국세, 가산금, 체납처분비에 한한다.
⑤ 사업장별로 그 사업에 관한 모든 권리(미수금 제외)와 모든 의무(미지급금 제외)를 포괄적으로 승계한 자는 사업양수인으로서 제2차 납세의무를 진다.

37. 갑은 제조업과 부동산임대업을 영위하던 중 2012년 10월 1일 제조업을 을에게 포괄 양도하였다. 갑의 재산으로 갑이 납부할 체납액에 충당하여도 부족하다. 사업양수인인 을이 제2차 납세의무자로서 납부해야 할 금액은?

2012년 1기 부가가치세 체납액 3억(제조업 부문 2억, 부동산임대업 부문 1억) 2012년 10월 1일 을에게 부동산 양도, 양도소득세 1억 2012년 2기 예정신고 부가가치세 체납액 2억(제조업 부문 1억, 부동산임대업 부문 1억) 갑의 2012년 10월 1일 제조업 부문의 총 자산은 3억 6천, 부채는 1억으로 평가됨

① 4억
② 3억 5천
③ 3억
④ 2억 5천
⑤ 2억

38. 다음 중 무제한적으로 납세의무를 지는 것이 아닌 것은?

① 출자자의 제2차 납세의무(무한책임사원, 과점주주)
② 사업양수인의 제2차 납세의무
③ 상속으로 인한 납세의무의 승계
④ 법인의 제2차 납세의무
⑤ 정답 없음

정답	36. ② 37. ⑤ 38. ⑤

39. 제2차 납세의무자에 포함되지 않는 자는?

① 청산인
② 비상장법인의 무한책임사원
③ 사업양수인
④ 유가증권시장 상장법인의 과점주주
⑤ 법인

40. 제2차 납세의무에 대한 설명 중 틀린 것은?

① 비상장법인의 재산으로 그 법인에게 부과되거나 그 법인이 납부할 국세·가산금·체납처분비에 충당하여도 부족한 경우에 그 국세의 납세의무 성립일 현재 무한책임사원·과점주주가 그 부족액에 대하여 제2차 납세의무를 지는 이론적 근거는 법인격부인의 법리에 기초하고 있다.
② 주된 납세의무자에게 발생한 여러 법률상의 효과가 제2차 납세의무자에게 그 효력이 미치는 것을 부종성이라 한다.
③ 영업에 관한 일부의 권리와 의무를 승계한 경우에도 그 승계범위의 비율에 따라 양수인은 제2차 납세의무를 진다.
④ 사업장에 관한 권리의무를 포괄적으로 양수한 양수인은 양도인이 납부할 양도소득세에 대해서는 제2차 납세의무를 지지 아니한다.
⑤ 국세의 납부기간 종료일 현재 법인의 무한책임사원의 출자지분을 수의계약에 의하여 매각하려 하여도 매수희망자가 없는 경우 법인이 제2차 납세의무를 진다.

41. 다음 자료는 비상장법인인 (주)지성의 2012년 주식이동상황 및 국세 등의 체납에 관한 내용이다.

(1) 주식이동상황

주주성명(관계)	2012.1.1	2012. 9. 15 매매거래		2012.12.31
	보유주식수	매도주식수	매수주식수	보유주식수
김한라(본인)	400,000주	20,000주		380,000주
이백두(배우자)	200,000주	70,000주		130,000주
박설악(타인)	250,000주		70,000주	320,000주
조한강(타인)	150,000주		20,000주	170,000주

(2) (주)지성의 발행주식총수 1,000,000주에는 의결권 없는 주식은 없다.
(3) (주)지성은 2012년 제1기 부가가치세 50,000,000원과 2012사업연도(2012.1.1 ~ 2012.12.31)의 법인세 130,000,000원을 체납한 상태이며 국세에 충당할 수 있는 (주)지성의 재산은 없다고 가정한다.

정답	39. ④ 40. ③ 41. ⑤

위의 자료에 의하여 (주)지성의 과점주주가 제2차 납세의무자로서 납부해야 할 금액을 계산하면 얼마인가?

① 30,000,000원
② 66,300,000원
③ 91,800,000원
④ 108,000,000원
⑤ 96,300,000원

42. 다음의 제2차 납세의무자의 설명 중 잘못된 것은?

① 청산인은 분배 또는 인도한 재산가액 내에서 제한적인 책임을 진다.
② 청산인에게 분배된 재산의 가액은 해당 잔여재산을 분배 또는 인도한 날 현재의 시가에 의한다.
③ 국세납세의무 성립일 현재의 주주 또는 유한책임사원과 그 친족 그 밖의 특수관계에 있는 자에게 속한 주식총액 또는 출자총액을 합하여 그 지분율이 50%를 초과하는 경우, 이런 관계에 있는 자들 중 가장 많은 지분을 소유한 자를 과점주주로 본다.
④ 체납자인 과점주주에 의해 투자된 법인은 제한적인 책임을 진다.
⑤ 사업양수인은 양수한 재산가액을 한도로 책임을 진다.

43. 제2차 납세의무에 관하여 잘못 설명한 것은?

① 청산인 등의 제2차 납세의무는 분배 또는 인도한 재산의 가액을, 그 분배 또는 인도를 받은 자에 있어서는 그가 받은 재산의 가액을 한도로 한다.
② 비상장법인이 납부할 국세, 가산금과 체납처분비에 충당하여도 부족한 경우에는 무한책임사원은 무제한적으로 제2차 납세의무를 진다.
③ 과점주주의 판정은 주주 또는 유한책임사원과 그 친족 그 밖의 특수관계인의 주식총액 또는 출자총액을 합계하여 그 점유비율이 50% 이상이면 당사자 개개인을 전부 과점주주로 본다.
④ 법인의 제2차 납세의무는 과점주주나 무한책임사원의 소유주식 또는 출자지분의 순자산가치를 한도로 한다.
⑤ 사업양수인은 사업장별로 사업에 관한 모든 권리(미수금에 관한 것을 제외), 모든 의무(미지급금에 관한 것을 제외)에 대하여 포괄적으로 승계한 경우 양수한 그 사업에 관한 국세에 한하여 제2차 납세의무를 진다.

44. 다음의 제2차 납세의무에 관한 사항 중 옳은 것은?

① 청산인 등의 제2차 납세의무의 경우 청산인에 있어서는 분배 또는 인도한 재산의 가액을 한도로 하고, 분배 또는 인수받은 자에 있어서는 그가 받은 재산가액을 초과하여 의무를 진다.

정답	42. ③ 43. ③ 44. ⑤

② 출자자의 제2차 납세의무는 무한책임사원 또는 주주1인과 그의 특수관계인으로서 그들의 출자액 합계가 출자총액의 100분의 50을 초과하는 자로서 제한적 의무이다.
③ 법인의 제2차 납세의무요건은 주식 또는 지분이 법률 또는 정관에 의해 양도가 제한된 경우이며, 해당 과점주주나 무한책임사원의 소유주식 또는 출자지분의 순자산가치를 한도로 한다.
④ 사업양수인의 제2차 납세의무는 사업장별로 미수금, 미지급금을 포함한 모든 권리·의무를 포괄적으로 승계하는 것을 특정요건으로 하며 의무는 제한적이다.
⑤ 제2차 납세의무는 주된 납세의무가 소멸함에 따라 소멸하며, 주된 납세의무자의 재산으로 체납처분 후 충족시킬 수 없는 부분에 한하여 의무를 지는데 전자를 보충성, 후자를 부종성이라 한다.

45. 다음 중 출자자의 제2차 납세의무에 관한 설명으로 가장 틀린 것은?

① 비상장법인의 무한책임사원 또는 과점주주 중 일정한 자에 대하여 인정된다.
② 무한책임사원은 징수부족액 전액에 대하여, 과점주주는 부족액 중 과점주주의 지분비율에 해당하는 금액을 한도로 하여 제2차 납세의무를 진다.
③ 국세의 납세의무성립일 현재 법인의 경영을 사실상 지배하는 甲, 甲의 사실혼 배우자 乙, 甲과 생계를 같이 하는 직계비속 丙의 소유주식수가 각각 총발행주식수의 40%, 15%, 16%인 경우, 甲·乙·丙 전원을 과점주주로 본다.
④ 주주명부에 등재된 甲이 주금을 납입한 사실이 없고 회사경영에 전혀 참여하지 않은 사실 등을 입증한 경우 甲은 제2차 납세의무가 없다.
⑤ 甲과 乙 사이, 또 乙과 丙 사이에 특수관계가 있고 甲, 乙, 丙을 합하여 51%를 넘더라도 甲과 丙 사이에 특수관계가 없다면 丙은 과점주주로서의 제2차 납세의무가 없다.

46. 양도담보권자에 대한 물적 납세의무에 관한 설명으로 옳지 않은 것은?

① 양도담보권자의 물적 납세의무는 양도담보를 설정한 채무자가 국세를 납부할 능력이 없는 경우 양도담보권자가 납세의무를 지는 것을 말한다.
② 양도담보권자가 물적 납세의무를 이행하지 아니할 경우에도 양도담보재산 이외의 재산을 압류할 수 없다.
③ 납세자의 다른 재산에 체납처분을 집행하여도 징수할 금액이 부족한 경우에 한하여 양도담보재산에서 징수할 수 있다.
④ 국세의 법정기일 전에 담보의 목적이 된 양도담보재산에 대하여는 물적 납세의무가 없다.
⑤ 납기가 도래하지 아니한 국세와 조세채무가 확정되지 아니한 국세에 대하여도 물적 납세의무를 지울 수 있다.

정답	45. ⑤ 46. ⑤

47. 양도담보권자의 물적 납세의무에 대한 다음 설명 중 옳지 않은 것은?

① 납세고지를 받기 전에 양도담보권을 실행하여 소유권을 취득하고 담보채무를 상계한 경우에는 물적 납세의무를 지지 아니한다.
② 양도담보권자로부터 징수하고자 하는 경우 납부통지서를 발부하고 납부통지서에 의한 기한내에 납부하지 아니하면 납부최고서를 발부한다.
③ 물적 납세의무는 양도담보 재산가액을 한도로 한다.
④ 제2차 납세의무자에게 체납처분할 다른 재산이 없는 경우에도 소유재산의 양도담보권자를 물적 납세의무자로 지정할 수 있다.
⑤ 납세자가 국세의 법정기일 전 1년 내에 특수관계인과 양도담보 설정계약을 체결한 경우에는 통정한 허위계약으로 추정한다.

48. 다음 보기 중에서 국세기본법상 납세의무의 소멸사유로만 묶여진 것은?

보기 : A. 납부·충당
B. 결손처분
C. 국세부과의 제척기간이 만료한 때
D. 납세자의 사망
E. 국세징수권의 소멸시효가 완성될 때
F. 제3자가 납세자를 상대로 소유권에 관한 소송을 제기하여 승소판결을 받고 그 사실을 증명한 때

① A, C, D
② A, C, E
③ A, B, C, D, E
④ B, D, E
⑤ A, E, F

49. 납세의무의 소멸에 관한 다음 설명 중 잘못된 것은?

① 납세의무의 성립일로부터 제척기간을 계산하는 것이 아니라 국세부과에 대한 제척기간은 국세를 부과할 수 있는 날부터 계산한다.
② 제척기간에 의한 권리의 소멸은 기간이 경과한 때부터 장래에 한하여 소멸할 뿐인데 반하여, 소멸시효는 권리가 소급적으로 소멸된다.
③ 소멸시효는 권리관계를 조속히 확정시키는 것이어서 중단이라는 것이 없는 데 비해 제척기간에는 중단이 있는 점에서 차이가 있다.
④ 제척기간과 소멸시효 모두 납세자는 시효이익을 포기할 수 없다.
⑤ 소멸시효가 중단되는 사유로는 납세고지, 독촉 또는 납부최고, 교부청구, 압류가 있다.

정답	47. ② 48. ② 49. ③

50. '갑'씨는 사기를 통해 증권거래세를 포탈하였다. 이러한 조세포탈행위의 제척기간은 얼마인가?

① 1년
② 5년
③ 받을 때까지
④ 2년
⑤ 10년

51. 다음 국세 중 국세부과의 제척기간이 가장 긴 것은?

① 신고하지 아니한 상속세
② 사기로 포탈한 법인세
③ 허위신고한 소득세
④ 부정한 행위로 환급받은 주세
⑤ 부가가치세의 무신고

52. 다음 중 국세부과의 제척기간과 국세징수권의 소멸시효에 대한 설명으로 옳지 않은 것은?

① 소멸시효가 완성되면 징수권은 소멸시효기간의 기산일에 소급하여 소멸하나 제척기간이 만료되면 부과권은 장래를 향하여 소멸한다.
② 국세부과의 제척기간은 권리관계를 조속히 확정시키려는 것이므로 국세징수권의 소멸시효와는 달리 진행기간의 중단이나 정지가 없다.
③ 국세부과의 제척기간이 만료된 경우에는 결손처분을 하지 아니하나 국세징수권의 소멸시효가 완성된 경우에는 결손처분을 하여야 한다.
④ 부과권이 제척기간의 만료로 소멸하면 그 이후 단계 절차상의 기능인 징수권은 발생할 여지가 없게 된다.
⑤ 국세부과 제척기간이 만료되더라도 그 시효이익을 포기할 수 있으나 국세징수권의 소멸시효가 완성된 경우에는 시효의 이익을 포기할 수 없다.

53. 국세부과 제척기간과 국세징수권 소멸시효의 비교로서 옳지 않은 것은?

① 국세징수권은 자력집행력과 우선징수권이 인정되는 것을 제외하면 청구권과 그 성격이 같으나 국세부과권은 그 권리자의 확인행위에 의하여 상대방의 협력없이 조세채권을 확정하는 것이므로 형성권과 그 성격이 같다.
② 국세부과 제척기간은 조세법률관계를 조속히 안정시키려는 것을 목적으로 하나 국세징수권의 소멸시효는 사회질서의 안정을 도모하기 위한 제도이다.
③ 소멸시효가 중단되면 그 이전의 진행효과는 모두 소멸되고 새로이 소멸시효가 진행되므로 소멸시효기간이 연장되는 것과 같은 효과가 있으나 제척기간에는 중단제도가 없다.
④ 국세부과권의 제척기간은 상황에 따라 다양하나 국세징수권의 소멸시효는 5년으로 규정되어 있다.

정답	50. ⑤ 51. ① 52. ⑤ 53. ⑤

⑤ 제척기간은 일정한 권리에 대하여 법이 정하는 존속기간이라 하며 제척기간 내에 권리자의 권리주장이나 의무자의 승인이 있으면 제척기간이 갱신된다.

54. 다음은 국세부과의 제척기간에 대한 국세기본법의 규정을 설명한 것이다. 가장 타당한 것은?

① 천재·지변이 발생한 경우에는 제척기간이 연장된다.
② 제척기간이 경과한 후에는 과세관청의 부과권은 행사할 수 없으나 이미 부과된 국세에 발생한 취소권과 경정권은 행사할 수 있다.
③ 국세기본법에 의한 불복 또는 행정소송이 제기된 경우에는 국세부과의 제척기간의 예외가 적용된다.
④ 국세부과의 제척기간은 납세고지에 의하여 중단된다.
⑤ 법인세 중간예납세액에 대한 제척기간은 중간예납세액의 신고기한의 다음 날이 기산일이 된다.

55. 국세부과 제척기간의 기산일로서 부적당한 것은?

① 예정신고하는 부가가치세의 경우 : 예정신고기한의 다음 날
② 원천징수하는 소득세의 경우 : 원천징수액 법정납부기한의 다음 날
③ 면제 또는 공제받은 세액을 의무불이행으로 추징하는 경우 : 징수할 사유 발생일
④ 종합부동산세, 인지세의 경우 : 납세의무 성립일
⑤ 소득세의 경우 : 과세표준신고기한의 다음 날

56. 국세부과 제척기간에 대한 설명으로 옳지 않은 것은?

① 국세기본법에 따른 이의신청·심사청구·심판청구에 대한 결정이 있는 경우에는 원칙적인 제척기간에도 불구하고 그 결정이 확정된 날부터 1년이 지나기 전까지는 해당 결정에 따라 경정결정을 할 수 있다.
② 소득공제를 받은 금액에 상당하는 세액을 의무불이행으로 인하여 징수하는 경우, 당해 세액에 대한 국세부과 제척기간의 기산일은 당해 세액을 징수할 수 있는 사유가 발생한 날로 한다.
③ 종합부동산세의 납세의무자가 과세표준과 세액을 신고한 경우 당해 종합부동산세에 대한 국세부과 제척기간의 기산일은 납세의무 성립일로 한다.
④ 후발적 사유로 인한 경정청구가 있는 경우에는 원칙적인 제척기간에도 불구하고 경정청구일부터 2월이 지나기 전까지는 해당 경정청구에 따라 경정결정이나 그 밖에 필요한 처분을 할 수 있다.

정답	54. ③ 55. ① 56. ⑤

⑤ 납세자가 사기 기타 부정한 행위로 상속세를 포탈한 경우로서 국외에 소재하는 상속재산을 상속인이 취득한 경우에는 당해 재산의 상속이 있은 날부터 15년 이내에 상속세를 부과할 수 있다.

57. 납부의무의 소멸에 대한 설명으로 옳지 않은 것은?

① 국세·가산금 또는 체납처분비를 납부할 의무는 납부·충당되거나 부과가 취소된 때에 소멸한다.
② 납세자가 사기나 그 밖의 부정한 행위로 국세(조세조약에 따라 상호합의 절차가 진행중인 경우를 제외한다)를 포탈하는 경우에는 그 국세의 납세의무가 성립한 날부터 10년이 끝난 날 후에는 부과할 수 없다.
③ 국세의 징수를 목적으로 하는 국가의 권리는 이를 행사할 수 있는 때부터 5년간 행사하지 아니하면 소멸시효가 완성된다.
④ 행정소송법에 따른 소송의 판결에서 명의대여 사실이 확인된 경우에는 그 판결이 확정된 날부터 1년 이내에 명의대여자에 대한 부과처분을 취소하고 실제로 사업을 경영한 자에게 경정결정 또는 그 밖에 필요한 처분을 할 수 있다.
⑤ 납세고지의 사유로 중단된 소멸시효는 고지한 납부기간이 지난 때부터 새로 진행한다.

58. 국세부과에 대한 제척기간은 국세를 부과할 수 있는 날부터 계산하게 되는 데 이에 관한 다음의 설명 중 잘못된 것은?

① 과세표준과 세액을 신고하는 국세는 신고서 제출기한 또는 신고기한의 다음날부터 제척기간이 계산되나 중간예납, 예정신고 및 수정신고기한은 신고서 제출기한에 포함되지 않는다.
② 과세표준 신고기한이 연장되는 경우에는 그 연장된 기한의 다음 날이 기산일이 된다.
③ 종합부동산세·인지세의 경우에는 해당 국세의 납세의무가 성립한 날이 기산일이 된다.
④ 공제 또는 면제받을 세액을 의무불이행 등의 사유로 인하여 징수하는 경우에는 그 공제 또는 면제받은 국세를 징수할 사유가 발생한 날을 기산일로 한다.
⑤ 과세표준과 세액을 신고하는 국세에 있어서 신고기한 또는 신고서 제출기한 이전에 신고하거나 신고서를 제출했을 경우에는 제출일이 제척기간의 개시일이 된다.

59. 국세징수를 목적으로 하는 국가의 권리는 다음 기간 동안 행사하지 아니하면 시효로 인하여 소멸한다. 가장 옳은 것은?

① 고지서를 발송한 때부터 5년간 ② 고지서를 접수한 때부터 5년간
③ 권리를 행사할 수 있는 때부터 5년간 ④ 독촉장을 발부한 때부터 5년간
⑤ 공매공고를 한 때부터 5년간

정답	57. ② 58. ⑤ 59. ③

60. 국세징수권의 소멸시효는 다음 기간이 경과한 때로부터 새로이 진행한다. 옳지 않은 것은?

① 납세의 고지 : 고지한 납부기간
② 납부최고 : 납부최고에 의한 납부기간
③ 독촉 : 독촉에 의한 납부기간
④ 교부청구 : 교부청구 중의 기간
⑤ 압류 : 공매 중의 기간

61. 국세징수권의 소멸시효에 대한 설명 중 잘못된 것은?

① 교부청구는 국세징수권의 소멸시효의 정지사유이다.
② 소멸시효에 대하여는 국세기본법 또는 세법에 특별한 규정이 있는 것을 제외하고는 민법에 의한다.
③ 시효의 정지란 일정한 기간 동안 시효의 완성을 유예하는 것이다.
④ 시효의 중단이란 이미 경과한 시효기간의 효력을 상실시키는 것이다.
⑤ 납세고지한 인지세액의 소멸시효는 그 납세고지에 따른 납부기한의 다음 날부터 기산한다.

62. 다음 중 국세부과의 제척기간과 국세징수권의 소멸시효에 대한 설명으로 틀린 것은?

① 국세징수권의 소멸시효는 5년이지만 국세부과의 제척기간은 5년, 7년과 10년이 있다.
② 국세부과의 제척기간은 권리관계를 조속히 확정시키려는 것이므로 국세징수권 소멸시효와는 달리 진행기간의 중단이나 정지가 없다.
③ 국세부과권과 국세징수권은 그 성질이 다르므로 제척기간의 기산일과 소멸시효의 기산일은 다르다.
④ 인지세에 있어서는 국세부과 제척기간의 기산일과 국세징수권 소멸시효의 기산일이 같다.
⑤ 국세부과의 제척기간이 만료된 때에는 결손처분이 필요 없지만, 국세징수권의 소멸시효가 완성된 때에는 결손처분을 하여야 한다.

63. 소멸시효에 관한 설명 중 틀린 것은?

① 교부청구 중 기간이 경과하면 시효가 새로이 진행된다.
② 납세자의 기한전 신고는 이를 채무승인으로 보아 소멸시효의 중단사유가 된다.
③ 징수유예 및 연부연납 기간에는 소멸시효가 정지된다.
④ 독촉, 납부최고는 구술에 의한 경우 시효중단의 효력이 없다.
⑤ 경정처분에 따른 납세고지서에 기재된 납부기한이 경과하면 시효가 새로이 진행된다.

정답	60. ⑤ 61. ① 62. ④ 63. ②

64. 국세징수권 소멸시효의 기산일에 대한 다음 설명 중 옳지 않은 것은?

① 법정신고납부기한이 연장된 경우 : 그 연장된 기한의 다음 날
② 원천징수의무자로부터 징수하는 국세로서 납세고지한 원천징수세액 : 그 원천징수세액의 법정납부기한의 다음 날
③ 인지세로서 납세고지한 인지세액 : 그 납세고지에 따른 납부기한의 다음 날
④ 신고하지 않은 소득세 : 그 법정신고납부기한의 다음 날
⑤ 신고한 법인세·부가가치세 : 그 법정신고납부기한의 다음 날

65. 다음 중 소멸시효의 중단사유로 타당치 않은 것은?

① 경정처분에 따르는 납세고지서를 발급하였다.
② 이행지체된 조세채권의 이행을 독촉하였다.
③ 납세자가 징수유예신청을 하였다.
④ 타 기관에 의해 압류된 자산에 대해 교부청구를 하였다.
⑤ 조세채권의 확보를 위해 납세자의 재산을 압류하였다.

66. 다음 중 국세징수권 소멸시효의 중단사유로 옳지 않은 것은?

① 교부청구
② 압류
③ 납부최고
④ 납세담보의 제공
⑤ 납세고지

67. 국세징수권 소멸시효의 정지사유로 옳지 않은 것은?

① 분납기간
② 징수유예기간
③ 연부연납기간
④ 보정기간
⑤ 체납처분유예기간

정답	64. ④ 65. ③ 66. ④ 67. ④

제4장 납세담보

제1절 납세담보의 개념 및 요구

1. 납세담보의 개념

조세채권은 일반채권 및 공과금보다 우선하고 있으며 자력집행권 등에 의하여 납세자의 일반재산에서 징수하는 것이 원칙이다. 그러나 납세자의 일반재산은 동산의 경우 인도에 의하여, 부동산의 경우 등기 등에 의하여 그 소유권의 이동이 용이하므로 납세자는 조세가 부과되기 이전 또는 납기 이전에 소유권을 이전하는 경우가 있다. 이러한 경우 납세자의 재산으로 조세채권을 징수할 수 없는 사례가 생긴다.

이와 같은 징수불능의 우려를 예방하고 조세채권의 확보를 위하여 사전에 납세자 또는 제3자로부터 납세를 위한 물적·인적 담보를 제공받을 수 있도록 하는 제도를 '납세담보'라고 한다.

2. 납세담보제공의 요구

세법상 납세담보의 제공을 요구하는 경우로는 다음과 같은 것이 있으며, 개별세법에서 납세담보에 대하여 국세기본법과는 다른 특례규정을 두고 있는 경우에는 개별세법의 규정이 국세기본법에 우선한다.

(1) 납부기한을 연장하는 경우(국기법 6 ②). 다만, 천재지변이 발생한 경우, 납세자가 화재·전화, 그 밖의 재해를 입거나 도난을 당한 경우, 한국은행 등의 정보통신망의 정상적인 가동이 불가능한 경우, 그리고 금융회사 등의 휴무 등으로 인하여 정상적인 세금납부가 곤란하다고 국세청장이 인정한 경우는 제외한다.

(2) 국세징수법에 의하여 징수유예를 받을 때(국징법 18)

(3) 확정전 보전압류를 받은 납세자가 동 압류를 해제하고자 할 때(국징법 24 ⑤)

(4) 국세청장이 성실납세자로 인정하는 기준에 해당하는 때로서 재산의 압류를 유예하거나 압류한 재산의 압류를 해제하는 경우(국징법 85의 2 ①, ③)

(5) 개별소비세 과세물품을 수입신고 수리 전에 보세구역에서 반출하고자 하는 경우(개소법 10 ④)

(6) 과세유흥장소의 경영자에 대하여 개별소비세 납세보전상 필요하다고 인정하는 경우(개소법 10 ⑤)
(7) 수출 주류 등에 대한 면세의 경우와 주류제조자에 대한 주세납세보전의 필요가 있는 경우(주법 36)
(8) 상속세 또는 증여세 납부세액이 2천만원을 초과하여 연부연납 하고자 할 때(상속법 71)
(9) 문화재 자료 등에 대한 상속세·증여세의 징수유예를 하는 경우(상속법 74 ④, 75)

제 2 절 납세담보제도의 구체적 내용

1. 납세담보의 목적물

납세담보도 일반적인 담보와 마찬가지로 다음과 같은 두 가지 유형으로 나누어 진다.

(1) 물적담보

부동산·동산 등 물건의 경제적 교환가치로서 처분할 수 있는 권리를 채권자(과세관청)가 지배하는 방법으로 채권(조세)을 담보하는 것이다. 물적 담보로 제공될 수 있는 재화는 다음과 같은 것이 있으며, 아래에 열거된 것 이외의 자동차·지상권·보석류 등은 국세기본법상 물적담보가 될 수 없다.

1) 금 전

금전담보는 조세채권금액이 확정되지 않은 상태에서 담보하는 경우로서 주세법상의 면허를 위한 사전담보 또는 개별소비세법상의 유흥음식경영을 위한 일반담보의 경우에 이루어진다.

2) 일정한 유가증권

'일정한 유가증권'이란 다음 중 어느 하나에 해당하는 것을 말한다(국기령 13 ①).
①「자본시장과 금융투자업에 관한 법률」에 따른 국채증권, 지방채증권 및 특수

채증권

② 「자본시장과 금융투자업에 관한 법률」에 따른 증권시장 주권을 상장한 법인이 발행한 사채권 중 보증사채 및 전환사채

③ 증권시장에 상장된 유가증권으로서 매매사실이 있는 것

④ 「자본시장과 금융투자업에 관한 법률」에 따른 수익증권으로서 무기명 수익증권 및 환매청구가 가능한 수익증권

⑤ 양도성 예금증서

3) 납세보증보험증권

납세를 담보하기 위하여 보증보험에 가입하고 그 보험증권을 세무서장에게 인도하여 담보하는 것이다.

4) 토 지

지목과 관계없이 지적법상 토지로서 등재되는 것이면 담보가 될 수 있다고 본다.

5) 등기 또는 등록된 건물·공장재단·광업재단·선박·항공기·건설기계로서 화재보험에 가입된 것

첫째, 건물 등이 등기 또는 등록된 것이어야 하고, 둘째, 그 건물 등이 화재보험에 가입되어 있어야 한다. 이는 등기 또는 등록이 되어 있어야만 담보권의 설정등기를 할 수 있으며 또 이러한 재산은 화재 등 불측의 손실이 예상되기 때문에 화재보험에 가입되어 있음을 요하는 것이다.

(2) 인적담보

제3자의 신용을 담보로 납세보증서를 제출하는 것으로 이러한 신용을 제공하는 사람을 '보증인'이라고 한다. 이는 물적 담보보다는 담보성이 약하기 때문에 세무서장이 확실하다고 인정하는 경우에 담보로서 제공될 수 있도록 하였는 바, 국세청장은 세 가지 보증인에 한정하도록 해석하였다.

① 은행법의 규정에 의한 금융기관

② 신용보증기금법의 규정에 의한 신용보증기금

③ 보증채무를 이행할 수 있는 자금능력이 충분하다고 세무서장이 인정하는 자

2. 담보목적물의 평가

납세담보 목적물의 평가에 관한 국세기본법 제30조의 규정내용을 요약하면 다음과 같다.

<표 Ⅱ-15> 담보목적물의 평가

담보의 종류	평 가 기 준
1. 일정한 유가증권	담보로 제공하는 날의 전날을 평가기준일로 하여 상속세 및 증여세법 시행령을 준용하여 계산한 가액
2. 납세보증보험증권	보험금액
3. 납세보증서	보증금액
4. 토지, 건물, 공장재단, 광업재단, 선박, 항공기, 건설기계	① 토지·건물 : 상속세 및 증여세법상 보충적 평가방법 준용 ② 공장재단, 광업재단, 선박, 항공기, 건설기계 : 감정가액 또는 시가표준액

3. 담보의 제공방법

납세담보의 제공방법에 관한 국세기본법 제31조와 동시행령 제14조의 규정내용을 요약하면 다음과 같다.

<표 Ⅱ-16> 납세담보의 제공방법

종 류	제공(제출)방법	범 위
1. 금 전	공탁하고 공탁수령증 제출	110% 이상
2. 일정한 유가증권	① 등록된 유가증권 담보제공의 뜻을 등록하고 등록필증 제출 ② 미등록 유가증권 공탁하고 공탁수령증 제출	120% 이상
3. 납세보증보험증권	납세보증보험증권 제출	110% 이상
4. 납세보증서	보증서	120% 이상
5. 토지, 건물, 공장재단, 광업재단, 선박, 항공기, 건설기계	① 등기필증 또는 등록필증의 제시에 의한 저당권의 설정 ② 화재보험증권	120% 이상

● **참고** ●

1. 범위란 담보할 국세에 대한 제공된 담보가액의 비율을 말한다.
2. 공탁이란 금전, 유가증권, 기타의 물품을 공탁절차에 따라 공탁서를 작성하고 지정된 공탁소(대법원

장이 지정하는 은행 또는 창고업자)에 임치하는 것을 말하고(국기통 31-0…1), '담보제공의 뜻을 등록한다'함은 국채법 제5조(등록국채의 이전, 질권 설정과 담보충용)와 공사채등록법 제8조(등록공사채의 담보충용) 등의 규정에 의하여 등록하는 것을 말한다(국기통 31-0…2).

4. 담보의 변경 및 보충

담보제공자는 어떠한 사정의 변경이 있는 때에 이미 제공된 납세담보에 대하여 세무서장에게 그 변경을 요구할 수 있고 세무서장 또한 납세자에게 담보의 변경이나 보충을 요구할 수 있다.

(1) 담보제공자의 담보변경 요구(국기법 32 ①, 국기령 15)

납세담보를 제공한 사람은 세무서장에게 문서로써 담보의 변경을 요구할 수 있다. 이러한 변경요구를 받아들이는 것은 세무서장의 재량으로 판단하여 이를 승인함으로써 변경할 수 있다. 다만, 다음과 같은 사유로 요구한 때에는 세무서장은 이를 승인하여야 한다.

1) 보증인의 납세보증서에 갈음하여 다른 담보재산을 제공한 때

이 경우는 인적 신용담보를 물적 직접 담보로 바꿈으로써 담보효과가 더 충실하게 되는 것이 일반적이다.

2) 제공된 납세담보가 가격변동으로 과다하게 된 때

이는 물적 담보인 경우에 담보물의 가격이 현저히 상승하여 피담보세액과의 차이가 너무 크게 나타남으로써 생기는 담보제공자의 손실을 덜어 주기 위한 것이다.

3) 납세담보로 제공된 유가증권 중 상환기간이 정하여진 것이 그 상환시기에 이른 때

유가증권은 점유함으로써 물권변동을 일으키게 되므로 상환기에는 그 유가증권을 인도하고 상환을 받아야 하기 때문이다.

(2) 세무서장의 담보변경 또는 보충요구(국기법 32 ②, 국기령 15 ②, 국기통 32-0…1)

세무서장은 납세담보물의 가액이나 보증인의 자력이 감소된 경우 및 다음의 사유가 생김으로써 국세·가산금·체납처분비를 담보할 수 없다고 인정되면 담보제공자에 대하여 문서로써 담보물의 추가제공을 요구하거나 보증인의 변경을 요구할 수 있다.

① 담보로 제공된 후 그 담보물에 대하여 소유권의 귀속에 관한 소가 제기된 경우 등으로 담보로서의 효력에 영향이 있다고 인정된 때

② 담보물에 설정된 보험계약이 효력을 잃은 때

③ 담보로 제공된 후에 압류조세채권이 증가함으로써 그 담보물로서는 국세·가산금 및 체납처분비의 납부를 담보할 수 없다고 인정된 때

● 참고 ●

1. 위의 '납세담보의 변경요구'나 '납세담보 보충'의 요구는 모두 문서로 하여야 한다(국기령 15 ②).
2. 사실조사와 담보변경 요구 : 세무서장은 납세담보로 제공된 토지·건물·공장재단·광업재단·선박·항공기 또는 건설기계 등에 대하여 납세자가 제시한 등기필증 또는 등록필증과 사실의 부합여부를 조사하여 납세담보물이 다음에 해당하는 경우에 다른 담보를 제공하게 하여야 한다(국기령 14 ②).
   (1) 법령에 따라 담보제공이 금지 또는 제한된 때. 다만 주무관서의 허가를 받아 제공하는 경우는 제외한다.
   (2) 법령에 따라 사용·수익이 제한된 것으로 담보의 목적을 달성할 수 없다고 인정된 때
   (3) 위 '(1)' 및 '(2)' 이외에 담보의 목적을 달성할 수 없다고 인정된 때

5. 납세담보의 보험기간

납세보증보험증권으로 납세담보를 제공한 경우 그 보험기간은 납세담보를 필요로 하는 기간에 30일 이상을 더한 기간으로 하여야 하며, 납부기간이 정하여 지지 아니한 국세의 경우에는 국세청장이 정하는 기간으로 하여야 한다(국기령 14 ⑤).

6. 담보에 의한 납부와 징수(국기법 33)

(1) 담보에 의한 납부(국기령 16 ②)

납세담보제공자가 스스로 그 담보물을 직접 피담보 국세 등에 충당하고자 하는 뜻을 문서로 신청하면 그 신청한 금액에 상당하는 국세 등은 이를 납부한 것으로 본다. 따라서 담보에 의한 납부는 그 성질상 금전담보인 경우에 한하여 적용된다.

(2) 담보에 의한 징수(국기령 16 ②)

담보권자(세무서장)가 담보권에 의하여 담보물을 처분하거나 담보물상의 권리를 행사하여 피담보 국세 등에 충당하는 것을 말한다. 담보물에 따라서 다음과 같이 처리한다.

1) 금전담보

담보된 금전을 직접 국세 등에 충당한다.

2) 납세보증보험증권

세무서장이 보증보험회사에 대하여 직접 보험금액을 청구하여 국세 등에 충당한다.

3) 일정한 유가증권 · 토지 · 건물 · 공장재단 · 광업재단 · 선박 · 항공기 · 건설기계

담보물을 국세징수법이 정하는 공매절차에 의하여 공매한 대금을 국세 등에 충당한다. 만일 공매대금으로 국세 등에 충당하고 잔액이 있을 경우에는 국세징수법 제81조에서 정하는 배분방법에 따라 이를 배분하여야 한다.

● 참고 ●

'국세징수법이 정하는 공매절차에 의하여 매각한다'라고 함은 압류 등의 절차 없이 담보권의 행사로서 세무서장이 직접 매각하는 것을 말한다(국기통 33-16…1).

4) 납세보증서

납세보증인의 보증서를 담보로 제공한 경우에는 보증인에 대하여 국세징수법의 절차에 따라 징수한다. 즉, 납세보증인에게 납부를 고지하고 고지한 납부기간이 경과하면 독촉을 하고 압류를 하고 공매를 하여 그 공매대금으로 국세 등에 충당한다. 이 경우 또한 공매대금에 잔여가 생길 때에는 배분절차에 따라 배분하여야 한다.

7. 납세담보 잉여금에 대한 지급

납세담보를 환가한 금액이 징수할 국세 · 가산금과 체납처분비에 충당하고 잔여가 있는 때에는 국세징수법이 정하는 공매대금의 배분방법에 의하여 배분한 후 납세자에게 지급한다(국기령 16 ③).

8. 납세담보의 해제(국기법 34, 국기령 17)

세무서장은 납세담보의 제공을 받은 국세 · 가산금 · 체납처분비가 납부된 때에는 지체 없이 납세담보의 해제절차를 밟아야 한다. 납세담보의 해제는 문서로써 담보제공자에게 통지함으로써 이루어진다. 다만, 담보재산에 저당권등기를 한 때에는 이를 말소하여야 한다.

[별지 제11호 서식] (2004. 3. 11. 개정)

<table>
<tr><td colspan="8">납 세 보 증 서</td></tr>
<tr><td rowspan="2">납세보증인</td><td>① 성 명</td><td></td><td>② 주민등록 번 호</td><td colspan="2"></td><td>③ 생년월일</td><td></td></tr>
<tr><td>④ 주 소</td><td colspan="4"></td><td>⑤ 전화번호</td><td></td></tr>
<tr><td rowspan="2">납세자</td><td>⑥ 성 명</td><td></td><td>⑦ 주민등록 번 호</td><td colspan="2"></td><td>⑧ 사업자 등록번호</td><td></td></tr>
<tr><td>⑨ 주소또는영업소</td><td colspan="3"></td><td>⑩ 전화번호</td><td colspan="2"></td></tr>
<tr><td colspan="2">⑪ 보 증 한 총 금 액</td><td colspan="6"></td></tr>
<tr><td colspan="8">납세보증에 관련된 국세의 내용</td></tr>
<tr><td colspan="2">⑫ 세 목</td><td>⑬ 연도기분</td><td>⑭ 국 세</td><td>⑮ 가 산 금</td><td colspan="2">⑯ 체납처분비</td><td>⑰ 계</td></tr>
<tr><td colspan="2"></td><td></td><td></td><td></td><td colspan="2"></td><td></td></tr>
<tr><td colspan="2"></td><td></td><td></td><td></td><td colspan="2"></td><td></td></tr>
<tr><td colspan="2"></td><td></td><td></td><td></td><td colspan="2"></td><td></td></tr>
<tr><td colspan="8">위 납세자가 년 월 일까지 위 국세 등을 완납하지 아니할 때에는 본인 책임하에 납부할 것을 보증합니다.

년 월 일

납세보증인 (인)

세 무 서 장 귀하</td></tr>
<tr><td colspan="7">구비서류 : 납세보증인의 인감증명서</td><td>수수료
없 음</td></tr>
<tr><td colspan="8">※ 이 보증서는 국세기본법 제31조제2항의 규정에 의한 것입니다.</td></tr>
</table>

210㎜×297㎜(신문용지 54g/㎡(재활용품))

연습문제

[주관식 문제]

1. 납세담보에 대하여 설명하라.

2. 납세담보의 목적물에는 어떠한 것이 있는가?

3. 담보의 변경과 보충에 대하여 설명하라.

[객관식 문제]

1. 국세기본법상 납세담보에 관한 설명으로 옳은 것은?

① 한국거래소에 상장된 유가증권은 모두 납세담보로 제공할 수 있다.
② 상장법인의 보증사채 및 전환사채도 납세담보로 제공할 수 있다.
③ 보험에 가입하지 않은 건물이라 하더라도 납세담보로 제공할 수도 있다.
④ 국채 또는 지방채를 담보로 제공하는 경우는 담보할 국세의 110% 이상의 가액을 제공하여야 한다.
⑤ 등록된 자동차도 보험에 가입한 경우는 납세담보로 제공할 수 있다.

2. 다음 중 납세담보로 적합한 것은?

① 귀금속 등 환기성이 높은 동산
② 등기된 지상권
③ 법령에 의하여 사용·수익이 제한된 토지
④ 등록되고 자동차보험에 가입된 자동차
⑤ 세무서장이 확실하다고 인정하는 보증인의 납세보증서

3. 국세기본법상 납세담보에 관한 규정으로 옳은 것은?

① 납세담보물의 보충이나 보증인의 변경요구는 구술로 하여도 된다.
② 담보제공을 받은 국세가 납부된 때에는 세무서장은 30일 이내에 담보해제의 절차를 밟아야 한다.

정답	1. ② 2. ⑤ 3. ③

③ 담보제공을 받은 국세가 담보기간 내에 납부되지 않은 때에는 세무서장은 해당 담보로써 그 국세를 징수한다.
④ 담보제공한 토지로써 국세를 납부하고자 하는 자는 신청하여야 하며, 이 경우 신청한 금액에 상당하는 국세를 납부한 것으로 본다.
⑤ 법령에 의하여 담보제공이 금지된 토지·건물은 주무관서의 허가를 받은 경우라도 납세담보로써 제공할 수 없다.

4. 국세기본법상 납세담보에 관한 다음 설명 중 옳지 않은 것은?

① 납세보증서는 보증액의 범위 내에서 보증인의 자력을 참작하여 평가한다.
② 토지·건물 등을 납세담보로 제공하고자 하는 자는 그 등기필증 또는 등록필증을 세무서장에게 제시하여야 하며 세무서장은 이에 의하여 저당권 설정을 위한 등기 또는 등록의 절차를 밟아야 한다.
③ 세무서장은 납세자가 토지 등을 담보로 제공하고자 할 때는 제시된 등기필증 또는 등록필증과 사실의 부합여부를 조사하여 담보의 목적을 달성할 수 없다고 인정된 때에는 다른 담보를 제공하게 하여야 한다.
④ 납세담보를 제공하는 납세보증보험증권은 그 보험증권의 보험기간이 납세담보를 필요로 하는 기간에 30일 이상을 더한 것이어야 하나 국세의 납부기한이 정하여 지지 아니한 경우에는 국세청장이 정하는 기간에 의한다.
⑤ 보험에 든 건물 등을 납세담보로 제공하고자 하는 자는 그 화재보험증권을 제출하여야 하며, 보험기간은 납세담보를 필요로 하는 기간에 30일 이상을 더한 것으로 한다.

5. 국세기본법상 담보제공에 관한 규정으로 옳지 않은 것은?

① 납세담보로 금전을 제공한 자는 그 금전으로 국세를 납부할 수 있다.
② 건물 등이 화재보험에 가입되지 않은 경우에는 납세담보로 제공할 수 없다.
③ 세무서장은 법령에 의하여 사용·수익이 제한되거나 담보제공이 금지된 토지, 건물 등을 담보로 제공받아서는 안 된다.
④ 납세담보로 금전을 제공하고자 하는 자는 금전을 공탁하고 공탁수령증을 제출하여야 한다.
⑤ 금전으로 담보를 제공하는 경우에는 담보할 국세의 120% 이상의 가액에 상당하는 담보를 제공하여야 한다.

6. 다음 중 세법상 납세담보를 요구할 수 없는 경우는?

① 양도소득세를 분납하고자 할 때

정답	4. ① 5. ⑤ 6. ①

② 지정문화재에 대한 상속세의 징수유예를 할 때
③ 국세기본법에 의하여 천재·지변 등의 사유로 기한연장을 할 때
④ 과세유흥장소의 경영자에 대한 개별소비세 납세보전상 필요하다고 인정하는 때
⑤ 상속세 및 증여세를 연부연납할 때

7. 다음 중 납세담보로서 적당하지 않은 것은?

① 금전 ② 지방채
③ 납세보증보험증권 ④ 보험에 든 등기된 공장재단
⑤ 귀금속

8. 국세기본법상 납세담보가액의 평가방법으로 옳지 않은 것은?

① 토지 : 개별공시지가
② 납세보증서 : 보증금액
③ 납세보증보험증권 : 보험금액
④ 등록된 국채 : 담보제공일 전날의 상속세 및 증여세법의 규정을 준용하여 계산한 가액
⑤ 상장된 주식으로서 매매사실이 있는 것 : 담보제공일 전 1개월간의 증권거래소 최종거래가액의 평균액

9. 국세기본법상의 납세담보제공절차 중 완벽하지 않은 것은?

① 토지, 건물 등-저당권 설정을 위한 서류를 제시하고 세무서장은 저당권 설정
② 납세보증보험-보험증권 제출
③ 등록된 국채·지방채-담보제공의 뜻을 등록하고 등록확인증을 제출
④ 미등록유가증권-공탁수령증 제출
⑤ 금전-은행에 예입하고 통장을 제출

10. 다음 중 납세담보의 변경승인사유에 해당하지 않는 것은?

① 담보로 제공한 사채의 상환기가 도래한 때
② 담보로 제공한 국채의 상환기가 도래한 때
③ 제공한 납세담보가 가액의 변동으로 과다하게 된 때
④ 납세보증보험에 갈음하여 다른 담보재산을 제공한 때
⑤ 보증인의 납세보증서에 갈음하여 다른 담보재산을 제공한 때

정답	7. ⑤ 8. ⑤ 9. ⑤ 10. ④

제5장 국세와 일반채권과의 관계

제1절 국세의 우선권

1. 의 의

'국세의 우선권'이라 함은 납세자의 재산에서 국세채권과 공과금 및 기타 채권이 동시에 징수 또는 변제되는 경우에 국세채권이 공과금 및 기타 채권보다 우선 징수된다는 국세기본법상 인정된 특수한 우선변제권을 말한다.

즉, 국세는 국가존립의 경제적 기초이며, 국가의 활동에 필요한 비용으로서 공공성과 공익성을 가지므로 그 징수를 확보하기 위하여 납세자의 재산이 강제환가절차에 의하여 매각되는 경우에 특정한 경우를 제외하고는 그 매각대금 중에서 다른 공과금과 기타 채권에 우선하여 징수할 수 있는 법률상의 힘을 국세의 우선권이라 한다.

요컨대, 이러한 국세 우선권의 문제는 조세채권과 공과금채권 및 민사채권 등 세 가지 채권 상호간의 변제상의 순위조정을 둘러싸고 일어나는 문제로서, 특히 내국세채권이 공과금채권이나 민사채권에 대하여 우선순위를 보장하기 위한 제도이다. 여기에서는 이처럼 내국세채권이 국세기본법의 규정에 의하여 공과금채권과 민사채권보다 우선하여 확보될 수 있는 우선권을 논의하는 것이 주목적이 된다.

● 참고 ●

- 채권
  - 조세채권
    - 내국세채권
    - 관세채권
    - 지방세채권
  - 비조세채권
    - 공과금채권
    - 민사채권(사적 채권)

2. 국세우선의 원칙

국세·가산금·체납처분비는 다른 공과금과 그 밖의 채권에 우선하여 징수한다(국기법 35 ①). 이때 "우선하여 징수한다"라고 함은 납세자의 재산을 강제매각절차에 의하여 매각하거나 추심하는 경우에 그 매각대금 또는 추심금액 중에서 국세를 우선하여 징수하는 것을 말한다(국기통 35-0…1).

국세의 우선권은 징수상의 우선권이므로 조세의 부과에 관하여는 발동하지 아니한다. 그리고 강제매각 등에 의한 매각(추심)금액이 그 경합하는 모든 채권의 전액을 충당할 수 있을 때에는 작용하지 않는다. 이 경우에는 우선변제의 의미가 없기 때문이다. 또한 납세자가 임의로 다른 채무를 변제하여 버리는 때에는 우선권의 문제가 생기지 않는다.

즉, 변제가 있기 전에 당해 우선권의 발동을 위한 교부청구 등의 조치가 있어야만 국세의 우선권이 발동할 수 있는 법이다. 이는 국세의 우선권이 사전공시의 절차에 의하지 아니하는 일반적 우선권이기 때문이다.

3. 국세우선권에 대한 예외(국세채권과 일반채권간의 우선징수권 조정)

(1) 의 의

국세의 우선권은 결국 비조세채권에 대한 우선권이지만, 이를 절대적인 우선권으로 인정할 수는 없다. 그 이유로서는 첫째, 공통이익비용의 일반적 우선의 원칙을 선행시켜야만 형평에 맞기 때문이다. 여기에서 '공통이익비용'이라 함은, 예컨대 민사채권자가 강제집행의 일환으로서 압류를 집행할 때에 지출한 압류비용은 조세채권의 확보를 위하여 공통적인 이익을 가져오는 비용이기도 한다는 의미이다.

둘째, 민사채권에 관하여 거래의 안전을 도모할 필요가 있기 때문이다. 즉, 국세의 우선권을 절대적이고도 무제한적인 것으로 인정한다면 공과금채권자나 민사채권자는 조세채권 때문에 예측할 수 없는 손해를 입을 수 있기 때문이다.

(2) 실발생 직접경비의 우선

1) 선집행 지방세 · 공과금의 체납처분비의 우선

지방세 또는 공과금의 체납처분에 있어서 그 체납처분 금액 중에서 국세 · 가산금 또는 체납처분비를 징수하는 경우, 그 지방세 또는 공과금의 체납처분비는 국세 · 가산금과 체납처분비에 우선한다(국기법 35 ① 1호).

따라서 변제순서는 다음과 같다.

(제1순위) 지방세 또는 공과금의 체납처분비 (제2순위) 국세 · 가산금 · 체납처분비

● 참고 ●

선집행 지방세·공과금의 체납처분비는 공익비용이므로, 가산금은 선집행에 대한 보상차원에서 국세·가산금·체납처분비보다 우선권을 인정한다. 다만, 지방세와 공과금 또는 그 가산금 자체가 우선하는 것은 아니다. 공과금과 가산금은 국세 등에 우선하지 못하며, 지방세 자체는 국세와 동 순위이므로 압류선착수주의에 이하여 국세와 지방세 중 먼저 압류한 것이 후에 교부청구하는 것보다 우선하게 된다.

2) 공익비용의 우선

납세자의 재산에 대한 강제환가절차인 강제집행·경매 또는 파산절차에 의한 재산의 매각에 있어서 그 매각금액 중 국세·가산금과 체납처분비를 징수하는 경우, 그 강제집행·경매 또는 파산절차에 소요된 비용은 국세·가산금과 체납처분비에 우선한다(국기법 35 ① 2호). 이와 같은 이유는 강제집행 등에 소요된 비용이 채권자 공동의 이익을 위하여 소요된 것이므로 국세·가산금 또는 체납처분비에 우선하는 것이다. 따라서 변제순서는 다음과 같다.

(제1순위) 강제집행·경매 또는 파산절차에 소요된 비용 (제2순위) 국세·가산금·체납처분비

여기에서 강제집행·경매 또는 파산절차에 소요된 비용에는 다음에 게기하는 비용이 포함된다(국기통 35-0…2).

1) 강제집행의 경우 : 강제집행의 준비 비용인 집행문의 부여, 판결의 송달, 집행신청을 하기 위한 출석에 필요한 비용(재판 외의 비용에 한함) 등과 강제집행의 개시에 의하여 발생한 비용인 집달관의 수수료, 체당금, 감정비용, 담보공여의 비용, 압류재산의 보존비용 등에서 채무자가 부담하여야 할 비용
2) 민사소송법에 의한 경매절차의 경우 : 전호에 준하는 비용
3) 파산절차의 경우 : 채무자 회생 및 파산에 관한 법률에 규정한 관리, 환가 및 배당에 관한 비용, 동법의 규정에 의거 파산관재인이 파산재단을 위한 강제집행 등의 절차를 속행하는 경우의 비용 등

● 참고 ●

1. 국세징수법 제4조에 의하면 국세, 가산금, 체납처분비의 징수순위는 체납처분비 → 국세 → 가산금의 순으로 징수한다고 규정하고 있다. 따라서, 강제집행 등에 의한 재산의 매각에 있어서 우선 순위는 강제집행에 소요된 비용 → 체납처분비 → 국세 → 가산금의 순으로 한다.
2. 국세의 체납처분비는 해당 국세의 가산금과 국세에 우선하며, 직접경비와 공익비용 우선의 경우를 제외하고는 이하 (3), (4), (5), (6)의 경우에도 항상 우선하여 징수된다.

(3) 저당권 등에 의한 피담보채권의 우선

국세의 법정기일 전에 전세권·질권 또는 저당권의 설정을 등기 또는 등록한 사실이 증명되는 재산의 매각에 있어서 그 매각대금 중에서 국세 또는 가산금을 징수하는 경우에는 그 전세권·질권·저당권에 의하여 담보된 채권이 국세와 가산금에 우선한다. (국기법 35 ① 3호). 여기서 "그 재산에 대하여 부가된 국세"란 상속세·증여세 및 종합부동산세를 말한다. 이 규정은 국세우선과 담보권자보호라는 상호 충돌되는 두 개념의 조화를 모색한 규정으로, 담보권이 법정기일 전에 설정된 경우에는 담보권자보호를, 그 후에 설정된 경우에는 국세우선을 따르도록 한 것이다.

참고

1. 전세권이라 함은 전세금을 지급하고 타인의 부동산을 점유하여 그 부동산의 용도에 좇아 사용·수익하는 것을 내용으로 하는 권리로서 등기된 것을 말한다(국기통 35-0…4).
2. 질권에는 납세자에 대한 채권으로 납세자의 재산에 질권을 설정하고 있는 경우와 납세자 이외의 자에 대한 채권으로 납세자의 재산에 질권을 설정하고 있는 경우(납세자가 물상보증인이 되고 있는 경우 등)를 포함한다(국기통 35-0…6).
3. 저당권이라 함은 채무자 또는 제3자(물상보증인)가 채무의 담보로 제공한 부동산 기타의 목적물을 채권자가 인도받지 아니하고 담보제공자의 사용·수익에 맡겨두면서 변제가 없을 때에 그 목적물로부터 우선변제를 받는 것을 목적으로 하는 담보물권을 말하며 저당권에는 민법 제357조의 근저당을 포함한다(국기통 35-0…9).
4. 저당권의 설정을 등기한 사실에는 납세자에 대한 채권의 담보로서 납세자의 재산상에 저당권을 설정하는 경우와 납세자 이외의 자에 대한 채권의 담보로서 납세자의 재산상에 저당권을 설정하는 경우(납세자가 물상보증인인 경우)를 포함한다(국기통 35-0…10).
5. 국세에 우선하는 채권액은 저당권이 설정된 재산의 가액을 한도로 하며 그 매각대금에는 부합물, 종물, 과실 등 저당권의 효력이 미치는 것의 매각대금을 포함한다(국기통 35-0…11).
6. 저당권에 의하여 담보되는 채권액의 범위에는 채권의 원금, 이자, 위약금, 채무불이행으로 인한 손해배상 및 저당권실행비용을 포함하되 등기된 채권최고액의 범위 이내에 한한다(국기통 35-0…12).

이 경우 담보채권과 국세채권의 우선 여부를 판정하는 기준이 되는 법정기일은 다음과 같다.

① 과세표준과 세액의 신고에 의하여 납세의무가 확정되는 국세(중간예납하는 법인세와 예정신고 납부하는 부가가치세를 포함한다)에 있어서 신고한 당해 세액 : 그 신고일

② 과세표준과 세액을 정부가 결정·경정 또는 수시부과 결정하는 경우에 고지한 당해 세액(①의 신고납세제도를 채택하고 있는 국세로서 무신고·과소신고한 세액 포함) : 그 납세고지서의 발송일

③ 원천징수의무자 또는 납세조합으로부터 징수하는 국세와 인지세 : '①과 ②'의

규정에 불구하고 그 납세의무의 확정일

④ 제2차 납세의무자(보증인을 포함한다)의 재산에서 국세를 징수하는 경우 : 납부통지서의 발송일

⑤ 양도담보재산에서 국세를 징수하는 경우 : 납부통지서의 발송일

⑥ 국세징수법의 규정에 의하여 납세자의 재산을 압류한 경우에 그 압류와 관련하여 확정된 세액 : 위 '① 내지 ⑤'의 규정에 불구하고 그 압류등기일 또는 등록일

담보채권과 국세채권의 변제순서는 다음과 같다.

(제1순위) 국세의 체납처분비
(제2순위) 그 재산에 대하여 부과된 국세·가산금
(제3순위) 국세의 법정기일 전에 전세권·질권 또는 저당권의 설정을 등기·등록한 채권
(제4순위) 국세·가산금
(제5순위) 국세의 법정기일 후에 전세권·질권 또는 저당권의 설정을 등기·등록한 채권

1) 전세권·질권·저당권의 설정을 등기·등록한 사실의 증명

전세권 등의 설정사실의 증명은 다음의 서류에 의하여야 한다(국기령 18 ②).

① 부동산 등기부등본

② 공증인의 증명

③ 질권에 대한 증명으로 세무서장이 인정하는 것

④ 공문서 또는 금융회사의 장부상 증명으로서 세무서장이 인정하는 것

2) 재산에 대하여 부과된 국세 및 가산금

재산에 대하여 부과된 국세 및 가산금은 상속세와 증여세 및 종합부동산세로 한다(국기법 35 ① 3호).

따라서 상속세·증여세·종합부동산세는 전세권·질권·저당권의 설정일자에 관계없이 동 전세권 등에 의하여 담보된 채권에 항상 우선한다(국기통 35-18…1).

3) 짜고 거짓으로 설정한 담보권설정계약 취소

세무서장은 납세자가 제3자와 짜고 거짓으로 그 재산에 전세권·질권 또는 저당권의 설정계약, 가등기설정계약 또는 양도담보설정계약을 하고 그 등기 또는 등록을 함으로써 당해 재산의 매각대금으로 국세 또는 가산금을 징수하기가 곤란하다고 인정하는 때에는 그 행위의 취소를 법원에 청구할 수 있다(국기법 35 ④).

이 경우 납세자가 국세의 법정기일 전 1년 내에 친족 기타 특수관계인과 전세권·질권 또는 저당권의 설정계약, 가등기설정계약 또는 양도담보설정계약을 한 경우에는 짜고 한 거짓계약으로 추정한다(국기법 35 ①). 여기에서 친족 기타 특수관계인의 범위에 관하여는 국세기본법 제20조의 규정을 준용한다(국기법 35 ④).

(4) 주택임대차보호법 또는 상가건물임대차보호법상의 소액보증금의 우선

주택임대차보호법 제8조 또는 상가건물임대차보호법 제14조가 적용되는 임대차 관계에 있는 주택 또는 건물을 매각함에 있어서 그 매각금액 중에서 국세 또는 가산금을 징수하는 경우에는 그 임차인의 보증금 중 일정액인 소액(상가)임차보증금은 국세·가산금에 우선한다(국기법 35 ①의 4호). 다만, 이 경우에도 체납처분비에는 우선하지 아니한다. 따라서 변제순서는 다음과 같다.

(제1순위) 국세의 체납처분비 (제2순위) 소액(상가)임차보증금에 관한 채권 (제3순위) 국세·가산금

참고

1. 취지 : 주택임대차보호법 및 상가건물임대차보호법은 주택 또는 건물임차인의 주거생활 또는 영업활동의 안정을 도모하기 위하여 임차인의 소액보증금 중 일정액은 다른 담보물권자보다 우선하여 변제받을 수 있도록 규정하고 있다. 국세기본법도 같은 취지에서 소액임차보증금에 대한 일정액에 대해서 국세·가산금보다 우선권을 인정하고 있다.
2. 소액임차보증금과 우선변제되는 일정액의 범위(주택임대차보호법 8)
   1) 우선변제를 받을 수 있는 소액임차보증금이란 수도권정비계획법에 의한 서울특별시와 수도권 중 과밀억제권역은 6,000만원 이하, 광역시 지역(군지역과 인천광역시 지역 제외)에서는 5,000만원 이하, 기타의 지역에서는 4,000만원 이하인 보증금으로 한다.
   2) 우선변제를 받을 수 있는 금액은 수도권정비계획법에 의한 서울특별시와 수도권 중 과밀억제권역의 소액임차보증금 중 2,000만원까지, 광역시 지역(군지역과 인천광역시 지역 제외)의 소액임차보증금 중 1,700만원까지, 기타 지역의 소액임차보증금 중 1,400만원까지로 한다.
3. 소액상가임차보증금과 우선변제되는 일정액의 범위(상가건물임대차보호법 14)
   1) 우선변제를 받을 수 있는 소액상가임차보증금이란 서울특별시는 보증금과 월차임을 보증금으로 환산한 금액의 합계액이 4,500만원 이하, 수도권정비계획법에 의한 수도권 중 과밀억제권역(서울특별시 제외)은 3,900만원 이하, 광역시 지역(군지역과 인천광역시 지역 제외)은 3,000만원 이하, 기타의 지역은 2,500만원 이하를 말한다.
   2) 우선변제를 받을 수 있는 금액은 서울특별시의 소액상가임차보증금 중 1,350만원까지, 수도권정비계획법에 의한 수도권 중 과밀억제권역(서울특별시 제외)은 1,170만원까지, 광역시 지역(군지역과 인천광역시 지역 제외)은 900만원까지, 기타 지역은 750만원까지로 한다.

(5) 근로관계채권의 우선

사용자의 재산을 매각하거나 추심함에 있어서 그 매각금액 또는 추심금액 중에서 국세 또는 가산금을 징수하는 경우에 근로기준법 또는 근로자퇴직급여보장법의 규정에 따라 국세 또는 가산금에 우선하여 변제되는 임금·퇴직금·재해보상금·기타 근로관계로 인한 채권은 국세 또는 가산금에 우선한다(국기법 35 ① 5호).

참고

임금채권의 우선은 근로기준법의 규정에 따르고 있는데 근로기준법의 내용은 다음과 같다(근로기준법 38).

1) 최종 3월분 임금·최종 3년간의 퇴직금·재해보상금 : 질권 또는 저당권에 의하여 담보된 채권, 조세·공과금 및 다른 채권에 우선하여 변제되어야 한다.
2) 일반임금채권 : 조세·공과금 및 다른 채권에 우선하여 변제되어야 한다. 다만, 질권 또는 저당권에 의하여 담보된 채권이 있는 경우에는 담보채권과 담보채권에 우선하는 조세·공과금에는 우선하지 못한다.

최종 3월분 임금 등은 공익비용을 제외한 모든 채권(국세·가산금 포함)에 우선하며 소액임차보증금과는 같은 배분순위를 갖는다.

일반임금채권은 질권·저당권에 의한 담보채권이 없는 경우에는 모든 채권(국세·가산금 포함)에 우선한다. 반면, 질권·저당권에 의한 담보채권이 있는 경우 일반임금채권은 '당해 담보채권과 동 담보채권에 우선하는 국세·가산금'에는 우선하지 못하며 '담보채권에 우선하지 아니하는 국세·가산금과 일반채권'에만 우선한다.

1) 우선배당순위

임차인의 소액(상가)임차보증금, 임금채권과 국세 등 다른 채권의 우선순위는 다음 표와 같다(국기통 35-0…16).

<표 Ⅱ-17> 국세채권과 기타채권의 우선순위 요약

사 례	우 선 순 위
〈사례 1〉 기본순위 : 압류재산에 질권·저당권에 의한 담보채권이 없는 경우	① 체납처분비 ② 소액(상가)임차보증금·최종 3월분의 임금 등 ③ 일반임금채권 ④ 국세·가산금 ⑤ 일반채권
〈사례 2〉 압류재산에 국세의 법정기일 전에 설정된 질권·저당권에 의한 담보채권이 있는 경우	① 체납처분비 ② 소액(상가)임차보증금·최종 3월분의 임금 등 ③ 담보채권에 우선하는 국세·가산금

	④ 질권 등에 의한 담보채권 ⑤ 일반임금채권 ⑥ 담보채권에 우선하지 아니하는 국세·가산금 ⑦ 일반채권
〈사례 3〉 압류재산에 법정기일 후에 설정된 질권·저당권에 의한 담보채권이 있는 경우	① 체납처분비 ② 소액(상가)임차보증금·최종 3월분의 임금 등 ③ 국세·가산금 ④ 질권 등에 의한 담보채권 ⑤ 일반임금채권 ⑥ 일반채권

* "담보채권에 우선하는 국세·가산금"이란 ㉠ 당해 재산에 대하여 부과된 국세·가산금, ㉡ 국세의 법정기일이 담보설정일보다 빠른 경우의 당해 국세·가산금을 말한다.
* 일반임금채권은 질권·저당권의 설정시기와 관계없이 질권·저당권에 의하여 담보된 채권보다는 항상 우선하지 못한다는 사실을 기억하면 위의 순서는 쉽게 정리할 수 있다.

2) 관계재산의 압류통지

세무서장은 국세에 우선하는 근로관계채권과 관계있는 재산을 압류한 때에는 당해 채권자에게 그 압류사실을 통지하여야 한다(국기령 18 ③). 다만, 근로관계채권자가 다수인 경우에는 세무서장이 선정하는 대표자에게 통지할 수 있으며 통지를 받은 대표자는 공고 또는 게시의 방법으로 그 사실을 당해 채권자에게 알려야 하며, 압류사실의 통지를 받지 못한 경우에도 우선채권임이 확인되는 경우에는 국세보다 우선 변제된다.

(6) 대물변제의 예약으로 가등기되어 보호된 채권의 우선

납세의무자를 등기의무자로 하고, 채무의 불이행을 정지조건으로 하는 대물변제의 예약에 의하여 권리이전 청구권의 보전을 위한 가등기, 그 밖에 이와 유사한 담보의 목적으로 가등기(가등록 포함) 되어 있는 재산을 알류하는 경우에 그 가등기에 따른 본등기가가 압류 후에 행하여진 때에는 그 가등기의 권리자는 그 재산의 체납처분에 대하여 그 가등기에 따른 권리를 주장할 수 없다. 다만, 국세·가산금의 법정기일 전에 가등기된 재산에 대하여는 가등기에 따른 권리를 주장할 수 있으나, 이 경우에도 가등기된 재산에 대하여 부과된 국세(상속세와 증여세 및 종합부동산세)·가산금은 가등기 성정일자와 관계없이 가등기에 의하여 담보된 채권에 항상 우선한다(국기법 35 ②).

참고

1. 취지 : 이는 담보목적가등기를 저당권 등과 동일하게 처리하고자 하는 것이다. 즉 ① 국세의 법정기일 전에 가등기된 경우에는 순위보전효력이 인정되며 국가는 채권자의 소유가 된 당해 재산으로부터 국세를 징수할 수 없다. 이는 법정기일 전에 저당권 등이 설정된 담보채권이 국세 등 보다 우선하는 것과 동일한 결과이다. ② 국세의 법정기일 후에 가등기된 경우에는 순위 보전효력이 인정되지 아니하므로 국가는 채권자의 소유가 된 당해 재산으로부터 국세를 징수할 수 있다. 이는 법정기일 후에 저당권 등이 설정된 담보채권이 국세 등 보다 우선하지 못하는 것과 동일한 결과이다. ③ 당해 재산에 대하여 부과된 국세·가산금에 대해서는 가등기 설정일자에 관계없이 순위보전효력이 인정되지 아니하므로 국가는 당해 재산으로부터 국세를 징수할 수 있다. 이는 당해 재산에 대하여 부과된 국세·가산금이 담보채권보다 항상 우선하는 것과 같다.
2. 정지조건부 대물변제의 예약이라 함은 소비대차의 당사자간에서 채무자가 기한 내에 변제를 하지 않으면 채권담보의 목적물의 소유권이 당연히 채권자에게 이전된다고 미리 약정하는 것을 말한다(국기통 35-0…17).
3. 가등기, 가등록이라 함은 본등기 또는 본등록을 할 수 있는 형식적 또는 실질적 요건을 완비하지 못한 경우에 장래의 본등기 또는 본등록의 순위보존을 위하여 하는 등기·등록을 말하며 가등기, 가등록에 기한 본등기·본등록의 순위는 가등기·가등록의 순위에 의한다(국기통 35-0…18).

<표 Ⅱ-4> 가등기 담보채권 우선순위

<사례>

A : 법정기일 후 가등기의 경우 : 가등기에 기한 권리를 주장할 수 없다.

국세 법정기일 → 가등기 → 압 류 → 본등기 ▶ 기간

B : 법정기일 전 가등기의 경우 : 가등기 권리가 우선

가등기 → 국세 법정기일 → 압 류 → 본등기 ▶ 기간

C : 가등기된 재산에 부과된 국세(상속세, 증여세, 종합부동산세)와 가산금 : 가등기 설정일자에 관계없이 항상 가등기 담보채권보다 우선한다.

가등기 → 국세 법정기일 → 상속세 등 항상 우선 → 본등기 ▶ 기간

<표 Ⅱ-18> 국세의 우선권 요약

원칙적인 경우	예 외 적 인 경 우
■ 국세·가산금 또는 체납처분비는 원칙적으로 다른 공과금 기타의 채권에 우선한다.	·선집행 지방세 또는 공과금 등의 체납처분비의 우선 ·강제집행 등 공익비용의 우선 ·저당권 등에 의한 피담보채권의 우선 ·주택 또는 상가건물임대차보호법상 소액(상가)임차보증금의 우선 ·임금채권의 우선 ·대물변제의 예약으로 가등기된 담보채권의 우선

| 예제 1 | 국세채권과 일반채권의 우선관계

사업을 영위하는 L씨가 소득세를 체납하여 그가 소유하는 토지를 압류하여 매각하였다. 그 매각대금이 150,000,000원이고, L씨에 대한 채권의 내역이 다음과 같을 때 매각대금은 어떻게 배분되는가?

1. 소득세 등(신고일 : 2012. 4. 6)
   (1) 소득세 55,000,000원
   (2) 소득세에 대한 가산금 15,000,000원
   (3) 체납처분비 5,000,000원
2. 당해 토지에 설정된 저당권에 의해 담보되는 채권(저당권 설정일 : 2012. 5. 7) 30,000,000원
3. L씨의 사업체에 종사하는 근로자들의 임금채권
   (1) 최종 3월분 임금과 퇴직금 20,000,000원
   (2) 기타의 임금채권 30,000,000원
4. 기타의 채권 20,000,000원

해답

(1) 체납처분비	5,000,000원
(2) 최종 3월분 임금과 퇴직금	20,000,000원
(3) 소득세와 그 가산금(법정기일 : 4. 6)	70,000,000원
(4) 저당권에 의한 피담보채권(저당권 설정일 : 5. 7)	30,000,000원
(5) 기타의 임금채권	25,000,000원
(6) 기타의 채권	–
합 계	150,000,000원

제2절 조세채권간의 우선징수권 조정

1. 의 의

내국세 징수의 우선권은 관세채권이나 지방세채권에 대한 우선권이 아니므로 무조건적으로 내국세에 징수상의 우선권을 부여할 수 없다. 그러므로 일정한 원칙에 입각하여 이들 조세채권 상호간의 징수순위를 조정할 필요가 있다. 그리고 내국세채권 서로간에도 징수상의 순위조정이 필요하다.

이와 같은 조정의 내용은 내국세와 관세 사이의 조정과 내국세끼리의 조정 및 내국세와 지방세 사이의 조정으로 나누어 볼 수 있다.

2. 내국세와 관세간의 조정

관세법은 관세를 납부하여야 할 물품에 대하여는 '관세최우선의 원칙'을 규정하고 있다(관세법 20 ①). 그러므로 이 경우에 관세는 다른 조세(당해 물품과 직결되지 않는 관세와 내국세 및 지방세를 포함하는 의미)와 공과금 및 민사채권에 대하여 징수상의 우선권을 누리게 된다. 이는 관할세관장의 체납처분절차에 의하거나 교부청구나 참가압류의 절차에 의하여 실현될 수 있다. 그러나 체납처분의 대상이 당해 관세를 납부하여야 할 물품이 아닌 재산인 때에는 관세징수의 순위는 내국세와 같은 순위로 한다. 그러므로 이 경우에는 내국세의 일종인 것으로 간주하면 된다.

3. 국세상호간 및 국세와 지방세 상호간의 조정

(1) 압류에 의한 우선

국세의 체납처분에 의하여 납세자의 재산을 압류한 경우에 다른 국세, 가산금, 체납처분비 또는 지방세의 교부청구가 있은 때에는 압류에 관계되는 국세, 가산금 또는 체납처분비는 교부청구한 다른 국세·가산금·체납처분비와 지방세에 우선하여 징수한다(국기법 36 ①).

지방세의 체납처분에 의하여 납세자의 재산을 압류한 경우에 국세·가산금 또는 체납처분비의 교부청구를 한 때에는 교부청구한 국세·가산금과 체납처분비는 압류에 관계되는 지방세의 다음 순위로 징수한다(국기법 36 ②).

이와 같이 국세상호간 또는 국세와 지방세 상호간에는 기본적으로 우열은 없고 동순위로 징수하는 것이 원칙인 것이나 구체적인 행정운영의 원활을 기하기 위하여 압류의 유무, 선후에 의하여 그 순위를 조정하고 있다. 즉 납세자의 재산에 대하여 국세의 체납처분으로 먼저 압류를 한 경우에는 교부청구가 있는 다른 국세채권 또는 지방세에 대하여 압류에 관계된 국세채권이 우선하며, 반대로 지방세의 체납처분으로 먼저 압류를 한 경우에는 교부청구가 있는 국세채권에 대하여 압류에 관계된 지방세가 우선한다.

이와 같이 압류에 대하여 일종의 우선권을 부여하고 있는 것을 압류선착수주의라 한다. 이 압류선착수주의는 징수권행사에 적극성을 가지는 쪽에 우선권을 주려는 취지에 따른 것이다.

(2) 담보있는 국세의 우선

납세담보물을 매각한 때에는 그 국세·가산금 또는 체납처분비는 매각대금 중에서 다른 국세·가산금 체납처분비와 지방세에 우선하여 징수한다(국기법 37). 즉 납세담보로 제공된 납세자의 재산을 압류하여 환가한 때에는 압류선착수주의에 불구하고 담보된 국세·가산금 또는 체납처분비는 매각대금 중에서 다른 국세·가산금·체납처분비와 지방세에 우선하여 징수되며, 이는 압류선착수주의의 효력보다 납세담보의 효력을 우선시킨 제도이다.

<표 Ⅱ-19> 조세채권 상호간의 징수 우선순위

유형	우선순위	근거법령
① 담보 있는 조세와 담보 있는 조세	기담보설정된 조세가 우선	
② 담보 있는 조세와 담보 없는 조세	전자가 우선	
③ 담보 없는 조세와 담보 없는 조세	동순위	
④ 담보 있는 조세와 압류 있는 조세	전자가 우선	국세기본법 37조
⑤ 압류 있는 조세와 압류 없는 조세	〃	
⑥ 압류 있는 조세와 교부청구 있는 조세	〃	국세기본법 36조
⑦ 담보·압류가 있는 국세와 담보·압류가 있는 지방세	동순위	

연습문제

[주관식 문제]

1. 국세기본법상의 국세우선권에 대하여 설명하라.
2. 저당권 등에 의하여 담보된 채권과 국세의 우선순위에 대하여 약술하라.
3. 가등기되어 있는 채권과 국세의 우선순위에 대하여 약술하라.
4. 국세기본법상 짜고 거짓으로 설정한 담보권계약 등의 취소제도에 대하여 설명하라.
5. 조세채권상호간의 우선순위를 설명하라.

[객관식 문제]

1. 국세의 우선권이라 함은 국세·가산금·체납처분비 등의 국세채권이 공과금이나 그 밖의 다른 채권보다 징수에 있어서 우선권을 부여받는 것을 말한다. 다음 중 예외적인 사항에 해당되지 아니하는 것은?

   ① 지방세, 공과금의 체납처분에 있어 그 체납금액 중에서 국세·가산금·체납처분비를 징수하는 경우에 그 지방세 또는 공과금의 체납처분비는 국세에 우선한다.
   ② 강제집행, 경매 또는 파산절차에 소요되는 비용은 국세에 우선한다.
   ③ 법정기일 전에 전세권, 질권 또는 저당권의 설정을 등기 또는 등록한 사실이 증명되는 재산의 매각시 전세권, 질권 또는 저당권에 의하여 담보된 채권은 모든 국세에 우선한다.
   ④ 소액임차보증금인 경우
   ⑤ 근로관계로 인한 임금·퇴직금 등은 국세에 우선한다.

2. 국세에 대한 우선권을 가진 채권자가 소유하는 질권·전세권 또는 저당권에 대한 압류통지를 받았을 때 그 우선권을 행사하기 위한 증명(국기령 18 ②)으로서 가장 불완전한 것은?

   ① 질권에 대한 증명으로 세무서장이 인정하는 것
   ② 부동산등기부등본
   ③ 공증인의 증명

정답	1. ③ 2. ⑤

④ 금융회사의 장부상 증명으로서 세무서장이 인정하는 것
⑤ 공부상의 증명

3. 국세기본법상 국세보다 우선하여 징수되는 공과금 그 밖의 채권에 대한 설명 중 잘못된 것은?

① 법정기일 전에 전세권·질권이 설정되어 있는 재산에 대하여 부과된 상속세
② 강제집행, 경매 또는 파산절차에 의한 재산의 매각에 있어서 그 매각금액 중에서 국세·가산금 또는 체납처분비를 징수하는 경우의 그 강제집행·경매 또는 파산절차에 소요된 비용
③ 지방세 또는 공과금의 체납처분에 있어서 그 체납처분금액 중에서 국세·가산금 또는 체납처분비를 징수하는 경우에 그 지방세 또는 공과금의 체납처분비
④ 주택임대차보호법이 적용되는 임대차관계에 있는 주택을 매각함에 있어서 그 임차인의 소액보증금에 관한 채권
⑤ 사용자의 재산을 매각하거나 추심함에 있어서 그 매각금액 또는 추심금액 중에서 국세 또는 가산금을 징수하는 경우에 근로기준법 제38조 또는 근로자퇴직급여보장법 제11조에 의하여 국세 또는 가산금에 우선하여 변제되는 임금, 퇴직금, 재해보상금, 그 밖의 근로관계로 인한 채권

4. 국세우선권의 제한에 관한 다음 설명 중 틀리는 것은?

① 국세우선의 원칙은 채권자 공동의 이익을 위하여 소요된 비용에 대하여 제한을 받는다.
② 담보의 목적으로 가등기 되어 있는 재산을 압류한 경우에 가등기에 기한 본등기가 국세의 법정기일 후에 행해진 때에는 국세우선의 원칙이 적용되지 않는다.
③ 사용자의 재산을 매각하거나 추심함에 있어서 그 매각금액 또는 추심금액 중에서 국세 또는 가산금을 징수하는 경우에 근로기준법 제38조 또는 근로자퇴직급여보장법 제11조에 의하여 국세 또는 가산금에 우선하여 변제되는 임금, 퇴직금, 재해보상금, 그 밖의 근로관계로 인한 채권이 국세 또는 가산금에 우선한다.
④ 국세의 법정기일로부터 1년 전에 설정된 전세권이 있는 재산을 매각하는 경우에도 그 재산에 부과된 국세·가산금과 체납처분비는 전세권에 의하여 담보된 채권에 우선한다.
⑤ 국세의 체납처분에 의하여 체납자의 재산을 압류한 경우에 압류에 관계되는 국세·가산금 또는 체납처분비는 교부청구한 국세·가산금 또는 체납처분비에 우선한다.

5. 국세기본법상 국세의 우선권에 대한 내용 중 잘못된 것은?

① 국세의 우선권에 관한 국세기본법상의 규정은 세법에 특별한 규정을 두고 있을지라도 해당 세법에 우선하여 적용된다.

정답	3. ① 4. ② 5. ⑤

② 당해 재산에 대하여 부과된 상속세·증여세는 전세권·질권 또는 저당권과 가등기의 설정시기에 불구하고 항상 우선한다.
③ 국세의 법정기일 후에 가등기한 재산을 압류하는 경우에는 가등기에 기한 권리를 주장할 수 없다.
④ 근로기준법에서 규정한 임금·퇴직금·재해보상금 그 밖의 근로관계로 인한 채권은 국세 또는 가산금에 우선한다.
⑤ 지방세 또는 공과금의 체납으로 인하여 체납처분한 경우에 그 지방세 또는 공과금의 가산금과 체납처분비는 국세우선권의 제한을 받지 않는다.

6. 국세의 우선권이 미치지 않는 공과금 기타 채권은?

① 지방세의 체납처분에 있어서 그 체납처분금액 중에서 국세·가산금 또는 체납처분비를 징수하는 경우의 당해 지방세의 가산금
② 공과금의 체납처분에 있어서 그 체납처분금액 중에서 국세·가산금 또는 체납처분비를 징수하는 경우의 당해 공과금
③ 인지세의 납세의무확정일 후에 설정된 질권에 의하여 담보된 채권
④ 강제집행에 의한 재산의 매각에 있어서 그 매각금액 중에서 국세·가산금 또는 체납처분비를 징수하는 경우의 경매비용
⑤ 증여세의 납세고지서 발송일로부터 1년 전에 친족과 설정한 등기된 전세권의 목적이 되는 재산의 매각에 있어서 전세금반환청구권

7. 국세의 우선권에 대한 다음 설명 중 틀린 것은?

① 지방세의 체납처분에 의하여 납세자의 재산을 압류한 경우에 교부청구한 국세·가산금과 체납처분비는 압류에 관계되는 지방세의 다음 순위로 징수한다.
② 국세·가산금 또는 체납처분비는 다른 공과금 기타 채권에 우선하여 징수함이 원칙이다.
③ 저당권의 설정등기가 법인세의 신고일로부터 6월 전에 설정된 경우 저당권에 의하여 담보된 채권은 국세와 가산금에 우선하지 아니한다.
④ 주택임대차보호법이 적용되는 임대차관계에 있는 주택을 매각함에 있어서 그 매각금액 중에서 국세와 가산금을 징수하는 경우에는 그 임차인의 소액보증금에 관한 채권 중 우선 변제받을 수 있는 금액은 국세와 가산금에 우선한다.
⑤ 파산절차에 의한 재산의 매각에 있어서 그 매각금액 중에서 국세·가산금 또는 체납처분비를 징수하는 경우에 파산절차에 소요된 비용은 국세·가산금 또는 체납처분비에 우선한다.

정답	6. ④ 7. ③

8. 다음 국세우선권에 관한 설명 중 틀린 것은?

① 선집행 지방세 또는 공과금의 체납처분비는 국세에 우선한다.
② 조세채권 상호간에는 별도로 우선순위에 관한 규정이 있다.
③ 국세와 지방세 사이에는 압류우선주의가 적용된다.
④ 법정기일 전에 담보의 목적이 된 양도담보재산에 대하여도 납세자의 국세, 가산금과 체납처분비를 징수할 수 있다.
⑤ 서울특별시의 경우 2,000만원 이하의 주택임차보증금은 국세우선권의 예외가 인정된다.

9. 다음 자료에 의하여 국세·가산금 또는 체납처분비를 징수하는 경우 그 변제 순서는?

① 체납처분에 관계된 지방세의 체납처분비 ② 교부청구한 국세, 가산금, 체납처분비 ③ 담보된 국세, 가산금, 체납처분비

① 1→2→3 ② 1→3→2
③ 2→1→3 ④ 3→2→1
⑤ 3→1→2

10. 국세의 우선권에 대한 설명 중 잘못된 것은?

① 지방세에 대하여 국세우선권이 항상 성립하는 것은 아니다.
② 강제집행·경매·파산절차에 의한 재산의 매각에 있어서 그 매각금액 중에서 국세를 징수하는 경우에 그 강제집행, 경매 또는 파산절차에 소요되는 비용은 국세에 우선한다.
③ 주택임대차보호법 제8조가 적용되는 임대차관계에 있는 주택을 매각함에 있어서 그 매각금액 중에서 국세 또는 가산금을 징수하는 경우 임대차에 관한 보증금 중 일정액으로서 동조의 규정에 의하여 임차인이 우선하여 변제받을 수 있는 금액에 관한 채권은 국세 또는 가산금에 우선한다.
④ 공과금의 체납처분에 있어서 그 체납처분액 중 국세를 징수하는 경우에 체납처분비는 국세에 우선한다.
⑤ 가등기되어 있는 재산을 압류하는 경우 본등기가 압류 후 행해진 때에는 그 가등기권리자는 그 재산에 대한 체납처분에 대해 그 가등기에 대한 권리를 주장할 수 없다.

11. 다음과 같이 국세채권과 기타채권이 경합되는 경우 그 변제순서는?

① 체납처분에 관계된 소득세 ② 체납처분에 관계된 소득세에 대한 가산금

정답	8. ④ 9. ② 10. ⑤ 11. ④

③ 체납처분비
④ 소득세 신고일 전에 설정된 저당권에 의하여 담보된 채권
⑤ 주택임대차보호법에 의한 소액보증금 중 우선 변제받을 수 있는 금액

① 1→2→3→4→5
② 5→4→3→2→1
③ 4→3→5→1→2
④ 3→5→4→1→2
⑤ 3→4→5→1→2

12. 국세채권과 저당권 등에 의하여 담보된 채권간의 우선여부를 판정하는 법정기일로 옳지 않은 것은?

① 물적 납세의무자의 양도담보재산에서 징수하는 국세 : 납부통지서의 발송일
② 납세조합으로부터 징수하는 국세 : 납세의무의 확정일
③ 과세표준과 세액을 정부가 결정·경정하는 국세 : 납세고지서의 발송일
④ 과세표준과 세액의 신고에 의하여 납세의무가 확정되는 국세에 있어서 신고한 국세 : 과세표준과 세액의 신고일
⑤ 청산인 등 제2차 납세의무자로부터 징수하는 국세 : 납세의무의 확정일

13. 甲이 보유하고 있는 아파트에 대해 甲의 채권자 乙은 2012.1.1. 甲에 대한 채권 4억원을 담보하는 저당권을 설정하였다. 甲은 2012.3.1. 丙으로부터 귀금속을 증여받아 증여세 1억원의 조세채무가 발생하였지만 납부하지 않고 있다가 해당 귀금속을 분실하였다. 甲은 2012.12.31. 사망하였다. 甲의 아들 丁은 유일한 상속인으로서 甲의 아파트를 상속받았으며 이 때 조세채무까지 승계하였다. 상속당시 甲의 아파트의 시가는 10억원이었으며 丁은 1억원의 상속세를 부과받았다. 다음의 설명 중 가장 옳지 않은 것은? 다만, 공매비용 등 제반 비용은 발생하지 않은 것으로 한다.

① 상속받은 아파트에 대해 부과된 상속세는 상속개시 전 피상속인에게 부과된 증여세에 우선한다.
② 상속받은 아파트에 대해 부과된 상속세는 乙의 채권에 우선한다.
③ 乙이 저당권을 설정한 아파트가 시가대로 강제환가가 이루어진다면 乙은 채권 전액을 변제받을 수 있다.
④ 丁이 상속세와 증여세를 납부하지 않아 관할세무서가 상속재산인 아파트를 압류하고 10억원에 공매하였다면 丁은 5억원을 배당받을 수 있다.
⑤ 상속이 개시된 때에 피상속인에게 부과된 국세·가산금과 체납처분비는 납세의무의 별도의 지정절차 없이 상속으로 인하여 얻은 재산을 한도로 상속인에게 당연히 승계된다.

정답	12. ⑤ 13. ④

제6장 과 세

제1절 관할관청

1. 관할의 개념

행정법상으로는 행정기관이 법률상 유효하게 국가 또는 공공단체의 행위를 할 수 있는 권한의 범위를 말하는 것으로 중요한 것은 사항적(사무적) 범위와 지역적 범위다. 특히 조세법에서 많이 문제되는 것은 지역적 관할로서 이를 납세지라는 용어로 각 세법에서 달리 규정하고 있다. 따라서 조세법상의 관할은 과세관청이 조세의 부과·징수의 권한을 행사할 수 있는 범위라고 말할 수 있으며 납세의무자 또한 적법한 관할관청에 신고·납부 등의 의무를 이행하여야 할 것이다.

따라서 관할을 위반한 행위는 권한이 없는 행위를 한 결과가 되므로 원칙적으로 그 효력이 없는 것이나 특별규정이 있는 경우에는 유효로 된다.

2. 과세표준신고의 관할(국기법 43)

(1) 신고서의 제출

과세표준신고는 신고서라는 요식을 갖추어 신고당시 해당 국세의 납세지를 관할하는 세무서장에게 제출하여야 한다. 납세지는 관할지역을 말하는 것이며, 각 세법마다 납세지를 따로 규정하고 있다. 다만, 전자신고를 하는 경우에는 지방국세청장 또는 국세청장에게 제출할 수 있다(국기법 43 ① 단서).

(2) 신고관할 위반의 효과(국기법 43 ②)

신고당시의 납세지 관할세무서장 이외의 세무서장에게 과세표준신고서를 제출할 경우에도 신고의 효력이 있다. 이는 국세기본법 제1조(목적)의 "국민의 납세의무의 원활한 이행에 이바지 하고자"하는 제정취지에 따라 특별히 납세의무자의 신고관할 위반을 유효로 하도록 한 것이다. 따라서 잘못 제출된 과세표준신고서는 지체 없이 정당한 관할세무서장에게 송부하고 납세의무자에게는 그 뜻을 통지하도록 하여 보완조치를 취하는 절차를 마련하였다(국기령 24).

(3) 결정·경정결정의 관할(국기법 44)

관할관청이 지켜야 할 사무적 관할에 관한 문제이다. 국세의 과세표준과 세액의 결정 또는 경정은「그 처분 당시」 그 국세의 납세지를 관할하는 세무서장이 하며, 관할세무서장 외의 세무서장이 한 결정 또는 경정결정처분은 그 효력이 없다(국기통 44-0…3).

따라서 과세표준을 신고한 후에 납세지가 변경되면 새로운 납세지 관할세무서장에게 결정 또는 경정결정권이 있는 것이다.

제 2 절 수정신고와 경정청구

1. 수정신고

(1) 개 요

'수정신고'란 과세표준신고서를 법정신고기한까지 제출한 자가 과세표준신고서에 기재된 과세표준 및 세액이 세법에 따라 신고하여야 할 과세표준 및 세액에 미치지 못할 때 또는 과세표준신고서에 기재된 결손금액 또는 환급세액이 세법에 따라 신고하여야 할 결손금액 또는 환급세액을 초과하는 때에 그 보정을 위하여 납세자가 당초 신고한 관할세무서장에게 이를 정정하는 신고를 말한다.

수정신고는 납세자가 누락 또는 오류에 의하여 과세표준 및 세액을 미달하게 신고한 때에는 자기반성에 의해 납세자 스스로가 부담할 세액을 납부할 기회를 부여함으로서 정부로 하여금 결정 또는 경정으로 인한 행정비용의 낭비를 없애고 조세마찰을 예방하고자 하는 취지에서 마련된 제도이다.

(2) 수정신고를 할 수 있는 납세자

과세표준신고서의 수정신고를 할 수 있는 자란 당초의 과세표준신고서를 법정신고기한까지 제출하였으나 동 과세표준신고서상 기재된 과세표준 및 세액이 세법에 따라 신고하여야 할 과세표준 및 세액에 미치지 못하는 경우에 할 수 있다.

따라서 법정신고기한까지 과세표준신고서를 제출하지 아니한 납세자는 수정신고를 할 수 없다.

(3) 수정신고의 사유

납세의무자가 다음 사유에 해당하는 경우에는 과세표준 및 세액을 수정신고 할 수 있다.

① 과세표준신고서에 기재된 과세표준 및 세액이 세법에 따라 신고하여야 할 과세표준 및 세액에 미치지 못할 때
② 과세표준신고서에 기재된 결손금액 또는 환급세액이 세법에 따라 신고하여야 할 결손금액 또는 환급세액을 초과하는 때
③ 원천징수의무자의 정산과정에서의 누락 등 사유로 불완전한 신고를 하였을 때(경정 등의 청구를 할 수 있는 경우는 제외)
④ 법인세 신고의 경우 국고보조금과 공사부담금을 익금과 손금에 동시에 산입하지 않았을 때(경정 등의 청구를 할 수 있는 경우는 제외)

● 참고 ● ④의 수정신고 사유

국고보조금·공사부담금은 기업회계기준상 수익에 해당하지 아니하나(국고보조금·공사부담금은 자산차감항목임) 법인세법상 익금항목이다. 동시에 이들은 일시상각충당금의 손금산입을 통하여 과세이연 혜택을 받을 수 있는 항목이기도 하다. 국고보조금을 자산차감으로 회계처리하였고, 익금산입의 세무조정과 일시상각충당금의 손금산입 세무조정을 하지 아니한 신고의 경우, 관할세무서의 경정시는 익금산입만 함으로써 납세의무자인 법인은 과세이연의 이익을 상실하게 될 소지가 있다. 이러한 소지를 제거하기 위하여 위 2가지 항목에 대해서는 익금산입과 손금산입의 세무조정이 동시에 누락된 경우에 과세표준과 세액에는 영향이 없으나 수정신고를 할 수 있도록 허용한 것이다(국기령 25 ②).
다만, 보험차익은 기업회계기준상 영업외수익으로 수익계상되는 항목으로서 위와 같은 동시누락이 나타날 가능성이 없으므로 수정신고대상으로 하지 아니하였다.

(4) 수정신고기한

납세의무자가 수정신고할 수 있는 기한은 수정신고하여야 할 해당 과세표준 및 세액을 관할세무서장이 결정 또는 경정하여 통지를 하기 전까지로 한다.

(5) 추가 자진납부의무

세법에 의하여 과세표준신고액에 상당하는 세액을 자진납부하는 국세에 관하여 과세표준수정신고서를 제출하는 납세자는 이미 납부한 세액이 과세표준수정신고액에 상당하는 세액에 미치지 못할 때에는 그 부족액과 국세기본법 및 세법에서 정하는 가산세(단, 수정신고에 의해 경감된 분은 제외)를 과세표준수정신고서의 제출과 동시에 추가하여 납부하여야 한다. 만일 국세를 추가하여 납부하여야 할 자가 이를 납부하지 아니한 때에는 과세표준수정신고에 따른 과소신고가산세 등의 경감혜택을 부여하지

아니한다(국기법 46). 또한 추가 자진납부하여야 할 세액 중 일부만 추가 자진납부한 경우에는 일부 추가 자진납부에 의하여 수정된 범위 안에서 가산세를 경감한다(국기통 45-0…2).

(6) 수정신고의 효과

1) 수정신고의 법적효과

정부부과과세제도를 채택하고 있는 세목은 당초의 신고가 확정력을 갖지 못하므로 수정신고 역시 확정의 효력을 가질 수 없다.

그러나 신고납세제도를 채택하고 있는 세목에 대하여는 확정력이 있다.

2) 과소신고가산세 등의 경감

과세표준수정신고서를 법정신고기한이 지난 후 2년 이내에 제출한 자에 대하여는 경과기간에 따라 최초의 신고로 인하여 부과하여야 할 가산세(과소신고가산세 · 초과환급신고가산세 및 영세율과세표준 신고불성실가산세)의 10%~50%를 경감한다. 다만, 과세표준수정신고서를 제출한 과세표준과 세액에 관하여 경정할 것을 미리 알고 제출한 경우에는 그러하지 아니하다(국기법 48).

3) 조세포탈범의 기수시기

정부부과과세제도의 세목에 있어서 기수시기는 정부결정에 의한 납부기한이 지난 때에 도래하므로, 수정신고와 기수시기는 전혀 무관하다.

한편, 신고납세제도의 세목에 있어서는 법정신고납부기한이 지난 때 기수시기가 도래하므로, 이미 기수된 조세포탈행위는 수정신고에 의해 그 영향을 받지 않고 조세범처벌법에 의한 처벌대상이 된다. 다만, 당해 수정신고에 대한 정상참작의 여지는 있다(조범법 3 ③).

2. 경정청구

'경정청구'란 이미 신고 · 결정 · 경정된 과세표준 및 세액 등이 과대(또는 이미 신고 · 결정 · 경정된 결손금액 또는 환급세액이 과소)한 경우 과세관청으로 하여금 이를 정정하여 결정 또는 경정하도록 촉구하는 납세의무자의 청구를 말한다. 이는 과세표준과 세액이 과대하게 신고 · 결정 · 경정된 경우에 납세의무자의 권리구제를 가능하게 하기 위한 제도로서 매우 중요하다.

이러한 경정청구에는 ① 일반적인 경정청구와 ② 후발적 사유에 의한 경정청구로 구분할 수 있다.

(1) 일반적인 경정청구

과세표준신고서를 법정신고기한까지 제출한 자가 다음 중 어느 하나에 해당할 때에는 최초신고 및 수정신고한 국세의 과세표준 및 세액의 결정 또는 경정을 법정신고기한이 지난 후 3년 이내에 관할세무서장에게 청구할 수 있다. 다만, 결정 또는 경정으로 인하여 증가된 과세표준 및 세액에 대하여는 해당 처분이 있음을 안 날(처분의 통지를 받은 때에는 그 받은 날)부터 90일 이내(법정신고기한이 지난 후 3년 이내에 한한다)에 경정을 청구할 수 있다(국기법 45의 2 ①).

1) 과세표준신고서에 기재된 과세표준 및 세액(각 세법의 규정에 의하여 결정 또는 경정이 있는 경우에는 해당 결정 또는 경정 후의 과세표준 및 세액을 말한다)이 세법에 의하여 신고하여야 할 과세표준 및 세액을 초과할 때
2) 과세표준신고서에 기재된 결손금액 또는 환급세액(각 세법의 규정에 의하여 결정 또는 경정이 있는 경우에는 당해 결정 또는 경정 후의 결손금액 또는 환급세액을 말한다)이 세법에 의하여 신고하여야 할 결손금액 또는 환급세액에 미치지 못할 때

● 참고 ● 증액경정이 있는 경우 경정청구의 기한

납세의무자의 신고된 세액이 과소하여 관할세무서장이 증액경정한 경우 그 처분의 통지를 받은 날부터 90일 이내에 불복청구를 하지 않으면 더 이상 다툼을 제기할 수 없다(불가쟁력). 그런데 실무에서 불복청구기간이 지난 후 납세의무자가 신고한 세액에 대해 법정신고기한이 지난 후 3년 이내에 증액경정된 세액이 과다함을 이유로 경정청구를 한 후, 이에 대한 거부통지를 받았을 때 이에 대해 조세불복을 청구할 수 있는가 하는 문제가 제기된다. 만약 경정청구를 겸쳐 불복청구하는 것을 허용하면 불가쟁력을 무력화시키는 결과가 된다. 따라서 각 세법의 규정에 따라 경정이 있는 경우에는 증액경정처분이 있는 발부터 90일이 지난 경우에는 경정청구를 할 수 없도록 명확히 규정한 것이다. 그러므로 증액경정처분에 대하여는 불복청구기간인 90일 이내에 경정청구를 하든지 조세불복을 제기하든지 하여 권리를 구제받을 수 있음에 유의하여야 한다.

(2) 후발적 사유에 의한 경정청구

과세표준신고서를 법정신고기한까지 제출한 자 또는 국세의 과세표준 및 세액의 결정을 받은 자에게 다음에 해당하는 사유가 발생한 때에는 위 '(1)'에서 규정하는 기간에 불구하고 그 사유가 발생한 것을 안 날부터 2개월 이내에 결정 또는 경정을 청구할 수 있다(국기법 45의 2 ②).

1) 최초 신고·결정 또는 경정에 있어서 과세표준 및 세액의 계산근거가 된 거래 또

는 행위 등이 그에 관한 소송에 대한 판결(판결과 동일한 효력을 가지는 화해 기타 행위를 포함한다)에 의하여 다른 것으로 확정되었을 때

2) 소득이나 그 밖의 과세물건의 귀속을 제3자에게로 변경시키는 결정 또는 경정이 있을 때

3) 조세조약의 규정에 의한 상호합의가 최초의 신고·결정 또는 경정의 내용과 다르게 이루어졌을 때

4) 결정 또는 경정으로 인하여 당해 결정 또는 경정의 대상이 되는 과세기간 외의 과세기간에 대하여 최초에 신고한 국세의 과세표준 및 세액이 세법에 의하여 신고하여야 할 과세표준 및 세액을 초과할 때

5) 다음에 해당하는 사유가 당해 국세의 법정신고기한이 지난 후에 발생하였을 때

① 최초의 신고·결정 또는 경정에 있어서 과세표준 및 세액의 계산근거가 된 거래 또는 행위 등의 효력에 관계되는 관청의 허가 기타의 처분이 취소된 때

② 최초의 신고·결정 또는 경정에 있어서 과세표준 및 세액의 계산근거가 된 거래 또는 행위 등의 효력에 관계되는 계약이 해제권의 행사에 의하여 해제되거나 당해 계약의 성립 후 발생한 부득이한 사유로 인하여 해제되거나 또는 취소된 때

③ 최초의 신고·결정 또는 경정에 있어서 장부 및 증빙서류의 압수 기타 부득이한 사유로 인하여 과세표준 및 세액을 계산할 수 없었으나 그 후 당해 사유가 소멸한 때

④ 그 밖에 위 '①' 내지 '③'에 준하는 사유에 해당하는 때

(3) 근로소득자 등과 그 원천징수의무자에 의한 경정청구 허용

구 분	내 용
① 청구대상자	연말정산 또는 원천징수하여 소득세를 납부하고 소득세법의 규정에 의하여 지급명세서를 제출기한까지 제출한 원천징수의무자 또는 근로소득자 등
② 사유	㉠ 원천징수영수증에 기재된 과세표준 및 세액이 세법에 의하여 신고하여야 할 과세표준 및 세액을 초과하는 때 ㉡ 원천징수영수증에 기재된 환급세액이 세법에 의하여 신고하여야 할 환급세액에 미치지 못할 때
③ 청구기한	㉠ 일반적인 경정청구 : 연말정산세액 또는 원천징수세액의 납부기한 지난 후 3년 이내 ㉡ 후발적 사유에 의한 경정청구 : 그 사유가 발생한 것을 안 날부터 2개 월 이내

(4) 경정청구의 효력

결정 또는 경정의 청구를 받은 세무서장은 그 청구를 받은 날부터 2개월 이내에 과

세표준 및 세액 등을 결정 또는 경정하거나 결정 또는 경정하여야 할 이유가 없다는 뜻을 그 청구를 한 자에게 통지하여야 한다(국기법 45의 2 ③).

이와 같이 경정청구는 그 자체만으로는 납세의무를 감액변동시키는 확정력을 갖지 못하며, 단지 과세관청으로 하여금 일정 기간 내에 청구의 취지에 따른 경정 또는 경정을 하여야 할 법률상의 의무를 지울 뿐이다. 만일 정부가 이를 거부하거나 해태하면 거부처분 또는 부작위가 성립되기 때문에 납세의무자는 이에 대해 행정쟁송을 통해 다툴 수 있게 된다.

3. 수정신고와 경정 등 청구의 비교

수정신고와 경정 등 청구의 내용을 비교 요약하면 다음과 같다.

<표 Ⅱ-20> 수정신고와 경정 등 청구의 비교

분류 / 구분	수정신고	경정청구	
		일반적인 경정청구	후발적 사유로 인한 경정청구
① 신고대상자 또는 청구대상자	과세표준신고서를 법정신고 기한까지 제출한 자	과세표준신고서를 법정신고기한까지 제출한 자	과세표준신고서를 법정신고기한까지 제출한 자 또는 국세의 과세표준 및 세액의 결정을 받은 자
② 사 유	· 과세표준 및 세액이 세법상 신고하여야 할 과세표준 및 세액에 미치지 못할 때 · 결손금액 또는 환급세액이 세법상 신고하여야 할 결손금액 또는 환급세액을 초과하는 때	· 과세표준 및 세액이 세법상 신고하여야 할 과세표준 및 세액을 초과하는 때 · 결손금액 또는 환급세액이 세법상 신고하여야 할 결손금액 또는 환급세액에 미치지 못할 때	후발적 사유가 발생하여 당초 신고·결정·경정 등이 「과대」한 것으로 된 때
③ 신고 또는 청구기한	해당 과세표준 및 세액이 결정 또는 경정되기 전까지	법정신고기한이 지난 후 2년 이내	해당 사유가 발생한 것을 안 날부터 2월 이내*
④ 효 력	신고납세제도를 채택하고 있는 세목은 확정력이 있으나 정부조사결정제도를 채택하고 있는 세목은 추후 결정으로서 확정의 효력이 있다.	결정·경정의 청구를 받은 세무서장은 그 청구를 받은 날부터 2월 이내에 과세표준 및 세액 등을 결정 또는 경정하거나 결정 또는 경정할 이유가 없다는 뜻을 그 청구자에게 통지하여야 한다. 즉 경정청구 자체만으로는 세액을 감액변동시키는 확정력은 발생하지 아니한다.	
⑤ 가산세감면	과세표준신고기한이 지난 후 2년 이내에 수정신고한 경우 부과되는 가산세의 10%~50% 감면	해당 없음	

* 국세기본법상의 경정청구에 대하여는 세법의 특례규정이 국세기본법에 우선하는데, 상속세 및 증여세법에 따르면, 후발적 사유로 인한 경정청구기한은 국세기본법의 규정과는 달리 「사유발생일로부터 6개월(특정한 경우에는 3개월) 이내」에 결정 또는 경정을 청구할 수 있도록 하고 있다(상증법 79).

4. 기한후 신고와 납부

(1) 기한후 신고의 의의

'기한후 신고'란 법정신고기한까지 과세표준신고서를 제출하지 아니한 자가 법정신고기한이 지난 후에 행하는 신고를 말한다. 이는 과세관청이 과세표준과 세액을 결정하기 전에 납세의무자가 스스로 신고할 수 있도록 허용함으로써 과세관청은 행정수요를 절감하고 납세의무자는 가산세를 절감할 수 있도록 하는 제도이다.

(2) 기한후 신고의 요건

법정신고기한까지 과세표준신고서를 제출하지 아니한 자로서 세법에 의하여 납부하여야 할 세액(가산세는 제외)이 있는 자는 관할세무서장이 해당 국세의 과세표준과 세액을 결정하여 통지하기 전까지 기한후 과세표준신고서를 제출할 수 있다. 따라서 납부할 세액이 있는 자는 물론이고, 환급받을 세액이 있는 자도 기한후 신고를 통하여 세액을 환급받을 수 있다. 다만, 자산재평가법의 규정에 의한 재평가신고의 경우에는 기한후 신고를 할 수 없다(국기법 45의 3 ①).

● 참고 ●

자산재평가신고의 경우에는 기한후 신고를 인정하지 않는데, 그 이유는 재평가일로부터 90일 이내에 재평가신고서를 제출하지 아니하면 재평가 자체를 허용하지 아니하는 재평가법의 규정과 상충되기 때문이다(재평법 15 ①).

(3) 세액과 가산세의 자진납부

기한후 과세표준신고서를 제출한 자로서 세법에 따라 납부하여야 할 세액이 있는 자는 기한후 과세표준신고서의 제출과 동시에 해당 세액(가산세 포함)을 납부하여야 한다(국기법 45의 3 ②).

(4) 기한후 신고의 효력

기한후 신고는 납세의무의 확정효력은 인정되지 아니한다. 정부부과과세 세목의 경우는 당연하며, 신고납세 세목이라 하더라도 납세의무의 확정효력을 갖는 당초신고가 없었으므로 기한후 신고만으로는 납세의무의 확정효력이 없는 것이다. 따라서 국세기본법은 기한후 과세표준신고서를 제출하고 해당세액을 납부한 경우 관할세무서장은 세법에 따라 신고일부터 3개월 이내에 해당 국세의 과세표준과 세액을 결정하도록 규정하고 있다. 다만 그 과세표준과 세액을 조사할 때 조사 등에 장기간이 걸리는 등 부득이한 사유로 신고일부터 3개월 이내에 결정할 수 없는 경우에는 그 사유를 신고인에게 통지하여야 한다(국기법 45의 3 ③).

(5) 기한후 납부

과세표준신고서를 법정신고기한까지 제출하였으나 과세표준신고액에 상당하는 세액의 전부 또는 일부를 납부하지 아니한 자는 해당 세액과 가산세를 세무서장이 고지하기 전에 납부할 수 있다(국기법 46 ③).

● 참고 ●

과세표준과 세액을 신고하였으나 그 납부를 하지 아니한 경우에는 원칙적으로 과세관청의 납세고지에 의하여 징수하게 된다. 그러나 이러한 원칙이 고수되는 경우 미납부가산세 등을 고려하여 조기에 납부하고자 하는 납세자까지도 과세관청의 납세고지가 없으면 납부할 수 없는 불합리한 현상이 초래될 수 있다. 따라서 이를 해소하고 과세관청의 행정력 절감을 도모하고자 하는 것이 기한후 납부제도이다.

(6) 신용카드 등으로 하는 국세납부

납세의무자가 세법에 따라 신고하거나 과세관청이 결정 또는 경정하여 고지한 세액 중 1천만원(부가되는 농어촌특별세 및 교육세의 세액과 가산세 세액을 포함한다) 이하인 경우에는 국세납부대행기관을 통하여 신용카드 등(직불카드를 포함한다)으로 납부할 수 있다. 이처럼 신용카드 등으로 국세를 납부하는 경우에는 국세납부대행기관의 승인일을 납부일로 본다(국기법 46의 2 ①, ②).

신용카드 등으로 납부할 수 있는 세액 = Min(① 신고세액 또는 고지세액, ② 1천만원)

여기서, "국세납부대행기관"이란 정보통신망을 이용하여 신용카드 등에 의한 결제를 수행하는 기관으로서 지정받은 자를 말하며, 국세납부대행기관은 납세자로부터 신용카드 등에 의한 국세납부 대행용역의 대가로 납부대행수수료를 받을 수 있다(국기령 26의 2 ②, ④).

제 3 절 가산세의 부과와 감면

1. 가산세의 부과

(1) 가산세의 개념 및 성격

'가산세'란 세법에서 규정하는 의무를 태만히 하는 경우에 각 세법이 규정하는 바에 따라 본세에 가산하여 부과하는 것을 말한다(국기통 47-0…1). 다만 가산금은 여기에 포함하지 않는다(국기법 2 4호). 따라서 가산세의 본질은 세법상의 각종 협력의무의 위반에 대해서 가해지는 행정벌이라고 할 수 있다.

그러나 이러한 가산세는 해당 의무가 규정된 세법의 해당 국세의 국세의 세목으로 하며, 해당 국세를 감면하는 경우에는 가산세는 그 감면대상에 포함시키지 않는다(국기법 47 ②). 따라서 가산세는 적어도 형식적으로는 형벌이 아니라 조세의 일종이며, 일반적인 조세와 마찬가지로 과세요건의 충족에 의해 성립하며 일정한 절차에 따라 확정되고 징수되는 것이다.

(2) 가산세의 종류

정부는 세법에 규정하는 의무를 위반한 자에 대하여 각 세법이 규정하는 바에 따라 가산세를 부과할 수 있다(국기법 47 ①). 일반적인 가산세는 각 세법에서 규정하고 있으나, 다음의 가산세는 모든 국세에 공통적인 사항이므로 국세기본법에서 규정하고 있다.

<표 Ⅱ-21> 가산세의 종류와 가산세액 계산

종 류		가산세액 : Max(ⓐ, ⓑ)		영세율 사업자의 가산세액
		ⓐ 세액 기준	ⓑ 수입금액 기준*1)	
① 무신고가산세 (제47조의 2)*2)	㉠ 부정행위*3)	40%	$\frac{14}{10,000}$	ⓐ+영세율 과세표준×$\frac{5}{1,000}$
	㉡ 일반	20%	$\frac{7}{10,000}$	ⓐ+영세율 과세표준×$\frac{5}{1,000}$
② 과소신고·초과 환급 신고 가산세 (제47조의 3)*4)	㉠ 부정행위	부정행위로 인한 가산세액(40%)+일반 가산세액(10%)	$\frac{14}{10,000}$	ⓐ+영세율 과세표준×$\frac{5}{1,000}$
	㉡ 일반	10%	-	ⓐ+영세율 과세표준×$\frac{5}{1,000}$

③ 납부불성실·환급불성실가산세 (제47조의 4)*5)	1일 $\frac{3}{10,000}$
④ 원천징수납부 등 불성실가산세 (제47조의 2)	3%~10%

*1) 법인과 소득세법상 복식부기의무자가 신고하지 아니하거나 부정행위로 과소신고한 경우 무신고가산세와 과소신고가산세는 세액기준과 수입금액 기준에 의하여 계산된 금액 중 큰 금액으로 부과한다.

*2) 법정신고기한까지 교육세, 농어촌특별세 및 종합부동산세의 과세표준을 신고하지 않은 경우에는 무신고가산세를 부과하지 않는다(국기법 47의 2 ①).

*3) '부정행위'란 p.150에 해당하는 행위를 말한다.

*4) 법정신고기한까지 교육세, 농어촌특별세의 과세표준을 과소신고한 경우에는 과소신고·초과환급신고가산세를 부과하지 않는다(국기법 47의 3 ①).

*5) 과세문서에 인지를 붙여 납부하는 인지세를 미납·과소납부한 경우에는 그 미납·과소납부세액의 3배에 상당하는 금액을 가산세로 한다(국기법 47의 4 ① 단서).

2. 가산세의 감면

(1) 기한연장사유 등의 가산세 부과 배제

정부는 세법에 의하여 부과하였거나 부과할 가산세에 있어서 그 부과의 원인이 되는 사유가 다음의 기한연장사유에 해당하거나 납세자가 의무를 이행하지 않은 것에 대한 '정당한 사유(reasonable cause)'가 있는 때에는 해당 가산세를 부과하지 않는다(국기법 48 ①). 다만, 가산세의 감면은 가산세의 부과원인이 되는 기한, 즉 세법의 규정에 의한 의무의 이행기한 내에 동 사유가 발생한 경우에 한한다(국기통 48-0…2).

1) 천재·지변이 발생한 때
2) 납세자가 화재·전화 기타 재해를 입거나 도난을 당한 때
3) 납세자 또는 그 동거가족이 질병으로 위중하거나 사망하여 상중인 때
4) 납세자가 그 사업에 심한 손해를 입거나, 그 사업이 중대한 위기에 처한 때(납부의 경우에 한하므로 납부부성실가산세는 감면될 수 있으나, 신고불성실가산세는 감면될 수 없다)
5) 정전, 프로그램의 오류 기타 부득이한 사유로 한국은행(그 대리점 포함) 및 체신관서의 정보통신망의 정상적인 가동이 불가능한 때
6) 금융회사(한국은행 국고대리점 및 국고수납 대리점인 금융회사에 한함) 또는 체신관서의 휴무 그 밖에 부득이한 사유로 인하여 정상적인 세금납부가 곤란하다고 국세청장이 인정한 때
7) 권한 있는 기관에 장부·서류가 압수 또는 영치된 때
8) 납세자의 형편, 경제적 사정 등을 고려하여 기한의 연장이 필요하다고 인정되는

경우로서 국세청장이 정하는 기준에 해당하는 때(납부의 경우에 한하므로 납부부성실가산세는 감면될 수 있으나, 신고불성실가산세는 감면될 수 없다)

9) 위 2), 3) 또는 7)에 준하는 사유가 있는 때

그러나 조세포탈을 위한 증거인멸목적 또는 납세자의 고의적인 행동에 의하여 위의 사유가 발생한 경우에는 가산세의 감면규정을 적용하지 아니한다(국기통 48-0…3).

참고 정당한 사유(reasonable cause)

정당한 사유란 납세자에게 의무이행을 기대하는 것이 무리라고 할 만한 사정이 있는 때 등 그 의무불이행을 탓할 수 없는 사유를 말하며, 법령의 부지·착오 등은 정당한 사유에 해당하지 않는다는 것이 판례의 입장이다.

(2) 수정신고 및 기한후 신고 등에 대한 가산세 감면

1) 수정신고한 경우

정부는 법정신고기한이 지난 후 수정신고한 경우에는 해당 가산세액에서 다음의 금액을 감면한다(국기법 48 ② 1호).

가산세 감면금액 =	과소신고가산세 · 초과환급신고가산세(영세율 사업자의 과소신고가산세 · 초과환급신고가산세 포함)	×	감면율 (50%, 20%, 10%)

구 분	감 면 율
① 법정신고기한이 지난 후 6개월 이내에 수정신고한 경우	50%
② 법정신고기한이 지난 후 6개월 초과 1년 이내에 수정신고한 경우	20%
③ 법정신고기한이 지난 후 1년 초과 2년 이내에 수정신고한 경우	10%

다만, 과세표준수정신고서를 제출한 과세표준과 세액을 경정할 것을 미리 알고(즉 해당 국세에 관하여 세무공무원이 조사에 착수한 것을 알고) 제출한 경우에는 감면대상에서 제외한다(국기법 48 ② 1호, 국기령 29).

2) 기한후 신고 · 납부한 경우

정부는 법정신고기한이 지난 후 기한후 신고 · 납부를 한 경우에는 무신고가산세액에서 다음의 금액을 감면한다(국기법 48 ② 2호).

구 분	가산세 감면금액
① 법정신고기한이 지난 후 1개월 이내에 기한후 신고·납부를 한 경우	무신고가산세 × 50%
② 법정신고기한이 지난 후 1개월 초과 6개월 이내에 기한후 신고·납부를 한 경우	무신고가산세 × 20%

다만, 과세표준과 세액을 결정할 것을 미리 알고 기한후과세표준신고서를 제출한 경우에는 감면대상에서 제외한다(국기법 48 ② 2호).

3) 과세전 적부심사 결정·통지 지연 및 지연제출의 경우

정부는 다음 중 어느 하나에 해당하는 경우에는 해당 가산세액에서 다음의 금액을 감면한다(국기법 48 ② 3호).

구 분	가산세 감면금액
① 과세전 적부심사 결정·통지기간에 그 결과를 통지하지 않은 경우	결정·통지가 지연됨으로써 해당 기간에 부과되는 납부·환급불성실가산세× 50%
② 세법에 따른 제출, 신고, 가입, 등록, 개설(이하 '제출 등'이라고 한다)의 기한이 지난 후 1개월 이내에 해당 세법에 따른 제출 등의 의무를 이행하는 경우	제출 등의 의무위반에 대하여 세법에 따라 부과되는 가산세 × 50%

(3) 감면 등의 신청

위 (1) 또는 (2)에 따른 가산세 감면 등을 받으려는 자는 신청서를 관할세무서장(세관장 또는 지방자치단체의 장을 포함한다)에게 제출하여야 하며, 관할세무서장은 신청서를 제출받은 때에는 그 승인 여부를 통지하여야 한다(국기령 28 ①, ③). 그러나 가산세의 감면사유가 집단적으로 발생한 경우에는 납세자의 신청이 없는 경우에도 세무서장이 조사하여 직권으로 가산세를 감면할 수 있다(국기통 48-0…4).

3. 가산세의 한도

(1) 한 도

다음 중 어느 하나에 해당하는 가산세에 대하여는 그 의무위반의 종류별로 각각 1억원(중소기업기본법에 따른 중소기업은 5천만원)을 한도로 한다. 다만, 해당 의무를 고의적으로 위반한 경우에는 그렇지 않다(국기법 49 ①).

구　분	해당 가산세
① 법인세법	㉠ 증빙불비 가산세 ㉡ 지급명세서 제출불성실 가산세 ㉢ 계산서관련 가산세 ㉣ 기부금영수증 불성실 가산세 ㉤ 주식 등 변동상황명세서 제출불성실 가산세
② 소득세법	㉠ 증빙불비 가산세 ㉡ 지급명세서 제출불성실 가산세 ㉢ 계산서관련 가산세 ㉣ 영수증 수취명세서 미제출 가산세 ㉤ 사업장 현황신고 불성실 가산세 ㉥ 기부금영수증 불성실 가산세
③ 부가가치세법	㉠ 미등록 · 허위등록 가산세 ㉡ 세금계산서 관련 가산세(미발급, 가공 · 허위발급 수취분 가산세 및 비사업자의 거짓 발급분은 제외) ㉢ 현금매출명세서 등 제출불성실 가산세
④ 상속세 및 증여세법	㉠ 공익법인 보고서 제출불성실 가산세 ㉡ 공익법인 세무확인 보고의무 불성실 가산세 ㉢ 지급명세서 제출불성실 가산세
⑤ 조세특례제한법	㉠ 창업자금 사용명세서 미제출 가산세 ㉡ 세금우대자료 미제출 가산세

(2) 가산세 한도의 적용기간

가산세 한도의 적용기간은 다음의 구분에 따른다(국기령 29의 2 ②).

① 소득세법 · 법인세법 및 부가가치세법에 따른 가산세 : 과세기간 단위

② 상속세 및 증여세법에 따른 가산세 : 상속세 및 증여세법에 따라 의무를 이행하여야 할 기간 단위

③ 창업자금 사용명세서 미제출 가산세 : 조세특례제한법에 따라 의무를 이행하여야 할 기간 단위

④ 세금우대자료 미제출 가산세 : 소득세의 과세기간 단위

연습문제

[주관식 문제]

1. 과세표준신고의 관할을 설명하라.
2. 국세기본법상 수정신고제도와 경정청구제도를 비교 · 설명하라.
3. 기한후 신고 및 납부제도를 설명하라.
4. 가산세 감면제도의 내용을 약술하라.

[객관식 문제]

1. 관할관청에 대한 설명 중 틀리는 것은?

① 국세의 과세표준과 세액의 결정 또는 경정결정은 그 처분당시 그 국세의 납세지를 관할하는 세무서장이 행한다.
② 관할을 위반한 과세표준신고서를 접수한 후 소관외의 것임을 알게 된 때에는 그 신고서를 관할세무서장에게 지체없이 송부하여야 한다.
③ 국세기본법과 법인세법의 관할관청에 관한 규정이 다른 경우에는 법인세법에 의한다.
④ 과세표준신고서는 그 신고 당시 해당 국세의 납세지를 관할하는 세무서장에게 제출하여야 한다.
⑤ 관할을 위반한 신고는 신고의 효력이 없다.

2. 국세기본법상의 수정신고에 대한 설명 중 틀리는 것은?

① 해당 국세에 관하여 세무공무원이 조사를 착수한 것을 알고 한 수정신고에 대하여는 가산세를 감면하지 아니한다.
② 수정신고로 인하여 미달하는 세액을 납부하지 아니하더라도 수정신고의 효력은 있으나 가산세의 감면혜택은 없다.
③ 수정신고는 과세표준 및 세액이 결정 또는 경정되기 전까지만 하면 된다.
④ 법인세 중간예납세액의 신고납부에 대하여는 수정신고를 할 수 없다.

정답	1. ⑤ 2. ⑤

⑤ 법인세, 부가가치세 등 신고납부제도를 택하는 국세에 관하여 당초 신고한 과세표준 또는 납부세액에 증감사항이 있는 경우에는 정부는 이를 조사하여 그 결과를 해당 수정신고를 받은 날부터 60일 내에 통지하여야 한다.

3. 다음 중 과세표준수정신고에 대한 설명으로 옳지 않은 것은?

① 부가가치세 예정신고 누락분을 예정신고에 대한 수정신고기한 내에 수정신고하지 아니한 경우에도 확정신고에 대한 수정신고 기한 내에 수정신고할 수 있다.
② 법인세 및 부가가치세는 관할세무서장이 해당 과세표준 및 세액을 결정 또는 경정하여 통지를 하기 전까지는 수정신고 할 수 있다.
③ 천재·지변으로 신고기한이 연장된 경우에는 그 연장된 기한을 법정신고기한으로 한다.
④ 추가납부하여야 할 자가 세액을 추가납부하지 않을 경우에는 과소신고가산세만 감면한다.
⑤ 당초 과세표준신고에 있어서 필수적인 첨부서류 등을 제출하지 아니하면 신고된 것으로 보지 아니함으로써 부과되는 가산세는 수정신고를 하더라도 감면하지 아니한다(국기통 49-0…1).

4. 다음 중 과세표준수정신고에 대한 설명으로 옳지 않은 것은?

① 신고납부제도를 채택하고 있는 국세의 감면수정신고에 대한 처리기간은 60일이다.
② 부가가치세 예정신고의 경우에는 예정신고기한분에 대한 과세표준과 세액을 관할세무서장이 결정 또는 경정하여 통지하기 전까지 수정신고할 수 있다.
③ 수정신고를 하더라도 기수시기가 경과한 경우에는 조세포탈범의 성립에는 영향이 없다.
④ 법인세 신고후 관할세무서장의 권장에 의하여 법정신고기한이 지난 후 6개월 이내에 수정신고한 경우에는 과소신고가산세의 50%를 감면한다.
⑤ 수정신고로 인하여 미달하는 세액을 납부하지 아니하더라도 수정신고의 효력은 있다.

5. 다음은 과세표준수정신고에 관한 설명이다. 가장 옳은 것은?

① 당초에 신고한 과세표준 또는 납부세액을 감소시키는 수정신고도 가능하다.
② 과세표준수정신고와 동시에 추가자진납부세액을 납부하였을 때에는 과소신고가산세를 감면한다.
③ 과세표준수정신고는 납세지관할세무서장에게 행하지 아니하면 그 신고의 효력이 없다.
④ 법정신고기한내에서 과세표준신고를 하지 않은 자라 할지라도 과세표준수정신고를 할 수 있다.
⑤ 수정신고를 하더라도 납부불성실가산세는 감면되지 아니한다.

정답 3. ④ 4. ① 5. ⑤

6. 국세기본법에 의하여 수정신고하는 경우에는 가산세도 납부하여야 한다. 다음 중 이에 해당되는 것을 고르면?

① 납부불성실가산세 ② 법인세법상 원천징수불성실가산세
③ 법인세법상 기장불성실가산세 ④ 소득세법상 증빙불비가산세
⑤ 모든 가산세

7. 다음 중 국세기본법상 경정청구와 수정신고에 대한 설명으로 가장 옳지 않은 것은?

① 과세표준신고서를 법정신고기한이 경과한 후 제출한 자는 수정신고를 할 수 없다.
② 경정청구기한은 법정신고기한이 경과한 후 2년 이내로 하는 것을 원칙으로 한다.
③ 후발적사유가 있는 경우에는 그 사유가 발생한 것을 안 날부터 2개월 이내에 경정청구할 수 있다.
④ 당초 결손금을 과대신고한 경우에는 경정청구의 대상이 아니다.
⑤ 법정신고기한으로부터 1년 이내의 수정신고에 대하여는 신고불성실가산세의 20%를 감면한다.

8. 다음 사례 중 가장 잘못된 것은?

① 당초 법정신고기한 내에 법인세 과세표준 및 세액신고서(납부세액 300,000원)를 제출하였으나, 법정신고기한 경과 두 달 후 정확한 납부세액이 1,000,000원인 것을 알게 되어 수정신고를 하였다. 단, 관할세무서장으로부터 법인세에 대한 과세표준과 세액은 아직 경정통지를 받지 않았다.
② 당초 법정신고기한 내에 법인세 과세표준 및 세액신고서(납부세액 900,000원)를 제출하였으나, 법정신고기한 경과 2년 11개월이 되는 날에 정확한 납부세액이 400,000원인 것을 알게 되어 경정청구를 하였다.
③ 당초 법정신고기한 내에 법인세 과세표준 및 세액신고서(납부세액 1,200,000원)를 제출하였으나, 법정신고기한 경과 2년 11개월이 되는 날에 관련된 소송사건에 대한 법원의 판결로 정확한 납부세액이 500,000원인 것으로 밝혀져 법원의 판결을 안 날부터 3개월이 되는 날에 관할세무서장에게 경정청구를 하였다.
④ 당초 법정신고기한 내에 법인세 과세표준 및 세액신고서를 제출하지 않았으나, 법정신고기한 경과 3월이 되는 날에 정확한 납부세액이 600,000원인 것을 알게 되어 기한후 과세표준신고서를 제출하고 관련세액과 가산세를 납부하였다. 단, 관할세무서장으로부터 아직 당해 법인세의 과세표준과 세액을 결정통지 받지 않았다.
⑤ 법인세 과세표준 및 세액신고서를 법정신고기한내에 제출하고 세액을 납부하지 못하였으나, 세무서장이 고지하기 전에 당해 세액과 가산세를 자진 납부하였다.

정답	6. ⑤ 7. ② 8. ③

제7장 국세환급금과 국세환급가산금

제1절 국세환급금

1. 개 념

납세자가 국세·가산금·체납처분비로서 납부한 금액 중 잘못 납부하거나 초과하여 납부한 금액이 있거나 세법에 따라 환급하여야 할 환급세액(세법에 따라 환급세액에서 공제하여야 할 세액이 있을 때에는 공제한 후에 남은 금액을 말한다)이 있을 때에는 즉시 그 잘못 납부한 금액, 초과하여 납부한 금액 또는 환급세액을 반환하여야 하는데, 이반환되어야 할 금액을 '국세환급금'이라고 한다.

2. 환급금의 발생원인

법령의 오해 또는 사실의 착오 등으로 부적법하게 납부된 세액을 적법하게 수정(결정 또는 경정) 함으로써 초과납부세액이 발생하기도 하고 적법하게 납부하여도 당해 법령의 구조상 환급세액이 생기게 되는 경우도 있다.

(1) 부적법한 납부로 생기는 환급금

사실의 착오 또는 법령해석의 잘못으로 납부하지 아니할 세액을 납부하거나 이미 납부한 세액을 중복 납부하는 경우이다.

1) 납세자 스스로 잘못 납부하여 과납이 생기는 경우
2) 과세관청의 과세내용이 위법·부당한 것으로 그 부과처분이 취소됨으로써 과납이 생기는 경우

(2) 적법한 납부로 생기는 환급금

법령에 따라 적법하게 세액을 계산하여 납부하여도 당해 법령의 구조상 환급이 생길 수 있도록 되어 있는 경우이다.

1) 부가가치세 매입세액이 매출세액을 초과하는 경우
2) 법인세 또는 소득세의 기납부세액(중간예납세액·예정신고납부세액·원천징수납부세액 또는 수시부과세액)이 결정세액을 초과하는 경우

3) 적법한 납부 후 감면을 받거나 법령이 개정되어 납부의무가 소멸되는 경우

3. 국세환급금의 충당

(1) 의 의

'국세환급금의 충당'이란 민법상의 상계와 비슷한 뜻으로서 국가의 국세채권과 환급채무와의 상계를 말한다.

(2) 충당대상

세무서장은 국세환급금으로 결정한 금액을 다음의 국세·가산금 또는 체납처분비에 충당하여야 한다(국기법 51 ②). 세무서장은 국세환급금(국세환급가산금을 포함한다)을 다른 국세·가산금 또는 체납처분비에 충당한 경우에는 그 뜻을 적은 문서로 해당 납세자에게 통지하여야 한다(국기령 31).

① 납세고지에 의하여 납부하는 국세
② 체납된 국세·가산금과 체납처분비(다른 세무서에 체납된 국세·가산금과 체납처분비를 포함한다)
③ 세법에 따라 자진납부하는 국세

(3) 충당방법

구 분	충당 대상	비 고
① 직권 충당	㉠ 체납된 국세·가산금·체납처분비 ㉡ 납기전 징수사유로 납세고지에 의하여 납부하는 국세	납세자의 동의 없이도 세무서장이 직권으로 충당하여야 한다.
② 신청 충당	㉠ 납세고지에 의해 납부하는 국세(납기전 징수사유에 해당하는 경우는 제외) ㉡ 세법에 따라 자진납부하는 국세	납세자가 그 충당에 동의하는 경우에만 충당하며, 세무서장이 임의로 충당할 수 없다. 다만, ㉠의 경우 국세징수법에 의한 납기전 징수사유에 해당하는 경우에는 동의 없이 충당할 수 있다.

1) 세무서장에 의한 직권충당

납세고지에 의하여 납부하는 국세, 체납된 국세·가산금과 체납처분비(다른 세무서에 체납된 국세·가산금·체납처분비 포함), 세법에 따라 자진납부하는 국세는 세무서장의 직권에 의한 충당이 가능하다. 다만, ① (납기전 징수사유에 해당하는 경우 제외) 및 ③에 의한 충당은 납세자가 그 충당에 동의하는 경우에 한한다(국기법 51 ②).

체납된 국세·가산금과 체납처분비에의 직권 충당이 있는 경우 체납된 국세·가산금 또는 체납처분비와 국세환급금은 체납된 국세의 법정납부기한과 국세환급금 발생일(과오납금은 그 국세의 납부일, 환급세액은 그 신고일·결정일을 말한다) 중 늦은 때로 소급하여 대등액에 관하여 소멸한 것으로 본다(국기법 51 ③, 국기령 32).

● 참고 ● 국세환급금 충당에 소급효 인정

국세환급금이 압류되어 전부명령 또는 추심명령이 있는 경우 세무서장은 국세환급금을 그 압류채권자에게 환급하여야 한다. 그런데 국세환급금 충당의 효력은 법의 일반원칙에 따라 충당결정을 한 때부터 발생하므로 국세환급금에 대해서 제3자의 압류가 있은 후 채납국세에 대한 충당결정을 한 경우에는 체납국세를 우선적으로 징수할 수 없는 문제점이 있었다. 이러한 점을 방지하기 위해서 국세환급금으로 체납된 국세·가산금 및 체납처분비를 충당할 경우 충당결정은 체납된 국세의 법정납부기한과 국세환급금의 발생시점 중 늦은 시점으로 소급하여 그 효력이 발생할 수 있게 하였다.

2) 납세자의 신청에 의한 충당

납세자는 환급세액을 납세고지에 의하여 납부하는 국세(납기전 징수사유에 해당하는 경우 제외)와 세법에 따라 자진납부하는 국세에 충당할 수 있으며, 이 경우에는 충당된 세액의 충당청구를 한 날에 해당 국세를 납부한 것으로 본다(국기법 51 ④).

3) 원천징수의무자의 충당

원천징수의무자가 원천징수하여 납부한 세액에서 환급받을 환급세액이 있는 경우 그 환급세액은 당해 원천징수의무자가 원천징수하여 납부하여야 할 세액에 충당(다른 세목의 원천징수세액에의 충당은 소득세법에 따른 원천징수이행상황신고서에 그 충당·조정명세를 적어 신고한 경우에만 할 수 있다)하고 남은 금액을 환급한다. 다만, 그 원천징수의무자가 그 환급액을 즉시 환급하여 줄 것을 요구하는 경우나 원천징수하여 납부하여야 할 세액이 없는 경우에는 즉시 환급한다(국기법 51 ⑤).

(4) 충당의 순위

세무서장이 국세환급금을 국세 등에 충당하는 때에는 다음 각호의 순위에 따라 충당한다. 다만, 동 순위에 따라 충당함으로써 조세채권이 일실될 우려가 있다고 인정되는 때에는 그러하지 아니하다(국기통 51-0…16).

1) 납기 중에 있는 고지세액의 충당

고지된 국세가 2 이상인 때에는 고지납부기한이 먼저 도래하는 국세부터 순차적으로 충당하되, 납세자가 그 충당에 동의하거나 충당을 청구하는 경우에 한한다.

2) 체납액에 충당

체납액은 체납처분비·국세·가산금의 순으로 충당하며 2 이상의 체납액이 있는 때에는 납부기한이 나중에 경과한 체납액부터 순차로 소급하여 충당한다.

3) 자진납부하는 국세 등에 충당

세법에 따라 자진납부하는 국세에 충당(납세자가 그 충당에 동의하거나 충당을 청구하는 경우에 한함)한다.

(5) 국세환급금의 충당시기

세무서장은 국세환급금을 결정한 날로부터 국세 등에 충당할 수 있으며 국세환급금의 환급결정을 하고 이를 한국은행 또는 체신관서에 계좌이체입금요구서 또는 현금지급요구서를 송부한 후에는 고지세액 또는 체납액이 발생하여도 충당할 수 없다(국기통 51-0…17).

4. 국세환급금의 지급

국세환급금은 다른 국세·가산금·체납처분비에 충당하고 남은 금액은 국세환급금의 결정을 한 날부터 30일 내에 납세자에게 지급하여야 한다(국기법 51 ⑥).

납세자에 대한 국세환급금의 지급방법에는 계좌이체 입금방식과 현금지급방식이 있다(국기령 34, 35). 계좌이체 입금방식이란 납세자가 금융회사 또는 체신관서에 계좌를 개설하고 세무서장에게 그 계좌를 신고한 경우 납세자의 해당 계좌에 이체하여 지급하는 방법을 말하며, 현금지급방식이란 계좌이체 지급방식으로 지급할 수 없는 납세자에 대하여 국세환급금을 현금으로 지급하는 방법을 말한다. 각각의 경우에 대한 자세한 환급절차는 아래의 표를 참조하기 바란다.

이 때 환급금을 받아야 할 사람은 당해 세액을 실제로 납부한 사람에게 환급하는 것을 원칙으로 하는 것으로 해석한다(국기통 51-0…1). 예를 들면, 제2차 납세의무자·물적 납세의무자 등과 같이 본래의 납세의무자가 아닌 사람이 납부할 경우에 실제 납부한 제2차 납세의무자 등에게 환급한다. 다만, 납세보증인이 납부한 국세 등에 대하여 국세환급금이 발생한 때에는 피보증인인 납세자에게 충당 또는 환급한다. 이 경우 보증인이 보증채무의 금액을 초과하여 납부함으로써 발생한 국세환급금은 당해 보증인에게 충당 또는 환급한다.

• 참고 •

국세환급금의 결정취소 : 국세환급금이 충당 또는 지급된 후에 국세환급금의 결정이 취소됨에 따라 이미 충당 또는 지급된 금액의 반환을 청구함에 있어서는 국세징수법의 고지·독촉 및 체납처분의 규정을 준용한다(국기법 51 ⑧).

참고로 국세의 환급절차를 도시하면 다음과 같다.

1) 계좌이체에 의하여 지급하는 경우

<표 Ⅱ-5-1> 환급절차

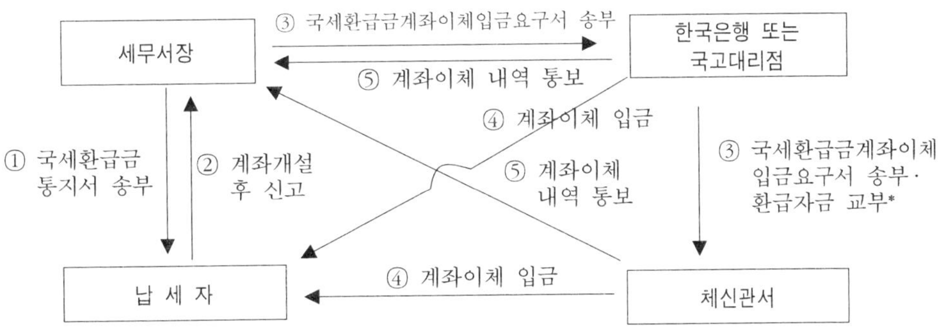

* 체신관서에서 국세환급금을 지급하는 경우로서 체신관서에 계좌이체입금요구서, 현금지급요구서를 송부하는 때에는 한국은행을 거쳐야 한다. 이 경우 한국은행은 체신관서가 국세환급금을 납세자에게 지급할 수 있도록 환급에 필요한 금액을 체신관서에 지급하여야 한다(국기령 38).

2) 현금지급의 경우

<표 Ⅱ-5-2> 환급절차

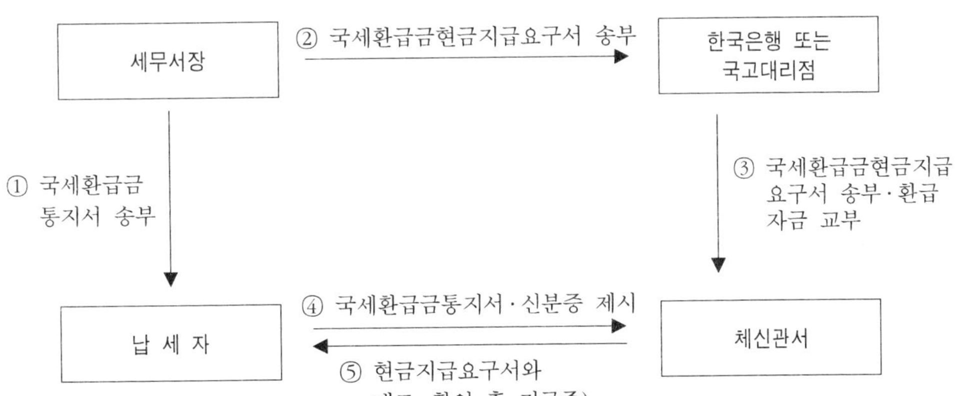

㈜ 체신관서는 국세환급금통지서에 표시된 지급요구일로부터 1년이 지난 경우에는 국세환급금을 지급하지 아니한다. 이 경우 납세자가 재차 국세환급금의 환급을 받고자 하는 때에는 다음의 사항을 기재한 문서에 당해 국세환급금통지서를 첨부하여 관할세무서장에게 신청하여야 하며, 세무서장은 다시 환급절차를 밟아 환급하여야 한다.
㉠ 환급받고자 하는 국세·가산금·체납처분비의 연도 및 금액
㉡ 국세환급금통지서를 받고 1년이 지나도록 수령하지 아니한 사유

5. 물납재산의 환급

(1) 의 의

납세자가 상속세·증여세, 소득세 · 법인세 또는 종합부동산세를 물납한 후 그 부과의 전부 또는 일부를 취소하거나 감액하는 경정결정에 따라 환급하는 경우에는 해당 물납재산으로 환급하여야 한다(국기법 51의 2 ①). 다만, 다음에 해당하는 경우에는 물납재산으로 환급하지 않으며, 일반적인 국세환급금의 규정을 준용한다(국기령 43의 2 ②).

① 그 물납재산이 매각된 경우
② 당해 물납재산의 성질상 분할하여 환급하는 것이 곤란한 경우
③ 당해 물납재산이 임대중에 있거나 다른 행정용도로 사용되고 있는 경우
④ 사용계획이 수립되어 당해 물납재산으로 환급하는 것이 곤란하다고 인정되는 경우 등 국세청장이 정하는 경우

물납재산으로 환급하는 경우에는 국세환급가산금을 지급하지 아니한다(국기법 51의 2 ②).

(2) 물납재산의 환급순서(국기령 43의 2 ①)

1) 납세자의 신청이 있는 때 : 그 신청에 따라 환급

2) 납세자의 신청이 없는 때

① 상속세·증여세 : 물납충당재산의 허가순서의 역순으로 환급
② 소득세·법인세 : 물납하는 재산(보상채권)으로 환급
③ 종합부동산세 : 물납하는 재산(과세대상인 해당 주택 및 토지)으로 환급

참고 물납충당재산의 허가순서

물납에 충당하는 재산은 세무서장이 인정하는 정당한 사유가 없는 한 다음의 순서에 의한다(상증령 74 ②).
① 국채 및 공채
② 국·공채이외의 유가증권으로서 한국거래소에 상장된 것
③ 국내에 소재하는 부동산(상속인 거주주택 제외)
④ 국·공채이외의 유가증권으로서 한국거래소에 상장되지 아니한 것
⑤ 상속개시일 현재 상속인이 거주하는 주택 및 그 부수토지

(3) 관리비용의 부담주체(국기령 43의 2 ③)

국가가 물납재산을 유지 또는 관리하기 위하여 지출한 비용은 국가의 부담으로 한다. 다만, 국가가 물납재산에 대하여 자본적 지출을 한 경우에는 이를 납세자의 부담으로 한다

(4) 과실의 귀속(국기령 43의 2 ④)

물납재산의 수납이후 발생한 물납재산의 과실(법정과실 및 천연과실을 말함)은 납세자에게 환급하지 않고 국가에 귀속된다.

제 2 절 국세환급가산금

1. 개 념

'국세환급가산금'이란 환급하는 국세 등에 대하여 기산일로부터 종료일까지 일정기간 동안의 법정이자상당액을 국세환급금에 가산하여 환급하는 금액을 말한다. 이는 납세자에게 납부기한이 지났을 때 가산금 또는 납부불성실가산세를 징수하는 것과 형평을 유지하기 위한 제도이다.

2. 국세환급가산금의 계산

국세환급가산금은 다음과 같이 계산한다.

국세환급가산금 = 국세환급금 × 일수 × 이자율

이 경우 국세환급가산금의 이자율은 시중은행의 1년 만기 정기예금 평균 수신금리를 고려하여 기획재정부장관이 정하여 고시하는 이자율[2009.5.1. 이후 기간분은 9.3/100,000(연 3.4%), 2010.4.1. 이후 기간분은 11.8/100,000(연 4.3%), 2011.4.11. 이후 기간분은 연 3.7%, 2012.2.1. 이후 기간분은 연 4%]로 한다(국기법 52, 국기령 43의 3 ②, 국기칙 13의 2).

3. 가산기간(일수) 계산

(1) 기산일

국세환급가산금의 기산일은 다음의 구분에 따른 날의 다음 날로 한다(국기법 52).

① 착오납부, 이중납부, 납부후 그 납부의 기초가 된 신고 또는 부과를 경정하거나 취소함에 따라 발생한 국세환급금의 경우 : 그 국세납부일(세법에 따른 중간예납세액 또는 원천징수에 의한 납부액은 해당 세목의 법정신고기한 만료일에 납부한 것으로 본다). 다만, 그 국세가 2회 이상 분할납부된 것인 경우에는 그 마지막 납부일로 하되, 국세환급금이 마지막에 납부된 금액을 초과하는 경우에는 그 금액이 될 때까지 납부일의 순서로 소급하여 계산한 국세의 각 납부일로 한다.

② 적법하게 납부된 국세의 감면으로 발생한 환급의 경우 : 그 감면결정일

③ 적법하게 납부된 후 법률의 개정되어 발생한 환급의 경우 : 그 개정된 법률의 시행일

④ 소득세법·법인세법·부가가치세법·개별소비세법·주세법에 따른 환급세액을 신고 또는 잘못 신고함에 따른 경정으로 인하여 환급하는 경우 : 그 신고한 날(법정신고기일 전에 신고한 경우에는 그 법정신고기일)부터 30일이 지난 때. 다만, 환급세액을 신고하지 아니함에 따른 결정으로 인하여 발생한 환급세액을 환급함에 있어서는 해당 결정일부터 30일이 지난 때

⑤ 경정청구에 의하여 원천징수의무자가 연말정산 또는 원천징수하여 납부한 세액을 원천징수의무자 또는 근로소득자 등에게 환급하는 경우 : 연말정산세액 또는 원천징수세액의 납부기한부터 30일이 지난 때

(2) 종료일

① 국세환급금을 다른 국세·가산금 또는 체납처분비에 충당하는 날 또는
② 국세환급금의 지급결정을 한 날

제 3 절 국세환급금의 양도

환급금은 납세자가 정부에 대하여 그 반환을 청구할 수 있는 권리, 즉 납세자가 정부에 대하여 갖고 있는 채권이라 할 수 있으므로 이를 타인에게 양도할 수 있다. 국세환급금에 관한 권리를 양도하고자 하는 납세자는 세무서장이 국세환급금통지서를 발급하기 전에 다음 각 호의 사항을 적은 문서로 관할세무서장에게 요구하여야 한다(국기법 53, 국기령 42 ①).

① 양도인의 주소와 성명
② 양수인의 주소와 성명
③ 양도하려는 권리의 내용

양도요구가 있는 경우에 양도인이 납부할 다른 국세·가산금·체납처분비가 있으면 그 국세·가산금·체납처분비에 충당하고, 남은 금액에 대하여는 양도의 요구에 지체없이 따라야 한다(국기령 42 ②).

국세환급금에 관한 권리를 양도한 경우에 양도인과 양수인간에 국세환급가산금에 관한 특별한 약정이 없는 때에는 다음에 따라 환급한다(국기통 53-0…1).

① 국세환급금을 전액 양도한 때에는 양수인에게 국세환급가산금을 충당 또는 환급한다.
② 국세환급금 중 일부를 양도·양수한 때에는 그 양도·양수한 금액에 대하여 양도한 날을 기준으로 양도일까지의 가산금은 양도인에게 충당 또는 환급하고, 양도일의 다음 날부터 지급일까지의 가산금은 양수인에게 충당 또는 환급한다.

제 4 절 국세환급금의 소멸시효

'소멸시효'라 함은 권리를 행사할 수 있음에도 불구하고 일정기간 계속하여 그 권리를 행사하지 아니함으로써 권리소멸의 효과를 생기게 하는 제도이다.

국세환급금과 국세환급가산금에 관한 권리는 행사할 수 있는 때부터 5년간 행사하지 아니하면 소멸시효가 완성된다(국기법 54 ②). 이 소멸시효에 관하여는 국세기본법 또는 세법에 특별한 규정이 있는 것을 제외하고는 민법에 의한다. 일반적으로는 국세환급가산금계산의 기산일이 소멸시효의 기산일이 된다.

그리고 국세환급가산금의 결정원인이 되는 국세환급금의 소멸시효가 완성된 때에는 국세환급가산금의 소멸시효도 완성하는 것으로 본다(국기통 54-0…3).

[별지 제20호 서식] (2004.3.11. 신설)

<table>
<tr><td colspan="5" rowspan="2">국 세 환 급 금 신 청 서</td><td rowspan="2">□ 착오납부
□ 이중납부</td><td>처 리 기 간</td></tr>
<tr><td>즉시</td></tr>
<tr><td rowspan="4">신
청
인</td><td colspan="2">성 명(대표자)</td><td></td><td>주민등록번호</td><td colspan="2"></td></tr>
<tr><td colspan="2">상 호(법인명)</td><td></td><td>사업자등록번호</td><td colspan="2"></td></tr>
<tr><td colspan="2">주 소</td><td colspan="2"></td><td colspan="2">전 화 번 호</td></tr>
<tr><td colspan="2">사업장소재지</td><td colspan="2"></td><td colspan="2"></td></tr>
<tr><td>구분</td><td>세 목</td><td>납부연월일</td><td>계</td><td>국 세</td><td>농 특 세
교 육 세</td><td>가산금</td></tr>
<tr><td rowspan="7">착오납부(이중납부)내역</td><td></td><td></td><td></td><td></td><td></td><td></td></tr>
<tr><td></td><td></td><td></td><td></td><td></td><td></td></tr>
<tr><td></td><td></td><td></td><td></td><td></td><td></td></tr>
<tr><td></td><td></td><td></td><td></td><td></td><td></td></tr>
<tr><td></td><td></td><td></td><td></td><td></td><td></td></tr>
<tr><td></td><td></td><td></td><td></td><td></td><td></td></tr>
<tr><td>계</td><td></td><td></td><td></td><td></td><td></td></tr>
</table>

위와 같이 국세기본법 제51조 제1항 및 동법시행령 제33조 제3항의 규정에 의하여 착오납부(이중납부)된 국세를 환급하여 주시기 바랍니다.

년 월 일

신 청 인 (서명 또는 인)

세 무 서 장 귀 하

210㎜×297㎜(신문용지 54g/㎡(재활용품))

연습문제

[주관식 문제]

1. 국세환급금과 국세환급가산금에 대하여 설명하라.
2. 국세환급금의 충당방법과 충당순위에 대하여 약술하라.
3. 물납재산의 환급에 대하여 약술하라.

[객관식 문제]

1. 국세환급금에 대한 설명으로 틀린 것은?

① 대상으로서는 과오납금, 환급세액이 있다.
② 환급가산금이란 국세환급금에 붙이는 법정이자로서 법인세법상 익금산입 대상이 된다.
③ 환급금 지급결정 후 30일 내에 환급하여야 한다.
④ 물납재산으로 환급하는 경우에는 국세환급가산금을 적용하지 않는다.
⑤ 국세환급금과 국세환급가산금에 관한 권리의 소멸시효는 5년이다.

2. 국세환급금에 대한 다음 설명 중 옳지 않은 것은?

① 국세환급금의 지급금액이 30만원 미만인 경우에는 인감증명서의 제출없이 주민등록증 등에 의하여 본인임을 확인하고 지급한다.
② 납세자는 국세환급금에 관한 권리를 양도하고자 하는 경우 문서로 소관세무서장에게 요구하여야 한다.
③ 세무서장이 국세환급금 송금통지서를 발급한 후에는 국세환급금에 관한 권리를 양도할 수 없다.
④ 국세환급금의 소멸시효의 중단과 정지에 관하여는 국세기본법 또는 세법에 특별한 규정이 있는 것을 제외하고는 민법에 의한다.
⑤ 체신관서는 국세환급금통지서에 표시된 지급요구일로부터 1년이 지난 경우에는 국세환급금을 지급하지 아니한다.

정답	1. ② 2. ①

3. 국세환급금을 계산할 때 기산일이 잘못 설명된 것은?

① 착오납부, 이중납부, 납부의 부과취소로 인한 국세환급의 경우는 그 취소결정일을 기산일로 한다.
② 신고하지 아니한 소득세의 환급세액을 세무서장이 결정함으로써 발생하는 환급세액은 그 결정일부터 30일이 지난 날의 다음 날을 기산일로 한다.
③ 적법하게 납부한 국세에 대한 감면으로 인한 국세환급금은 그 감면결정일의 다음날을 기산일로 한다.
④ 적법하게 납부된 후 법률개정으로 인한 국세환급금에 있어서는 그 법률의 시행일의 다음날을 기산일로 한다.
⑤ 부가가치세 환급세액을 신고에 의하여 환급하는 경우에는 그 신고한 날로부터 30일이 지난 날의 다음 날을 기산일로 한다.

4. 국세환급금에 대한 설명 중 옳지 않은 것은?

① 국세환급금은 해당 국세환급금의 결정일부터 30일 내에 환급하여야 한다.
② 세무서장은 국세환급금을 다른 세액에 충당한 경우에는 그 뜻을 적은 문서로 해당 납세자에게 통지하여야 한다(국기령 31).
③ 체납된 국세가 있는 경우에는 먼저 충당하고 국세환급금잔액을 환급하는 것이 원칙이다.
④ 국세환급금에 관한 권리는 5년간 행사하지 아니하면 소멸시효가 완성된다.
⑤ 국세환급금송금통지서는 교부송달함이 원칙이다.

5. 국세환급금에 대한 설명 중 틀린 것은?

① 세무서장은 납세의무자가 국세·가산금 또는 체납처분비로서 납부한 금액 중 과오납금 또는 환급세액이 있는 때에는 이를 국세환급금으로 즉시 결정하여야 한다.
② 국세환급가산금은 국세환급금을 다른 세액에 충당하는 날 또는 지급결정을 하는 날까지 계산한다.
③ 국세환급금을 국세 등에 충당하는 때에는 체납된 국세·가산금·체납처분비를 최우선으로 한다.
④ 국세환급금에 관한 권리는 세무서장이 국세환급금송금통지서를 발급한 후에도 타인에게 양도할 수 있다.
⑤ 국세환급금을 다른 국세·가산금 또는 체납처분비에 충당한 경우에는 그 뜻을 적은 문서로 해당 납세자에게 통지하여야 한다.

정답	3. ① 4. ⑤ 5. ④

6. 국세기본법상 국세환급금과 국세환급가산금에 대한 설명이다. 옳지 않은 것은?

① 세무서장은 국세환급금(국세환급가산금 포함)을 충당하고, 잔여금이 있는 때에는 이를 해당연도의 소관세입금 중에서 납세자에게 지급하도록 한국은행에 통지하여야 한다.
② 납세자의 국세환급금과 국세환급가산금에 관한 권리는 이를 행사할 수 있는 때로부터 5년간 행사하지 않으면 소멸시효가 완성한다.
③ 세무서장은 납세자의 국세환급금으로 결정한 금액을 당해 납세자의 체납된 국세·가산금과 체납처분비에 충당하여야 한다.
④ 납세자가 법인세를 물납한 후 부과를 취소하거나 환급하는 경우에는 해당 물납재산과 국세환급가산금을 환급하여야 한다.
⑤ 납세자는 국세환급금에 대한 권리를 타인에게 양도할 수 있다.

7. 부가가치세를 이중납부한 경우에 국세환급가산금의 기산일로서 맞는 것은?

① 실제납부일
② 부가가치세법에 의한 정기결정일의 다음 날
③ 그 법정신고기일로부터 30일이 경과하는 때
④ 실제납부일의 다음 날
⑤ 그 법정신고기일의 다음 날

8. 국세환급가산금 계산에 있어서 그 계산기간의 만료일로서 가장 정확한 것은?

① 국세환급금의 지급일 또는 충당일
② 국세환급금통지서 발송일
③ 국세환급금의 지급결정일
④ 국세환급금의 지급일
⑤ 국세환급금의 충당일 또는 지급결정일

9. 소득세의 중간예납세액 또는 원천징수세액이 환급되는 경우 환급가산금의 기산일은?

① 실제 납부일의 다음 날
② 법정신고기한으로부터 30일이 경과하는 날의 다음 날
③ 법정신고기한의 다음 날
④ 정기결정일로부터 30일이 경과하는 날
⑤ 실제 납부일로부터 30일이 경과하는 날의 다음 날

정답	6. ④ 7. ④ 8. ⑤ 9. ③

10. 국세환급금의 충당방법에 대한 설명으로 잘못된 것은?

① 세법에 의하여 자진납부하는 국세도 세무서장의 직권에 의한 충당이 가능하다.
② 국세환급금의 충당방법에는 직권에 의한 충당과 신청에 의한 충당이 있다.
③ 납세자가 세법에 따라 환급받을 환급세액을 국세에 충당할 것을 청구한 경우, 충당된 세액의 충당청구를 한 날에 해당 국세를 납부한 것으로 본다.
④ 납기전 징수사유에 해당하는 경우에는 납세자의 동의 없이 세무서장의 직권으로 국세환급금을 충당할 수 있다.
⑤ 국세환급금을 결정한 세무서장이 아닌 다른 세무서장이 충당을 요구하는 경우 그 다른 세무서에 체납된 국세·가산금·체납처분비에도 국세환급금을 직권으로 충당할 수 있다.

11. 국세환급금으로 납세자의 동의 없이 충당할 수 없는 대상은?

① 체납된 국세
② 체납된 체납처분비
③ 납세고지에 의하여 납부하는 국세(납기전 징수사유에 해당하지 아니함)
④ 체납된 국세·가산금·체납처분비
⑤ 체납된 가산금

정답	10. ① 11. ③

제8장 조세불복제도

제1절 조세불복제도 개요

1. 조세불복의 개념

'조세불복(tax protest)'이란 국세기본법 또는 세법에 따른 과세처분으로서 위법 또는 부당한 처분을 받거나 필요한 처분을 받지 못함으로 인하여 권리나 이익을 침해당한 자가 그 처분의 취소 또는 변경이나 필요한 처분을 청구하는 것을 말한다(국기법 55 ①).

조세불복절차에는 행정관청(과세관청 혹은 감사원)에 하는 불복뿐만 아니라 사법기관에 하는 행정소송도 포함되는데, 전자를 협의의 조세불복이라 하고 후자를 광의의 조세불복이라고 한다.

국세기본법상의 조세불복절차는 원칙적으로 국세청장에 대한 심사청구 또는 조세심판원장에 대한 심판청구의 1심제를 적용한다. 다만, 불복청구인은 심사청구 또는 심판청구에 앞서 소관세무서장 또는 소관지방국세청장에게 이의신청을 할 수 있으며, 이의신청을 거치는 경우에는 2심제가 된다. 다만, 불복의 대상인 처분이 국세청장이 조사·결정 또는 처리하였거나 하였어야 할 것인 경우에는 이의신청이 배제된다(국기법 55 ①, ③).

참고 ● 이의신청이 배제되는 처분

여기서 '국세청장이 조사·결정 또는 처리하였거나 하였어야 할 것'이란 다음의 것을 말한다(국기법 55 ③, 국기령 44의 2).

1) 국세청장의 과세표준 조사·결정에 따른 처분
2) 국세청의 감사결과에 따른 시정지시에 따른 처분
3) 국세청의 세무사찰결과에 따른 처분
4) '1)내지 3)' 이외에 국세청장의 특별한 지시에 따른 처분
5) 세법에 따라 국세청장이 하여야 할 처분

2. 불복절차

국세의 불복절차를 그림으로 요약하면 다음과 같다.

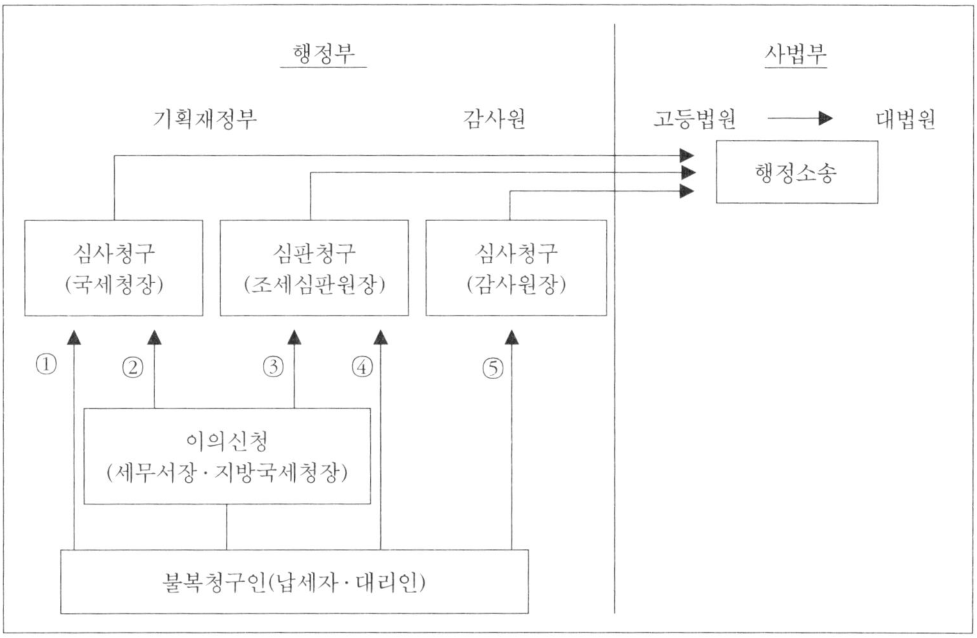

※ 1. 납세자는 '①', '②', '③', '④', '⑤' 중 어느 불복절차를 선택해도 관계없다.
 2. 동일한 처분에 대해서는 심사청구와 심판청구를 중복하여 제기할 수 없다(국기법 55 ⑨).
 3. 국세기본법상의 심사 또는 심판청구와 감사원법상의 심사청구는 중복하여 제기할 수 없다.
 4. 국세기본법상의 불복절차는 단심제가 원칙이다. 그러나, '②', '③'의 절차를 선택하면 2심제가 된다.

<표 Ⅱ-22> 국세의 불복절차

재 결 청			불 복 유 형	청구기간	보정기간	결정기간
행정부	기획재정부	세무서 또는 지방국세청	① 이의신청	90일 이내	20일 이내	30일 이내
		국세청 (또는 조세심판원)	② 심사청구 또는 심판청구	90일 이내	20일 이내 (심판청구는 상당기간 내)	90일 이내
	감사원	감사원	심사청구	90일 이내	–	3개월 이내
사 법 부		고등법원	행정소송	90일 이내	–	–

3. 다른 법률과의 관계

(1) 행정소송법과의 관계

현행 행정소송법은 행정심판 전치주의를 폐지하되 다른 법률에서 특별한 규정이 있는 경우에는 예외를 인정하고 있다. 국세기본법에서 조세불복에 관한 특례를 규정하고 있으므로 국세처분에 대해서는 행정소송에 앞서 반드시 국세기본법에 의한 조세불복절차(또는 감사원법상의 심사청구)를 거쳐야 한다.

● 참고 ● **행정심판 전치주의**

행정상 법률관계에 관한 분쟁도 사법심의 심판대상이 됨은 당연하다. 그러나 행정관계의 특수성을 고려하여 행정소송의 제기에 앞서 행정청 자신의 심판을 거치도록 할 수 있는데 이를 행정심판 전치주의라고 한다(헌법 107 ③). 지방세법은 최근 헌법재판소의 위헌결정에 따라 행정심판 전치주의를 폐지하였으나(지기법 117~127), 국세기본법은 여전히 행정심판 전치주의를 고수하고 있는 상황이다.

(2) 행정심판법과의 관계

국세에 관한 조세불복에 대하여는 행정심판법을 적용하지 아니하고 국세기본법을 적용한다(국기법 56 ①). 따라서 국세기본법은 조세불복에 관하여 행정심판법에 대한 특별법적 지위에 있다.

● 참고 ● **국세기본법상 조세불복절차의 취지**

국세기본법에 조세불복절차를 규정하고 이에 대해 일반 행정심판과는 분리된 특별행정심판의 성격을 부여한 취지는 다음과 같다.

1. 신속한 조세구제 : 장기간의 시간과 비용이 소요되는 소송절차보다 시간과 비용이 절약되는 조세구제제도를 마련함으로써 납세자의 인적·물적 부담을 경감한다.
2. 자율적 행정통제 : 조세불복청구를 통해 과세관청에게는 국민의 권리 또는 이익침해에 대한 자기반성의 기회를 제공하고 상급관청에게는 하급관서의 업무감독기회를 제공한다.
3. 법원의 재판부담 경감 : 세법의 전문성과 기술성 특히 조세법률관계의 대량·반복성에 기인하여 조세구제를 곧바로 사법심에서 다루는 경우 재판의 폭주가 예상된다. 조세구제제도를 사법심의 전단계로 적용함으로써 법원의 재판부담을 경감한다.

(3) 감사원법과의 관계

납세자가 감사원법에 따라 감사원에 심사청구를 하는 경우에는 국세기본법의 심사·심판청구는 적용하지 아니하며 감사원 심사청구의 1심제를 적용한다. 조세불복에 관하여 국세기본법상의 조세불복절차와 감사원법상의 심사청구는 납세자의 선택에 따른 대체관계에 있으므로 중복청구는 허용되지 아니한다.

4. 불복청구가 집행에 미치는 효력

(1) 원칙 : 집행부정지의 효력

이의신청·심사청구 또는 심판청구는 당해 불복대상이 된 처분의 집행에는 효력을 미치지 아니함을 원칙으로 한다. 이는 처분의 집행을 일시적으로 모면하기 위하여 불복청구제도를 악용하는 것을 방지하기 위함이다. 다만, 세법에 특별한 규정이 있는 경우에는 그러하지 아니하다.

(2) 예외 : 집행정지의 효력

1) 불복청구인이 심한 재해를 입은 경우

이의신청인·심사청구인·심판청구인이 심한 재해를 입은 경우로서 정부가 이를 조사하기 위하여 상당한 시일이 필요하다고 인정되는 때에는 재결청(불복청구를 심리·결정하는 관청)이 그 처분의 집행을 중지하게 하거나 중지할 수 있다(국기법 57, 국기령 45).

2) 공매의 경우

이의신청·심사청구·심판청구가 계류 중인 때에는 국세의 체납으로 인하여 압류한 재산에 대하여 그 신청 또는 청구에 대한 결정이 확정되기 전에는 이를 공매할 수 없다(국징법 61 ③). 공매로 인한 재산상실의 우려가 있기 때문이다.

단, 그 재산이 부패·변질 또는 감량되기 쉬운 재산으로서 속히 매각하지 아니하면 그 재산가액이 감손될 우려가 있는 때에는 불복계류 중에도 이를 매각할 수 있다(국징법 61, 62).

제 2 절 조세불복의 구체적 내용 및 절차

1. 조세불복대상

조세불복을 할 수 있는 대상에 대하여 국세기본법에서는 "이 법 또는 세법에 의한 처분으로서 위법 또는 부당한 처분을 받거나 필요한 처분을 받지 못함으로써 권리 또는 이익의 침해를 당한 자는 (중략) 그 처분의 취소 또는 변경이나 필요한 처분을 청구할 수 있다"(국기법 55 ① 본문)고 규정되어 있다.

따라서, 조세불복의 대상은 첫째로, 위법 또는 부당한 조세처분이어야 한다. 행정심판법에 따르면 행정처분의 정의를 "행정청이 행하는 구체적 사실에 대한 법집행으로서의 공권력행사 또는 그 거부와 그 밖에 이에 준하는 행정작용"이라고 규정해 놓고 있듯이, 조세처분은 공권력의 행사를 통하여 국민에게 구체적 사실에 대한 권리를 설정하거나 의무를 명하는 행위 및 기타 법적 효과를 발생하게 하는 행위이다. 이 처분에는 '거부처분'도 포함되는데, 거부처분이란 신청내용의 부적법·부적합 및 신청의 절차적 불비를 이유로 하여 신청을 거부하는 행위이다. 따라서 조세불복 대상은 조세부과처분 이외에도 신청 등의 거부처분도 포함된다. 둘째로, 필요한 처분을 받지 못한 '부작위(소극처분)'이어야 한다. 「행정심판법」에 의하면 '부작위(不作爲)'의 정의를 "행정청이 당사자의 신청에 대하여 상당한 기간 내에 일정한 처분을 하여야 할 법률상 의무가 있음에도 불구하고 이를 하지 아니하는 것"이라고 규정해 놓고 있듯이, 조세의 부작위처분은 신청에 대하여 직무행위를 완결함이 없이 방치하는 것을 의미한다.

● 참고 ●　개괄주의와 열거주의

불복청구대상을 정하는 입법상의 원칙은 개괄주의와 열거주의로 나뉘어진다. 개괄주의란 위법·부당한 처분에 의한 권리 또는 이익의 침해사항은 제한 없이 청구대상으로 하는 방식을 말하며, 열거주의란 청구대상을 제한적으로 열거하고 열거한 사항에 한하여 청구대상으로 하는 방식을 말한다. 국세기본법은 불복청구의 대상을 개괄주의 입장에서 규정하고 있다.

다음의 처분에 대하여는 국세기본법상의 불복청구를 할 수 없다(국기법 55 ⑤).

① 이의신청·심사청구 또는 심판청구에 대한 처분(다만, 이의신청에 대한 처분에 대하여 심사청구 또는 심판청구를 하는 경우는 제외한다)

② 「조세범처벌절차법」에 따른 통고처분

③ 「감사원법」에 따라 심사청구를 한 처분이나 그 심사청구에 대한 처분

● 참고 ●　총액주의와 쟁점주의

조세불복에 대하여 조사·심리하고자 하는 경우에 그 범위를 정함에 있어 두 가지의 견해가 있는데, 이에는 총액주의와 쟁점주의가 있다. 총액주의는 어느 과세처분에 대하여 일부분의 불복청구가 있는 경우에 그 과세처분의 대상이 된 모든 세액에 대하여 조사·심리하여야 한다는 것이고, 쟁점주의는 불복청구된 부분에 한정하여 조사·심리하면 된다는 견해이다. 우리나라의 「국세기본법」에서는 명문의 규정은 없으나 대법원의 판례는 총액주의를 따르고 있다.

2. 불복청구인

(1) 당사자 및 이해관계인

국세불복의 청구권자는 국세기본법 또는 세법에 따른 처분으로서 위법 또는 부당한 처분을 받거나 필요한 처분을 받지 못함으로써 권리 또는 이익의 침해를 당한 자이다(국기법 55 ① 본문). 처분을 받은 직접적인 당사자는 물론이고 국세기본법 또는 세법에 의하여 권리나 이익을 침해당하게 될 이해관계인(제2차 납세의무자로서 납부통지서를 받은 자, 물적 납세의무를 지는 자로서 납부통지서를 받은 자, 납세보증인)도 위법 또는 부당한 처분을 받은 자의 처분에 대하여 불복청구 할 수 있다. 다만, 단순히 반사적인 권리 또는 이익의 침해를 당한 자는 불복청구 할 수 없다(국기법 55 ①, ②, 국기령 44, 국기통 55-0…4).

(2) 대리인

이의신청인·심사청구인 또는 심판청구인과 처분청은 변호사 또는 세무사(세무사법에 의하여 등록한 세무사인 공인회계사를 포함한다)를 대리인으로 선임할 수 있다(국기법 59 ①). 그리고 불복청구금액이 3천만원(지방세는 1천만원) 미만인 경우(소액심판)에는 그 배우자, 4촌 이내의 혈족 또는 그 배우자의 4촌 이내의 혈족을 대리인으로 선임할 수 있다(국기법 59 ②).

이와 같은 대리인의 권한은 서면으로 증명하여야 하며, 대리인을 해임하였을 때에는 그 사실을 서면으로 해당 재결청에 신고하여야 한다(국기법 59 ②, ③). 대리인은 본인을 위하여 그 신청 또는 청구에 관한 모든 행위를 할 수 있으나, 그 신청 또는 청구의 취하는 반드시 특별한 위임을 받은 경우에만 할 수 있다(국기법 59 ③).

3. 청구기간·불복청구서 제출·청구서 보정 등

(1) 청구기간

이의신청은 해당 처분이 있은 것을 안 날(처분의 통지를 받은 때에는 그 받은 날)로부터 90일 이내에 제기하여야 한다. 이의신청을 거치지 않고 심사청구 또는 심판청구를 하는 경우에도 마찬가지이다(국기법 61 ①, 66 ⑥).

그런데 이의신청을 거친 후 심사청구 및 심판청구를 하려면 이의신청에 대한 결정의 통지를 받은 날부터 90일 이내에 제기하여야 한다. 다만, 결정기간 내에 결정의 통지를 받지 못한 경우에는 결정의 통지를 받기 전이라도 그 결정기간이 지난 날부터 심사청구 또는 심판청구를 할 수 있다(국기법 61 ②, 68 ①).

청구기간을 계산할 때에는 세무서장에게 해당 불복청구서가 제출된 때에 불복청구를 한 것으로 한다. 해당 청구서가 세무서장 외의 세무서장·지방국세청장·국세청장 또는 조세심판원장에게 제출된 때에도 또한 같다(국기법 62 ②, 66 ⑥, 69 ②).

한편 청구기한까지 우편으로 제출한 불복청구서가 불복청구기간을 지나서 도달한 경우에도 그 기간 만료일에 적법한 청구를 한 것으로 본다(국기법 61 ③, 66 ⑥, 81). 이 경우 '우편으로 제출한 날'은 우편법에 따른 통신일부인이 찍힌 날(통신일부인이 찍히지 않았거나 분명하지 않은 경우에는 통상 걸리는 우송일수를 기준으로 발송한 날로 인정되는 날)을 기준으로 한다.

● 참고 ● 불복청구기한에 관한 그 밖의 사항

1. 불복청구인이 기한연장사유(신고, 신청, 청구, 그 밖에 서류의 제출, 통지에 관한 기한연장사유만 해당하며 납부기한 연장사유의 경우에는 불복청구기간은 연장되지 않는다)로 인하여 청구기한 내에 이의신청·심사청구 또는 심판청구를 할 수 없을 때에는 그 사유가 소멸한 날부터 14일 이내에 이의신청·심사청구 또는 심판청구를 할 수 있다(국기법 61 ④, 66 ⑥, 81).
2. 상호합의절차가 개시된 경우 상호합의절차의 개시일부터 종료일까지의 기간은 국세기본법 및 지방세법에 따른 불복청구기간과 결정기간에 이를 산입하지 않는다(국기법 55의 2, 국조법 24 ①).
3. 심사청구 또는 심판청구를 거친 후 행정소송의 제기기간(결정의 통지를 받은 날부터 90일 이내)은 불변기간이므로 기한연장사유가 있어도 연장되지 않는다(국기법 56 ⑤).

(2) 불복청구서의 제출

이의신청은 해당 처분을 하였거나 하였어야 할 세무서장에게 하거나 세무서장을 거쳐 관할 지방국세청장에게 하여야 하고(국기법 66 ①), 심사청구는 해당 처분을 하였거나 하였어야 할 세무서장을 거쳐 국세청장에게 하여야 한다(국기법 62 ①). 그리고 심판청구는 해당 처분을 하였거나 하였어야 할 세무서장을 거쳐 조세심판원장에게 하여야 한다(국기법 69 ①).

● 참고 ● 이의신청을 관할 지방국세청장에게 하여야 하는 경우

지방국세청장의 조사에 따라 과세처분을 한 경우, 같은 지방국세청장의 관할에 속하는 경우로서 조사한 세무서장과 과세한 세무서장이 서로 다른 경우, 세무서장에게 과세전적부심사를 청구한 경우에 이의신청은 관할 지방국세청장에게 하여야 하며, 세무서장에게 한 이의신청은 관할 지방국세청장에게 한 것으로 본다(국기법 66 ① 단서).

세무서장은 이의신청의 대상이 된 처분이 지방국세청장이 조사·결정 또는 처리하거나 하였어야 할 것인 경우에는 이의신청을 받은 날부터 7일 이내에 해당 신청서에 답변서를 첨부하여 해당 지방국세청장에게 송부하고 그 뜻을 이의신청인에게 통지하여야 한다(국기법 66 ②).

또한, 신청자의 선택에 의하여 지방국세청장에게 하는 이의신청을 세무서장이 받은 경우에는 이의신청을 받은 날부터 7일 이내에 해당 신청서에 의견서를 첨부하여 지방국세청장에게 송부하여야 한다(국기법 66 ③).

심사청구서의 제출을 받은 세무서장은 이를 받은 날부터 7일 이내에 그 청구서에 의견서를 첨부하여 국세청장에게 송부하여야 한다(국기법 69 ③). 다만, 해당 심사청구의 대상이 된 처분이 지방국세청장이 조사 · 결정 또는 처리하였거나 하였어야 할 것인 경우와 지방국세청장에게 이의신청을 한 자가 이의신청에 대한 결정에 이의가 있거나 그 결정을 받지 못한 경우에는 그 지방국세청장의 의견서를 첨부하여야 한다(국기법 62 ③).

심판청구서의 제출을 받은 세무서장은 이를 받은 날부터 10일 이내에 그 청구서에 답변서를 첨부하여 조세심판원장에게 송부하여야 한다. 다만, 심사청구의 대상이 된 처분이 국세청장이 조사 · 결정 또는 처리하였거나 하였어야 할 것인 경우, 해당 심사청구의 대상이 된 처분이 지방국세청장이 조사 · 결정 또는 처리하였거나 하였어야 할 것인 경우, 그리고 지방국세청장에게 이의신청을 한 자가 이의신청에 대한 결정에 이의가 있거나 그 결정을 받지 못한 경우에는 국세청장 또는 지방국세청장의 답변서를 첨부하여야 한다(국기법 69 ③).

(3) 청구서의 보정

세무서장 · 국세청장 또는 조세심판원장은 이의신청 · 심사청구 또는 심판청구의 내용이나 절차가 국세기본법 또는 세법에 적합하지 아니하나 보정(補正)할 수 있다고 인정되면, 이의신청 · 심사청구의 경우에는 20일 이내, 심판청구의 경우에는 상당한 기간을 정하여 보정할 것을 요구할 수 있다(국기법 63 ①, 66 ⑥, 81). 다만, 보정할 사항이 경미한 경우에는 직권으로 보정할 수 있다.

이와 같은 보정기간은 청구기간 또는 결정기간에 산입하지 아니한다(국기법 63 ③, 65 ④, 66 ⑥, 81).

4. 불복청구에 대한 결정

(1) 결정기관 및 결정기간

이의신청을 받은 세무서장 또는 지방국세청장은 그 신청을 받은 날부터 30일 이내에 각각 국세심사위원회의 심의를 거쳐 결정하여야 하며(국기법 66 ④), 심사청구를 받은 국세청장은 그 청구를 받은 날부터 90일 이내에 국세심사위원회의 심의를 거쳐 결정하여야 한다(국기법 64 ①, 65 ②). 조세심판원장이 심판청구를 받으면 그 청구를 받은 날부터 90일 이내에 조세심판관회의가 심리를 거쳐 결정한다(국기법 78 ①, 81).

• 참고 • **국세심사위원회와 조세심판관회의의 성격**

1. 이의신청 또는 심사청구에 대한 결정을 할 때에는 국세심사위원회의 심의를 반드시 거쳐야 하지만, 국세심사위원회는 필요적 자문기관에 불과하므로 그 심의결과는 세무서장·지방국세청장 또는 국세청장의 의견을 구속하지 않는다. 그러나 심판청구시에 거치는 조세심판관회의는 심의기관인 동시에 결정기관의 역할을 하기 때문에 조세심판관회의의 심리결과 결정된 사항은 조세심판원장을 구속하게 된다.
2. 이의신청, 심사청구 및 과세전적부심사청구사항을 심의하기 위하여 세무서, 지방국세청 및 국세청에 각각 국세심사위원회를 둔다(국기법 66의 2).

(2) 결정의 종류

조세불복청구에 대한 결정의 유형으로는 첫째, 각하(却下)결정이 있다. 각 조세불복청구절차가 청구기간이 지난 후에 있었거나 보정기간동안 필요한 보정을 하지 아니한 때에는 그 청구를 각하하는 결정을 한다. 둘째, 기각(棄却)결정이 있다. 각 조세불복청구가 이유 없다고 인정되는 때에는 그 청구를 기각하는 결정을 한다. 또한 재결청이 각 청구에 대한 결정기간 내에 청구권자에게 그 결정의 통지가 없는 때에는 그 청구는 기각된 것으로 본다. 셋째, 취소·경정 또는 필요한 처분의 결정이 있다. 조세불복청구가 이유 있다고 인정되는 때에는 그 청구의 대상이 된 처분의 취소·경정결정을 하거나 필요한 처분의 결정을 한다. 취소는 전부취소를, 경정은 일부취소 또는 변경을 그리고 필요한 처분은 의무이행의 결정이나 부작위(不作爲) 위법확인의 결정이 된다.

• 참고 • **각하결정사유(국기법 65 ①, 국기통 65-0…1)**

① 청구가 적법하지 아니하거나 법에 정한 청구기간이 경과한 후 청구가 있은 때
② 청구 후 보정기간 내에 필요한 보정을 하지 아니한 때
③ 불복청구의 대상이 된 처분이 존재하지 않을 때(처분의 부존재)
④ 불복청구의 대상이 된 처분에 의하여 권리 또는 이익의 침해를 당하지 않은 자의 불복(당사자 부적격)
⑤ 불복청구의 대상이 되지 아니하는 처분에 대한 불복
⑥ 대리권 없는 자의 불복

(3) 결정의 통지

이의신청 · 심사청구 또는 심판청구에 대한 결정을 한 때에는 결정 기간 내에 그 이유를 기재한 결정서로 불복청구인에게 통지하여야 한다(국기법 65 ③, 66 ⑥, 81). 이 경우 이의신청 · 심사청구 또는 심판청구의 재결청은 결정서에 그 결정서를 받은 날부터 90일 이내에 이의신청인은 심사청구 또는 심판청구를, 심사청구인 또는 심판청구인은 행정소송제기를 할 수 있다는 내용을 적어야 한다(국기법 60 ①).

이의신청·심사청구 또는 심판청구의 재결청은 당해 이의신청·심사청구 또는 심판청구에 대한 결정기간이 지나도 그 결정을 하지 못하였을 때에는 이의신청인은 심사청구 또는 심판청구를, 심사청구인 또는 심판청구인은 행정소송제기를 결저의 통지를 받기 전이라도 그 결정기간이 지난 날부터 할 수 있다는 내용을 서면으로 지체없이 그 신청인 또는 청구인에게 통지하여야 한다(국기법 60 ②).

(4) 결정의 경정

심사청구에 대한 결정에 잘못된 기재, 계산착오, 그 밖에 이와 비슷한 잘못이 있는 것이 명백할 때에는 국세청장은 직권 또는 심사청구인의 신청에 의하여 이를 경정할 수 있으며, 이 규정은 이의신청과 심판청구에도 준용한다(국기법 65의 2 ①, 66 ⑥, 81).

국세청장은 이러한 결정의 경정을 하려는 경우에는 국세심사위원회의 의결을 거쳐야 하며, 결정의 경정을 한 경우에는 지체없이 심사청구인에게 통지하여야 한다(국기령 53의 2).

● 참고 ●

이의신청·심사청구·심판청구의 결정에 대하여 잘못된 기재·계산착오 등의 단순하고 명백한 잘못은 재결청 스스로 이를 경정할 수 있도록 함으로써 행정소송에 따른 부담을 제거하고, 납세자의 권리를 보호하고자 하는 취지의 제도이다. 다만, 열거된 사유 외에는 결정에 대한 경정이 허용되지 아니함에 유의하여야 한다.

(5) 결정의 효력

결정기관(재결청)의 결정은 불가쟁력[不可爭力](형식적 확정력), 불가변력[不可變力](내용적 확정력) 및 기속력[羈束力]의 효력이 있다. 불가쟁력은 제소기간의 경과 등으로 결정의 효력이 형식적으로 확정된 것은 이후 쟁송에 따라 더 이상 다툴 수 없다는 것이고, 불가변력은 이미 이루어진 결정은 결정을 내린 결정기관이라도 그 자신이 임의로 취소, 변경, 또는 철회할 수 없다는 것이다. 그리고 기속력은 결정의 대상이 된 처분의 관계행정청이 인용결정의 내용에 따르도록 구속된다는 것이다.

제 3 절 조세심판원

1. 개 요

(1) 조세심판원의 구성

조세심판원은 국무총리 소속으로 설치되어 있고 그 권한에 속하는 사무를 독립적으로 수행한다(국기법 67 ①, ②). 이처럼 조세심판원을 처분청으로부터 독립시켜 둔 이유는 심판의 중립성을 보장하기 위한 데 있다.

조세심판원에 원장과 조세심판관을 두되, 원장과 원장이 아닌 상임조세심판관은 고위공무원단에 속하는 일반직 또는 별정직 공무원 중에서 국무총리의 제청으로 대통령이 임명하고, 비상임조세심판관은 원장의 제청으로 국무총리가 예산의 범위 안에서 위촉한다(국기법 67 ③, 국기령 55의 4 ④).

(2) 자격요건 및 임기(국기법 67 ④, ⑤, 국기령 55의 2 ①)

조세심판관은 조세·법률·회계분야에 관하여 전문지식과 경험을 갖춘 사람으로서 다음 각호의 1에 해당하는 자격을 가진 사람이어야 한다.

① 조세에 관한 사무에 4급 이상의 국가공무원·지방공무원 또는 고위공무원단에 속하는 일반직공무원으로서 3년 이상 근무한 사람 또는 5급 이상의 국가공무원·지방공무원으로서 5년 이상 근무한 사람

② 판사·검사 또는 군법무관의 직에 5년 이상 재직한 자

③ 변호사·공인회계사·세무사·관세사 또는 감정평가사의 직에 6년 이상 재직한 사람

④ 공인된 대학에서 법률학·회계학·무역학·재정학 또는 부동산평가학의 부교수 이상의 직에 재직한 사람

조세심판관의 임기는 3년으로 하고 2차에 한하여 연임할 수 있으며, 다음 각호의 1에 해당하는 경우가 아니면 그 의사에 반하여 면직되지 아니한다.

① 금고 이상의 형의 선고를 받았을 때
② 장기의 심신쇠약으로 직무를 수행할 수 없게 된 때

2. 조세심판청구에 대한 심리와 결정

(1) 조세심판관회의

조세심판원장은 심판청구를 받은 때에는 이에 관한 조사와 심리를 담당하게 하기 위하여 주심조세심판관 1명과 배석조세심판관 2명 이상을 지정하여 조세심판관회의를 구성하게 한다(국기법 72).

(2) 의 결

조세심판관회의는 담당조세심판관 3분의 2 이상의 출석으로 개의하고, 출석조세심판관 과반수의 찬성으로 의결한다(국기법 72 ②, ③). 조세심판관회의는 공개하지 아니한다. 다만, 조세심판관회의의 의장이 필요하다고 인정할 때에는 공개할 수 있다(국기법 72 ④).

(3) 조세심판관의 제척

조세심판관은 다음 각호의 1에 해당하는 경우에는 심판관여로부터 제척된다(국기법 73 ①).

① 심판청구인 또는 대리인인 경우(대리인이었던 경우를 포함한다)
② 심판청구인 또는 대리인의 친족이거나 친족이었던 경우
③ 심판청구인 또는 그 대리인의 사용인이거나 사용인이었던 경우
④ 불복의 대상이 되는 처분이나 처분에 대한 이의신청에 관하여 증언 또는 감정을 한 경우
⑤ 심판청구일 전 최근 5년 이내에 불복의 대상이 되는 처분, 처분에 대한 이의신청 또는 그 기초가 되는 세무조사에 관여하였던 경우
⑥ 그 밖에 심판청구인 또는 그 대리인의 업무에 관여하거나 관여하였던 자

조세심판관은 위와 같은 제척의 원인이 있는 때에는 주심조세심판관 또는 배석조세심판관의 지정에서 회피하여야 한다(국기법 73 ②).

(4) 담당조세심판관의 기피

심판청구인은 담당조세심판관에게 공정한 심판을 기대하기 어려운 사정이 있다고

인정될 때에는 해당 조세심판관의 기피를 담당조세심판관의 지정 또는 변경통지를 받은 날부터 7일 이내에 문서로 조세심판원장에게 신청할 수 있다(국기법 74 ①, 국기령 60).

(5) 결정절차

1) 일 반

조세심판원장이 심판청구를 받은 때에는 조세심판관회의가 그 심리를 거쳐 이를 결정한다. 다만, 심판청구의 대상이 소액이거나 경미한 것, 또는 청구기간 경과후의 청구 등 다음의 경우에는 조세심판관회의의 심리를 거치지 아니하고 주심조세심판관이 이를 심리하여 결정할 수 있다(국기법 78 ①, 국기령 62).

① 소액심판의 경우 : 심판청구금액이 3천만원 미만의 것으로 청구사항이 법령해석에 관한 것이 아닌 것과 청구사항이 법령해석에 관한 것이나 유사한 청구에 대하여 이미 조세심판관회의의 의결에 따라 결정된 사례가 있는 경우

② 경미한 심판의 경우 : 심판청구가 과세표준 또는 세액의 결정에 관한 것 외의 것으로서 유사한 청구에 대해 이미 조세심판관회의의 의결에 따라 결정된 사례가 있는 경우

③ 청구기간이 지난 후에 심판청구를 받은 때

2) 조세심판관합동회의

다음의 경우에는 조세심판관합동회의가 그 심리를 거쳐 결정한다(국기법 78 ②, 국기령 62의 2 ①).

① 조세심판관회의에서 종전의 조세심판원에서 한 세법의 해석적용을 변경하는 의결을 하는 경우

② 조세심판관회의간에 결정의 일관성을 유지하기 위하여 조세심판원장이 조세심판관합동회의에서 심리·결정하는 것이 필요하다고 인정하는 경우

③ 해당 심판청구사건에 대한 결정이 국세행정에 중대한 영향을 미칠 것으로 예상되어 조세심판원장이 조세심판관합동회의에서 심리·결정하는 것이 필요하다고 인정하는 경우

④ 그 밖에 조세심판원장이 조세심판관합동회의에서 심리·결정하는 것이 필요하다고 인정하는 경우

3) 조세심판관합동회의의 구성 및 의결방법

① 조세심판관합동회의는 조세심판원장과 상임국조심판관 전원 및 조세심판원장이 지정하는 상임국조심판관과 같은 수 이상의 비상임조세심판관으로 구성한다(국기법 78 ③).

② 조세심판관합동회의의 의장은 조세심판원장이 되며, 그 의결방법 및 비공개원칙은 앞에서 설명한 조세심판관회의의 규정을 준용한다.

(6) 심판청구에 대한 심리절차 및 심리원칙

1) 사건의 병합과 분리

담당조세심판관은 필요하다고 인정하는 때에는 여러 개의 심리사항을 병합하거나 병합된 심판사항을 여러 개의 심리사항으로 분리할 수 있다(국기법 75).

2) 질문 · 검사권

담당조세심판관은 심판청구에 관한 조사와 심리를 위하여 필요하면 직권으로 또는 심판청구인의 신청에 의하여 심판청구인 · 처분청 · 관계인 또는 참고인에 대한 질문, 장부 · 서류 그 밖의 물건의 제출요구 및 검사 또는 감정기관에 대한 감정의뢰를 요구할 수 있다(국기법 76 ①).

담당 조세심판관은 심판청구인이 위의 요구에 정당한 사유 없이 응하지 아니하여 해당 심판청구의 전부 또는 일부에 대하여 심판하는 것이 현저히 곤란하다고 인정할 때에는 그 부분에 관한 심판청구인의 주장을 인용(認容)하지 아니할 수 있다(국기법 76 ④).

3) 자유심증주의에 의한 사실판단

조세심판관은 심판청구에 관한 조사 및 심리의 결과와 과세의 형평을 고려하여 자유심증으로 사실을 판단한다(국기법 77). '자유심증주의'란 '법정증거주의'에 대비되는 개념으로서, 심판관이 증거자료에 의해 사실을 인정할 때 증거의 종류에 따른 증거능력을 법으로 정하지 아니하고 심판관의 자유로운 판단에 맡기는 것을 말한다.

4) 불고불리의 원칙

조세심판관회의 또는 조세심판관합동회의는 심판청구를 한 처분 외의 처분에 대하여는 그 처분의 전부 또는 일부를 취소 또는 변경하거나 새로운 처분의 결정을 하지 못한다(국기법 79 ①). 즉 심판의 범위는 불복의 대상이 된 처분으로 제한된다.

5) 불이익변경 금지의 원칙

조세심판관회의 또는 조세심판관합동회의는 심판청구에 대한 결정을 할 때 심판청구를 한 처분보다 청구인에게 불리한 결정을 하지 못한다(국기법 79 ②). 이 원칙은 불복청구권자가 안심하고 불복청구를 제기할 수 있도록 하기 위한 것으로, 납세자의 불복청구권을 보장하기 위한 심리원칙으로 해석할 수 있다.

[별지 제32호서식] 〈개정 2005.3.19, 2006.2.14〉

<table>
<tr><td colspan="3" rowspan="2">이 의 신 청 서</td><td>처리기간</td><td>수수료</td></tr>
<tr><td>3 0 일</td><td>없 음</td></tr>
<tr><td rowspan="3">신
청
인</td><td>① 성명</td><td></td><td>② 주민등록번호
(사업자등록번호)</td><td></td></tr>
<tr><td>③ 상호</td><td></td><td>④ 전화번호
(휴대전화번호)</td><td></td></tr>
<tr><td>⑤ 주소또는 사업장소재지</td><td colspan="3">(우 －)
전자우편(e-mail) :</td></tr>
<tr><td colspan="2">⑥ 처분청</td><td></td><td>⑦ 조사기관</td><td></td></tr>
<tr><td colspan="5">⑧ 처분통지를 받은 날(또는 처분이 있은 것을 처음으로 안 날) : 년 월 일</td></tr>
<tr><td colspan="5">⑨ 통지된 사항 또는 처분의 내용(과세처분인 경우에는 연도, 기분, 세목 및 세액 등을 기재합니다)
※________년도________기분__________세__________원 부과처분</td></tr>
<tr><td colspan="5">⑩ 불복의 이유(내용이 많은 경우에는 별지에 기재하여 주십시오)</td></tr>
<tr><td colspan="5">「국세기본법」 제66조 및 동법 시행령 제54조의 규정에 의하여 위와 같이 이의신청합니다.
년 월 일
신청인 (서명 또는 인)

세무서장
지방국세청장 귀하</td></tr>
<tr><td colspan="5">첨부서류
1. 불복이유서(불복의 이유를 별지로 작성한 경우입니다)
2. 불복이유에 대한 증거서류(첨부서류가 많은 경우 목록을 별도로 첨부하여 주십시오)</td></tr>
</table>

<table>
<tr><td rowspan="4">위
임
장</td><td colspan="6">「국세기본법」 제59조제1항의 규정에 의하여 아래 사람에게 위 이의신청에 관한 사항을 위임합니다(다만, 심사청구의 취하는 별도의 위임을 받은 경우에 한합니다).</td></tr>
<tr><td rowspan="2">위임자
(신청인)</td><td colspan="5">대리인</td></tr>
<tr><td>구분</td><td>성명</td><td>사업장 소재지</td><td>사업자등록번호(전자우편)</td><td>전화번호
(휴대전화번호)</td></tr>
<tr><td>(서명 또는 인)</td><td>세무사
공인회계사
변호사</td><td>(서명 또는 인)</td><td>(우 －)</td><td></td><td></td></tr>
</table>

<table>
<tr><td colspan="3">이의신청서접수증</td><td>(접수번호 호)</td></tr>
<tr><td>성명</td><td></td><td>주소</td><td></td></tr>
<tr><td colspan="2" rowspan="2">첨부서류
1. 불복이유서( )
2. 불복이유에 대한 증거서류( )</td><td>접수자</td><td></td></tr>
<tr><td>접수일자인</td><td></td></tr>
<tr><td colspan="4">귀하의 이의신청 진행상황은 국세청 홈페이지(www.nts.go.kr)에서 조회가 가능합니다.</td></tr>
</table>

210㎜×297㎜(일반용지 60g/㎡(재활용품))

[별지 제29호서식] 〈개정 2005.3.19, 2006.2.14〉

<table>
<tr><td colspan="4" rowspan="2">심 사 청 구 서</td><td>처리기간</td><td>수수료</td></tr>
<tr><td>90일</td><td>없음</td></tr>
<tr><td rowspan="3">청구인</td><td>① 성명</td><td></td><td>② 주민등록번호
(사업자등록번호)</td><td colspan="2"></td></tr>
<tr><td>③ 상호</td><td></td><td>④ 전화번호
(휴대전화번호)</td><td colspan="2"></td></tr>
<tr><td>⑤ 주소또는사업장
소재지</td><td colspan="4">(㊌ -)
전자우편(e-mail) :</td></tr>
<tr><td colspan="2">⑥ 처분청</td><td></td><td>⑦ 조사기관</td><td colspan="2"></td></tr>
<tr><td colspan="6">⑧ 처분통지를 받은 날(또는 처분이 있은 것을 처음으로 안 날) : 년 월 일</td></tr>
<tr><td colspan="6">⑨ 통지된 사항 또는 처분의 내용(과세처분인 경우에도 연도, 기분, 세목 및 세액 등을 기재합니다)
※ ________ 년도 ________ 기분 ________ 세 ________ 원 부과처분</td></tr>
<tr><td colspan="2">⑩ 이의신청을 한 날</td><td>년 월 일</td><td colspan="2">⑪ 이의신청 결정통지를 받은 날
(또는 결정기간이 경과한 날)</td><td>년 월 일</td></tr>
<tr><td colspan="6">⑫ 불복의 이유(내용이 많은 경우에는 별지에 기재하여 주십시오)</td></tr>
<tr><td colspan="6">「국세기본법」 제62조 및 동법 시행령 제50조의 규정에 의하여 위와 같이 심사청구를 합니다.
년 월 일
청구인 (서명 또는 인)
국세청장 귀하</td></tr>
<tr><td colspan="6">첨부서류 : 1. 불복이유서(불복의 이유를 별지로 작성한 경우입니다)
2. 불복이유에 대한 증거서류를(첨부서류가 많은 경우 목록을 별도로 첨부하여 주십시오)</td></tr>
</table>

<table>
<tr><td rowspan="4">위임장</td><td colspan="6">「국세기본법」 제59조제1항의 규정에 의하여 아래 사람에게 위 심사청구에 관한 사항을 위임합니다(다만, 심사청구의 취하는 별도의 위임을 받은 경우에 한합니다).</td></tr>
<tr><td rowspan="2">위임자
(청구인)</td><td colspan="5">대리인</td></tr>
<tr><td>구분</td><td>성명</td><td>사업장소재지</td><td>사업자등록번호
(전자우편)</td><td>전화번호
(휴대전화번호)</td></tr>
<tr><td>(서명 또는 인)</td><td>세무사
공인회계사
변호사</td><td>(서명 또는 인)</td><td>(㊌ -)</td><td></td><td></td></tr>
</table>

<table>
<tr><td colspan="4">심사청구서접수증 (접수번호 호)</td></tr>
<tr><td>청구인</td><td></td><td>주소</td><td></td></tr>
<tr><td colspan="2" rowspan="2">첨부서류
1. 불복이유서( )
2. 불복이유에 대한 증거서류( )</td><td>접수자</td><td></td></tr>
<tr><td>접수일자인</td><td></td></tr>
<tr><td colspan="4">귀하의 심사청구 진행상황은 국세청 홈페이지(www.nts.go.kr)에서 조회가 가능합니다.</td></tr>
</table>

210㎜×297㎜(일반용지 60g/㎡(재활용품))

[별지 제35호서식] 〈개정 2008.3.20〉

<table>
<tr><td colspan="4" rowspan="2">심 판 청 구 서</td><td>처리기간</td><td>수수료</td></tr>
<tr><td>90일</td><td>없 음</td></tr>
<tr><td rowspan="3">청구인</td><td>① 성명</td><td></td><td>② 주민등록번호
(사업자등록번호)</td><td colspan="2"></td></tr>
<tr><td>③ 상호</td><td></td><td>④ 전화번호
(휴대전화번호)</td><td colspan="2"></td></tr>
<tr><td>⑤ 주소또는사업장
소재지</td><td colspan="4">(우 -)
전자우편(e-mail) :</td></tr>
<tr><td colspan="2">⑥ 처분청</td><td></td><td>⑦ 조사기관</td><td colspan="2"></td></tr>
<tr><td colspan="6">⑧ 처분통지를 받은 날(또는 처분이 있은 것을 처음으로 안 날) : 년 월 일</td></tr>
<tr><td colspan="6">⑨ 통지된 사항 또는 처분의 내용(과세처분인 경우에는 연도, 기분, 세목 및 세액 등을 기재합니다)
※________년도________기분__________세__________원 부과처분</td></tr>
<tr><td colspan="2">⑩ 이의신청을 한 날</td><td>년 월 일</td><td colspan="2">⑪ 이의신청의 결정통지를 받은 날(결정통지를 받지 못한 경우에는 결정기간이 경과한 날)</td><td>년 월 일</td></tr>
<tr><td colspan="6">⑫ 불복의 이유(내용이 많은 경우에는 별지에 기재하여 주십시오)</td></tr>
<tr><td colspan="6">「국세기본법」 제69조 및 동법 시행령 제55조의 규정에 의하여 위와 같이 심판청구를 합니다.
년 월 일
청구인 (서명 또는 인)
조세심판원장 귀하</td></tr>
<tr><td colspan="6">첨부서류
1. 불복이유서(불복의 이유를 별지로 작성한 경우입니다)
2. 불복이유에 대한 증거서류(첨부서류가 많은 경우 목록을 별도로 첨부하여 주십시오)</td></tr>
</table>

<table>
<tr><td rowspan="4">위임장</td><td colspan="6">「국세기본법」 제59조제1항의 규정에 의하여 아래 사람에게 위 심판청구에 관한 사항을 위임합니다(다만, 심판청구의 취하는 별도의 위임을 받은 경우에 한합니다).</td></tr>
<tr><td rowspan="2">위임자
(청구인)</td><td colspan="5">대리인</td></tr>
<tr><td>구분</td><td>성명</td><td>사업장
소재지</td><td>사업자등록번호
(전자우편)</td><td>전화번호
(휴대전화번호)</td></tr>
<tr><td>(서명 또는 인)</td><td>세무사
공인회계사
변호사</td><td>(서명 또는 인)</td><td>(우 -)</td><td></td><td></td></tr>
</table>

<table>
<tr><td colspan="2">심판청구서접수증</td><td colspan="2">(접수번호 호)</td></tr>
<tr><td>성명</td><td></td><td>주소</td><td></td></tr>
<tr><td colspan="2" rowspan="2">첨부서류
1. 불복이유서( )
2. 불복이유에 대한 증거서류( )</td><td>접수자</td><td></td></tr>
<tr><td>접수일자인</td><td></td></tr>
</table>

210㎜×297㎜(일반용지 60g/㎡(재활용품))

연습문제

[주관식 문제]

1. 조세불복제도에 대하여 약술하라.
2. 국세의 불복절차를 설명하라.
3. 심판청구에 대한 심리절차와 심리원칙에 대하여 약술하라.
4. 불복신청에 대한 결정의 종류를 설명하라.
5. 국세심사위원회와 조세심판관회의의 성격에 대하여 약술하라.

[객관식 문제]

1. 조세쟁송에 대한 설명 중 맞는 것은?

① 이의신청, 심사청구, 심판청구에 대한 처분은 국세기본법에서 모든 경우에 불복을 할 수 없다고 규정하고 있다.
② 이의신청은 지방국세청장에게 하는데, 대리권 없는 자의 불복은 기각할 수 있다.
③ 동일한 처분에 대하여 이의신청, 심사청구, 감사원심사청구를 중복하는 경우에는 감사원심사청구를 한 것으로 본다.
④ 조세불복절차는 3심제도로 반드시 이의신청→심사청구→심판청구를 해야 한다.
⑤ 심판청구는 심사청구에 대한 결정에 불복하는 경우에 심사청구를 한 날부터 90일 이내에 해야 한다.

2. 다음 중 국세기본법에 따른 심사청구의 대상이 되는 처분은?

① 조세범처벌법에 따른 통고처분 ② 감사원의 시정요구에 따른 처분
③ 감사원심사청구에 대한 처분 ④ 심사청구에 대한 처분
⑤ 감사원에 심사청구를 한 처분

3. 다음 중 불복제도에 대한 설명 중 옳은 내용은?

① 이의신청을 송부받은 지방국세청장은 송부받은 날부터 60일 내에 결정하여야 한다.

정답	1. ③ 2. ② 3. ②

② 심판청구는 이의신청에 대한 결정의 통지를 받은 날 또는 결정기간이 지난 날부터 90일 이내에 그 처분을 하거나 하였어야 할 세무서장과 국세청장을 거쳐 조세심판원장에게 하여야 한다.
③ 국세행정절차상 대리인은 법정대리인에 한한다.
④ 이의신청은 강제적 절차이므로 이의신청 없이 바로 심사청구할 수 없다.
⑤ 세무서장이 국세청장의 승인을 얻어 행한 처분에 이의가 있는 자는 즉시 이의신청을 할 수 있다.

4. 국세기본법상 불복제도에 대한 사항 중 틀린 것은?

① 조세불복절차는 납세자의 선택에 따라 2심 또는 단심의 구조를 가진다.
② 조세범처벌법에 의한 통고처분에 이의가 있을 때에는 이의신청을 할 수 있다.
③ 심사청구 또는 심판청구한 이외의 처분에 대해서는 처분의 일부 또는 전부를 변경하거나 새로운 처분을 할 수 없다.
④ 불복청구금액이 1억원인 경우 불복청구인이 선임할 수 있는 대리인은 변호사·공인회계사·세무사에 한한다.
⑤ 심사청구 또는 심판청구는 행정관청에 대한 불복의 최종심으로 행정소송을 위한 전제 절차이다.

5. 다음 조세쟁송의 불복제도에 관련된 사항 중 잘못된 것은?

① 사법적 구제청구에 앞서 국세청장에게 심사청구를 하여야 한다.
② 이의신청을 세무서장에게 제출한 뒤 기각되면, 다시 이의신청을 할 수 없다.
③ 청구기관으로 국세청과 감사원에 모두 심사청구를 하면 감사원에 신청한 것으로 본다.
④ 불복청구금액이 3천만원 미만인 국세의 경우에는 불복청구인의 배우자를 대리인으로 선임할 수 있다.
⑤ 잘못 부과된 세금은 위법이므로 이에 따르지 않고, 즉시 행정소송을 하면 된다.

6. 다음 조세불복절차에 관한 설명 중 맞는 것은?

① 불복청구시 국세청과 감사원에 동시에 신청하면 두 기관에서 모두 심사하여 두 기관이 신중하게 합의하여 결정한다.
② 이의신청을 받은 세무서장 또는 지방국세청장은 이의신청을 받은 날부터 60일 이내에 결정하여야 한다. 결정내용으로서는 각하, 기각, 인용이 있다.
③ 심사청구는 국세청장을 상대로 하는 불복신청으로서 심사청구의 결정내용은 이의신청과 같은데, 단 이의 청구를 받은 날부터 90일 이내에 하여야 한다.

정답 4. ② 5. ⑤ 6. ③

④ 국세청장의 심사청구에 대한 결정에 불복하는 자는 불복의 사유를 갖추어 심사청구에 대한 결정의 통지를 받은 날부터 90일 이내에 그 처분을 하였거나 하였어야 할 세무서장과 국세청장을 거쳐 조세심판원에 심판청구를 하여야 한다.
⑤ 심판청구에 대한 결정은 심판청구한 처분보다 불이익하게 내려질 수도 있다. 그리고 불복기간에는 세금을 내지 않아도 된다.

7. 이의신청에 대한 다음 설명 중 틀리는 것은?

① 이의신청은 당해 처분이 있은 것을 안 날(처분의 통지를 받은 때에는 그 받은 날)부터 90일 이내에 하여야 한다.
② 이의신청의 내용이나 절차가 적합하지 아니한 경우 상당한 기간을 정하여 보정을 요구할 수 있다.
③ 국세청장의 과세표준조사·결정에 의한 처분에 대하여는 이의신청을 할 수 없다.
④ 이의신청은 임의적 절차이므로 이의신청 없이 바로 심사청구 또는 심판청구할 수 있다.
⑤ 이의신청은 세법에 특별한 규정이 있는 경우를 제외하고는 해당 처분의 집행에 효력을 미치지 아니한다.

8. 다음 중 이의신청이 배제되는 처분으로 그릇된 것은?

① 국세청장의 과세표준조사·결정에 따른 처분
② 국세청의 세무사찰결과에 따른 처분
③ 국세청의 감사결과에 따른 시정지시에 따른 처분
④ 세법에 따라 국세청장이 하여야 할 처분
⑤ 세무서장이 국세청장의 승인을 얻어 행한 처분

9. 다음은 국세기본법에 의한 불복에 관한 사례이다. 가장 잘못된 것은? 단, 각하결정이 내려지는 경우에도 잘못된 것으로 본다.

① 이의신청을 제기한 날부터 55일이 지났으나 이의신청결과를 통지받지 못하여 심사청구를 제기하였다.
② 제2차 납세의무자가 납부통지서를 받은 후에 심사청구를 제기하였다.
③ 해당 처분의 통지를 받은 날부터 70일이 되는 날에 이의신청을 거치지 않고 심사청구를 제기하였다.
④ 심판청구인이 세무사를 대리인으로 선임하여 심판청구에 관한 행위를 대리하도록 하였으나, 그 청구의 취하는 특별한 위임을 받은 경우에 한하였다.

정답	7. ② 8. ⑤ 9. ⑤

⑤ 사업이 중대한 위기에 처한 납세자가 처분의 통지를 받은 날부터 90일 이내에 심사청구를 제기할 수 없어서, 그 사유가 소멸한 날부터 10일이 되는 날에 심사청구를 제기하였다.

10. 다음의 처분이 납세자에게 위법·부당한 처분이라면 이의신청의 대상이 되는 것은?

① 국세청장의 과세표준 조사결정에 따른 처분
② 국세청의 감사결과에 따른 시정지시에 따른 처분
③ 지방국세청의 세법에 따른 처분
④ 국세청의 세무사찰결과에 따른 처분
⑤ 세법에 따라 국세청장이 하여야 할 처분

11. 조세에 대한 불복절차 중 이의신청에 대한 설명으로 틀린 것은?

① 이의신청을 받은 세무서장 또는 지방국세청장은 그 신청을 받은 날로부터 30일 이내에 결정하여야 한다.
② 지방국세청장에게 하는 이의신청을 받은 세무서장은 이를 받은 날부터 7일 이내에 답변서를 신청서에 첨부하여 지방국세청장에게 송부해야 한다.
③ 불복청구의 대상이 된 처분이 존재하지 않을 때에는 기각결정을 한다.
④ 이의신청이나 심사청구가 이유 없다고 인정되는 때에는 기각결정을 한다.
⑤ 이의신청이나 심사청구가 이유 있다고 인정되는 때에는 그 청구의 대상이 된 처분의 취소, 경정 또는 필요한 처분을 결정한다.

12. 심사청구 등 조세불복절차에 대한 설명으로 가장 틀린 것은?

① 제2차 납세의무자로서 납부통지서를 받은 자는 본래 납세의무자에 대한 처분의 확정여부에 상관없이 납부통지된 처분에 대하여 심사청구를 할 수 있다.
② 심사청구가 이유 없다고 인정되는 때에는 그 청구를 기각하는 결정을 한다.
③ 납세자가 화재를 입어 해당 처분의 통지를 받은 날(해당 처분이 있은 것을 안날)부터 90일내에 심사청구를 할 수 없는 때에는 그 사유가 소멸한 날부터 14일 이내에 심사청구할 수 있다.
④ 심판청구의 결정을 함에 있어서 심판청구를 한 처분 이외의 처분에 대하여는 그 처분의 전부 또는 일부를 취소 또는 변경하거나 새로운 처분의 결정을 하지 못한다.
⑤ 조세범처벌절차법에 의한 통고처분을 받은 자는 그 처분의 취소 또는 변경을 심사청구할 수 있다.

정답	10. ③ 11. ③ 12. ⑤

13. 국세기본법상 불복제도에 대한 설명으로 옳지 않은 것은?

① 세법에 의한 처분으로 권리나 이익의 침해를 당한 경우는 물론 필요한 처분을 받지 못한 경우에도 심사청구할 수 있다.
② 심사청구를 하더라도 해당 처분의 집행에 효력을 미치지 아니함이 원칙이다.
③ 대리인은 본인을 위하여 청구의 취하 등 모든 행위를 할 수 있다.
④ 심사청구 내용의 보정요구는 반드시 문서로 하여야 한다.
⑤ 보정할 사항이 경미한 경우에는 직권으로 보정할 수 있다.

14. 국세기본법상 이의신청, 심사청구, 심판청구의 결정기한으로 옳은 것은?

	이의신청	심사청구	심판청구
①	30일 이내	90일 이내	90일 이내
②	60일 이내	60일 이내	60일 이내
③	60일 이내	60일 이내	90일 이내
④	90일 이내	90일 이내	90일 이내
⑤	30일 이내	90일 이내	120일 이내

15. 다음은 조세의 불복제도의 내용들이다. 그 관계가 옳은 것을 찾아라.

① 이의신청-국세청장-2심
② 이의신청-세무서장-1심 또는 2심
③ 심사청구-감사원장-3심
④ 심사청구-국세청장-1심 또는 2심
⑤ 심판청구-조세심판원장-단심

16. 다음의 조세쟁송에 대한 설명 중 잘못된 것은?

① 행정청에 제기하는 불복절차를 거치지 않고는 행정소송을 직접 제기할 수 없다.
② 조세심판원장의 심판청구에 대한 결정은 심판청구한 처분보다 불이익하게 내릴 수 없다.
③ 심판청구에 대한 결정을 함에 있어서 심판청구를 한 처분 이외의 처분에 대하여는 그 처분의 전부 또는 일부를 취소 또는 변경하거나 새로운 처분을 결정하지 못한다.
④ 지방국세청장에게 제기하는 이의신청은 납세자가 이를 선택적으로 제기할 수도 있고 직접 국세청장에게 심사청구를 할 수도 있다.
⑤ 동일한 처분에 대하여 국세청 심사청구와 감사원 심사청구를 중복제기한 경우에는 국세청 심사청구를 제기한 것으로 본다.

정답 13. ③ 14. ① 15. ④ 16. ⑤

17. 다음 중 이의신청이나 심사청구에 대해 각하결정을 할 수 없는 것은?

① 이의신청이나 심사청구가 소정의 기간이 지난 후에 행해진 경우
② 이의신청이나 심사청구가 이유가 없다고 인정되는 경우
③ 대리권이 없는 자의 불복
④ 불복청구의 대상이 되지 아니하는 처분에 대한 불복
⑤ 불복청구의 대상이 되는 처분이 존재하지 않을 때

18. 국세기본법과 다른 법률의 관계로 완벽하지 않은 것은?

① 위법·부당한 국세처분에 대하여 행정심판법에 의하여 불복하는 경우는 있을 수 없다.
② 국세기본법에 의한 심사청구 또는 심판청구를 거치지 아니하면 행정소송을 제기할 수 없다.
③ 감사원법에 의하여 심사청구를 한 국세처분에 대하여는 다시 국세기본법에 의하여 심사청구할 수 없다.
④ 조세범처벌법에 의한 통고처분에 대하여는 국세기본법에 의하여 불복할 수 없다.
⑤ 국세기본법은 원칙적으로 세법에 우선한다.

19. 조세쟁송의 불복제도에 대한 설명 중 잘못된 것은?

① 불복의 대상은 위법 또는 부당한 처분을 받거나 필요한 처분을 받지 못한 경우이다.
② 조세범처벌법에 의한 통고처분은 조세불복의 대상에서 제외된다.
③ 원칙적으로 행정심판을 거치지 않고 행정소송을 제기하는 것이 가능하다.
④ 해당 재결청이 필요하다고 인정하는 때에는 해당 처분의 집행을 중지하게 하거나 중지할 수 있다.
⑤ 변호사, 공인회계사 또는 세무사를 대리인으로 선임할 수 있다.

20. 국세기본법상 심사청구제도에 대한 다음 설명 중 틀리는 것은?

① 동일한 처분에 대하여 이의신청과 심사청구를 중복제기하였을 경우에는 심사청구를 제기한 것으로 보며 심사청구가 청구기간을 지난 때에는 청구기간 내 제기된 이의신청을 심리한다.
② 국세심사청구에 대한 결정은 명문의 규정이 없으나 상급행정청의 감독훈령권에 의하여 하급관청인 처분청을 기속한다.
③ 청구기간이 지나 각하처분된 경우는 내용심리를 하지 아니한 경우이므로 불가변력을 발생시키지는 않는다.

정답	17. ② 18. ② 19. ③ 20. ④

④ 조세행정쟁송절차로서의 기각이나 경정을 한 경우에도 재결청 자신이 이를 취소하거나 변경할 수 있다.
⑤ 볼복청구기간이 어느 쟁송절차에서 지나 각하되면 그 이후에는 상급쟁송절차에서 이를 다툴 수 없는 불가쟁력이 발생한다.

21. 심사청구에 대한 다음 설명 중 옳지 않은 것은?

① 감사원심사청구와 심사청구를 중복하여 제기한 경우에는 감사원심사청구를 한 것으로 본다.
② 심사청구서가 세무서장에게 제출된 경우에는 7일 이내에 의견서를 첨부하여 국세청장에게 송부하여야 한다.
③ 심사청구의 결정기간은 심사청구를 받은 날부터 90일 이내이다.
④ 보정기간은 ③의 결정기간에 산입한다.
⑤ 보정기간은 20일 이내로 한다.

22. 국세기본법상 심사청구에 대한 설명으로 옳지 않은 것은?

① 심사청구의 보정기간은 20일 이내에서 국세청장이 정한다.
② 감사원 심사청구와 심사청구를 중복하여 제기한 경우에는 심사청구를 각하 결정한다.
③ 심사청구인이 신청기한 연장사유로 기한 내에 심사청구를 할 수 없는 때에는 그 사유 소멸일부터 14일 이내에 심사청구할 수 있다.
④ 심사청구는 세법에 특별한 규정이 있는 것을 제외하고는 해당 처분의 집행에 효력을 미친다.
⑤ 심사청구에 대하여는 국세심사위원회의 심의를 거쳐 국세청장이 결정한다.

23. 국세심사청구에 관한 다음 사항 중 옳지 않은 것은?

① 이의신청과 심사청구를 중복제기한 경우에는 심사청구한 것으로 본다.
② 국세심사위원회는 심의기관이므로 국세청장은 국세심사위원회의 심의내용과 달리 결정할 수도 있다.
③ 국세심사위원회는 재적위원 과반수의 출석으로 개의하고 출석위원 과반수의 찬성으로 의결한다(국기령 53 ⑫).
④ 국세심사청구가 그 청구기한이 지난 후 제기된 경우에는 국세심사위원장의 관계문서 심사결정으로 국세심사위원회의 의결에 갈음할 수 있다(국기법 64 ①).
⑤ 심사청구서를 접수한 세무서장은 10일 이내에 그 청구서에 답변서를 첨부하여 국세청장에게 송부하여야 한다.

정답	21. ④ 22. ④ 23. ⑤

24. 다음 심판청구에 관한 설명 중 틀린 것은?

① 심판청구에 대한 조세심판원의 결정기간은 심판청구를 받은 날부터 90일 이내이다.
② 조세심판원장은 심판청구에 대한 결정의 통지를 받은 날부터 90일 이내에 행정소송을 제기할 수 있다는 뜻을 결정서에 적어야 한다.
③ 결정기간이 지나서도 결정을 못할 경우 결정기간이 지난 날부터 90일 이내에 행정소송을 제기할 수 있다는 뜻을 청구인에게 통지해야 한다.
④ 조세심판관회의 의결은 담당 조세심판관 3분의 2 이상의 출석과 출석심판관 과반수의 찬성으로 한다.
⑤ 조세심판관은 공인회계사, 세무사 또는 관세사직에 5년 이상 재직한 자이어야 한다.

25. 심판청구에 대한 설명으로 옳지 않은 것은?

① 심판청구에 대한 결정은 청구를 받은 날부터 90일 이내에 하여야 한다.
② 조세심판원장은 심판청구를 한 처분보다 청구인에게 불이익이 되는 결정을 할 수 없다.
③ 심판청구를 받은 때에는 조세심판원장이 결정함을 원칙으로 하며, 필요한 경우에는 조세심판관회의에서 결정할 수 있다.
④ 조세심판원장은 심판청구의 내용이나 절차가 국세기본법 또는 세법에 적합하지 아니한 경우에는 상당한 기간을 정하여 보정할 것을 요구할 수 있다.
⑤ 심판청구결정은 관계행정청을 기속하므로 해당 행정청은 재결청의 결정에 어긋나는 처분을 할 수 없다.

26. 다음 국세심판청구제도에 대한 설명 중 잘못된 것은?

① 심판청구인은 교부받은 결정서에 항변할 수 있다.
② 심판청구에 있어서는 불고불리의 원칙이 배제된다.
③ 조세심판관에게 공정을 기대하기 어려운 경우 기피를 신청할 수 있다.
④ 조세심판관은 심판청구인 또는 그 대리인이 친족인 경우에는 심판관여로부터 제척된다.
⑤ 조세심판원장은 결정을 함에 있어서 심판청구를 한 처분보다 청구인에게 불이익이 되는 결정을 하지 못한다.

27. 다음 중 국세심판청구의 심리에 관한 사항으로 타당하지 아니한 것은?

① 사실판단
② 불이익변경의 금지
③ 합법성의 원칙
④ 사건의 병합과 분리
⑤ 자유심증주의

정답	24. ⑤ 25. ③ 26. ② 27. ③

28. 세무서장이 조사결정한 국세의 부과처분에 대하여 2012년 5월 2일 이의신청을 하였으나 그에 대한 기각결정서를 2012년 6월 21일에 수령하였다. 이 경우 심사 또는 심판청구기간으로 옳은 것은?

① 기각결정서를 받은 날부터 90일 이내
② 기각결정서를 받은 날부터 60일 이내
③ 심사청구서 제출일부터 60일이 지난 날부터 30일 이내
④ 심사청구서 제출일부터 60일이 지난 날부터 60일 이내
⑤ 심사청구서 제출일부터 60일이 지난 날부터 90일 이내

29. 다음 중 조세심판관회의를 거치지 않고 주심조세심판관이 심리하여 결정하는 경우가 아닌 것은?

① 조세심판관회의의 의결이 공정하지 못하다고 인정하는 때
② 심판청구가 과세표준의 결정에 관한 것 이외의 것으로 유사한 청구에 대하여 이미 조세심판관회의의 의결에 따라 결정된 사례가 있는 때
③ 심판청구금액이 3천만원 미만의 국세로서 청구사항이 법령의 해석에 관한 것이 아닌 때
④ 심판청구가 청구기간이 지난 후에 있을 때
⑤ 심판청구가 세액의 결정에 관한 것 이외의 것으로서 유사한 청구에 대하여 이미 조세심판관회의의 의결에 따라 결정된 사례가 있는 때

30. 다음은 조세심판관회의와 관련된 규정이다. 옳지 못한 것은?

① 주심조세심판관이 사고가 있을 때에는 조세심판원장이 담당조세심판관 중에서 그 직무를 대행할 자를 지정한다.
② 조세심판관회의의 의결은 조세심판원장의 결정을 기속한다.
③ 조세심판관회의는 공개하지 않는 것이 원칙이다.
④ 조세심판관회의는 담당조세심판관 과반수 이상의 출석과 출석조세심판관 과반수의 찬성으로 의결한다.
⑤ 조세심판관회의는 주심조세심판관 1인과 배석조세심판관 2인 이상으로 구성한다.

31. 다음 중 불복청구에 대한 결정으로 옳지 아니한 것은?

① 대리권 없는 자의 불복 : 각하
② 심사청구가 이유 있다고 인정되는 때 : 취소, 경정 또는 필요한 처분의 결정
③ 불복청구의 대상이 된 처분이 존재하지 않을 때 : 기각
④ 심사청구에 대한 보정을 보정기한이 지난 후에 하는 경우 : 각하
⑤ 심사청구가 이유 없다고 인정하는 때 : 기각

정답	28. ① 29. ① 30. ④ 31. ③

32. 다음에서 불복청구의 보정에 관한 설명으로 옳지 않은 것은?

① 보정기간은 불복청구 결정기간에 산입하지 아니한다.
② 보정할 사항이 경미한 경우에는 재결청의 직권으로 할 수도 있다.
③ 심판청구에 대한 보정기간은 20일 이내의 기간이다.
④ 보정요구를 받은 심사청구인은 국세청에 출석하여 보정할 사항을 구술하고, 그 구술내용을 국세청 소속공무원이 기록한 서면에 날인함으로써 보정할 수 있다.
⑤ 불복청구의 내용이나 절차가 국세기본법 또는 세법에 적합하지 아니한 경우 보정을 요구할 수 있다.

33. 불복청구의 대리인에 대한 설명으로 옳지 않은 것은?

① 불복청구인이 대리인을 선임한 경우에는 보정요구서를 청구인 또는 대리인 중 누구에게 송달하여도 무방하다.
② 대리인을 해임한 때에는 그 뜻을 서면으로 신고하여야 한다.
③ 대리인은 본인을 위하여 그 신청 또는 청구에 관한 모든 행위를 할 수 있으나 불복의 취하는 특별한 위임을 얻은 경우에 한한다.
④ 대리인의 권한은 서면으로 증명하여야 한다.
⑤ 불복청구인은 변호사, 세무사, 변리사 중에서 대리인을 선임할 수 있다.

34. 불복청구인이 재결청에 의견을 진술하고자 할 때 반드시 의견진술의 기회를 부여하여야 하는 경우는(국기령 47)?

① 심판청구가 그 기한이 지난 후 있은 경우
② 심판청구가 과세표준의 결정에 관한 것이 아닌 경우
③ 심사청구의 목적이 된 사항이 법령해석에 관한 것으로서 청구인의 의견진술이 필요 없다고 인정되는 때
④ 심사청구가 그 청구기한이 지나서 있는 경우
⑤ 심사청구의 목적이 된 사항이 경미한 경우

35. 조세행정에 불복하여 행정소송이 법원으로 넘어갔을 경우, 법적 대리인의 자격이 있는 사람은?

① 변호사
② 세무사
③ 세무서장
④ 공인회계사
⑤ 검사

정답	32. ③ 33. ⑤ 34. ② 35. ①

제9장 납세자의 권리

제1절 납세자권리의 구체적 내용

1. 납세자 권리헌장의 제정 및 교부

(1) 납세자 권리헌장의 제정

우리나라 헌법에서는 「모든 국민은 법률이 정하는 바에 의하여 납세의 의무를 진다」(헌법 38), 「조세의 종목과 세율은 법률로 정한다」(헌법 59)라고 규정함으로써 조세법률주의를 선언하고 있다. 조세법률주의의 궁극적 목표는 국민의 기본권, 즉 납세자의 기본권을 적극적으로 보장하는데 두어야 하며 이를 위해서는 납세자의 기본권을 실질적으로 보장하기 위한 적극적이고 구체적인 제도적 장치가 마련되어야 한다.

선진 각국에서는 세무행정절차의 적정화·투명화를 통하여 납세자의 권익을 보호·신장하고 아울러 납세자권리를 보장·확립하는데 관심을 집중시키고 있는 추세이며, 납세자의 권익보장에 대한 절차규정 등을 도입함과 동시에 납세자의 권리선언 내지 납세자권리헌장을 발표함으로써 정부 또는 과세관청 스스로가 솔선하여 납세자권리의 확립에 주력하고 있는 실정이다.

우리나라의 세제 및 세정은 조세를 징수하는 국가 입장에서 경제·사회발전에 필요한 재원조달과 정책실현 수단으로 활용하는데 치중함으로써 조세를 실제 납세하는 국민의 입장은 상대적으로 소외시 되어 납세자의 기본권이 많이 침해되어 왔다.

이에 정부에서는 1996년 12월 국세기본법상 납세자권리헌장의 장을 신설하여 납세자의 권리보호에 관한 사항을 규정하는 등 납세자의 권익보호를 위한 제도를 마련하였다.

(2) 납세자권리헌장의 제정 및 교부

국세청장은 아래에 규정한 사항과 그 밖의 납세자의 권리보호에 관한 사항을 포함하는 납세자권리헌장을 제정하여 고시하여야 한다(국기법 81의 2 ①). 그리고 세무공무원은 다음 중 어느 하나에 해당하는 경우에는 이러한 납세자권리헌장의 내용이 수록된 문서를 납세자에게 내주어야(국기법 81의 2 ②).

① 국세의 과세표준과 세액을 결정 또는 경정하기 위하여 질문하고 해당 장부, 서

류 또는 그 밖의 물건 등을 검사·조사(이하 '세무조사'라 한다)하는 경우(조세범처벌절차법에 따른 조세범칙조사를 포함한다)

② 사업자등록증을 교부하는 경우

③ 그 밖에 대통령령이 정하는 경우

◈ 참고 ◈

취지 : 납세자권리에 관한 사항을 법에만 규정한 경우에는 그 내용을 널리 알리기 어렵다. 따라서 법에 이미 규정한 내용이지만 그 내용을 납세자권리헌장으로 국세청장이 제정·고시하고 세무조사 등의 경우마다 세무공무원이 납세자에게 교부토록 함으로써 세무공무원에게는 납세자권리를 침해하지 않도록 주의를 촉구하고 납세자에게는 자신의 권리를 스스로 보호할 수 있게 하는데 본 규정의 취지가 있다.

2. 납세자의 성실성 추정

세무공무원은 납세자가 다음 중 어느 하나에 해당하는 경우를 제외하고는 납세자가 성실하며 납세자가 제출한 신고서 등이 진실한 것으로 추정하여야 한다(국기법 81의 3).

① 납세자가 세법이 정하는 신고, 세금계산서 또는 계산서의 작성·발급·제출, 지급명세서의 작성·제출 등의 납세협력의무를 이행하지 아니한 경우

② 무자료거래, 위장·가공거래 등 거래내용이 사실과 다른 혐의가 있는 경우

③ 납세자에 대한 구체적인 탈세제보가 있는 경우

④ 신고내용에 탈루나 오류의 혐의를 인정할만한 명백한 자료가 있는 경우

3. 세무조사권 남용 금지

(1) 의 의

세무공무원은 적정하고 공평한 과세를 실현하기 위하여 필요한 최소한의 범위에서 세무조사를 하여야 하며, 다른 목적 등을 위해 조사권을 남용해서는 아니 된다(국기법 81의 4 ①).

(2) 중복조사의 금지

세무공무원은 다음 중 어느 하나에 해당하는 경우가 아니면 같은 세목 및 같은 과세기간에 대하여 재조사를 할 수 없다(국기법 81의 4 ②, 국기령 63의 2).

① 조세탈루의 혐의를 인정할 만한 명백한 자료가 있는 경우
② 거래상대방에 대한 조사가 필요한 경우
③ 2개 이상의 사업연도와 관련하여 잘못이 있는 경우
④ 불복청구의 인용결정 중 필요한 처분의 결정에 따라 조사를 하는 경우
⑤ 부동산투기 · 매점매석 · 무자료 거래 등 경제질서교란 등을 통한 탈세의 혐의가 있는 자에 대하여 일제조사를 하는 경우
⑥ 각종 과세자료의 처리를 위한 재조사나 국세환급금의 결정을 위한 확인조사 등을 하는 경우
⑦ 부과처분을 위한 실지조사를 하지 않고 재경정하는 경우

4. 세무조사에 있어서 조력을 받을 권리

납세자는 범칙사건의 조사, 소득세·법인세·부가가치세의 결정 또는 경정조사, 상속세 및 증여세의 조사 등 부과처분을 위한 실지조사를 받는 경우에 변호사·공인회계사·세무사 또는 조세에 관하여 전문지식을 갖춘 사람으로서 대통령령이 정하는 사람으로 하여금 조사에 참여하게 하거나 의견을 진술하게 할 수 있다(국기법 81의 5, 국기령 63의 3).

5. 세무조사 대상자 선정

(1) 정기선정에 의한 세무조사

세무공무원은 다음 중 어느 하나에 해당하는 경우에 정기적으로 신고의 적정성을 검증하기 위하여 대상을 선정, 즉 정기선정하여 세무조사를 할 수 있다. 이 경우 세무공무원은 객관적 기준에 따라 공정하게 그 대상을 선정하여야 한다(국기법 81의 6 ①).

① 국세청장이 납세자의 신고내용에 대하여 정기적으로 성실도를 분석한 결과 불성실 혐의가 있다고 인정하는 경우
② 최근 4과세기간(또는 4사업연도) 이상 같은 세목의 세무조사를 받지 않은 납세자(정기미조사자)에 대하여 업종·규모·납세자 이력 또는 각종 세무정보 등을 감안하여 국세청장이 정하는 기준에 따라 신고내용이 적정한지를 검증할 필요가 있는 경우
③ 무작위추출방식으로 표본조사를 하려는 경우

그러나 세무공무원은 소규모 성실사업자에 대해서는 이러한 정기선정에 따른 세무

조사를 하지 않을 수 있다. 다만, 객관적인 증거자료에 의하여 과소신고한 것이 명백한 경우에는 그렇지 않다(국기법 81의 6 ④).

(2) 수시선정에 의한 세무조사

세무공무원은 정기선정에 의한 세무조사 외에 다음 중 어느 하나에 해당하는 경우에는 세무조사를 할 수 있다(국기법 81의 6 ②).

① 납세자가 세법이 정하는 신고, 세금계산서 또는 계산서의 작성·발급·제출, 지급명세서의 작성·제출 등의 납세협력의무를 이행하지 아니한 경우
② 무자료거래, 위장·가공거래 등 거래내용이 사실과 다른 혐의가 있는 경우
③ 납세자에 대한 구체적인 탈세제보가 있는 경우
④ 신고내용에 탈루나 오류의 혐의를 인정할만한 명백한 자료가 있는 경우

(3) 결정을 위한 세무조사

세무공무원은 과세관청의 조사결정에 따라 과세표준과 세액이 확정되는 세목의 경우 과세표준과 세액을 결정하기 위하여 세무조사를 할 수 있다(국기법 81의 6 ③).

6. 세무조사 사전통지와 연기신청

(1) 세무조사의 사전통지

세무공무원은 국세에 관한 조사를 위하여 해당 장부, 서류 또는 그 밖의 물건 등을 조사하는 경우에는 조사를 받을 납세자(납세자가 납세관리인을 정하여 관할세무서장에게 신고한 경우에는 납세관리인을 말한다)에게 조사를 시작하기 10일 전에 조사대상 세목, 조사기간, 및 조사사유 등을 문서로 통지하여야 한다. 다만, 조세범처벌법에 의한 범칙행위에 대하여 조사하는 경우 또는 사전에 통지하면 증거인멸 등으로 조사목적을 달성할 수 없다고 인정되는 경우에는 사전통지하지 아니한다(국기법 81의 7 ①, 국기령 63의 6).

(2) 세무조사의 연기신청

세무조사의 사전통지를 받은 납세자가 다음 중 어느 하나에 해당하는 사유로 인하여 조사를 받기 곤란한 경우에는 관할세무관서의 장에게 조사를 연기해 줄 것을 신청할 수 있다(국기법 81의 7 ③).

① 천재지변

② 화재, 그 밖의 재해로 사업상 심각한 어려움이 있을 때
③ 납세자 또는 납세관리인의 질병, 장기출장 등으로 세무조사가 곤란하다고 판단될 때
④ 권한있는 기관에 장부, 증거서류가 압수되거나 영치되었을 때
⑤ 위 ②~ ④에 준하는 사유가 있는 때

7. 세무조사기간

(1) 개 요

세무공무원은 조사대상 세목 · 업종 · 규모, 조사 난이도 등을 고려하여 세무조사 기간이 최소한이 되도록 하여야 한다. 다만, 다음 중 어느 하나에 해당하는 경우에는 세무조사 기간을 연장할 수 있다(국기법 81의 8 ⑥).

① 납세자가 장부 · 서류 등을 은닉하거나 제출을 지연하거나 거부하는 등 조사를 기피하는 행위가 명백한 경우
② 거래처 조사, 거래처 현지확인 또는 금융거래 현지확인이 필요한 경우
③ 세금탈루 혐의가 포착되거나 조사과정에서 조세범처벌절차법에 따른 조세에 관한 범칙사건으로 조사유형이 전환되는 경우
④ 천재지변이나 노동쟁의로 조사가 중단되는 경우
⑤ 아래 '7'에 따라 세무조사의 범위가 확대되는 경우
⑥ 그 밖에 세무조사의 기간을 연장할 특별한 사유가 있는 경우로서 기획재정부령으로 정하는 경우

(2) 세무조사기간의 제한

세무공무원은 세무조사기간을 정할 경우 조사대상 과세기간 중 연간 수입금액 또는 양도가액이 가장 큰 과세기간의 연간 수입금액 또는 양도가액이 100억원 미만인 납세자에 대한 세무조사기간은 20일 이내로 한다. 이처럼 기간을 정한 세무조사를 위의 사유로 연장하는 경우로서 최초로 연장하는 경우에는 관할세무관서의 장의 승인을 받아야 하고, 2회 이후 연장의 경우에는 관할 상급 세무관서의 장의 승인을 받아 각각 20일 이내에서 연장할 수 있다. 다만, 다음에 해당하는 사유가 있을 경우에는 세무조사 기간의 제한 및 세무조사 연장기간의 제한을 받지 않는다(국기법 81의 8 ②, ③, 국기령 63의 9).

① 세금계산서에 대한 추적조사가 필요한 경우

② 무자료거래, 위장 · 가공거래 등 거래 내용이 사실과 다른 혐의가 있어 실제 거래 내용에 대한 조사가 필요한 경우
③ 「국제조세조정에 관한 법률」에 따른 국제거래를 이용하여 세금을 탈루하거나 국내 탈루소득을 해외로 변칙 유출한 혐의로 조사하는 경우
④ 명의위장, 이중장부의 작성, 차명계좌의 이용, 현금거래의 누락 등의 방법을 통하여 세금을 탈루한 혐의로 조사하는 경우
⑤ 그 밖에 조사대상 세목 · 업종 · 규모, 조사 난이도 등을 고려하여 장기간의 조사가 불가피한 경우로서 기획재정부령으로 정하는 경우

(3) 세무조사의 중지

세무공무원은 다음에 해당하는 사유로 세무조사를 진행하기 어려운 경우에는 세무조사를 중지할 수 있다. 이 경우 그 중지기간은 세무조사기간 및 세무조사 연장기간에 산입하지 않는다. 이처럼 세무조사를 중지한 경우에는 그 중지사유가 소멸하게 되면 즉시 조사를 재개하여야 한다. 다만, 조세채권의 확보 등 긴급히 조사를 재개하여야 할 필요가 있는 경우에는 세무조사를 재개할 수 있다(국기법 81의 8 ④, ⑤, 국기령 63의 10).

① 세무조사 연기신청 사유에 해당하는 사유가 있어 납세자가 조사중지를 신청한 경우
② 국외자료의 수집 · 제출 또는 상호합의절차 개시에 따라 외국 과세기관과의 협의가 필요한 경우
③ 납세자가 장부 · 서류 등을 은닉하거나 그 제출을 지연 또는 거부하는 등으로 인하여 세무조사를 정상적으로 진행하기 어려운 경우
④ 그 밖에 세무조사를 정상적으로 진행하기 어려운 경우로서 기획재정부령으로 정하는 경우

한편 세무공무원은 이처럼 세무조사를 중지 또는 재개하는 경우에는 그 사유를 문서로 통지하여야 한다(국기법 81의 8 ⑥).

8. 세무조사범위 확대의 제한

세무공무원은 구체적인 세금탈루 혐의가 여러 과세기간 또는 다른 세목까지 관련되는 것으로 확인되는 경우 제외하고는 조사진행 중 세무조사의 범위를 확대할 수 없다. 이처럼 세무조사의 범위를 확대하는 경우에는 그 사유와 범위를 납세자에게 문서로 통지하여야 한다(국기법 81의 9).

9. 장부 · 서류 보관 금지

세무공무원은 세무조사의 목적으로 납세자의 장부 또는 서류 등을 세무관서에 임의로 보관할 수 없다. 다만, 납세자의 동의가 있는 경우에는 세무조사 기간동안 일시 보관할 수 있다.

만일 일시 보관하고 있는 장부 또는 서류 등에 대하여 납세자가 반환을 요청한 경우에는 조사에 지장이 없는 한 즉시 반환하여야 한다. 이 경우 세무공무원은 장부 또는 서류 등의 사본을 보관할 수 있고, 그 사본이 원본과 다름없다는 사실을 확인하는 납세자의 서명 또는 날인을 요구할 수 있다(국기법 81의 10).

10. 통합조사의 원칙

세무조사는 특정한 세목만을 조사할 필요가 있는 등의 경우를 제외하고는 납세자의 사업과 관련하여 세법에 따라 신고 · 납부의무가 있는 세목을 통합하여 실시하는 것을 원칙으로 한다(국기법 81의 11).

11. 세무조사의 결과통지

세무공무원은 범칙사건의 조사, 소득세 · 법인세의 결정 또는 경정을 위한 조사, 상속세 및 증여세의 조사와 같은 부과처분을 위한 실지조사를 마친 때에는 그 조사결과를 서면으로 납세자에게 통지하여야 한다(국기법 81의 12, 국기령 63의 3). 다만, 폐업, 납세관리인을 정하지 아니하고 국내에 주소 또는 거소를 두지 않은 경우에는 이러한 결과통지를 요하지 않는다(국기법 81의 12, 국기령 63의 7).

■ 국세기본법 시행규칙 [별지 제54호서식] 〈개정 2011.4.11〉

NTS 행 정 기 관 명

수신자
(경유)
제 목 **세무조사 사전 통지**

귀하(귀사)에 대한 세무조사를 실시하기에 앞서 아래와 같이 알려드립니다.
(근거: 「국세기본법」 제81조의7제1항 및 같은 법 시행령 제63조의6)

납 세 자	상 호 (성 명)		사업자등록번호 (생 년 월 일)	
	사 업 장 (주 소)			
조 사 대 상 세 목				
조사대상 과세기간	년 월 일 ~ 년 월 일			
조 사 기 간	년 월 일 ~ 년 월 일			
조 사 사 유				
조 사 제 외 대 상	세목:	과세기간:	범위:	

만약 귀하(귀사)가 「국세기본법 시행령」 제63조의7제1항에 해당하는 사유가 있으면 세무조사의 연기를 신청할 수 있습니다.

※ 「국세기본법 시행령」 제63조의7제1항에 해당하는 사유

1. 화재, 그 밖의 재해로 사업상 심각한 어려움이 있을 때
2. 납세자 또는 납세관리인의 질병, 장기 출장 등으로 세무조사가 곤란하다고 판단될 때
3. 권한 있는 기관에 장부, 증거서류가 압수되거나 영치되었을 때
4. 제1호부터 제3호까지의 규정에 준하는 사유가 있을 때. 끝.

발 신 명 의 직인

이 통지에 대한 문의 사항 또는 조사 시작 전 세무조사 연기신청 등에 관한 궁금한 사항은 ○○○과 담당자 ○○○(전화:)에게 연락하시기 바라며 조사 시작 이후 세무조사와 관련하여 불편·애로 사항이 있을 때에는 납세자보호담당관 ○○○(전화:)에게 연락하시면 친절하게 상담해 드리겠습니다.

기안자 직위(직급) 서명 검토자 직위(직급)서명 결재권자 직위 (직급)서명

협조자

시행 처리과-일련번호(시행일자) 접수 처리과명-일련번호(접수일자)

우 주소 / 홈페이지 주소

전화( ) 전송( ) / 기안자의 공식전자우편주소 / 공개구분

210㎜×297㎜[일반용지 70g/㎡(재활용품)]

■ 국세기본법 시행규칙 [별지 제56호서식] 〈개정 2011.4.11〉

NTS 행 정 기 관 명

수신자
(경유)
제 목 **세무조사 결과 통지** (앞쪽)

귀하(귀사)에 대한 세무조사 결과 및 예상 고지세액을 아래와 같이 알려드립니다. (근거: 「국세기본법」 제81조의12 본문)

납 세 자	상 호(성 명)		사업자등록번호 (생 년 월 일)	
	사업장(주소)			
1. 조사대상(세목: 연도: 기분:)				
조사내용				
2. 결정할 내용(예상 총 고지세액: 14,000,000원) ※ 주민세 및 소득금액 변동 관련 세액 별도 (단위: 원)				

구 분	신고(결정) 과세표준	결정(경정) 과세표준	산출세액	예상 고지세액
법인세·소득세				
부가가치세				
상속세·증여세				
양도소득세				
기타(원천세·개별소비세·주세 등)				

3. 소득금액 변동 명세(「법인세법」에 따른 소득처분) (단위: 원)

소득종류	귀속자	귀속연도	소득금액	원천징수 예상세액	수정신고·납부기한
					소득금액변동통지를 받은 날의 다음 달 10일

붙임 1. 수입금액, 과세표준 및 세액의 산출명세
2. 조사 항목별 조사 결과 및 세무조사 결과 사후 관리할 사항
3. 세무조사 결과 통지에 대한 권리구제 절차. 끝.

발 신 명 의 [직인]

이 통지에 대한 문의 사항이 있을 때에는 ○○○과 담당자 ○○○(전화:)에게 연락하시면 친절하게 상담해 드리겠습니다.

기안자 직위(직급) 서명 검토자 직위(직급)서명 결재권자 직위 (직급)서명
협조자
시행 처리과-일련번호(시행일자) 접수 처리과명-일련번호(접수일자)
우 주소 / 홈페이지 주소
전화( ) 전송( ) / 기안자의 공식전자우편주소 / 공개구분

210㎜×297㎜[일반용지 70g/㎡(재활용품)]

12. 비밀유지

세무공무원은 납세자가 세법에서 정한 납세의무를 이행하기 위하여 제출한 자료나 국세의 부과 · 징수를 목적으로 업무상 취득한 자료 등(이하 '과세정보'라 한다)을 타인에게 제공 또는 누설하거나 목적외의 용도로 사용하여서는 안 된다. 다만, 다음 중 어느 하나에 해당하는 경우에는 그 사용목적에 맞는 범위에서 납세자의 과세정보를 제공할 수 있다(국기법 81의 13 ①).

① 지방자치단체 등이 법률에서 정하는 조세의 부과 · 징수 등을 위하여 과세정보를 요구하는 경우
② 국가기관이 조세쟁송이나 조세범 소추를 위하여 과세정보를 요구하는 경우
③ 법원의 제출명령 또는 법관이 발부한 영장에 의하여 과세정보를 요구하는 경우
④ 세무공무원 간에 국세의 부과· 징수 또는 질문· 검사에 필요한 과세정보를 요구하는 경우
⑤ 통계청장이 국가통계작성 목적으로 과세정보를 요구하는 경우
⑥ 다른 법률의 규정에 따라 과세정보를 요구하는 경우

이 경우 ①, ②, ⑤ 또는 ⑥의 규정에 따라 과세정보이 제공을 요구하는 자는 문서로 해당 세무관서의 장에게 요구해야 한다(국기법 81의 13 ②). 또한 이러한 규정에 따라 과세정보를 알게 된 사람은 이를 타인에게 누설하거나 그 목적 외의 용도로 사용해서는 안 된다. 그리고 과세정보를 알게 된 사람 중 공무원이 아닌 사람은 형법이나 그 밖의 법률에 따른 벌칙을 적용할 때에는 공무원으로 본다(국기법 81의 13 ④, ⑤).

13. 정보제공

세무공무원은 납세자가 납세자의 권리 행사에 필요한 정보를 요구하면 신속하게 정보를 제공하여야 한다(국기법 81의 14).

14. 과세전적부심사

(1) 의 의

'과세전적부심사'란 정식의 국세처분을 받기 전에 납세자의 청구에 의해 그 국세처분의 타당성을 미리 심사하는 제도를 말한다. 앞서 살펴 본 조세불복제도는 국세처분이 있은 후에 사후적으로 그 국세처분의 타당성을 다투는 것임에 반해, 과세전적부심

사는 국세처분이 있기 전에 미리 타당성을 다투어 위법 또는 부당한 국세처분을 미연에 방지함으로써 납세자의 권익을 보호하기 위해 마련된 제도이다.

(2) 청구절차

다음 각 호의 1에 해당하는 통지를 받은 자는 그 통지를 받은 날부터 30일 이내에 통지를 한 세무서장이나 지방국세청장에게 통지내용의 적법성 여부에 관하여 과세전적부심사를 청구할 수 있다(국기법 81의 15).

① 부과처분을 위한 실지조사(소득세·법인세·부가가치세의 결정 또는 경정조사, 상속세·증여세의 조사)의 세무조사결과에 대한 서면 통지

② 세무서 또는 지방국세청에 대한 지방국세청장 또는 국세청장의 업무감사 결과(현지에서 시정조치하는 경우를 포함)에 따라 세무서장 또는 지방국세청장이 행하는 과세예고통지

③ 범칙사건의 조사 등 부과처분을 위한 실지조사에서 확인된 당해 납세자외의 자에 대한 과세자료 및 현지 확인조사에 따라 세무서장 또는 지방국세청장이 행하는 과세예고통지

다만, 다음 중 어느 하나에 해당하는 사항에 대해서는 국세청장에게 청구할 수 있다(국기법 81의 15 ①, 국기령 63의 14 ①).

① 법령과 관련하여 국세청장의 유권해석을 변경하거나 새로운 해석이 필요한 것

② 국세청장의 훈령·예규·고시 등과 관련하여 새로운 해석이 필요한 것

③ 세무서 또는 지방국세청에 대한 국세청장의 업무감사 결과(현지에서 시정조치하는 경우는 제외한다)에 따라 세무서장 또는 지방국세청장이 하는 과세예고통지에 관한 것

④ 위 ① 내지 ③에 해당하지 않는 사항 중 과세전적부심사 청구금액이 10억원 이상에 해당하는 것

● 참고 ● 과세예고통지의 범위

'과세예고통지'란 다음 중 어느 하나에 해당하는 것을 말한다((국기령 63의 14 ②).

1. 세무서 또는 지방국세청에 대한 지방국세청장 또는 국세청장의 업무감사 결과(현지에서 시정조치하는 경우를 포함한다)에 따라 세무서장 또는 지방국세청장이 하는 과세예고 통지
2. 제63조의3에 따른 실지조사에서 확인된 해당 납세자 외의 자에 대한 과세자료 및 현지 확인조사에 따라 세무서장 또는 지방국세청장이 하는 과세예고 통지
3. 납세고지하려는 세액이 3백만원 이상인 과세예고 통지

(3) 과세전적부심사의 배제

다음의 경우에는 과세전적부심사를 청구할 수 없다(국기법 81의 15 ②).

① 국세징수법에 규정된 납기전징수의 사유가 있거나 세법에서 규정하는 수시부과의 사유가 있는 경우

② 조세범처벌법 위반으로 고발 또는 통고처분하는 경우

③ 세무조사결과통지 및 과세예고통지를 하는 날부터 국세부과 제척기간의 만료일까지의 기간이 3개월 이하인 경우

④ 국제조세조정에 관한 법률에 따라 조세조약을 체결한 상대국이 상호합의절차의 개시를 요청한 경우

(4) 결정 · 경정의 유보

과세전적부심사 청구를 받은 세무서장 · 지방국세청장 또는 국세청장은 그 청구부분에 대하여 과세전적부심사에 대한 결정이 있을 때까지 과세표준 및 세액의 결정이나 경정결정을 유보하여야 한다. 다만, 과세전적부심사의 배제사유에 해당하는 경우에는 그렇지 않다(국기령 63의 14 ④)

(5) 과세전적부심사에 대한 결정

과세전적부심사 청구를 받 세무서장· 지방국세청장 또는 국세청장은 각각 국세심사위원회의 심사를 거쳐 다음과 같이 결정하고 그 결과를 청구를 받은 날부터 30일 이내에 청구인에게 통지하여야 한다(국기법 81의 15 ③, ④).

① 심사거부 결정 : 청구기간이 지났거나 보정기간에 보정을 하지 않은 경우 심사하지 않는다는 결정

② 불채택 결정 : 청구가 이유 없다고 인정되는 경우 채택하지 않는다는 결정

③ 채택 결정 : 청구가 이유 있다고 인정되는 경우 채택하는 결정. 다만, 청구가 일부 이유 있다고 인정되는 경우에는 일부 채택의 결정을 한다.

다만, 다음의 경우에는 과세전적부심사위원회의 심사를 거치지 않고 결정한다(국기법 81의 15 ⑤, 64 ① 단서).

① 과세전적부심사 청구의 내용이 경미한 사항에 속한 것인 때

② 과세전적부심사 청구가 결정기간이 지난 후에 있은 때

● 참고 ●

1. 결과통지를 하지 아니한 경우 가산세 감면 : 과세전적부심사 결정·통지기간에 그 결과를 통지하지 아니한 경우에는 결정·통지가 지연됨으로써 해당 기간에 부과되는 납부·환급불성실가산세의 50%를 감면한다(국기법 48 ② 3호).
2. 조기결정 신청 : 세무조사에 대한 서면통지 또는 과세예고통지를 받은 자는 과세전적부심사를 청구하지 아니하고 통지를 한 세무서장이나 지방국세청장에게 통지받은 내용의 전부 또는 일부에 대하여 과세표준 및 세액을 조기에 결정하거나 경정결정해 줄 것을 신청할 수 있다. 이 경우 해당 세무서장이나 지방국세청장은 신청받은 내용대로 즉시 결정이나 경정결정을 하여야 한다(국기법 81의 15 ⑦). 그 취지는 세무조사결과 등 통지를 받은 자가 과세전적부심사를 청구할 뜻이 없는 경우에도 청구기간(30일) 중에는 과세처분이 유보되어 청구기간이 지난 후에 결정·경정이 이루어지면 그 기간만큼 납부불성실가산세를 추가납부하여야 하는 불합리한 점을 해소하려는데 있다.

(6) 심사·심판청구와의 차이점

과세전적부심사는 심사·심판청구와 다음과 같은 점에서 차이가 있다.

첫째, 심사·심판청구는 구체적 행정처분을 대상으로 한 사후적 조세불복절차로서 그 성격은 준사법절차이다. 반면 과세전적부심사는 구체적 행정처분을 하기 전에 납세자 권리보호를 목적으로 행하는 사전적 조세구제절차로서 준사법절차로서의 성격은 없다.

둘째, 심사·심판청구에서 청구가 기각된 경우에는 행정소송에 의해 조세불복을 진행할 수 있다. 반면, 과세전적부심사에서 청구가 기각된 경우에는 그 결정 자체는 행정처분이 아니므로 심사·심판청구 또는 행정소송의 대상이 되지 아니한다. 과세전적부심사에서 청구내용이 받아들여지지 않은 경우에는 당초 조사 또는 과세예고통지된 대로 과세처분이 있게 될 것이고 동 과세처분이 심사·심판청구의 대상이 된다.

셋째, 심사·심판의 청구대상은 개괄주의에 의하여 정하고 있는 반면, 과세전적부심사는 열거주의에 의하여 정하고 있다.

넷째, 심사·심판의 청구인은 직접 당사자뿐만 아니라 특정 이해관계인에 해당하는 제3자도 청구인 적격을 인정하는데 반해, 과세전적부심사의 청구인은 통지를 받은 직접 당사자에 한한다.

15. 국세청장의 납세자 권리보호

국세청장은 직무를 수행함에 있어 납세자의 권리가 보호되고 실현될 수 있도록 성실하게 노력하여야 한다(국기법 81의 16 ①). 납세자의 권리보호를 위하여 국세청에 납세자 권리보호업무를 총괄하는 납세자보호관을 두고, 세무서 및 지방국세청에 납세자 권리보호업무를 수행하는 담당관을 각각 1인을 둔다(국기법 81의 16 ②). 국세청장은 납세자보호관을 개방형직위로 운영하고 납세자보호관 및 담당관이 업무를 수행함에 있어 독립성이 보장될 수 있도록 하여야 한다(국기법 81의 16 ③).

여기서 납세자보호관과 납세자보호담당관은 다음과 같은 직무 및 권한을 갖는 사람을 말한다(국기령 63의 15 ②, ⑤).

<표Ⅱ-23> 납세자보호관과 납세자보호담당관의 직무 및 권한

납세자보호관의 직무 및 권한	납세자보호담당관의 직무 및 권한
① 세금 관련 고충민원의 해소 등 납세자 권리보호에 관한 사항 ② 납세서비스 관련 제도·절차 개선에 관한 사항 ③ 위법·부당한 처분(세법에 따른 납세의 고지는 제외한다)에 대한 시정요구 ④ 위법·부당한 세무조사의 일시중지 및 중지 ⑤ 위법·부당한 처분이 행하여 질 수 있다고 인정되는 경우 그 처분 절차의 일시중지 및 중지 ⑥ 납세자의 권리보호업무에 관하여 세무서 및 지방국세청의 납세자보호담당관에 대한 지도·감독 ⑦ 그 밖에 납세자의 권리보호와 관련하여 국세청장이 정하는 사항	① 세금 관련 고충민원의 해소 등 납세자 권리보호에 관한 사항 ② 납세자보호관으로부터 위임받은 업무 ③ 그 밖에 납세자 권리보호에 관하여 국세청장이 정하는 사항

납세자권리헌장

'납세자의 권리는 헌법과 법률이 정하는 바에 의하여 존중되고 보장되어야 합니다. 이를 위하여 국세공무원은 납세자가 신성한 납세의무를 신의에 따라 성실하게 이행할 수 있도록 필요한 정보와 편익을 최대한 제공해야 하며, 납세자의 권리가 보호되고 실현될 수 있도록 최선을 다하여야 할 의무가 있습니다.

이 헌장은 납세자가 보장받을 수 있는 권리를 구체적으로 알려드리기 위해 제정된 것입니다.

1. 납세자는 기장 · 신고 등 납세협력 의무를 이행하지 않았거나 구체적인 조세탈루혐의 등이 없는 한 성실하며 납세자가 제출한 세무자료는 진실한 것으로 추정됩니다.
2. 납세자는 법령이 정하는 경우를 제외하고는 세무조사의 사전통지와 조사결과의 통지를 받을 권리가 있고, 불가피한 사유가 있는 경우에는 조사의 연기를 신청하고 그 결과를 통지 받을 권리가 있습니다.
3. 납세자는 세무조사시 조세전문가의 조력을 받을 권리가 있고, 법령이 정하는 특별한 사유가 없는 한 중복조사를 받지 않을 권리가 있습니다.
4. 납세자는 법령이 정하는 바에 따라 세무조사 기간이 연장되는 경우에, 그 사유와 기간을 문서로 통지받을 권리가 있습니다.
5. 납세자는 자신의 과세정보에 대한 비밀을 보호받을 권리가 있습니다.
6. 납세자는 권리의 행사에 필요한 정보를 신속하게 제공받을 권리가 있습니다.
7. 납세자는 위법적인 또는 부당한 처분을 받거나 필요한 처분을 받지 못함으로써 권리 또는 이익을 침해당한 경우에 적법하고 신속하게 구제받을 권리가 있습니다.
8. 납세자는 위법적인 또는 부당한 처분으로 권리 또는 이익을 침해당할 우려가 있는 경우에, 그 처분을 받기 전에 적법하고 신속하게 구제받을 권리가 있습니다.
9. 납세자는 국세공무원으로부터 언제나 공정한 대우를 받을 권리가 있습니다.

국 세 청 장

연습문제

[주관식 문제]

1. 납세자 권리헌장의 제정취지와 그 내용을 설명하라.

2. 과세전적부심사제도의 내용을 설명하라.

[객관식 문제]

1. 납세자 권리헌장에 관한 다음의 설명 중 맞는 것은?

① 2 이상의 사업연도와 관련하여 잘못이 있는 경우에도 세무공무원은 같은 세목 및 같은 과세기간에 대하여 재조사를 할 수 없다.
② 범칙사건의 조사를 받는 경우에도 예외적으로 납세자는 변호사·공인회계사·세무사 또는 조세에 관하여 전문지식을 갖춘 자로 하여금 조사에 입회하거나 의견을 진술하게 할 수 없다.
③ 납세자가 납세관리인을 정하지 아니하고 국내에 주소·거소를 두지 아니한 경우에 세무공무원은 세무조사결과를 통지하지 않을 수 있다.
④ 어떠한 경우에도 납세자가 제출한 세무자료는 진실한 것으로 추정된다.
⑤ 어떠한 경우에도 세무공무원은 납세자의 과세정보를 타인에게 제공 또는 누설하거나 목적 외의 용도로 사용해서는 안 된다.

2. 다음은 납세자의 권리와 관련된 설명이다. 틀린 것은?

① 납세자는 기장·신고 등 납세협력의무를 이행하지 않았거나 구체적인 조세탈루혐의 등이 없는 한 성실한 납세자로 추정하며 무작위 추출방식에 의한 표본세무조사가 이러한 납세자의 성실성 추정원칙에 반하는 것은 아니다.
② 납세자는 범칙사건의 조사를 받는 경우 조세전문가의 조력을 받을 권리가 있다.
③ 조세범칙사건의 조사와 관련된 경우에는 과세전적부심사를 청구할 수 없다.
④ 납세자는 어떠한 경우에도 같은 세목 및 같은 과세기간에 대하여 중복조사를 받지 않을 권리가 있다.

정답	1. ③ 2. ④

⑤ 납세자는 범칙사건의 조사, 법인세의 결정 또는 경정을 위한 조사 등 대통령령이 정하는 부과처분을 위한 실지조사를 마친 때에는 그 조사결과를 서면으로 통지 받을 권리가 있다.

3. 다음 중 국세기본법상 과세전적부심사청구가 허용되는 것은?

① 국세징수법 제14조에 규정하는 납기전징수의 사유가 있는 경우
② 세법에 규정하는 수시부과의 사유가 있는 경우
③ 조세범처벌법 위반으로 고발하는 경우
④ 세무조사에 대한 결과를 통지하는 날부터 국세부과제척기간의 만료일까지의 기간이 3개월 이하인 경우
⑤ 법령과 관련하여 국세청장의 유권해석을 변경하여야 하는 경우

4. 다음은 과세전적부심사에 대한 설명이다. 잘못된 것은?

① 불복청구제도는 사후적 구제제도인 반면, 과세전적부심사는 사전적 구제제도이다.
② 과세전적부 심사청구는 세무조사결과에 대한 서면통지를 받은 날부터 30일 이내에 할 수 있다.
③ 조세범처벌법 위반으로 통고처분하는 경우에는 과세전적부심사가 배제된다.
④ 과세전적부 심사청구를 받은 세무서장 등은 청구를 받은 날부터 30일 이내에 그 결과를 청구인에게 통지하여야 한다.
⑤ 과세전적부 심사청구에 일부만 이유가 있다고 인정되는 경우에는 채택하지 아니한다는 결정을 한다.

5. 국세기본법상 과세전적부 심사청구에 대해 할 수 있는 결정에 관한 설명이다. 옳게 짝지어지지 않은 것은?

① 청구기간을 경과하여 청구한 경우 - 심사하지 아니한다는 결정
② 보정기간 내에 보정을 하지 아니한 경우 - 심사하지 아니한다는 결정
③ 청구가 이유 없다고 인정되는 경우 - 채택하지 아니한다는 결정
④ 청구가 이유 있다고 인정되는 경우 - 채택하는 결정
⑤ 청구가 일부 이유 있다고 인정되는 경우 - 재조사결정

6. 국세기본법상 세무공무원이 비밀유지의무에도 불구하고 납세자의 과세정보를 그 사용목적에 맞는 범위에서 제공할 수 있는 경우로서 옳지 않은 것은?

① 지방자치단체가 법률에서 정하는 조세의 부과·징수 등을 위하여 사용할 목적으로 요구

정답	3. ⑤ 4. ⑤ 5. ⑤ 6. ④

하는 경우

② 국가기관이 조세쟁송이나 조세범의 소추를 위하여 요구하는 경우

③ 세무공무원간에 질문·검사에 필요한 과세정보를 요구하는 경우

④ 국회 소관 상임위원회가 의결로 국정감사 기타 의정활동의 필요에서 요구하는 경우

⑤ 법원의 제출명령 또는 법관이 발부한 영장에 의하여 과세정보를 요구하는 경우

제10장 보 칙

제1절 납세관리인

1. 개 념

납세자가 국내에 주소 또는 거소를 두지 않거나 국외로 주소 또는 거소를 이전할 때에는 국세에 관한 사항을 처리하기 위하여 납세관리인을 정하여야 한다(국기법 82 ①). 이 경우 납세자는 국세에 관한 사항을 처리하게 하기 위하여 변호사, 세무사 또는 세무사법에 따라 등록한 공인회계사를 납세관리인으로 둘 수 있다(국기법 82 ②).

참고

비거주자인 상속인이 금융회사 등에 상속재산의 지급·명의개서 또는 명의변경을 청구하려면 납세관리인을 정하여 납세지 관할세무서장에게 신고하고, 그 사실에 관한 확인서를 발급받아 금융회사 등에 제출하여야 한다(국기법 82 ⑥).

2. 납세관리인의 설정신고 및 변경신고

(1) 납세관리인의 설정

납세관리인을 정한 납세자는 다음의 사항을 기재한 문서로 관할세무서장에게 신고하여야 한다(국기법 82 ③, 국기령 64 ①).

① 납세자의 성명과 주소 또는 거소
② 납세관리인의 성명과 주소 또는 거소
③ 설정의 이유

(2) 납세관리인의 변경

납세자가 납세관리인의 변경신고를 하고자 할 때에는 다음의 사항을 기재한 문서로 관할세무서장에게 신고하여야 한다(국기법 82 ③, 국기령 64 ②).

① 납세자와 납세관리인의 성명과 주소 또는 거소
② 변경 후의 납세관리인의 성명과 주소 또는 거소

③ 변경의 이유

3. 납세관리인의 변경조치

세무서장은 납세관리인이 부적당하다고 인정될 때에는 기한을 정하여 납세자에게 그 변경을 요구할 수 있다. 납세관리인의 변경을 요구받은 납세자가 정해진 기한까지 납세관리인 변경의 신고를 하지 아니하면 납세관리인의 설정은 없는 것으로 본다(국기령 65 ①, ②).

4. 납세관리인의 업무범위

납세관리인은 다음 각 호의 사항에 관하여 납세자를 대리할 수 있다(국기령 64의 2).

① 이 법 및 세법에 따른 신고, 신청, 청구, 그 밖의 서류의 작성 및 제출
② 세무서장 등이 발급한 서류의 수령
③ 국세 등의 납부 또는 국세환급금의 수령

5. 납세관리인의 권한소멸

납세관리인은 다음 중 어느 하나에 해당하는 사유가 발생한 때 그 권한이 소멸하며, 납세관리인을 해임한 때에는 관할세무서장에게 신고하여야 한다(국기통 82-0…1).

① 납세자의 해임행위(민법 128)
② 납세자의 사망
③ 납세관리인의 사망, 금치산 또는 파산 등

6. 납세관리인 권한소멸의 효과

납세관리인의 권한소멸 후 그 소멸한 사실을 모르고 그 납세관리인에게 행한 행위 또는 그 납세관리인이 행한 행위는 당해 납세자(납세의무승계자 포함)에게 효력이 있다(국기통 82-0…2).

제 2 절 기타의 문제

1. 고지금액의 최저한

고지할 국세(인지세를 제외하고 교육세·농어촌특별세를 본세에 합한 것을 말한다)·가산금 또는 체납처분비를 합친 금액이 1만원 미만일 때에는 그 금액은 없는 것으로 본다. 이 규정에 의하여 가산금으로서 고지할 금액이 없는 경우에도 국세징수법에 따른 독촉절차에는 영향을 미치지 아니한다(국기법 83, 국기령 65의 3). 여기서 '독촉절차에는 영향을 미치지 아니한다'라 함은 가산금으로서 고지할 금액이 없는 경우에도 국세징수법에 의한 독촉절차를 취하여야 함을 말한다(국기통 83-0…2).

2. 국세행정에 대한 협조

세무공무원은 그 직무를 집행할 때 필요하면 국가기관·지방자치단체 또는 그 소속 공무원에게 협조를 요청할 수 있으며, 이의 요청을 받은 자는 정당한 사유가 없으면 협조하여야 한다. 정부는 납세지도를 담당하는 단체에 그 납세지도에 소요되는 경비의 전부 또는 일부를 교부금으로 지급할 수 있다(국기법 84 ③).

3. 포상금의 지급

(1) 개 요

국세청장은 다음 중 어느 하나에 해당하는 자에게는 1억원의 범위에서 포상금을 지급할 수 있다(국기법 84의 2 ①, 국기령 65의 4 ①, ⑥~⑩).

① 조세를 탈루한 자에 대한 탈루세액 또는 부당하게 환급·공제받은 세액을 산정하는데 '중요한 자료'를 제공한 자

② 체납자의 '은닉재산'을 신고한 자

③ 다음 중 어느 하나에 해당하는 경우로서 해당 행위를 한 신용카드가맹점을 신고한 자. 다만, 신용카드(직불카드영수증과 선불카드영수증을 포함한다) 결제대상 거래금액이 5천원 미만인 경우는 제외한다.

㉠ 신용카드로 결제할 것을 요청하였으나 이를 거부하는 경우

㉡ 신용카드매출전표(직불카드영수증과 선불카드영수증을 포함한다)를 사실과 다르게 발급하는 경우로서 신용카드에 의한 거래를 이유로 재화나 용역의

대가를 현금에 의한 거래(현금영수증을 발급받은 경우는 제외한다)보다 재화나 용역을 공급받은 자에게 불리하게 기재하여 신용카드매출전표를 발급하는 경우

④ 다음 중 어느 하나에 해당하는 경우로서 해당 행위를 한 현금영수증가맹점을 신고한 자. 다만, 현금영수증 발급대상 거래금액이 5천원 미만인 경우는 제외한다.

㉠ 현금영수증의 발급을 거부하는 경우. 현금영수증을 발급한 후 재화나 용역을 공급받은 자의 의사에 반하여 그 발급을 취소하는 경우에는 현금영수증 발급을 거부하는 것으로 본다.

㉡ 현금영수증의 발급을 이유로 재화나 용역의 대가를 다르게 기재하여 현금영수증을 발급하는 경우

⑤ 타인의 명의를 사용하여 사업을 경영하는 자를 신고한 자

⑥ 국제조세조정에 관한 법률에 따른 해외금융계좌 신고의무 위반행위를 적발하는데 중요한 자료를 제공한 자(위 ①·②에 따라 포상금을 지급받는 자는 제외)

위 '①' 또는 '②'의 중요한 자료의 제공 또는 은닉재산의 신고는 성명 및 주소를 명기하고 서명날인한 문서로서 하여야 하며, 이 경우 객관적으로 확인되는 증거자료 등을 첨부하여야 한다(국기법 84의 2 ④).

(2) '중요한 자료'와 '은닉재산'의 범위

1) 중요한 자료

'중요한 자료'라 함은 다음 중 하나에 해당하는 것을 말한다(국기법 84의 2 ②, 국기령 65의 4 ⑪).

① 조세탈루 또는 부당하게 환급·공제받은 내용을 확인할 수 있는 거래처, 거래일 또는 거래기간, 거래품목, 거래수량 및 금액 등 구체적 사실이 기재된 자료 또는 장부(자료제출 당시에 납세자의 부도·폐업 또는 파산 등으로 인하여 과세실익이 없다고 인정되는 것과 세무조사가 진행 중인 것은 제외한다)

② '①'에 해당하는 자료의 소재를 확인할 수 있는 구체적인 정보

③ 조세탈루 또는 부당한 환급·공제와 관련된 회계부정 등에 관한 자료

④ 조세탈루와 관련된 토지 및 주택 등 부동산투기거래에 관한 자료

⑤ 조세탈루와 관련된 밀수·마약 등 공공의 안전을 위협하는 행위에 관한 자료

⑥ 그 밖에 조세탈루 또는 부당한 환급·공제의 수법, 내용, 규모 등 정황으로 보아 중요한 자료로 보는 것이 타당하다고 인정되는 자료

2) 은닉재산

'은닉재산'이란 체납자가 은닉한 현금, 예금, 주식, 그 밖에 재산적 가치가 있는 유형 · 무형의 재산을 말한다. 다만, 다음 중 어느 하나에 해당하는 재산은 제외한다(국기법 84의 2 ③).

① 사해행위(詐害行爲) 취소소송의 대상이 되어 있는 재산
② 세무공무원이 은닉사실을 알고 조사 또는 체납처분 절차에 착수한 재산
③ 그 밖에 체납자의 은닉재산을 신고받을 필요가 없다고 인정되는 재산으로서 체납자 본인의 명의로 등기된 국내에 있는 부동산

(3) 포상금 지급액

1) '중요한 자료'를 제공한 자에 대한 포상금

탈루세액 또는 부당하게 환급 · 공제받은 세액(이하 '탈루세액 등'이라 한다. 다만, 세금계산서 등 관련 조세범칙행위의 경우에는 공급가액에 부가가치세 세율을 적용하여 계산한 세액의 15%에 상당하는 금액으로 한다)에 다음의 구분에 따른 지급률을 곱하여 계산한 금액을 포상금으로 지급할 수 있다. 다만, 1억원을 초과하는 부분은 지급하지 아니한다(국기령 65의 4 ①).

① 조세범처벌법에 따른 일정한 조세범칙행위로 인한 탈루세액 등

탈루세액 등*	지 급 률
1천만원 이하	15%
1천만원 초과 5천만원 이하	150만원 + 1천만원 초과액 × 10%
5천만원 초과	550만원 + 5천만원 초과액 × 5%

② 그 밖의 탈루세액 등

탈루세액 등*	지 급 률
1억원 이상 10억원 이하	5%
10억원 초과 20억원 이하	5천만원 + 10억원 초과액 × 3%
20억원 초과	8천만원 + 20억원 초과액 × 2%

* '탈루세액 등'에는 다음의 사유로 세액의 차이가 발생한 경우 그 차액을 포함하지 아니한다(국기령 65의 4 ②).
① 세무회계와 기업회계간의 차이로 인하여 세액의 차이가 발생한 경우
② 「상속세 및 증여세법」에 따른 평가가액의 착오로 인하여 세액의 차이가 발생한 경우
③ 소득, 거래 등에 대한 귀속연도의 착오로 인하여 세액의 차이가 발생한 경우

2) '은닉재산'을 신고한 자에 대한 포상금

은닉재산의 신고를 통하여 징수된 금액(이하 '징수금액'이라 한다)에 다음의 지급률을 곱하여 계산한 금액을 포상금으로 지급할 수 있다. 다만, 1억원을 초과하는 부분은 지급하지 아니한다(국기령 65의 4 ③).

징 수 금 액	지 급 률
2천만원 이상 2억원 이하	5%
2억원 초과 5억원 이하	1천만원 + 2억원 초과액 × 3%
5억원 초과	1천9백만원 + 5억원 초과액 × 2%

3) 신용카드매출전표 · 현금영수증 발급거부행위 신고자에 대한 포상금

신용카드 · 현금영수증의 결제 · 발급을 거부하거나 사실과 다르게 발급한 금액(사실과 다르게 발급한 경우 발급하여야 할 금액과의 차액을 말한다. 이하 '거부금액'이라 한다)에 따라 다음의 금액을 포상금으로 지급할 수 있다. 다만, 포상금으로 지급할 금액 중 1천원 미만의 금액은 없는 것으로 하고, 동일인이 받을 수 있는 포상금은 연간 200만원을 한도로 한다(국기령 65의 4 ④).

거 부 금 액	지 급 금 액
5천원 이상 5만원 이하	1만원
5만원 초과 250만원 이하	거래금액 × 20%
250만원 초과	50만원

* 2014년 3월 31일까지 소득세법 또는 법인세법에 따른 건당 거래금액 30만원 이상인 재화 또는 용역 공급에 대한 현금영수증 발급의무를 위반한 자에 대한 신고 포상금은 위의 규정에 불구하고, 그 거부금액의 20%를 넘지 않는 범위에서 국세청장이 정한다(국기령 65의 4 ⑯).

신용카드 결제거부 행위 및 신용카드매출전표를 사실과 다르게 발급한 행위의 신고는 그 행위가 있은 날부터 1개월 이내에, 현금영수증 발급거부 행위 및 현금영수증을 사실과 다르게 발급한 행위의 신고는 그 행위가 있은 날부터 5년 이내에 관할세무서장, 관할지방국세청장 또는 국세청장에게 하여야 한다(국기령 65의 4 ⑬).

4) 타인명의사용자 신고자에 대한 포상금

신고 건별로 100만원을 포상금으로 지급할 수 있다. 다만, 같은 사안에 대하여 중복신고가 있으면 최초로 신고한 자에게만 지급하고, 타인의 명의를 사용하여 사업을 하는 자가 다음 중 어느 하나에 해당하는 경우로서 조세를 회피할 목적이 없거나 강제집행을 면탈(免脫)할 목적이 없다고 인정되면 포상금을 지급하지 아니한다(국기령 64의 4 ⑭).

㉠ 배우자, 직계존속 또는 직계비속의 명의를 사용한 경우

㉡ 약정한 기일 내에 채무를 변제하지 아니하여 「신용정보의 이용 및 보호에 관한 법률」에 따른 종합신용정보 집중기관에 등록된 경우

5) 해외금융계좌 신고의무 위반행위 자료제공자에 대한 포상금

해외금융계좌 신고의무 불이행에 따른 과태료금액에 다음의 지급률을 곱하여 계산한 금액을 포상금으로 지급할 수 있다. 다만, 1억원을 초과하는 부분은 지급하지 아니한다(국기령 64의 4 ⑮).

과태료 금액	지 급 률
2천원 이상 2억원 이하	5%
2억원 초과 5억원 이하	1천만원 + 2억원 초과금액 × 3%
5억원 초과	1천9백만원 + 5억원 초과금액 × 2%

(4) 포상금을 지급하지 않는 경우

다음에 해당하는 경우에는 포상금을 지급하지 아니한다(국기법 84의 2 ① 단서, 국기령 65의 4 ⑤).

① 탈루세액 또는 부당하게 환급·공제받은 세액이 1억원 미만인 경우

② 은닉재산의 신고를 통하여 징수된 금액 또는 해외금융계좌 신고의무 불이행에 따른 과태료 금액이 2천만원 미만인 경우

③ 공무원이 그 직무와 관련하여 자료를 제공하거나 은닉재산을 신고한 경우

(5) 포상금 지급시기

국세청장은 다음의 구분에 따른 날이 속하는 달의 다음 달 말일까지 포상금을 지급하여야 한다(국기령 65의 4 ⑰).

구 분		해당하는 날
① 탈세자료 제보자에 대한 포상금	조세범칙행위로 인한 탈루세액 등	조세범 처벌절차법에 따른 통고를 이행하거나 재판에 의하여 형이 확정되고 불복제기기간 또는 제소기간이 지났거나 불복청구 절차(행정소송 등에 의한 불복 절차를 포함한다)가 종료되어 부과처분 등이 확정된 날

<table>
<tr><td></td><td>그 밖의 탈루세액 등</td><td>탈루세액 등이 납부되고 불복제기기간 또는 제소기간이 지났거나 불복청구 절차(행정소송 등에 의한 불복 절차를 포함한다)가 종료되어 부과처분 등이 확정된 날</td></tr>
<tr><td colspan="2">② 은닉재산 신고자에 대한 포상금</td><td>재산은닉 체납자의 체납액에 해당하는 금액을 현금으로 징수한 날</td></tr>
<tr><td colspan="2">③ 신용카드매출전표·현금영수증 발급거부행위 신고자에 대한 포상금</td><td rowspan="2">신고내용이 사실로 확인된 날</td></tr>
<tr><td colspan="2">④ 타인명의사용자 신고자에 대한 포상금</td></tr>
<tr><td colspan="2">⑤ 해외금융계좌 신고의무 위반행위 자료제공자에 대한 포상금</td><td>과태료금액이 납부되고 질서위반행위규제법에 따른 이의제기기간이 지났거나 비송사건절차법에 따른 불복청구 절차가 종료되어 과태료 부과처분이 확정된 날</td></tr>
</table>

(6) 비밀유지

포상금 지급과 관련된 업무를 담당하는 공무원은 신고자 또는 자료 제공자의 신원 등 신고 또는 제보와 관련된 사항을 그 목적 외의 용도로 사용하거나 타인에게 제공 또는 누설해서는 안 된다(국기법 84의 2 ⑤).

4. 과세자료의 제출과 그 수집에 대한 협조

세법에 따라 과세자료를 제출할 의무가 있는 자는 과세자료를 성실하게 작성하여 정해진 기한까지 소관세무서장에게 제출하여야 한다. 다만, 국세정보통신망을 이용하여 제출하는 경우에는 지방국세청장이나 국세청장에게 제출할 수 있다(국기법 85 ①). 그리고 국가기관, 지방자치단체, 금융회사 등 또는 전자계산·정보처리시설을 보유한 자는 과세에 관계되는 자료 또는 통계를 수집하거나 작성하였을 때에는 국세청장에게 통보하여야 한다(국기법 85 ②).

5. 장부 등의 비치 및 보존

(1) 개 요

납세자는 각 세법에서 규정하는 바에 따라 모든 거래에 관한 장부 및 증거서류를 성실하게 작성하여 갖춰 두어야 한다. 그리고 이러한 장부 및 증거서류는 그 거래사실이 속하는 과세기간에 대한 해당 국세의 법정신고기한이 지난 날부터 5년간 보존하여야 한다(국기법 85의 3 ①, ②).

한편, 법인세법이나 소득세법에 따라 각 과세기간 개시일 5년 전에 발생한 결손금을 각 과세기간의 소득금액에서 이월결손금으로 공제하는 경우에는 해당 결손금이 발생한 과세기간의 법인세 또는 소득세는 이월결손금을 공제한 과세기간의 법정신고기한으로부터 1년간 제척기간이 연장되는데, 이처럼 제척기간이 연장되는 때에는 그 연장되는 날까지 보존하여야 한다(국기법 85의 3 ②).

(2) 장부 등의 보존방법

납세자는 장부와 증거서류의 전부 또는 일부를 전산조직을 이용하여 작성할 수 있다. 이 경우 그 처리과정 등을 자기테이프·디스켓 그 밖의 정보보존장치에 의하여 보존하여야 한다(국기법 85의 3 ③).

전자거래기본법에 따른 전자화문서로 변환하여 공인전자문서보관소에 보관한 경우에는 장부 및 증거서류를 갖춘 것으로 본다. 다만, 계약서 등 위조·변조하기 쉬운 장부 및 증거서류로서 다음의 것은 그러하지 아니하다(국기법 85의 3 ④, 국기령 65의 7 ③).

① 상법 시행령 등 다른 법령에 따라 원본을 보존하여야 하는 문서
② 등기·등록 또는 명의개서가 필요한 자산의 취득 및 양도와 관련하여 기명날인 또는 서명한 계약서
③ 소송과 관련하여 제출·접수한 서류 및 판결문 사본. 다만, 재발급이 가능한 서류는 제외한다.
④ 인가·허가와 관련하여 제출·접수한 서류 및 인·허가증. 다만, 재발급이 가능한 서류는 제외한다.

6. 서류접수증의 발급

납세자 또는 세법에 따라 과세자료를 제출할 의무가 있는 자(이하 '납세자 등'이라 한다)로부터 다음 중 어느 하나에 해당하는 서류를 받는 경우에 세무공무원은 납세자 등에게 접수증을 발급하여야 한다.

① 과세표준신고서, 과세표준수정신고서, 경정청구서 또는 과세표준신고·과세표준수정신고·경정청구와 관련된 서류
② 이의신청서, 심사청구서 및 심판청구서
③ 세법상 제출기한이 정해진 서류
④ 그 밖에 국세청장이 납세자의 권익보호에 필요하다고 인정하여 지정한 서류

다만, 납세자가 신고서 등의 서류를 우편이나 팩스로 제출하거나, 세무공무원을 거

치지 않고 지정된 신고함에 직접 투입하는 경우에는 접수증을 교부하지 아니할 수 있다(국기법 85의 4 ①, 국기령 65의 8 ①). 그리고 납세자 등으로부터 상기의 신고서 등을 국세정보통신망을 통해 받은 경우에는 그 접수사실을 전자적 형태로 통보할 수 있다(국기법 85의 4, 국기령 65의 8).

7. 고액·상습체납자 등의 명단공개

(1) 명단공개 요건

국세청장은 비밀유지 규정에 불구하고 다음 중 어느 하나에 해당하는 자의 인적사항·체납액·국세추징명세 등을 공개할 수 있다(국기법 85의 5 ①, 국기령 66 ⑥). 그 취지는 명단공개를 통하여 고액·상습 체납자에 대해 체납액의 납부를 간접적으로 강제하고 기부금수령단체의 투명성을 높여 조세정의를 구현하려는데 있다.

① 체납발생일로부터 1년이 지난 국세가 5억원 이상인 납세자

② 기부금을 수령한 단체로서 다음 중 어느 하나에 해당하는 단체

㉠ 명단 공개일이 속하는 연도의 직전 연도 12월 31일을 기준으로 최근 2년 이내에 상속세 및 증여세법에 따른 의무의 불이행으로 추징당한 세액의 합계액이 1천만원 이상인 경우

㉡ 명단 공개일을 기준으로 최근 3년간의 소득세법에 따른 기부자별 발급명세 또는 법인세법에 따른 기부법인별 발급명세를 작성하여 보관하고 있지 아니한 경우

㉢ 명단 공개일을 기준으로 최근 3년 이내에 기부금액 또는 기부자의 인적사항이 사실과 다르게 발급된 기부금영수증(이하 이 조에서 '거짓영수증'이라 한다)을 5회 이상 발급하였거나 그 발급금액의 합계액이 5천만원 이상인 경우

③ 조세범처벌법에 따른 범죄로 유죄판결이 확정된 자로서 특정범죄 가중처벌 등에 관한 법률에 따라 가중처벌되는 자

(2) 명단을 공개하지 않는 경우

다음의 경우에는 위의 요건을 충족하였다 하더라도 명단을 공개하지 아니한다(국기법 85의 5 ① 단서, 국기령 66 ①).

① 체납된 국세가 이의신청·심사청구 등 불복청구 중에 있는 경우

② 체납액(가산금을 포함함)의 30% 이상을 납부한 경우

③ 채무자 회생 및 파산에 관한 법률에 따른 회생계획인가의 결정에 따라 체납된

세금의 징수를 유예 받고 그 유예기간 중에 있거나 체납된 세금을 회생계획의 납부일정에 따라 납부하고 있는 경우

④ 재산상황, 미성년자 해당 여부 및 그 밖의 사정 등을 고려할 때 국세정보공개심의위원회가 공개할 실익이 없거나 공개하는 것이 부적절하다고 인정하는 경우

(3) 공개절차

국세청장은 국세정보공개심의위원회의 심의를 거쳐 선정된 공개대상자에게 체납자 또는 불성실기부금수령단체 명단공개 대상자임을 통지하여 소명기회를 주어야 하며, 통지일로부터 6개월이 지난 후 국세정보공개심의위원회에서 체납액의 납부이행 또는 기부금영수증 발급명세의 작성·보관 의무이행 등을 고려하여 체납자 또는 불성실기부금수령단체 명단공개 여부를 재심의 하여 공개대상자를 선정한다(국기법 85의 5 ③). 공개대상자에게 체납자 또는 불성실기부금수령단체 명단공개 대상자임을 통지하는 경우에는 체납된 세금을 납부하도록 촉구하고, 공개제외 사유에 해당되는 경우에는 이에 관한 소명자료를 제출하도록 안내하여야 한다(국기령 66 ⑧).

(4) 기 타

① 공개방법 : 명단공개는 관보에 게재하거나 국세정보통신망 또는 관할세무서 게시판에 게시하는 방법으로 한다(국기법 85의 5 ④).

② 공개사항 : 체납자의 성명·상호(법인의 명칭 포함), 나이, 직업, 주소, 체납액의 세목, 납부기한 및 체납요지 등으로 하고, 체납자가 법인인 경우에는 법인의 대표자를 함께 공개한다. 그리고 불성실기부금수령단체의 명단을 공개할 때 공개할 사항은 단체의 명칭, 대표자, 국세추징 건수 또는 세액, 거짓영수증 발급 건수 또는 발급금액 등으로 한다(국기령 66 ⑦, ⑨). 한편, 조세포탈범의 명단을 공개할 때 공개할 사항은 조세포탈범의 성명 · 상호(법인의 명칭을 포함한다), 나이, 직업, 주소, 포탈세액 등의 세목 · 금액, 판결 요지 및 형량 등으로 한다. 이 경우 조세포탈범의 범칙행위가 조세범 처벌법상의 양벌규정에 해당하는 경우에는 해당 법인의 명칭 · 주소 · 대표자 또는 해당 개인의 성명 · 상호, 주소를 함께 공개한다(국기령 66 ⑩).

8. 지급명세서 자료의 이용

세무서장(지방국세청장, 국세청장을 포함한다)은 다음 중 어느 하나에 해당하는 사유가 있을 때에는 「소득세법」 제164조 및 「법인세법」 제120조에 따라 제출받은 이자소득 또는 배당소득에 대한 지급명세서 등 금융거래에 관한 정보를 금융실명거래

및 비밀보장에 관한 법률에도 불구하고 이용할 수 있다.

① 상속 · 증여 재산의 확인

② 조세탈루의 혐의를 인정할 만한 명백한 자료의 확인

③ 조세특례제한법에 따른 근로장려금 신청자격의 확인

9. 통계자료의 작성 및 공개

국세청장은 과세정보를 분석 · 가공한 통계자료를 작성 · 관리하여야 한다. 이 경우 통계자료는 납세자의 과세정보를 직접적 방법 또는 간접적인 방법으로 확인하거나 추정할 수 없도록 작성되어야 한다(국기법 85의 6 ①). 국세청장은 이러한 통계자료를 국세통계심의위원회의 심의를 거쳐 일반 국민에게 공개할 수 있다(국기법 85의 6 ②).

국세청장은 다음의 경우에 그 목적의 범위에서 통계자료를 제공하여야 하고 제공한 통계자료의 사본을 기획재정부장관에게 송부하여야 한다(국기법 85의 6 ③). 이와 같이 제공되거나 송부된 통계자료(공개된 것은 제외한다)를 알게 된 자는 그 통계자료를 목적 외의 용도로 사용해서는 아니 된다(국기법 85의 6 ⑤).

① 국회 소관 상임위원회가 의결로 세법의 제정법률안 · 개정법률안, 세입예산안의 심사 및 국정감사 기타 의정활동에 필요한 통계자료를 요구하는 경우

② 국회예산정책처장이 의장의 허가를 받아 세법의 제정법률안 · 개정법률안에 대한 세수추계 또는 세입예산안의 분석을 위하여 필요한 통계자료를 요구하는 경우

국세청장은 비밀유지 규정에도 불구하고 국회 소관 상임위원회가 의결로 자료를 요구하는 경우에는 그 사용목적에 맞는 범위안에서 과세정보를 납세자 개인정보를 확인하거나 추정할 수 없도록 가공하여 제공하여야 한다(국기법 85의 6 ④).

10. 가족관계등록 전산정보의 공동이용

국세청장, 지방국세청장, 세무서장 및 조세심판원장은 심사 · 심판 및 과세전적부심사 업무를 처리할 때 행정심판법 제16조에 따른 청구인 지위 승계의 신고 또는 허가 업무를 처리하기 위하여 전자정부법에 따라 가족관계의 등록 등에 관한 법률 제11조 제14항에 따른 전산정보자료를 공동으로 이용할 수 있다(국기법 86).

■ 국세기본법 시행규칙 [별지 제57호서식] 〈개정 2011.4.11〉

NTS 행 정 기 관 명

수신자
(경유)
제 목 **체납자명단공개 사전통지**

귀하(귀사)의 체납 명세를 아래와 같이 공개할 예정임을 알려드립니다.
(근거: 「국세기본법」 제85조의5 및 같은 법 시행령 제66조)

<table>
<tr><td rowspan="2">납 세 자</td><td>성 명
(상 호)</td><td></td><td>생 년 월 일
(사업자등록번호)</td><td></td></tr>
<tr><td>주 소
(사업장)</td><td colspan="3"></td></tr>
<tr><td colspan="4">1. 국세 체납 명세(총체납세액: 원)</td><td>(단위: 원)</td></tr>
<tr><td>세 목 명</td><td>납부기한</td><td>내국세</td><td>가산금</td><td>계</td></tr>
<tr><td></td><td></td><td></td><td></td><td></td></tr>
<tr><td></td><td></td><td></td><td></td><td></td></tr>
<tr><td></td><td></td><td></td><td></td><td></td></tr>
<tr><td colspan="5">2. 명단공개 내용 및 해명 기한</td></tr>
<tr><td colspan="2">명단공개 예정일</td><td colspan="3"></td></tr>
<tr><td colspan="2">명단공개 방법</td><td colspan="3">관보, 국세청 홈페이지, 세무서 게시판</td></tr>
<tr><td colspan="2">해명 기한</td><td colspan="3">년 월 일</td></tr>
</table>

만약 귀하(귀사)가 체납세액을 납부하지 못한 부득이한 사유가 있을 때에는 해명 기한까지 의견을 제출하여 주시기 바랍니다.
해명 기한까지 의견을 제출하지 않을 때에는 체납 명세를 공개하는 것에 이의가 없는 것으로 간주됩니다. 끝.

발 신 명 의 직인

이 통지에 대한 문의사항이 있을 때에는 ○○○과 담당자 ○○○(전화:)에게 연락하시면 친절하게 상담해 드리겠습니다.

기안자 직위(직급) 서명 검토자 직위(직급)서명 결재권자 직위 (직급)서명
협조자
시행 처리과-일련번호(시행일자) 접수 처리과명-일련번호(접수일자)
우 주소 / 홈페이지 주소
전화( ) 전송( ) / 기안자의 공식전자우편주소 / 공개구분

210㎜×297㎜[일반용지 70g/㎡(재활용품)]

연습문제

[주관식 문제]

1. 납세관리인에 대하여 설명하라.
2. 조세를 탈루한 자의 탈루세액 산정에 중요한 자료를 제공하거나 체납자의 은닉재산을 신고한 자에 대한 포상금 지급기준과 지급금액 및 지급시기를 약술하라.
3. 고액·상습체납자의 명단공개 요건과 공개절차 등을 약술하라.

[객관식 문제]

1. 국세기본법 '보칙'에 대한 설명으로 옳지 않은 것은?

① 고지금액의 최저한에 대하여는 국세기본법보다 세법이 우선한다.
② 고지할 국세(인지세 제외)·가산금 또는 체납처분비의 합계액이 1만원 미만인 때에는 그 금액은 없는 것으로 본다.
③ 세무공무원은 그 직무를 집행함에 있어서 필요한 경우에는 국가기관 또는 그 소속공무원에게 협조를 요청할 수 있으며, 이러한 요청을 받은 자는 정당한 사유가 없는 한 이에 응하여야 한다.
④ 변경의 요구를 받은 납세자가 정하여진 기간 내에 납세관리인 변경의 신고를 하지 아니한 때에는 납세관리인의 설정은 없는 것으로 본다.
⑤ 세무서장은 납세관리인이 부적당하다고 인정하는 때에는 10일 이내의 기간을 정하여 납세자에게 납세관리인의 변경을 요구할 수 있다.

2. 다음 중 납세관리인의 권한소멸사유로 옳지 않은 것은?

① 납세자의 해임행위
② 납세자의 파산
③ 납세관리인의 사망
④ 납세관리인의 금치산
⑤ 납세자의 사망

정답 1. ⑤ 2. ②

제 Ⅲ 편

국세징수법

제1장 총　칙

제1절 국세징수법 총칙

1. 국세징수법의 제정목적(국징법 1)

'국세징수법'은 국세의 징수에 관하여 필요한 사항을 규정하여 국세수입을 확보함을 목적으로 하여 제정된 법률이다. 즉, 각 세법에 따라 부과된 세액을 국고에 납부하게 하거나 강제 징수하는 방법과 절차 등을 규정하고 있는 것이다. 이와 같이 국세의 징수방법이나 절차를 법률로서 규정하는 것은 국고수입의 확보목적 이외에 징수방법이나 절차의 잘못으로 인하여 국민의 권리가 부당하게 침해되는 것을 방지하고자 하는 목적도 가지고 있다.

참고

1. 국세징수법상 '국세'라 함은 국세기본법상 국세의 정의에 규정된 것(국기법 2 (1))을 말하며, 이에는 상속세 및 증여세법상의 규정에 의한 연부연납이자세액 및 조세특례제한법에 의하여 소득세 또는 법인세에 가산하여 징수하는 이자상당가산액과 각 세법의 규정에 의한 가산세가 포함된다(국징통 1-0…1).
2. 원천징수에 대한 부적용 : 원천징수의무자가 납세의무자로부터 국세를 징수하는 경우에는 각 세법이 정하는 바에 따르며, 국세징수법이 적용되지 아니한다(국징통 1-0…2).

2. 국세징수법의 특징

국세는 국가가 납세의무자에게 갖는 채권이다. 이러한 조세채권의 실현절차와 국세 이외의 채권(사채권 등)의 실현절차를 비교해 보면 다음과 같은 특성이 있음을 볼 수 있다.

(1) 조세채권의 우선성(자력집행권)

조세채권의 실현 절차가 다른 채권에 비하여 우위성을 갖는 것은 자력집행권이 주어져 있기 때문이다. 자력집행권이란 채권자 스스로의 힘으로 채권의 실현을 위한 집행을 할 수 있는 권한을 말한다.

사법관계의 채무불이행에 대하여는 채권자가 직접적으로 채무자에게 집행할 수는 없고 법원에 그 집행을 의뢰(신청)하고 법원으로 하여금 이를 집행할 수 있도록 하고 있다. 이는 채권자와 채무자를 평등한 위치에 있는 것으로 보아 사법권이 이를 대신하여 집행함으로써 중립성이 지켜지도록 하려는 데 있다.

이에 반해 조세채권은 사법권의 힘을 빌리지 않고 채권자인 국가가 채무자에 대하여 직접 집행할 수 있는 힘을 부여하여 채무자의 재산을 압류하고 압류한 재산은 공매할 수 있으며 그 공매대금으로 세금에 충당할 수 있도록 하고 있다.

또한 자력집행권의 실효성을 보장하기 위하여 이에 부수되는 권한도 부여하였는바, 수색권(국징법 26), 체납처분 집행 중의 출입제한권(국징령 33), 질문검사권(국징법 27), 압류동산의 사용·수익 제한권 및 허가권(국징법 39), 사해행위 취소권(국징법 30) 등을 두고 있다.

이러한 징수절차상의 우위성은 국세기본법에 규정한 국세우선권과 제2차 납세의무 등의 납세의무 확장제도와 더불어 조세채권의 우위성이 법률에 의하여 인정되고 있음을 보여주는 것이다.

(2) 납세자 보호제도

조세채권자에게 자력집행권 등 강력한 권한을 부여함으로써 반사적으로 납세자의 권익이 침해되거나 그 보호를 소홀히 할 우려가 있으므로 다른 한편으로는 납세자 보호제도를 마련하였다. 요약하면 다음과 같은 내용들이다.

1) 징수유예 및 체납처분 유예제도

납세자가 재해를 입거나 사업이 중대한 위기에 놓이는 등 국세를 납부할 수 없는 사정이 있는 때에 납부기한을 연장하여 납부능력을 회복할 수 있도록 기한의 이익을 부여하는 징수유예제도를 마련하고 있으며(국징법 15, 17), 또한 납부기한이 경과하여 체납처분을 하는 경우에도 압류재산의 매각을 연기하여 사업을 정상적으로 경영케 함으로써 체납액의 징수가 가능하도록 하는 체납처분유예제도를 두고 있다(국징법 85의 2).

2) 체납처분의 중지 또는 결손처분

체납자의 재산가액이 체납처분비에 충당하고 나면 나머지가 없을 것으로 인정되는 경우에는 체납처분을 중지(국징법 85)하도록 하고 또한 체납처분을 할 재산이 없는 등 징수할 가망이 없는 때에는 징수할 세액을 결손처분하여 납세의무를 종결하는 제도(국징법 86)를 두고 있다.

3) 압류금지재산

조세채권의 우위성이 인정된다고 하더라도 체납자와 그 동거가족의 생활에 없어서는 아니 될 의복, 침구, 가구와 주방기구, 3개월간의 식료와 연료 등은 압류를 금지하게 함으로써(국징법 31～33) 국민의 생존권을 유지할 수 있도록 하고 있다.

(3) 사법질서의 존중과 조화

국세채권의 우위성을 인정하여 그 실현절차에 있어서도 강제력을 가진 자력집행권을 부여함으로써 납세자와 이해관계를 갖고 있는 국세 이외의 다른 채권자는 권리를 상실하거나 제한받게 되는 결과가 발생하므로 사법질서에 중대한 영향을 미치게 되는 경우에는 사법의 규정을 존중하여 조화를 꾀하도록 하였다. 요약하면 다음과 같은 내용들이다.

1) 압류재산에 대한 제3자의 소유권 주장

압류한 재산이 체납자 또는 납세보증인의 소유가 아닌 제3자의 소유재산일 때에 그 제3자는 소유권의 주장과 함께 압류의 해제를 요구할 수 있는 제도이다(국징법 50).

2) 이해관계인에 대한 압류 등의 통지

압류 또는 공매재산에 대하여 이해관계를 가지고 있는 저당권, 질권의 담보권자나 전세권자에게 압류나 공매사실을 통지하여 이들로 하여금 법률에 의한 권리를 행사할 수 있는 기회를 부여하는 제도이다(국징법 48).

3) 사해행위취소소송

국세를 포탈하기 위한 사해행위로 인정되는 경우에도 과세관청이 그 행위를 직접 취소할 수는 없고 민사소송을 제기하여 사해행위로서 판결의 확정이 있는 경우에만 체납처분 등의 징수권을 행사할 수 있도록 하였다(국징법 30).

3. 용어의 정의

국세징수법에서 사용하는 용어의 뜻은 국세기본법이 정하는 바에 따른다. 다만, 다음의 용어에 대해서는 국세징수법이 별도로 그 정의를 내리고 있다(국징법 3).

(1) 체납자

국세징수법상 '체납자'라 함은 납세의무자로서 확정된 조세채무인 국세를 납세고지서상의 납부기한까지 납부하지 아니한 자를 말한다.

(2) 체납액

'체납액'이라 함은 납부기한까지 납부하지 아니한 국세, 즉 체납된 국세와 그 가산금 및 체납처분비를 포함한 것을 말한다.

4. 국세 등의 징수순위

국세·가산금과 체납처분비의 징수순위는 다음에 따른다(국징법 4).

체납처분비 → 국 세* → 가산금

* 국세에 대하여 당사자의 명백한 의사표시가 없는 경우에는 '교육세→농어촌특별세→교통에너지환경세→기타 국세'의 순으로 징수한다(국징통 4-0…1). 즉 부가세 성격의 조세(교육세, 농어촌특별세)부터 징수한다.

제 2 절 간접적인 납세보전제도

납세자가 국세 등을 납부하지 않는 경우 과세관청은 체납처분절차에 따라 강제적으로 국세 등을 징수할 수 있다. 그러나 국세징수법은 이러한 직접적인 방법에 따르지 않고 체납자에게 여러 가지 불이익을 줌으로써 국세 등의 납부를 간접적으로 촉구하는 다음과 같은 간접적 납세보전제도를 두고 있다.

① 납세증명서의 제출
② 미납국세 등의 열람
③ 관허사업의 제한
④ 체납 또는 결손처분자료의 제공
⑤ 지급명세서 등의 체납처분 활용
⑥ 출국금지의 요청 및 해제

1. 납세증명서의 제출

(1) 의의 및 제출사유(국징법 5)

'납세증명서'란 납세자가 납세의무를 이행하였음을 증명하는 서류로서 발급일 현재 다음 금액을 제외하고는 다른 체납액이 없다는 사실을 증명하는 서류를 말한다(국징령 2).

① 징수유예액(국세징수법에 의한 징수유예액 및 채무자회생 및 파산에 관한 법률에 의한 징수유예액을 말함)
② 체납처분에 의해 압류된 재산의 환가유예에 관련된 체납액
③ 체납처분유예액

납세증명서 제출제도는 납세자(미과세된 자 포함)에게 부과된 국세징수를 확보하기 위한 보충적 조치로서 납세자가 다음과 같이 법이 정한 특정의 행위시에 납세에 관한 증명서를 제출하도록 하여 납세자에게 국세의 완납을 간접적으로 강제하기 위한 사전적인 납세보전제도이다.

① 국가·지방자치단체 또는 정부관리기관으로부터 대금의 지급을 받을 때
② 국세를 납부할 의무(징수하여 납부할 의무를 포함)가 있는 외국인이 출국할 때(출국심사를 할 때를 말함)
③ 내국인이 외국에 이주하거나 1년을 초과하여 외국에 체류할 목적으로 출국할 때(여권발급 신청을 할 때를 말함)

● 참고 ● 납세증명서 제출의 생략

납세자가 위의 납세증명서 제출사유에 해당하여 납세증명서를 제출하여야 하는 경우에 해당 주무관서 등은 국세청장(국세정보통신망을 통한 조회만 해당한다) 또는 세무서장에게 조회하거나 납세자의 동의를 받아 전자정부법에 따른 행정정보의 공동이용을 통하여 그 체납사실 여부를 확인함으로써 납세증명서의 제출을 생략하게 할 수 있다(국징법 5, 국징령 5 ②).

(2) 제출특례

납세증명서는 원칙적으로 국가 등으로부터 대금지급을 받는 자가 제출하여야 하나 대금을 지급받는 자가 당초의 계약자 이외의 자인 경우에는 납세증명서의 제출은 다음에 의하여야 한다(국징령 4).

① 채권양도로 인한 경우 : 양도인과 양수인 쌍방의 증명서 제출
② 법원의 전부명령에 의한 경우 : 압류채권자의 증명서 제출

③ 하도급거래 공정화에 관한 법률 시행령의 규정에 의하여 건설공사의 하도급대금을 직접 지급받는 경우 : 수급사업자의 납세증명서를 제출

(3) 제출의무의 면제

다음 중 어느 하나에 해당하는 경우에는 납세증명서를 제출하지 아니하여도 된다(국징령 5 ①).

① 국가·지방자치단체를 당사자로 하는 계약에 관한 법률 시행령에 따른 수의계약과 관련하여 대금을 지급받는 때
② 국가·지방자치단체가 대금을 지급받아 국고 또는 지방자치단체의 금고에 귀속되는 때
③ 국세의 체납처분에 의한 채권압류에 따라 세무공무원이 그 대금을 지급받는 때
④ 채무자회생 및 파산에 관한 법률에 따른 파산관재인이 납세증명서를 발급받지 못하여 원활한 파산절차의 진행이 곤란하다고 관할법원이 인정하고, 해당 법원이 납세증명서의 제출예외를 관할세무서장에게 요청하는 때
⑤ 납세자가 계약대금 전액으로 체납세액을 납부하거나 계약대금의 일부로 체납세액 전액을 납부하는 때

(4) 납세증명서의 발급절차(국징법 6)

1) 발급신청

납세증명서를 발급받고자 하는 납세자는 다음의 세무서장에게 발급신청에 관한 문서를 제출하여야 한다. 다만, 국세청장이 납세자의 편의를 위하여 발급세무서를 달리 정하는 경우에는 그러하지 아니한다(국징령 6). 이러한 발급신청은 본인의 위임을 받은 경우 본인 이외의 제3자도 할 수 있으며, 우편에 의하여도 할 수 있다(국징통 6-0…1).

구 분	발 급 권 자
개 인	주소지(주소가 없는 외국인의 경우에는 거소지) 또는 사업장 소재지 관할세무서장
법 인	본점(외국법인의 경우에는 국내 주사업장) 소재지 관할세무서장

2) 발 급

세무서장은 납세증명서의 발급신청을 받은 경우에 그 사실을 확인하고 즉시 당해 증명서를 발급하여야 한다(국징법 6).

(5) 유효기간

납세증명서의 유효기간은 그 증명서를 발급한 날부터 30일간으로 한다. 다만, 발급일 현재 신청인에게 고지된 국세가 있거나 발급일이 속하는 달에 법정 납기가 도래하는 국세(자진납부하거나 원천징수하여 납부하는 국세를 제외함)가 있는 때에는 그 납기까지로 할 수 있다. 이 경우 세무서장은 해당 납세증명서에 그 사유와 유효기간을 분명하게 적어야 한다(국징령 7).

2. 미납국세 등의 열람

'미납국세 등의 열람'이란 주택임대차보호법의 규정에 의한 주택 또는 상가건물임대차보호법의 규정에 의한 상가를 임차하여 사용하고자 하는 자가 해당 주택 또는 상가에 대한 임대차계약을 하기 전에 임대인의 동의를 얻어 임대인이 납부하지 아니한 국세의 열람을 임차할 건물 소재의 관할세무서장에게 신청할 수 있는 제도를 말한다(국징법 6의 2 ①). 이 경우 관할세무서장은 열람신청에 응하여야 한다(국징법 6의 2 ①). 그 취지는 임차인에 대한 보호를 강화하고 임대인의 납부를 간접적으로 촉구하기 위함이다.

참고 임차인이 열람할 수 있는 국세의 범위

① 임대인의 체납액, ② 납세고지서 또는 납부통지서를 발부한 후 납기가 도래하지 아니한 국세, ③ 각 세법의 규정에 의한 과세표준 및 세액의 신고기한 내에 신고한 국세 중 납부하지 아니한 국세에 한한다(국징법 6의 2 ②).

3. 관허사업의 제한

(1) 개 념

'관허사업'이란 국가 또는 지방자치단체의 허가·인가·면허·등록과 그 갱신을 요하는 사업을 말한다. 세무서장은 이러한 관허사업을 경영하거나 경영하려는 자가 정당한 사유 없이 체납한 때에는 다음과 같이 그 사업에 제한을 가할 수 있다(국징법 7 ②).

구 분	사 유	제 한 방 법
① 사전적 제한	납세자가 정당한 사유 없이 국세를 체납하였을 때	관허사업의 주무관서에 해당 납세자에 대하여 그 허가 등을 하지 않을 것을 요구할 수 있다.
② 사후적 제한	이미 허가 등을 받아 관허사업을 경영하는 자가 정당한 사유 없이 국세를 3회 이상 체납한 경우로서 그 체납액이 500만원 이상인 때	그 주무관서에 사업의 정지 또는 허가 등의 취소를 요구할 수 있다.

* 3회의 체납은 납세고지서 1통을 1회로 보아 계산한다(국징령 9 ①).

(2) 관허사업을 제한할 수 없는 정당한 사유

납세자에게 정당한 사유가 있는 경우에는 관허사업을 제한할 수 없는데, 이 경우 '정당한 사유'란 다음의 사유를 말한다(국징령 8, 9 ②).

① 공시송달의 방법에 의하여 납세가 고지된 때
② 납세자가 천재·지변, 화재, 전화 기타 재해를 입거나 도난을 당하여 납세가 곤란한 때
③ 납세자 또는 그 동거가족의 질병으로 납세가 곤란한 때
④ 납세자가 그 사업에 심한 손해를 입어 납세가 곤란한 때
⑤ 납세자가 강제집행을 당한 때
⑥ 어음법 및 수표법에 의한 어음교환소에서 거래정지처분을 받은 때
⑦ 납세자의 재산에 경매가 개시된 때
⑧ 납세자의 재산이 체납처분비에 충당하고 잔여재산이 생길 여지가 없어 체납처분을 중지한 때
⑨ 납세자의 재산이 저당권 등 채권의 담보가 되어 있어서 그 재산가액이 체납처분비와 당해 채권금액에 충당하고 잔여가 생길 여지가 없어서 체납처분을 중지한 때
⑩ 기타 위에 준하는 사유가 있을 때
⑪ 납세자에게 납세가 곤란한 사정이 있는 사실을 세무서장이 인정하는 때(이는 사후적 제한에 한정하여 정당한 사유로 인정된다)

(3) 관허사업 제한요구의 철회

세무서장은 주무관서에 관허사업의 제한 또는 취소를 요구한 후 납세자로부터 국세를 징수하였을 경우에는 지체없이 그 요구를 철회하여야 한다(국징법 7 ③).

(4) 주무관서의 의무

세무서장이 허가 등의 제한이나 취소를 요구한 경우에 주무관서의 장은 정당한 사유가 없는 한 이에 응하여야 한다(국징법 7 ④).

4. 체납 또는 결손처분자료의 제공

(1) 제공사유

세무서장은 국세징수 또는 공익목적을 위하여 필요한 경우로서 신용정보의 이용 및 보호에 관한 법률의 규정에 의한 신용정보업자 또는 신용정보집중기관 등이 다음에 해당하는 체납자 또는 결손처분자의 체납 또는 결손처분자료를 요구한 경우에는 이를 제공할 수 있다(국징법 7의 2 ①, 국징령 10의 2 ②).

① 체납발생일부터 1년이 지나고 체납액이 500만원 이상인 자

② 1년에 3회 이상 체납하고 체납액이 500만원 이상인 자

③ 결손처분액이 500만원 이상인 자(2013.1.1.부터 결손처분규정이 폐지됨에 따라 ③도 함께 삭제된다)

이와 같이 체납 또는 결손처분자료를 제공받은 자는 이를 업무목적 외로 누설 또는 이용하여서는 아니된다(국징법 7의 2 ③).

(2) 자료제공의 배제

체납된 국세와 관련하여 다음에 해당하는 사유가 있는 경우에는 체납 또는 결손처분자료를 제공할 수 없다(국징법 7의 2 단서, 국징령 10의 2 ①).

① 국세기본법에 의한 이의신청·심사청구 또는 심판청구 및 행정소송이 계류 중인 경우

② 체납처분이 유예된 경우

③ 다음에 해당하는 사유로 징수유예된 경우

㉠ 사업에 현저한 손실을 받은 때

㉡ 사업이 중대한 위기에 처한 때

㉢ 재해 또는 도난으로 재산에 심한 손실을 받은 때

5. 지급명세서 등의 체납처분 활용

세무서장(지방국세청장·국세청장을 포함함)은 소득세법 및 법인세법의 규정에 따

라 제출받은 이자소득 또는 배당소득에 대한 지급명세서 등 금융거래에 관한 정보를 금융실명거래 및 비밀보장에 관한 법률의 규정에 불구하고 체납자의 재산조회 등 체납처분을 위하여 사용할 수 있다(국징법 7의 3).

6. 체납자에 대한 출국금지 요청 및 해제

(1) 출국금지 요청

국세청장은 5천만원 이상의 국세를 정당한 사유 없이 체납한 자 다음 중 어느 하나에 해당하는 자로서 관할세무서장이 압류·공매 등으로 조세채권을 확보할 수 없고, 체납처분을 회피할 우려가 있다고 인정되는 자에 대하여 법무부장관에게 출입국관리법에 따라 출국금지를 요청하여야 한다(국징법 7의 4 ①, 국징령 10의 5 ①, ②).

① 배우자 또는 직계존비속이 국외로 이주(국외에 3년 이상 장기체류 중인 경우를 포함한다)한 사람
② 출국금지 요청일 현재 최근 2년간 미화 5만달러 상당액 이상을 국외로 송금한 자
③ 미화 5만달러 상당액 이상의 국외자산이 발견된 사람
④ 국세기본법에 따라 명단이 공개된 고액·상습체납자
⑤ 출국금지 요청일을 기준으로 최근 1년간 체납액이 5천만원 이상인 상태에서 사업 목적, 질병 치료, 직계존비속의 사망 등 정당한 사유 없이 국외 출입 횟수가 3회 이상이거나 국외 체류 일수가 6개월 이상인 사람
⑥ 국세징수법에 따라 사해행위(詐害行爲) 취소소송 중이거나 국세기본법에 따라 제3자와 짜고 한 거짓계약에 대한 취소소송 중인 사람

한편, 법무부장관이 국세청장의 출국금지 요청에 따라 출국금지를 한 경우에는 국세청장에게 그 결과를 정보통신망 등을 통하여 통보하여야 한다(국기법 7의 4 ②).

(2) 출국금지의 해제

국세청장은 출국금지 중인 자에게 다음 중 어느 하나에 해당하는 사유가 발생하는 경우에는 지체 없이 법무부장관에게 출국금지의 해제를 요청하여야 한다(국징령 10의 6 ①).

① 체납액을 납부하거나 부과결정의 취소 등에 따라 체납액이 5천만원 미만으로 된 경우
② 위 '(1)'에 따른 출국금지 요청의 요건이 해소된 경우

또한 국세청장은 출국금지 중인 자에게 다음 중 어느 하나에 해당하는 사유가 발생

한 경우로서 체납처분을 회피할 목적으로 국외 도피할 우려가 없다고 인정되는 자에 대해서는 법무부장관에게 출국금지의 해제를 요청할 수 있다(국징령 10의 6 ②).

① 국외건설계약의 체결, 수출신용장의 개설, 외국인과의 합작사업 계약의 체결 등 구체적 사업계획을 가지고 출국하려는 경우

② 국외에 거주하는 직계존비속이 사망하여 출국하려는 경우

③ 위의 사유 외에 본인의 신병치료 등 불가피한 사유로 풀국금지를 해제할 필요가 있다고 인정되는 경우

연습문제

[주관식 문제]

1. 국세징수법상 열거되어 있는 납세보전제도에 대하여 설명하라.
2. 체납자에 대한 관허사업의 제한사유와 그 방법 등을 설명하라.

[객관식 문제]

1. 국세징수법에 대한 다음 설명 중 틀린 것은?

① 국세의 원천징수에는 국세징수법을 적용하지 아니한다.
② 국세징수법은 국세징수에 관한 총칙법적 성격을 갖는다.
③ 국세징수법은 사법과는 달리 징세권자에게 자력집행권을 부여하였다.
④ 국세징수법에 규정하는 사항으로서 국세기본법 또는 다른 세법에 특별한 규정이 있는 것에 관하여는 국세징수법이 정하는 바에 의한다.
⑤ 국세징수법은 국세의 징수에 관하여 필요한 사항을 규정하여 국세수입을 확보함을 목적으로 한다.

2. 다음은 국세징수법에 대한 설명이다. 옳지 않은 것은?

① 국세징수법은 국세기본법상 세법에 해당한다.
② 국세징수법은 국세징수에 관한 절차법이나 지방세의 징수에 관하여도 준용되는 예가 있다.
③ 국세징수법은 조세를 감소시킬 목적으로 사해행위를 한 경우에는 과세관청에 직접 그 취소권을 행사하는 권한을 부여하였다.
④ 국세징수법은 일반사법과는 달리 조세채권자에게 자력집행권을 부여하였다.
⑤ 국세징수법이 적용되는 국세의 범주에는 조세특례제한법에 의하여 소득세에 가산하여 징수하는 이자상당가산액과 각 세법의 규정에 의한 가산세가 포함된다.

정답	1. ④ 2. ③

3. 다음 설명 중 옳지 않은 것은?

① 국세징수법은 속인주의에 의하므로 외국인에게는 적용되지 아니한다.
② 국세징수법에서 체납자라 함은 납세자로서 국세를 납부기한까지 납부하지 아니한 자를 말한다.
③ 국세징수법에서 체납액이라 함은 체납된 국세, 그 가산금과 체납처분비를 포함한 것을 말한다.
④ 체납처분비라 함은 체납처분에 관한 규정에 의한 재산의 압류, 보관, 운반과 공매에 소요된 비용을 말한다.
⑤ 국세징수법은 조세를 감소시킬 목적으로 사해행위를 한 경우에는 과세관청이 체납자 또는 재산양수인을 상대로 소송을 제기할 수 있도록 하는 권한을 부여하였다.

4. 다음 중 납부의 간접적 강제방법에 속하지 않는 것은?

① 체납처분절차
② 관허사업의 제한제도
③ 납세증명제도
④ 체납 또는 결손처분자료의 타기관 제공
⑤ 미납국세 등의 열람

5. 다음 중 납세증명서 등을 제출하여야 하는 경우는?

① 감사원법에 의한 감사대상이 아닌 정부관리기관과 계약을 체결한 때
② 국가와 수의계약에 의하여 체결된 계약에 따라 대금을 지급받는 때
③ 내국인이 6개월간 해외연수를 받기 위하여 출국하는 때
④ 공공단체와 수의계약에 의하여 체결된 계약내용을 변경하는 때
⑤ 법원의 전부명령에 의한 압류채권자가 국가로부터 대금을 지급받는 때

6. 납세증명서 등의 제출에 대한 다음 설명 중 옳지 않은 것은?

① 납세증명서는 발급일 현재 징수유예액 또는 압류된 재산의 환가유예와 관련된 체납액과 체납처분유예액을 제외하고는 다른 체납액이 없다는 것을 증명하는 문서이다.
② 납세증명서의 유효기간은 원칙적으로 그 발급일부터 30일간이다.
③ 납세증명서의 제출제도는 체납을 예방하고 국세 등의 납부를 간접적으로 강제하고자 하는 데 그 취지가 있다.
④ 납세증명서는 외국법인인 경우에는 국내 주사업장소재지를 관할하는 세무서장이 발급한다.
⑤ 본인 이외의 제3자는 납세증명서의 발급신청을 할 수 없다.

정답	3. ① 4. ① 5. ⑤ 6. ⑤

7. 다음 중 납세증명서 등을 제출하지 아니하여도 되는 경우는?

① 국세를 징수하여 납부할 의무가 있는 외국인이 출국할 때
② 내국인이 1년을 초과하여 외국에 체류할 목적으로 출국할 때
③ 국가·지방자치단체와 수의계약에 의하여 계약을 체결할 때
④ 국가·지방자치단체로부터 대금을 지급받을 때
⑤ 내국인이 외국에 이주할 때

8. 납세증명서 제출에 대한 국세징수법규정에 대한 설명으로 옳지 않은 것은?

① 납세증명서의 발급일 현재 해당 신청인에게 고지된 국세가 있는 때에도 납세증명서의 유효기간은 그 발급일부터 30일간으로 한다.
② 출국하는 외국인이 납세증명서를 제출하여야 하는 시기는 출국심사를 할 때이다.
③ 내국인이 외국에 이주할 목적으로 출국하는 경우에 납세증명서를 제출하여야 할 시기는 여권의 발급신청을 할 때를 말한다.
④ 납세증명서는 법인이면 본점, 개인이면 주소지 관할세무서장이 발급한다.
⑤ 국세의 체납처분에 의한 채권압류에 의하여 세무공무원이 그 대금의 지급을 받을 때는 납세증명서 등을 제출하지 아니하여도 된다.

9. 관허사업의 제한에 관한 다음 설명 중 옳지 못한 것은?

① 관허사업의 제한의 요구를 한 후 체납액을 징수하였을 때에는 지체없이 요구를 철회하여야 한다.
② 체납횟수는 납세고지서 1통을 1회로 보아 계산한다.
③ 체납횟수 계산의 기초가 되는 체납에는 본래의 납세의무 외에 제2차 납세의무, 납세보증인의 의무, 연대납세의무 등에 기인하는 체납액이 포함된다.
④ 체납횟수의 계산에 있어 기간의 제한을 받지 않는 국세는 법인세와 상속세이다.
⑤ 납세자가 정당한 사유없이 국세를 3회 이상 체납한 경우로서 그 체납액이 500만원 이상인 때에는 세무서장은 관허사업의 허가를 취소할 것을 요구할 수 있다.

10. 체납자의 관허사업제한에 대한 설명 중 옳지 않은 것은?

① 납세자가 도난을 당하여 납세가 곤란하여 체납한 경우에는 세무서장이 관허사업의 제한을 요구하지 아니한다.
② 관허사업제한을 세무서장이 요구한 경우에는 주무관서는 정당한 사유가 없는 한 이에 응하여야 한다.

정답	7. ③ 8. ① 9. ④ 10. ④

③ 납세자의 재산가액이 국세에 우선하는 채권과 체납처분비 등에 충당하고 잔여가 생길 여지가 없는 때에는 관허사업제한을 요구할 수 없다.
④ 세무서장은 사업을 경영하는 자가 3회 이상 체납한 경우는 허가의 취소를 요구하고 3회 미만의 경우는 사업의 정지를 요구할 수 있다.
⑤ 납세자가 강제집행사유가 있어 체납한 경우에는 체납의 정당한 사유가 있으므로 세무서장은 허가 등을 하지 아니할 것을 주무관서에 요구할 수 없다.

11. 다음 중 관허사업의 사업정지나 허가취소를 요구할 수 있는 경우는?

① 2009. 2. 10 부가가치세 체납, 2011. 1. 6 소득세 체납
② 2009. 1. 10 부가가치세 체납, 2010. 9. 12 개별소비세 체납
③ 2010. 2. 10 부가가치세 체납, 2011. 6. 20 소득세 체납
④ 2009. 4. 22 법인세 체납, 2011. 4. 16 법인세 체납, 2012. 6. 14 법인세 체납
⑤ 2010. 3. 13 증여세 체납, 2012. 4. 10 부가가치세 체납

12. 다음 중에서 세무서장이 관계기관에 허가를 하지 않도록 요구할 수 있는 경우는 어느 것인가?

① 납세자 또는 그 동거가족의 질병으로 납세가 곤란한 때
② 지진의 피해로 인하여 납세가 곤란한 때
③ 납세자가 납세고지서를 분실하여 납세가 곤란한 때
④ 납세자의 재산가액이 체납처분비에 미달하는 때
⑤ 납세자가 그 사업에 심한 손해를 입어 납세자가 곤란한 때

13. 국세채권의 납부를 강제하는 수단에 관한 다음 설명 중 옳지 않은 것은?

① 국세를 납부기한까지 완납하지 아니한 때에는 그 납부기한이 지난 날부터 체납된 국세에 대하여 100분의 3에 상당하는 가산금을 징수한다.
② 중가산금을 가산하여 징수하는 기간은 3년을 초과하지 못한다.
③ 세무서장은 공익목적을 위하여 필요한 경우로서 법률에 정한 신용정보업자 등이 결손처분액 500만원 이상인 자의 인적사항 등에 관한 자료를 요구한 경우에 체납된 국세와 관련하여 쟁송중인 경우 기타 법령에 정한 경우를 제외하고는 이를 제공할 수 있다.
④ 세무서장은 납세자가 법령에 정한 정당한 사유 없이 국세를 체납한 때에는 납세자의 사업이 허가를 요하는 사업이라면 주무관서에 허가 등을 하지 않을 것을 요구할 수 있다.
⑤ 내국인이 1년을 초과하여 외국에 체류할 목적으로 출국할 때에는 납세증명서를 제출하여야 한다.

정답	11. ④ 12. ③ 13. ②

14. 관허사업의 제한과 관련된 다음의 설명 중 타당하지 아니한 것은?

① 체납횟수계산과 관계되는 체납은 본래의 납세의무 외에 제2차 납세의무, 납세보증인의 납세의무, 연대납세의무 등에 기인하는 체납액이 포함된다.
② 관허사업의 제한요구를 받는 주무관서는 그 조치결과를 지체없이 세무서장에게 통지하여야 한다.
③ 관허사업의 제한의 요구를 한 후에 체납자가 체납액을 납부한 경우에는 지체 없이 요구를 철회하여야 한다.
④ 납세자가 국세징수법상의 체납처분 유예사유에 해당하는 경우에도 관허사업의 제한요구가 배제된다.
⑤ 공시송달의 방법으로 납세가 고지된 경우에는 관허사업의 제한요구가 배제된다.

15. 납세의무의 간접적 강제에 관한 설명 중 잘못된 것은?

① 국세를 납부할 의무가 있는 외국인이 출국할 때는 납세증명서를 제출하여야 한다.
② 연대납세의무, 제2차 납세의무 등도 납세증명서 등의 발급에 있어서 납세의무에 포함된다.
③ 재산가액이 체납처분비에 미달하는 체납자가 정부의 허가를 요하는 관허사업을 개시하려는 경우 세무서장은 이를 허가하지 않도록 관계기관에 요구할 수 있다.
④ 공시송달에 의하여 납세가 고지되어 체납된 자는 관허사업 제한규정을 적용받지 않는다.
⑤ 관허사업을 경영하는 납세자가 자신의 질병으로 납세가 곤란하여 국세를 3회 이상 체납한 경우 세무서장은 사업정지나 허가취소요구를 하지 아니한다.

16. 다음은 국세기본법상의 기한연장사유와 국세징수법상의 체납의 정당한 사유에 해당되어 관허사업을 제한할 수 없는 경우이다. 이에 해당되지 않는 것은?

① 납세자가 그 사업에 심한 손해를 입어 납세가 곤란한 때
② 납세자 또는 그 동거가족의 질병으로 납세가 곤란한 때
③ 권한있는 기관에 서류가 압수 또는 영치된 때
④ 납세자가 화재를 당하여 납세가 곤란한 때
⑤ 도난을 당하여 납세가 곤란한 때

정답	14. ④ 15. ③ 16. ③

제2장 임의징수절차

제1절 임의징수절차의 의의

'국세의 징수절차'란 확정된 조세채권을 실현하는 절차를 말한다. 즉, 납세의무자에게 그 조세채무의 이행을 명령하고 납세의무자가 이를 이행하는 절차를 말한다. 광의의 징수절차는 강제징수절차까지를 포함하는 개념이다. 그러나 국세징수법에서 말하는 징수절차란 임의징수절차만을 가리키며, 강제징수절차는 체납처분절차로 독립시켜 규정하고 있다. 여기서 임의징수절차란 납세자가 과세요건의 충족으로 성립된 조세채무를 납부기한까지 스스로 납부하도록 하는 이행청구(고지)와 납부기한까지 이행하지 아니하는 경우 다시 임의납부를 촉구하는 독촉(최고)으로 이루어지는 정상적인 징수절차를 말한다. 이 단계까지는 아직 과세권자의 자력집행권이 발동하고 있지 않으므로 이를 '체납처분절차'와 구별하여 '임의징수절차'라고 부른다.

징수절차를 표로 보면 다음과 같다.

<표 Ⅲ-1> 조세징수의 절차

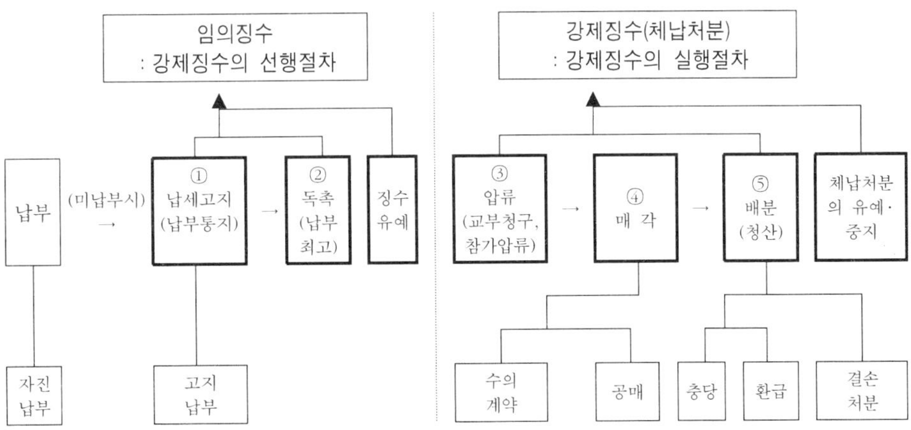

● 참고 ●

임의징수절차는 정상징수절차와 특별징수절차로 나눌 수 있으며, 정상징수절차에는 납세고지·독촉(최고)이 있고, 특별징수절차에는 납기전 징수·징수유예가 있다.

제 2 절 정상징수절차

1. 납세고지 징수

(1) 일반납세자에 대한 납세고지 징수

1) 납세고지서의 발부

세무서장이 국세를 징수하고자 할 때에는 납세자에게 그 국세의 과세연도·세목·세액 및 그 산출근거·납부기한과 납부장소를 명시한 납세고지서를 발부하여야 한다(국징법 9 ①). 이러한 기재내용이 누락된 경우에는 그 고지의 효력이 인정되지 아니한다.

세무서장은 납세자가 체납액 중 국세와 가산금만을 완납한 경우 체납처분비를 징수하고자 할 때에는 납세자에게 체납처분비의 징수에 관계되는 국세의 과세연도, 세목 및 체납처분비의 산출근거, 납부기한과 납부장소를 적은 체납처분비고지서를 발급하여야 한다(국징법 9 ②). 납세고지서 발부의 효과는 그 고지서가 납세자에게 도달한 시점에서 발생한다.

● 참고 ●

1. 납세고지관련 서류

대 상 자	제1차 고지	제2차 고지
납세의무자	납세고지서	독촉장
제2차 납세의무자	납부통지서	납부최고서
납세보증인	〃	〃
양도담보권자	〃	–
특별징수의무자 (지방세에 한함)	납입통지서	독촉장

2. 납부방법 : 납세자가 납세고지서(체납처분비고지서와 납부통지서 포함) 또는 독촉장(납부최고서)을 받은 때에는 현금 또는 증권에 그 납세고지서 또는 독촉장을 첨부하여 납부하여야 하며, 금융기관(한국은행 국고대리점 및 국고수납대리점인 금융기관에 한함) 또는 체신관서에 예금계좌가 설치되어 있는 납세자의 경우에는 그 예금계좌로부터 자동이체하여 이를 납부할 수 있다. 또한 납세자는 국세청장이 지정하는 금융기관 또는 체신관서를 통하여 인터넷, 전화통신장치, 자동입출금기 등의 전자매체에 의하여 국세를 납부하고자 하는 때에는 계좌이체의 방법으로 이를 납부할 수도 있다(국징령 18 ①, ②, ③).

2) 납세고지서의 발부시기

납세고지서는 다음 시기에 발부하여야 한다(국징법 10). 이러한 고지서의 발부시기는 단순한 훈시적 규정이라고 해석된다. 납세고지서의 발부는 징수권의 소멸시효가 완성하기 전까지는 언제든지 가능한 것이기 때문이다.

① 납부기한이 일정한 경우에는 납기개시 5일전
② 납부기한이 일정하지 않은 경우에는 징수결정 즉시
③ 징수유예의 경우에는 그 징수유예기간이 만료한 날의 다음 날

3) 납부기한의 지정

국세 및 체납처분비의 납부기한은 납세고지를 하는 날부터 30일 내로 지정할 수 있다(국징법 11). 이것 역시 단순한 훈시적 규정으로 해석된다.

4) 납세고지의 효력

① 납세의무의 확정 : 납세고지서가 발부되면 납세의무자는 고지된 세액을 납부할 의무를 지게 된다.
② 체납처분의 요건 충족 : 납세고지는 독촉, 체납처분의 절차적 요건이 된다. 즉, 납세고지가 없는 독촉, 체납처분은 원칙적으로 무효가 된다.
③ 징수권 소멸시효의 기산점 : 고지서상 납부기한의 다음날부터 국세징수권의 소멸시효가 새로이 진행된다. 그러나 이후에 독촉 등 소멸시효의 중단사유가 발생하면 그 사유가 해소된 시점에서 또다시 새로이 소멸시효가 진행된다.
④ 가산금 부과 : 고지에 의한 납부기한이 경과함으로써 가산금이 부과된다.

[별지 제10호서식] (2008. 4. 29. 개정)

(제1쪽)

이곳을 천천히 개봉하여주십시오.☞

납세고지서 재중

요금후납

(제2쪽)

세 액 산 출 근 거

이 납세의 고지는 (　　　)에 귀속되는 (　　　)로서 (　　　)에 대한 것 입니다.

구분	(　　)세	(　　)세	
① 과세표준은 ② 세율 ③ 산출세액은 ④ 여기에 가산세 ⑤ 각종 공제세액 (법정공제, 기납부세액) ⑥ 납기내 고지세액은			원이며 %를 적용하면 원입니다. 원을 더하고 원을 빼면 원이 됩니다.

고지에 대한 안내말씀

이 납세고지에 대한 의문이 있으시면 (☎　　　)에게 문의 하시기 바랍니다.

납세고지서 겸 영수증(납세자용)

100만원(　　)

납부번호	분류기호	서코드	연 월	결정구분	세목	발행번호
상호 (성명)				수입징수관 계좌번호		
사업자등록번호 (주민등록번호)		회계연도 / 과세연도		일반 회계	재정경제부 소관	조세
사업장 (주소)						

납부기한	년 월 일 까지												
	조	천	백	십	억	천	백	십	만	천	백	십	일
계													
납부기한경과 1개월이내 가산금													
납부기한경과 1개월이내 계 ①													
납부기한경과 중가산금②													
납부기한경과 계(①+②)													

위 금액을 한국은행 국고대리점인 은행 또는 우체국에 납부하시기 바랍니다.
(인터넷 등에 의한 전자납부 가능)
년 월 일
세무서장 ㊞

위 금액을 정히 영수합니다.
년 월 일
은 행
우체국 수납인

(제3쪽)

납 부 서(수납기관용)

100만원(　　)

납부번호	분류기호	서코드	연 월	결정구분	세목	발행번호
상호 (성명)			수입징수관 계좌번호			
사업자등록번호 (주민등록번호)		회계연도 / 과세연도		일반 회계	재정경제부 소관	조세

납부기한	금 액												
년 월 일까지	조	천	백	십	억	천	백	십	만	천	백	십	일
납부기한경과 1개월이내 가산금													
납부기한경과 1개월이내 계 ①													
납부기한경과 중가산금②													
납부기한경과 계(①+②)													

위 금액을 수납하여 주시기 바랍니다.
년 월 일
은 행
우체국 수납인

영수필통지서(징수기관용)

100만원(　　)

납부번호	분류기호	서코드	연 월	결정구분	세목	발행번호
상호 (성명)				수입징수관 계좌번호		
사업자등록번호 (주민등록번호)		회계연도 / 과세연도		일반 회계	재정경제부 소관	조세

납부기한	금 액												
년 월 일까지	조	천	백	십	억	천	백	십	만	천	백	십	일
납부기한경과 1개월이내 가산금													
납부기한경과 1개월이내 계 ①													
납부기한경과 중가산금②													
납부기한경과 계(①+②)													

위 금액을 영수하였음을 통지합니다.
년 월 일
은 행
우체국 수납인

가로210㎜×세로297㎜ (전산용지(특급) 90g/㎡)

안내말씀

(제4쪽)

1. 고지된 금액을 납부기한내에 한국은행 국고(수납)대리점인 은행(우체국)에 납부 하시기 바랍니다.
   ※ 금융기관의 인터넷뱅킹·ARS·ATM과 국세청홈택스서비스(www.nts.go.kr)를 통하여 전자납부도 가능하며, 인터넷에 의한 전자고지는 신청자에 한하여 시행하고 있습니다.
2. 이 처분에 이의가 있으시면 납세고지서를 받은 날로부터 90일 이내에 이의신청(관할세무서 또는 지방국세청, 30일내 처리)을 거쳐 심사청구(국세청,90일내 처리) 또는 심판청구(국세심판원, 90일내 처리)를 하거나, 이의신청을 거치지 않고 곧바로 심사청구나 심판청구 또는 관할세무서를 경유하여 감사원에 심사청구할 수 있습니다.
   ※ 구체적인 내용은 국세청홈페이지의 [이의신청 등 권리구제]를 참고하거나 세무서의 납세자 보호담당관, 지방국세청의 법무과, 국세청의 심사과 및 국세심판원의 행정실로 문의하시기 바랍니다.

(제5쪽에서 계속)

(제5쪽)

3. 납부기한이 지나면 3%의 가산금이 가산되고, 세목별 세액이 50만원 이상인 경우에는 납부기한이 지난 후 1개월마다 1.2%의 중가산금(최장 60개월까지)이 추가됩니다.
4. 납부기한 내에 완납하지 아니하면 독촉장을 발부하게 되며, 독촉 납부기한까지 완납하지 아니할 경우에는 국세징수법 제24조제1항의 규정에 의하여 재산을 압류하게 됩니다.
5. 납부기한이 지난 후에 세금을 납부하고자 하실 경우에는 다음과 같이 가까운 국고(수납) 대리점인 은행이나 우체국에 납부하시기 바랍니다.
   가. 세목별 세액이 100만원 이상인 경우 납부기한으로부터 2개월이 경과하기 전까지는 고지서에 기재된 금액대로 납부하고, 그 이후에는 세무서에서 납부고지서를 재발급받아 납부하시기 바랍니다.
   나. 세목별 세액이 100만원 미만인 경우에는 당초 납세고지서로 언제든지 납부 가능합니다.
6. 고지서를 분실하였을 경우에는 가까운 세무서에 가셔서 납부고지서를 재발급 받으시기 바랍니다.
7. 납부하신 후 영수증은 세금납부에 대한 증거자료로 활용할 수 있도록 5년간 보관하여 주시기 바랍니다.

(제6쪽)

◈ 전자납부 이용방법

⊙ 인터넷뱅킹 :[금융기관 홈페이지]접속 ⇒[인터넷뱅킹, 온라인서비스, 국세납부 등]선택

⊙ ARS 납부 :[거래은행의 ARS전화]접속 ⇒[국세납부 등]선택 ⇒ 안내에 따라 납부

⊙ ATM 납부 :[거래은행의 ATM기]이용 ⇒[국세납부 등]선택 ⇒[납부번호입력]⇒[납부]

⊙ 홈택스납부 :[국세청 홈택스서비스]⇒[전자납부]⇒[자진납부, 고지납부, 타인세금납부 등] 선택 ⇒[공인인증서 확인]⇒[납부]

◎안쪽 면에 내용이 있습니다. 이 곳을 천천히 개봉하여 주십시오.☞

(2) 제2차 납세의무자 등에 대한 징수절차

1) 제2차 납세의무자에 대한 징수절차

① 의 의

납세의무자의 재산에 대하여 체납처분을 집행하여도 징수하여야 할 국세·가산금·체납처분비에 부족되는 경우 그 부족되는 금액을 제2차 납세의무자(납세보증인을 포함한다)로부터 징수한다.

② 납부통지와 그 효력

세무서장은 납세자의 체납액을 제2차 납세의무자(납세보증인을 포함한다)로부터 징수하려면 제2차 납세의무자에게 징수하려는 체납액의 과세연도, 세목, 세액 및 그 산출 근거, 납부기한, 납부장소와 제2차 납세의무자로부터 징수할 금액 및 그 산출 근거와 그 밖에 필요한 사항을 적은 납부통지서로 고지하여야 한다(국징법 12).

납부통지서에 의한 고지의 법률적 성질은 납세의 고지와 같으므로 납부통지서가 적법하게 상대방에 도달됨으로써 그 효력이 발생하며 또한 그 고지에 의하여 제2차 납세의무에 관한 국세채권의 납세의무가 확정되는 것이다.

③ 납세자에 대한 통지

제2차 납세의무자에게 납부통지서를 발부하는 경우에는 납세자에게 그 사실을 통지하여야 한다.

④ 제2차 납세의무자에 대한 납부최고

세무서장은 제2차 납세의무자가 체납액을 그 납부기한까지 완납하지 아니하였을 때에는 10일 내에 납부최고서를 발급하여야 한다. 다만, 제2차 납세의무자가 납부할 체납액이 1만원 미만인 때에는 납부최고서를 발급하지 아니한다(국징법 23 ②, 국징령 26 ②).

2) 양도담보권자에 대한 징수절차

① 의 의

납부통지서에 의한 고지의 법률적 성질은 제2차 납세의무자에 대한 납부통지와 같지만 양도담보권자에 대한 납부통지의 경우에는 그 외에 양도담보재산에 대한 체납처분집행의 예고로서의 성질도 포함하고 있는 점에 차이가 있다. 즉 양도담보재산은 실질적으로 납세의무자의 소유에 속하는 것이나 채권담보의 목적으로 계약에 의하여 형식상 채권자에게 권리가 이전되어 있어 직접 체납처분의 집행은 할 수 없으므로 체납처분의 절차상 양도담보권자에게 납부통지서에 의한 납부신고를 하여 그 지정된 납부기한까지 고지된 국세채무를 완납하지 아니할 때에는 세무공무원은 양도담보권자를 제2차 납세의무자로 간주하여 양도담보재산에 대한 체납처분을 집행하여 납세자의 국세채무를 징수하게 되는 것이다.

② 납부통지

세무서장은 양도담보권리자로부터 납세자의 국세·가산금·체납처분비를 징수하고자 할 때에는 양도담보권자에게 납부금액·납부방법·기타 필요한 사항을 기재한 납부통지서에 의하여 납부고지를 하여야 한다(국징법 13 ①). 양도담보권자에게 납부통지서를 발부한 경우에는 양도담보권자의 주소 또는 거소를 관할하는 세무서장과 납세자에게 그 뜻을 문서로 통지하여야 한다(국징법 13 ②).

③ 고지 이후의 양도담보채권소멸의 효력

양도담보권자에게 납부통지가 있은 후 당해 재산의 양도에 의하여 담보된 채권이 채무불이행 기타 변제 이외의 이유로 양도담보채권이 소멸되어 양도담보재산이 납세자에게 복귀하지 아니하는 경우에도 양도담보자산으로 존속하는 것으로 보아 체납처분을 할 수 있다(국징법 13 ②).

한편, 양도담보재산이 양도담보권자로부터 다시 제3자에게 양도가 된 경우에는 납부통지 후에 양도가 된 경우에도 압류가 되기 전에 양도된 때에는 물적납세의무는 소멸한다(국징통 13-0…1). 이러한 점을 고려하여 국세징수법은 양도담보권자가 고지된 납부기한까지 물적납세의무를 이행하지 않는 경우에는 기한의 이익을 박탈하고 납부최고 없이 곧바로 압류를 할 수 있도록 하고 있다(국징통 23-0…3).

2. 독촉과 최고

(1) 의 의

국세를 납세고지서 등에 지정된 납부기한까지 완납하지 아니한 때에는 납세자의 임의납부를 촉구하는 마지막 절차로서 세무서장·시장 또는 군수는 납기경과 후 15일 이내에 20일 이내의 납부기한을 정한 독촉장을 발부하여야 한다. 그러나 이것은 단순한 훈시적 규정에 불과하다.

한편 납기전징수에 따라 국세를 징수하거나 체납액이 1만원 미만인 때에는 독촉장을 발부하지 않는다(국징법 23 ①, 국징령 26 ②). 그리고 제2차 납세의무자가 납부기한까지 체납액을 완납하지 아니하는 경우에는 납부최고서를 발부하여야 한다. 발부기간은 독촉장의 경우와 같다. 이와 같은 독촉·최고는 단순 독촉장발행 이상의 효과를 갖으며 강제징수절차로 이행되는 전단계 절차로서 체납처분집행의 예고이기도 한다.

또한, 독촉장이 적법하게 납세의무자에게 송달됨으로써 시효중단의 효력이 발생한다(국기법 28의 1 ①).

(2) 가산금과 중가산금

1) 가산금(국징법 21)

국세를 납부기한까지 완납하지 않은 때에는 그 납부기한(납세고지서 또는 납부통지서에 지정된 납부기한을 말한다)이 지난 날부터 체납된 국세의 3%에 상당하는 가산금을 징수한다.

2) 중가산금(국징법 22)

체납된 국세를 납부하지 않은 때에는 납부기한이 지난 날부터 매 1월이 지날 때마다 체납된 국세의 1.2%에 상당하는 중가산금을 가산금에 가산하여 징수한다. 이 경우 중가산금을 징수하는 기간은 60월을 초과하지 못하며, 체납된 국세의 납세고지서별·세목별세액이 100만원 미만인 때에는 중가산금을 징수하지 않는다(국징법 21, 22).

참고 · 가산금과 중가산금의 배제

1. 국가와 지방자치단체에 대해서는 가산금과 중가산금을 징수하지 않는다(국징법 21 단서, 22 ③).
2. 청산소득에 대한 법인세에 대해서는 가산금과 중가산금을 징수하지 않는다(법법 90 ②).
3. 외국의 권한있는 당국과 상호합의절차가 진행 중이라는 이유로 체납액의 징수를 유예한 경우에는 중가산금에 관한 위의 규정을 적용하지 아니하고 국제조세조정에 관한 법률에 따른 가산금에 대한 특례를 적용한다(국징법 22 ④).

| 예제 1 |

국세 1,000만원을 부과 고지받은 자가 지정된 납기로부터 5년 6개월까지 국세를 납부하지 않은 경우의 체납액은 얼마인가?

해답

국 세		10,000,000원
가 산 금	10,000,000×3% =	300,000원
중가산금	10,000,000×72% =	7,200,000원
계		17,500,000원

※ 중가산금은 체납된 국세의 72%를 한도(60월)로 하고 있다.

| 예제 2 |

2011년 귀속 법인세(납부기한 2012년 3월 31일) 4천만원을 2012년 8월 15일에 납부한 경우 가산금과 중가산금을 계산하라.

해답 납부기한 … 납부일

3/31	4/30	5/31	6/30	7/31	8/15
$\frac{3}{100}$	$\frac{12}{1,000}$	$\frac{12}{1,000}$	$\frac{12}{1,000}$	$\frac{12}{1,000}$	

40,000,000 × 3% =1,200,000원(가산금)
40,000,000 × 4.8% =1,920,000원(중가산금)
3,120,000원

※ ① 체납된 국세가 100만원 미만인 경우 중가산금은 징수하지 않지만 3%에 상당하는 가산금은 체납국세의 액수 또는 독촉장 발부에 관계없이 징수한다.
② 가산금과 중가산금을 합한 금액은 체납된 국세의 총 75%를 한도로 한다.

| 예제 3 |

부가가치세 경정에 의하여 400,000원의 부가가치세를 고지받은 자(납부기한 2012년 12월 20일)가 2013년 5월 16일까지 납부하지 아니한 경우 당해 납세자의 체납액은?

해답 국 세 400,000원
가 산 금 12,000원 ← 400,000원 × $\frac{3}{100}$
412,000원

※ 체납된 국세가 100만원 미만이므로 중가산금은 징수하지 않고 가산금 3%만 징수한다.

3. 체납액 징수업무의 위탁

(1) 의 의

세무서장은 독촉과 최고에도 불구하고 납부되지 아니한 체납액을 징수하기 위하여

금융기관부실자산 등의 효율적 처리 및 한국자산관리공사의 설립에 관한 법률에 따라 설립된 한국자산관리공사에 다음 중 어느 하나에 해당하는 업무를 위탁할 수 있다. 이 경우 한국자산관리공사는 위탁받은 업무를 제3자에게 다시 위탁할 수 없다(국징법 23의 2 ①).

① 체납자의 주소 또는 거소 확인
② 체납자의 재산 조사
③ 체납액의 납부를 촉구하는 안내문 발송과 전화 또는 방문 상담
④ 위 ①~③의 규정에 준하는 단순 사실행위에 해당하는 업무로서 대통령령으로 정하는 사항

(2) 위탁대상 체납액의 범위

위탁대상 체납액의 범위는 ① 인별 체납액이 1억원 이상인 경우, ② 세무서장이 체납자의 소득 또는 재산이 없는 등의 사유로 징수가 어렵다고 판단한 경우로 한다(국징령 27의 2).

(3) 위탁수수료

위탁수수료는 한국자산관리공사가 징수업무를 위탁받은 체납액 중 다음의 금액에 100분의 25를 초과하지 아니하는 범위에서 일정한 비율을 곱한 금액으로 한다(국징령 27의 3).

① 체납자가 체납액의 전부 또는 일부를 납부하였을 경우 해당 금액
② 한국자산관리공사가 체납자의 소득 또는 재산을 발견하여 세무서장에게 통보한 금액 중 징수한 금액

(4) 위탁 해지 및 징수업무 감독

세무서장은 다음 중 어느 하나에 해당하는 사유가 발생한 경우 해당 체납액에 대하여 징수업무의 위탁을 해지하여야 한다(국징령 27의 4). 국세청장은 위탁된 징수업무의 관리를 위하여 필요하다고 인정하는 경우 한국자산관리공사에 세무서장이 위탁한 업무에 관한 사항을 보고하게 하거나 필요한 조치를 하도록 요구할 수 있으며, 이 경우 한국자산관리공사는 특별한 사유가 없으면 국세청장의 요구에 따라야 한다(국징령 27의 5).

① 체납자의 납부의무가 소멸된 경우
② 체납자가 납세담보를 제공하여 체납액 충당이 가능하게 된 경우

[별지 제17호 서식] (2010. 4 .8 개정)

이곳을 천천히 개봉하여 주십시오 ☞

요금후납

독 촉 장 재 중

독 촉 장

오른쪽 독촉장 겸 영수증(납세자용)에 기재된 세금이 체납되었으니 독촉납부기한까지 이 독촉장 또는 발부받은 납세고지서에 의하여 체납액을 한국은행 국고(수납)대리점인 은행 또는 우체국에 납부하시기 바랍니다.

년 월 일

세무서장 ㊞

1. 독촉납부기한까지 체납액을 완납하지 아니하는 때에는 국세징수법 제24조 제1항의 규정에 의하여 귀하의 재산을 압류하게 됩니다.
2. 이미 체납액을 납부하신 경우에는 이 독촉장을 폐기하시기 바랍니다.
3. 이 독촉장에 대한 의문이 있으시면 ☎ 에게 문의하시기 바랍니다.

독촉장 겸 영수증(납세자용)

납부번호	분류기호	서코드	연 월	결정구분	세 목	발행번호
상 호 (성명)			수입징수관 계좌번호			
사업자등록번호 (주민등록번호)		회계연도		일반 회계	재정경제부 소 관	조세
		과세연도				
사업장 (주소)						

독촉 납부기한		년 월 일 까지
계		
년 월 일까지	금액	
년 월 일	금액	

위 금액을 정히 영수합니다.

년 월 일

은 행 우체국 (수납인)

납 부 서(수납기관용)

납부번호	분류기호	서코드	연 월	결정구분	세 목	발행번호
상 호 (성명)			수입징수관 계좌번호			
사업자등록번호 (주민등록번호)		회계연도		일반 회계	재정경제부 소 관	조세
		과세연도				

독촉 납부기한		년 월 일까지
년 월 일까지	금액	
년 월 일	금액	

위 금액을 수납하여 주시기 바랍니다.

년 월 일

은 행 우체국 (수납인)

영수필통지서(징수기관용)

납부번호	분류기호	서코드	연 월	결정구분	세 목	발행번호
상 호 (성명)			수입징수관 계좌번호			
사업자등록번호 (주민등록번호)		회계연도		일반 회계	재정경제부 소 관	조세
		과세연도				

독촉 납부기한		년 월 일까지
년 월 일까지	금액	
년 월 일	금액	

위의 금액을 수납하였음을 통지합니다.

년 월 일

은 행 우체국 (수납인)

가로210㎜×세로297㎜ (전산용지(특급) 90g/㎡)

제 3 절 특별징수절차

1. 납기전징수

(1) 의 의

'납기전징수제도'는 납세의무자의 재산이나 자력상태로 보아 납부기한까지 기다려서는 이미 확정된 국세를 징수하기가 곤란하다고 판단되는 경우에 납부기한 전에 세무서장이 그 국세의 납부기한을 정하여 납기전징수의 뜻을 고지하고 그 납부기한 내에 납부를 이행하지 않는 경우에는 독촉절차 없이 바로 체납처분을 집행할 수 있는 제도이다.

(2) 납기전징수의 사유

납세자에게 다음과 같은 사유가 있는 때에는 납기전이라도 이미 납세의무가 확정된 국세는 이를 징수할 수 있다(국징법 14).

① 국세의 체납으로 체납처분을 받을 때
② 지방세 또는 공과금의 체납으로 체납처분을 받은 때
③ 강제집행을 받을 때
④ 어음법 및 수표법에 의한 어음교환소에서 거래정지처분을 받은 때
⑤ 경매가 개시된 때
⑥ 법인이 해산한 때
⑦ 국세를 포탈하고자 하는 행위가 있다고 인정되는 때
⑧ 납세관리인을 정하지 아니하고 국내에 주소 또는 거소를 두지 아니하게 된 때

(3) 납기전징수 대상이 되는 국세(국징령 20)

납기전징수를 할 수 있는 국세는 다음과 같이 이미 납세의무가 확정된 n국세에 한한다.

① 납세고지를 한 국세
② 과세표준 결정의 통지를 한 국세
③ 원천징수한 국세
④ 납세조합이 징수하는 국세
⑤ 중간예납하는 법인세

(4) 징수절차

세무서장은 위의 규정에 의해 납기전징수를 하고자 할 때에는 납부기한을 정하여 징수하고자 하는 뜻을 고지하여야 하며, 이미 납세의 고지(납부통지 포함)를 한 국세에 대하여는 그 납부기한의 변경을 고지하여야 한다(국징법 14 ②).

(5) 납기전징수의 효과

납기전징수의 효과는 다음과 같다.

① 납기전징수에 의하여 지정된 납부기한 또는 변경된 납부기한은 그 국세의 법률적 납부기한으로 되어 국세채권과 사권과의 우선관계의 기준일이 된다.

② 납세자는 기한의 이익을 상실한다. 따라서 징세관서는 본래의 납부기한 전에 국세를 징수할 수 있다.

③ 지정된 납부기한까지 납세자가 납기전징수의 처분을 받은 국세를 완납하지 아니한 때에는 독촉(최고)없이 체납처분을 할 수 있다(국징법 24 ① 2호).

④ 송달지연으로 인한 납부기한 연장이 배제된다. 즉 원칙적으로 납세고지서 등을 납세자에게 송달한 경우에 도달한 날에 이미 납부기한이 경과하였거나 도달한 날부터 14일 내에 납부기한이 도래하는 경우에는 도달한 날부터 14일이 지나는 날을 납부기한으로 한다. 그러나 납기전징수의 고지인 경우에는 당해 고지서가 도달한 날에 이미 납부기한이 지난 때에는 그 도달한 날, 당해 고지서가 도달 후 납부기한이 도래하는 때에는 그 도래하는 날을 납부기한으로 한다(국기법 7).

2. 징수유예

(1) 의 의

'징수유예'란 납세자가 신체상·재산상 중대한 위기에 처하여 국세를 납부할 수 없는 불가항력의 사유가 납기개시전 또는 납부기한 도래 전에 발생한 때에 고지의 유예 또는 분할고지, 고지된 납부기한(독촉시 납부기한 포함)의 연장 등으로 납기전징수와는 반대로 납세자에게 기한의 이익을 부여하는 징수의 특례제도를 말한다.

이는 결국 징수권행사를 완화시켜 사업을 계속할 수 있게 하고 또한 납세자의 생활을 보호하려고 하는 제도이다. 채무자의 사정을 고려하면서 채권을 확보하기 위한 방법인 것이다.

징수유예에는 납기개시 전에 유예하는 경우와 고지 또는 독촉 후에 체납액의 징수를 유예하는 경우로 구분된다. 그리고 납세자의 주소 등이 불분명하여 송달불능으로 인하여 징수유예하는 경우도 있다.

<징수유예의 구분>

- 징수유예
  - 천재·지변 등의 경우
    - 납기개시 전 징수유예
    - 체납액의 징수유예
  - 송달불능으로 인한 징수유예

현행 국세의 납부기한을 완화해 주는 제도에는 상속세의 연부연납, 소득세의 분납, 법인세의 분납 등이 있으나 국세징수법에 의한 징수유예는 모든 국세의 확정 고지된 세액에 대하여 그 징수를 완화하는 것이다.

(2) 징수유예대상이 되는 국세

징수유예의 대상이 되는 국세는 각 세법규정에 의한 자진납부분 이외의 것을 말하며 상속세법 제28조 규정에 의한 연부연납분도 포함된다(국징통 15-0…3).

(3) 징수유예사유·징수유예기간·분납기한 등(국징법 15 ①, 국징령 22)

납세자에게 다음의 사유가 있어서 세무서장이 국세를 납부할 수 없다고 인정하는 경우에 징수유예를 받을 수 있다(국징법 15 ①, 국징령 22).

징수유예사유에 따른 징수유예기간과 분납기한 및 분납금액을 살펴보면 다음과 같다.

<표 Ⅲ-2> 징수유예사유에 따른 징수유예기간과 분납기한 및 분납금액

징수유예사유	징수유예기간	분납기한 및 분납금액
① 재해 또는 도난으로 재산에 심한 손실을 받은 때 ② 사업에 현저한 손실을 받은 때 ③ 사업이 중대한 위기에 처한 때 ④ 납세자 또는 그 동거가족이 질병이나 중상해로 장기치료를 요하는 때 ⑤ 위에 준하는 사유가 있는 때	징수유예의 다음 날부터 9월 이내*	관할세무서장이 정할 수 있다. 이 경우 관할세무서장은 징수유예기간이 6월을 초과하는 때에는 가능한한 징수유예기간 개시후 6월이 경과한 날부터 3월 이내에 분납할 수 있도록 정하여야 한다.
⑥ 조세조약에 의하여 외국의 권한 있는 당국과 상호합의절차가 진행 중인 때	세액의 납부기한 다음 날 또는 상호합의 개시일 중 나중에 도래하는 날부터 상호합의 절차의 종료일까지	관할세무서장은 상호합의절차의 종료일의 다음 날부터 30일 이내에 납부기한을 다시 정하여 징수한다.

* 징수유예 신청일 현재 다음 각 호의 요건(아래 '④'~'⑦'까지는 해당하는 경우만을 말한다)을 모두 갖춘 소

규모 성실사업자가 위 표의 '①'~'⑤'의 사유로 2012년 12월 31일까지 신청한 징수유예에 대해서는 징수유예기간을 유예한 날의 다음 날부터 18개월 이내로 할 수 있고, 징수유예기간 중의 분납기한 및 분납금액은 관할 세무서장이 정할 수 있다. 이 경우 관할 세무서장은 징수유예기간이 12개월을 초과할 때에는 가능하면 징수유예기간 개시 후 12개월이 지난 날부터 6개월 이내에 분납하도록 정하여야 한다.

① 직전 과세연도 수입금액(기업회계기준에 따라 계산한 매출액을 말한다)이 6억원 이하일 것
② 징수유예 신청일 현재 최근 5년간 조세범으로 처벌받은 사실이 없을 것
③ 다음 각 목의 요건을 모두 갖추고 있을 것
  ㉠ 최근 1년간 3회 이상 국세를 체납한 사실이 없을 것
  ㉡ 국세 체납액이 500만원 미만일 것
  ㉢ 최근 3년간 국세에 대한 결손처분액이 500만원 미만일 것
④ 소득세법 및 법인세법에 따른 복식부기의무자인 경우에는 복식부기에 따라 장부를 갖춰두고 기록하고 있을 것
⑤ 소득세법에 따른 사업용계좌 신고 · 사용의무가 있는 사업자인 경우에는 사업용계좌를 신고하여 사용하고 있을 것
⑥ 소득세법 및 법인세법에 따른 신용카드가맹점 가입대상 사업자인 경우에는 신용카드가맹점으로 가입하고 있을 것
⑦ 소득세법 및 법인세법에 따라 현금영수증가맹점으로 가입하여야 하는 사업자인 경우에는 현금영수증가맹점으로 가입하고 있을 것

참고

1. '사업에 현저한 손실'이라 함은 납세자가 경영하는 사업에 관하여 사업에 현저한 결손을 받은 것을 말하며, 그 손실에는 사업에 관하여 생긴 손실 이외의 사유로 인한 손실은 포함하지 아니한다(국징통 15-0…7).
2. '동거가족'이라 함은 납세자와 민법 제779조(가족의 범위)에 따른 가족관계에 있는 자로서 생계를 같이하는 자를 말한다(국징통 15-0…9).
3. '위에 준하는 사유가 있을 때'라 함은 국세의 징수절차를 즉시 강행하는 경우 납세자에게 돌이킬 수 없는 손해를 가하여 그의 경제생활을 위태롭게 할 우려가 있는 모든 사유를 포괄하는 것으로 다음 중 어느 하나의 사유에 해당하는 경우 등을 말한다(국징통 15-0…10).
   ① 동거가족 이외의 자로 납세자의 친족, 기타 납세자와 특수관계 있는 자의 질병으로 그 납세자가 그 비용을 부담을 하지 않으면 안되는 때
   ② 사업을 영위하지 아니하는 납세자의 소득이 현저히 감소하거나 전혀 없는 때
   ③ 납세자의 거래처 등인 채무자가 파산선고, 회사정리절차 개시결정, 어음교환소의 거래정지처분을 받은 때, 사업의 부진 또는 실패로 인한 휴·폐업을 한 때 등

(4) 징수유예절차 및 유예기간

징수유예를 받고자 하는 납세자는 고지 예정이거나 고지된 국세의 납부기한, 체납된 국세의 독촉기한 또는 최고기한의 3일 전까지 문서로 관할세무서장에게 신청하여야 한다. 다만, 관할세무서장은 납세자가 납부기한 등의 3일 전까지 신청할 수 없다고 인정하는 경우에는 납부기한 등의 만료일까지 신청하게 할 수 있다(국징령 23). 그러나 이러한 신청이 반드시 필요한 것은 아니며 세무서장의 직권에 의해서도 징수유예는 가능하다(국징법 15 ②, 17 ②).

세무서장이 징수유예를 하는 때에는 납세자에게 그 뜻을 문서로 통지하여야 하며, 그 유예에 관계되는 금액에 상당하는 납세담보의 제공을 요구할 수 있다(국징법 15 ③, 17 ②, 18).

(5) 체납액 등의 징수유예(국징법 16)

납세자가 납세의 고지 또는 독촉을 받은 후에 위의 징수유예의 사유로 고지된 국세 또는 체납액을 납부기한까지 납부할 수 없다고 인정하는 때에는 납부기한을 다시 정하여 징수를 유예할 수 있다. 이 경우의 징수유예사유와 징수유예기간 등은 위 〈표 Ⅲ-2〉와 동일하다(국징법 17 ①).

(6) 징수유예의 취소(국징법 20)

납세자가 다음에 해당하게 된 때에는 징수유예를 취소하고 유예에 관련된 국세 또는 체납액을 징수유예 취소통지서에 의하여 취소하며 분할징수를 허용한 경우에는 기한 미도래의 유예금액까지 일시에 징수할 수 있다.

① 국세와 체납액을 지정된 기한까지 납부하지 아니한 때
② 담보의 변경 기타 담보보전에 필요한 세무서장의 명령에 응하지 아니한 때
③ 재산상황 기타 사정의 변화로 인하여 그 유예의 필요가 없다고 인정되는 때
④ 납기전징수의 사유에 해당되어 그 유예한 기한까지 유예에 관계되는 국세 또는 체납액의 전액을 징수할 수 없다고 인정되는 때

(7) 징수유예의 효과(국징법 19)

① 세무서장은 고지된 국세의 납부기한이 도래하기 전에 징수유예를 한 경우에 그 징수유예기간이 지날 때까지 가산금을 징수하지 아니한다.
② 고지한 납부기한이 지난 후에 체납액을 징수유예한 경우에는 그 징수유예기간을 중가산금계산기간에 산입하지 아니한다.

③ 징수유예한 기간 중에는 그 유예한 국세 또는 체납액에 대하여는 체납처분(교부청구를 제외함)을 할 수 없다.

④ 징수유예기간 동안에는 징수권을 행사하지 못하므로 그 기간 동안 국세징수권의 소멸시효의 진행이 정지된다. 징수유예기간이 경과하면 소멸시효는 잔여기간의 진행을 계속한다.

⑤ 외국의 권한 있는 당국과의 상호합의절차가 진행 중이라는 이유로 국세의 징수를 유예한 경우에는 국제조세조정에 관한 법률의 규정에 의한 가산금에 대한 특례규정을 적용한다.

⑥ 징수유예기간 중에는 비록 국세 등이 체납되어 있다 하더라도 납세증명서를 발급받을 수 있다.

참고 **징수유예에 따른 기한계산과 가산금계산**

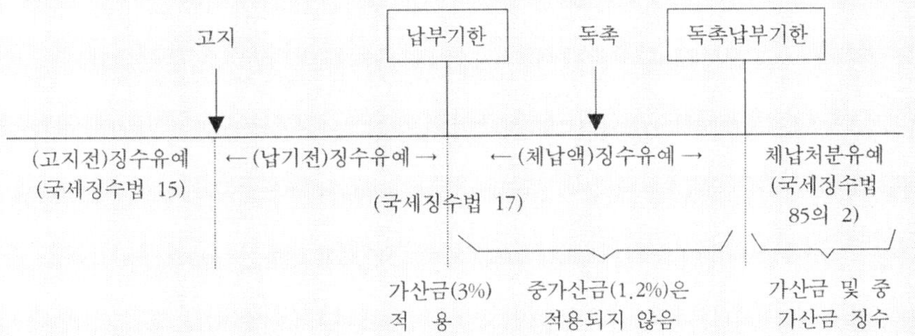

(8) 송달불능으로 인한 징수유예와 부과철회

세무서장은 주소·거소·영업소 또는 사무소의 불명으로 인하여 납세고지서를 송달할 수 없는 때에는 징수를 유예할 수 있다(국징법 16 ①). 이 경우 징수유예기간은 그 유예한 날의 다음 날부터 30일 내로 한다(국징령 22 ④). 송달불능으로 인하여 징수를 유예한 경우 당해 납세자뿐만 아니라 제2차 납세의무자·물적 납세의무자 등도 발견되지 아니하여 국세의 징수를 확보할 수 없다고 인정하는 때에는 국세부과의 결정을 철회할 수 있다(국징법 16 ②). 다만, 징수를 유예하거나 부과의 결정을 철회한 후 납세자의 행방 또는 재산을 발견한 때에는 지체없이 부과 또는 징수의 절차를 밟아야 한다(국징법 16 ③).

[별지 제14호 서식] 〈개정 2010. 4. 8〉 (앞 쪽)

□ 징 수 유 예 □ 체납처분유예 신청서	처리기간 3 일

납세자	성 명		주민등록번호		사업자등록번호	
	주소또는거소				전화번호	
	사업장소재지					
	상호또는명칭					
	사 업 의 종 류	업		종 목		

납부할 국세 · 체납액의 내용					징수(체납처분)유예를 받으려는 금액		
세목	연도 · 기분	납부기한 (독촉기한)	국세	가산금	계	국 세	가산금

징수(체납처분)유예를 받으려는 이유	
징수(체납처분)유예를 받으려는 기간	년 월 일 부터 년 월 일 까지

분 납 금 액 및 납 부 기 한						
횟수	납 부 기 한	분납금액	세 목	연도 · 기분	국 세	가 산 금
1 회						
2 회						
3 회						

「국세징수법 시행령」 제23조 및 제82조의2에 따라 징수유예(체납처분유예)를 받기 위하여 위와 같이 신청합니다.

년 월 일

신청인 (서명 또는 인)

세무서장 귀하

구비서류	1. 징수유예(체납처분유예)를 받으려는 이유를 증명하는 자료 2. 담보제공서(「국세기본법 시행규칙」 별지 제10호서식)	수수료 없 음

※ 이 용지는 무료로 배부합니다.

210㎜×297㎜(신문용지 54g/㎡(재활용품))

연습문제

[주관식 문제]

1. 국세의 징수절차에 대하여 설명하라.
2. 납세고지에 의한 징수절차를 일반납세자, 제2차 납세의무자 및 물적 납세의무자로 구분하여 설명하라.
3. 독촉 및 최고의 법률적 의미와 그 내용을 설명하라.
4. 체납액 징수업무의 위탁제도에 대하여 설명하라.
5. 납기전징수제도의 내용을 약술하라.
6. 징수유예제도와 기한연장제도의 이동(異同)을 약술하라.

[객관식 문제]

1. 세무서장이 국세를 징수하고자 할 때에는 납세자에게 다음 사항을 명시한 고지서를 발부하여야 한다. 가장 옳은 것은?

   ① 과세연도, 세목, 세액, 납부기한 및 위법·부당한 부과에 대한 쟁송방법
   ② 과세연도, 세목, 세액 및 그 산출근거, 납부기한, 납부장소, 위법·부당한 부과에 대한 쟁송방법
   ③ 과세연도, 세목, 세액, 납부기한, 납부장소
   ④ 과세연도, 세목, 세액 및 그 산출근거, 납부기한, 납부장소
   ⑤ 과세연도, 세목, 세액, 납부기한

2. 다음 중 납기전 징수대상 국세에 해당하지 않는 것은?

   ① 원천징수한 국세 ② 납세의 고지를 한 국세
   ③ 과세표준결정의 통지를 한 국세 ④ 중간예납하는 법인세
   ⑤ 납세의무가 성립하였으나 확정되지 아니한 국세

정답	1. ④ 2. ⑤

3. 납기전이라도 이미 납세의무가 확정된 국세를 징수할 사유에 해당되지 않는 것은?

① 강제집행을 받았을 때
② 어음법 및 수표법에 의한 어음교환소에서 거래정지처분을 받은 때
③ 국세포탈의도가 있는 행위를 한다고 인정되는 때
④ 사업이 중대한 위기에 처하고 현저한 손실이 있을 때
⑤ 경매가 개시된 때

4. 납기전징수에 대한 설명으로 옳지 않은 것은?

① 과세표준이나 세액이 확정되지 아니한 국세는 납기전징수를 할 수 없다.
② 경매가 개시된 때라는 사유만으로도 납기전징수를 할 수 있다.
③ 납기전징수의 고지를 받고 기한 내에 납부하지 아니하면 독촉장을 발부한 후 체납처분을 하게 된다.
④ 납기전에 징수하고자 할 때에는 납부기한을 정하여 납세자에게 징수하고자 하는 뜻을 고지하여야 한다.
⑤ 납기전징수의 경우에 송달지연으로 납세고지서가 도달한 날에 이미 납부기한이 지났으면 납세고지서가 도달한 날을 납부기한으로 한다.

5. 체납의 정당한 사유이면서 납기전 징수사유에도 해당하는 경우는?

① 납세자가 그 사업에 심한 손해를 입어서 납세가 곤란한 때
② 납세자의 재산이 국세에 우선하는 채권 및 체납처분비에 충당하고 잔여가 생길 여지가 없는 때
③ 납세자에게 강제집행의 사유가 있는 때
④ 납세자가 천재, 지변 등으로 납세가 곤란한 때
⑤ 공시송달의 방법에 의하여 납세가 고지된 때

6. 다음 중 징수유예사유에 해당하지 아니하는 것은?

① 사업에 현저한 손실을 받은 때
② 납세자 또는 동거가족이 장기치료를 요하는 때
③ 법인이 해산한 때
④ 사업이 중대한 위기에 처한 때
⑤ 재해 또는 도난으로 재산에 심한 손실을 받은 때

정답	3. ④ 4. ③ 5. ③ 6. ③

7. 국세징수법상 징수유예기간으로 옳지 않은 것은?

① 납세자가 납세의 고지 또는 독촉을 받은 후 사업에 현저히 손실을 받아 고지된 국세 또는 체납액을 납부기한까지 납부할 수 없어 징수유예를 한 경우 : 9월 이내
② 제2차 납세의무자에게 납부고지 또는 최고를 한 후 제2차 납세의무자의 사업이 중대한 위기에 처하여 고지된 국세 또는 체납액을 납부기한까지 납부할 수 없어 징수유예를 한 경우 : 9월 이내
③ 납세자의 질병이나 중상해로 장기치료를 요한 때 : 9월 이내
④ 송달불능으로 인한 징수유예 : 6월내
⑤ 법령이 정하는 소규모 성실사업자가 재해 또는 도난으로 재산에 심한 손실을 받은 때 : 18개월 이내

8. 다음 중 징수유예에 관한 설명으로 맞지 않는 것은?

① 징수유예사유가 계속되는 경우에는 납세자의 신청에 의하여 징수유예기간의 범위 안에서 이미 유예한 징수유예기간을 연장할 수 있다.
② 징수유예를 받을 수 있는 납세자에는 원천징수의무자·연대납세의무자·제2차 납세의무자 및 납세보증인이 포함된다(국징통 15-0…2).
③ 납세자가 질병으로 장기입원한 경우에는 징수유예를 할 수 있다.
④ 체납액에 대하여는 징수유예할 수 없다.
⑤ 자금경색으로 수표의 부도발생이 예견되는 기업에 대하여는 징수유예를 할 수 있다.

9. 징수유예에 관한 설명으로 옳지 않은 것은?

① 징수유예는 납세자의 신청을 요건으로 하지 않으므로 징수유예사유가 있는 경우에는 세무서장이 직권으로 징수유예할 수 있다.
② 징수유예의 대상은 이미 확정된 국세와 가산금뿐만 아니라 체납처분비도 포함된다.
③ 징수유예한 체납액에 대하여는 교부청구를 제외한 어떠한 체납처분도 할 수 없다.
④ 징수유예는 국세징수권의 소멸시효 정지의 효력이 있다.
⑤ 사업이 중대한 위기에 처한 때에는 징수유예를 할 수 있다.

10. 다음 중 징수유예대상 국세에 해당되지 않은 것은?

① 독촉에 의한 납부기한이 지난 체납액
② 고지하기 전의 국세
③ 체납된 국세로서 독촉기간이 지나지 않은 것
④ 고지된 국세로서 납기도래 전의 것
⑤ 납기개시 전의 국세

정답	7. ④ 8. ④ 9. ② 10. ①

11. 다음 중 징수유예에 대한 설명으로 잘못된 것은?

① 송달불능으로 징수를 유예한 국세의 징수를 확보할 수 없다고 인정하는 때에는 그 부과의 결정을 취소할 수 있다.
② 징수유예를 받을 수 있는 납세자에는 원천징수의무자, 연대납세의무자, 제2차 납세의무자 및 납세보증인이 포함된다.
③ 징수를 유예한 기간 중에는 그 유예한 국세에 대한 가산금을 징수할 수 없다.
④ 세무서장은 징수유예사유에 의하여 징수를 유예할 때에는 납세담보의 제공을 요구할 수 있다.
⑤ 상속세 및 증여세법상의 규정에 의한 연부연납분도 징수유예의 대상이 된다.

12. 징수유예를 취소하고 유예된 국세 또는 체납액을 일시에 징수할 수 있는 사유에 해당하지 않은 것은?

① 납기전 징수사유에 해당되어 그 유예한 기한까지 유예에 관계되는 국세 또는 체납액의 전액을 징수할 수 없다고 인정되는 때
② 재산상황 기타 사정의 변화로 인하여 그 유예의 필요가 없다고 인정되는 때
③ 담보의 변경 기타 담보보전에 필요한 세무서장의 명령에 응하지 아니한 때
④ 권한있는 기관에 정부·서류가 압수 또는 영치된 때
⑤ 국세와 체납액을 지정된 기한까지 납부하지 아니한 때

13. 다음은 독촉에 관한 설명이다. 틀린 것은?

① 독촉장 또는 납부최고서를 발부하는 때에는 납부기한을 발부일로부터 20일 내로 하여야 하나 납부기한을 발부일로부터 10일 후로 지정하더라도 그 효력에는 영향이 없다.
② 체납액이 1만원 미만인 때에는 독촉장을 발부하지 않는다.
③ 납기전징수의 경우 국세를 납부기한까지 완납하지 아니한 때에는 납기경과 후 10일 내에 독촉장을 발부하여야 한다.
④ 세무서장은 제2차 납세의무자가 체납액을 그 납부기한까지 완납하지 아니한 때에는 10일 내에 납부최고서를 발부하여야 한다.
⑤ 연대납세의무자에 대하여는 각인별로 독촉장을 발부하여야 하며, 물적 납세의무자에 대하여는 독촉장을 발부하지 아니한다.

14. 국세징수법상 독촉과 최고에 관하여 옳은 것은?

① 납세보증인에게도 제2차 납세의무자의 규정을 준용하여 납부최고서를 발부하여야 한다.

정답	11. ① 12. ④ 13. ③ 14. ②

② 납기전징수를 하는 경우에는 독촉을 요하지 않으나, 납기전 징수사유에 의하여 확정전 보전압류를 하는 경우에는 독촉을 하여야 한다.
③ 양도담보권자인 물적 납세의무자에게는 제2차 납세의무자와 같이 납부통지서를 발부하여 고지하므로 기한 내에 납부하지 아니한 때에는 납부최고서를 발부한다.
④ 독촉장의 발부시기 및 납부기한을 국세징수법상의 규정과 다르게 한 경우 그 독촉은 무효이다.
⑤ 연대납세의무자에 대한 독촉장은 그 대표자에게 발부하여야 한다.

15. 다음 중 가산금에 대한 설명으로 옳지 않은 것은?

① 자진납부하는 국세와 원천징수납부하는 국세의 자진납부기한을 지나서 자진납부하는 경우에는 가산세를 징수하고 가산금은 징수하지 아니한다.
② 각 세법의 규정에 의한 중간예납, 예정결정고지세액의 체납으로 인한 가산금은 그 확정결정에 의하여 고지할 세액이 없는 경우에도 취소되지 아니한다.
③ 가산금은 납부기한경과로 발생하는 것이므로 독촉행위가 없더라도 자동적으로 확정된다.
④ 중가산금은 납부기한이 지난 날부터 매 1월이 지날 때마다 체납국세에 대하여 1.2%로 징수하되, 중가산금의 합계액은 체납국세의 72%를 초과하지 못한다.
⑤ 체납된 국세가 100만원 미만인 때에는 중가산금은 물론 가산금도 징수하지 아니한다.

16. 국세징수법상 가산금에 대한 내용으로서 잘못된 것은?

① 체납된 국세가 100만원 미만인 때에는 중가산금규정을 적용하지 아니한다.
② 국세를 납부기한까지 완납하지 아니한 때에는 그 납부기한이 지난 날부터 체납된 국세에 대하여 1.2%에 상당하는 가산금을 징수한다.
③ 국세를 일부만 체납한 경우에는 그 체납된 국세에 대하여서만 가산금을 징수한다.
④ 고지된 국세의 납부기한이 도래하기 전에 국세를 징수유예한 경우에는 그 징수유예기간이 지날 때까지 가산금을 징수하지 아니한다.
⑤ 체납된 국세에 대한 중가산금의 합계액은 체납된 국세의 72%를 초과하지 못한다.

정답	15. ⑤ 16. ②

제3장 강제징수절차(체납처분)

제1절 강제징수절차(체납처분)의 의의

'체납처분'이란 납세의 고지를 한 국세채권이 그 납부기한까지 이행되지 아니한 경우에 원칙적으로 독촉을 하고 그 후에도 이행이 없을 때에 행정상의 강제력에 의하여 세무공무원이 납세자의 재산을 압류하거나 교부청구를 하고 금전 이외의 재산은 이를 환가하여 그 환가한 대금으로서 국세채권에 충당하는 일련의 강제징수절차를 말한다.

이와 같은 체납처분은 국가의 자력집행력에 근거를 두는 강제적 실현절차로서 압류·매각과 청산의 3단계 절차로 구성된다.

<체납처분의 절차>

납세의 고지·독촉 → 압류 → 매각 → 청산과 배분 → 결손처분

(압류 → 매각 → 청산과 배분: 체납처분)

제2절 압 류

1. 압류의 의의

'압류'란 조세채권의 강제징수를 위해 체납자가 소유하고 있는 특정재산(유체물 또는 권리)을 사실상 또는 법률상 처분하는 것을 금지시키는 행위를 말하며, 국세징수의 강제실현을 위한 체납처분의 1단계 절차에 해당한다.

2. 압류의 요건

세무서장(체납발생 후 6개월이 지나고 체납액이 5천만원 이상인 체납자의 경우에

는 지방국세청장을 포함한다)은 다음 중 어느 하나의 요건을 갖춘 경우에는 납세자의 재산을 압류한다(국징법 24 ①, 국징령 28의 2).

(1) 독촉(또는 최고)

납세자가 독촉장(또는 납부최고서)을 받고 지정된 기한까지 국세와 가산금을 완납하지 아니한 경우에 압류할 수 있다. 따라서 독촉을 하지 아니하고 압류한 행위는 위법하다고 할 것이나, 이를 당연 무효라고는 할 수 없고 그 위법을 이유로 취소할 수 있는 행위라고 하는 것이 판례의 태도이다.

또한 납세고지서와 독촉이 있었다고 함은 그 고지서 또는 독촉장이 납세자에게 송달된 경우를 말하는 것이므로 납세고지서나 독촉장이 적법하게 송달되지 않은 상태에서 한 압류는 위법하다고 할 것이다.

(2) 납기전징수의 납부기한 경과

납기전징수의 경우(국징법 14) 납기 전에 납부의 고지를 받고 그 지정된 기한 내에 납부하지 아니하면 압류를 할 수 있다. 즉 납기전징수를 하는 경우에는 납기 전에 다시 지정한 납부기한을 경과함으로써 즉시 압류를 할 수 있으며 독촉절차를 필요로 하지 아니한다. 이는 납기전징수의 사유가 독촉을 할 수 있는 시간적 여유를 갖지 못한 데서 허용되는 것이므로 당연하다고 할 것이다.

그러나 납기전징수는 본래의 납부기한 전에 다시 납부기한을 지정하여 고지하여야만 납기전징수로서의 법적요건이 충족되는 것이므로 이러한 납기전징수의 고지를 하지 아니하고 한 압류는 위법하다고 할 것이다.

(3) 확정전 보전압류(고지전 압류)(국징법 24 ②)

1) 의 의

'확정전 보전압류'란 납세자에게 납기전징수사유가 있어 국세의 확정 후에는 당해 국세를 징수할 수 없다고 인정되는 때에 세무서장은 국세로 확정되리라고 추정되는 금액의 한도 안에서 납세자의 재산을 압류하는 것을 말한다(국징법 24 ②). 따라서 압류를 한 후에 당해 국세의 과세표준과 세액을 확정한다.

확정전 보전압류는 장래에 확정될 국세의 징수를 확보하기 위하여 고지 전에 미리 압류하는 것을 허용하는 것이므로 고지 또는 독촉 없이 압류하는 예외적 조치에 해당하며, 납기전징수제도와 더불어 기업의 도산, 재산도피 등의 우려가 있을 때 신속하고 능률적으로 조세채권을 사전에 확보하려는 취지에서 나온 제도이다.

그러나 확정전 보전압류는 일반적인 압류절차와는 달리 국민의 재산권 보호에 중대한 영향을 끼치게 되므로 극히 제한적으로 행사해야 할 것이며 그 요건을 엄격하게 해석하고 판단해야 할 것이다.

2) 보전압류절차

확정전 보전압류시에는 지방국세청장의 사전승인이 있어야 하며 그러한 압류를 한 때에는 납세자에게 문서로 통지하여야 한다(국징법 24 ③, ④).

3) 확정전 보전압류 해제

확정전 보전압류규정에 의하여 압류를 하고 통지를 받은 자가 다음 사항 중 하나에 해당하면 세무서장은 압류를 즉시 해제하여야 한다(국징법 24 ⑤).

① 확정전 보전압류의 통지를 받은 자가 납세담보를 제공하고 압류해제를 요구한 때
② 확정전 보전압류일로부터 3월이 지날 까지 압류에 의하여 징수하고자 하는 국세를 확정하지 아니한 때

4) 확정전 보전압류재산의 공매 및 충당

보전압류한 재산은 그 압류에 관계되는 국세의 납세의무가 확정되기 전에는 이를 공매할 수 없다(국징법 61 ②). 다만, 관할세무서장은 확정전 보전압류에 의하여 압류한 재산이 금전, 납부기한 내 추심할 수 있는 예금 또는 유가증권인 경우 납세자의 신청이 있는 때에는 확정된 국세에 이를 충당할 수 있다(국징법 24 ⑥).

3. 압류절차의 흐름도

압류절차를 그림으로 표시하면 〈표 Ⅲ－2〉와 같다.

<표 Ⅲ-2> 압류절차의 흐름

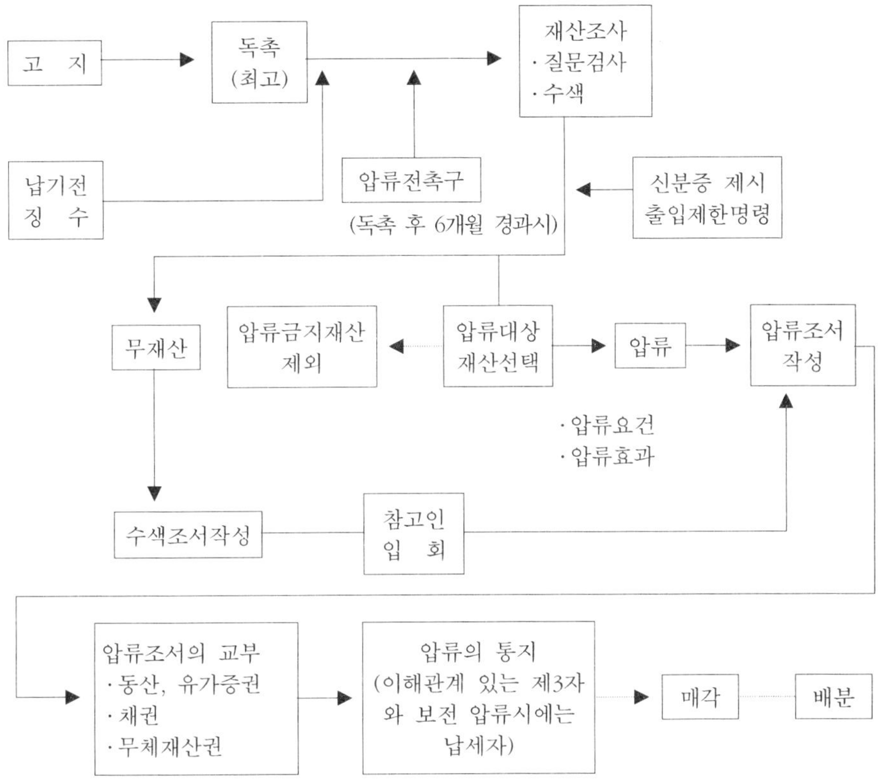

자료 : 세무공무원교육원, 「국세징수법」, 1991, p.91.

4. 압류대상재산

압류대상이 되는 재산은 압류당시 체납자에게 권리가 귀속되어 있는 재산으로서 금전적 가치가 있는 환가성 또는 양도성이 있는 재산이 된다. 압류금지재산을 성격별로 구분하여 살펴보면 다음과 같다(국징법 31, 32, 33, 국징령 36).

(1) 절대적 압류금지재산(국징법 31)

첫째로 체납자와 그 가족의 생계유지에 절대 필요한 물품은 압류를 금지하여 체납자에 대한 최소한의 생활을 보장하게 하고, 둘째로 체납자 또는 그 가족의 명예나 정신적 가치를 표방하는 물품 역시 압류를 절대적으로 금지하고 있다. 압류금지재산인 것이 외관상 명백한 것을 압류한 때에는 그 압류는 무효가 된다. 다만, 외관상 명백하지 아니한 것을 세무공무원의 인정착오로서 취소의 원인이 될 수 있다(국징통 31-0…1).

① 체납자와 그 동거가족의 생활상 없어서는 아니 될 의복·침구·가구와 주방기구
② 체납자와 그 동거가족이 필요한 3월간의 식료와 연료
③ 실인 기타 직업에 필요한 인장
④ 제기·예배에 필요한 물건, 석비와 묘지
⑤ 체납자 또는 그 동거가족의 상사·장례에 필요한 물건
⑥ 족보 기타 체납자의 가정에 필요한 장부·서류
⑦ 직무상 필요한 제복·법의
⑧ 훈장 기타 명예의 증표
⑨ 체납자와 그 동거가족의 수학상 필요한 서적과 기구
⑩ 발명 또는 저작에 관한 것으로서 공표되지 아니한 것
⑪ 법령에 의하여 급여하는 사망급여금과 상이급여금
⑫ 의료, 조산의 업 또는 동물진료업에 필요한 기구·약품 기타 재료
⑬ 체납자의 생계유지에 필요한 소액금융재산으로서 납입액이 300만원 미만인 보장성보험의 보험금, 해약환급금, 만기환급금과 개인별 잔액이 120만원 미만인 예금(적금, 부금, 예탁금과 우편대체를 포함한다)

(2) 조건부 압류금지 재산(국징법 32)

직업에 필요한 재산을 압류하는 것은 그 체납자의 생계를 위협할 뿐만 아니라 국민경제적 측면에서도 생산성을 저하시키게 되므로 그 압류를 피할 수 있도록 하는 조치이다.

다음과 같은 경우에 체납자가 다른 재산을 압류물건으로 제공한 때에는 직업상 필요한 재산은 압류할 수 없다.

① 농업에 필요한 기계·기구·가축류·사료·종자와 비료
② 어업에 필요한 어망·어구와 어선
③ 직업 또는 사업에 필요한 기계·기구와 비품

(3) 급여의 압류 제한(국징법 33)

급료·연금·임금·봉급·상여금·세비·퇴직연금 그 밖에 이와 비슷한 성질을 가진 급여채권은 근로소득자의 생계유지에 필요한 자금의 원천이므로 급여의 일부에 대하여만 압류를 허용함으로써 최소한의 생계보장을 꾀하였다.

1) 급료 등의 급여채권에 대한 압류

급여채권은 그 총액의 2분의 1에 해당하는 금액은 압류하지 못한다. 여기서 '총액'이라 함은 지급받을 수 있는 급여액의 전액에서 그 근로소득 또는 퇴직소득에 대한 소득세 및 소득할 주민세를 공제한 금액을 말한다(국징령 37). 다만, 급여 총액의 2분의 1에 해당하는 금액이 국민기초생활 보장법에 따른 최저생계비를 고려하여 대통령령이 정하는 금액에 미치지 못하는 경우 또는 표준적인 가구의 생계비를 고려하여 대통령령이 정하는 금액을 초과하는 경우에는 각각 당해 대통령령이 정하는 아래의 금액은 압류하지 못한다.

월급여총액	압류금지금액	산정기준
240만원 이하	월 120만원	최저생계비를 고려하여 정한 금액
240만원 초과 600만원 이하	월급여총액 × $\frac{1}{2}$	표준적인 가구의 생계비를 고려하여 정한 금액
600만원 초과	월 300만원 +(월급여총액-600만원)× $\frac{1}{4}$	

2) 퇴직금 등의 급여채권에 대한 압류

퇴직금이나 그 밖에 이와 비슷한 성질을 가진 급여채권에 대하여는 그 총액의 2분의 1에 해당하는 금액은 압류하지 못한다.

(4) 초과압류의 금지(국징법 33의2)

세무서장은 국세를 징수하기 위하여 필요한 재산 이외의 재산을 압류할 수 없다.

5. 압류절차

압류는 일반적으로 질문·검사를 하거나 수색을 하여 압류대상이 되는 재산을 찾아내어 이를 압류하고 압류와 동시에 압류조서를 작성하여 체납자에게 교부하여 압류의 내용을 명백히 하며, 압류재산과 이해관계를 가진 제3자에게도 압류사실을 통지하여 사권(私權)과의 조화를 꾀하면서 진행된다.

동산, 부동산, 무체재산권, 채권 등 압류재산의 종류에 따라 압류절차에 차이가 있는데, 이는 재산의 물리적 성질 및 법률상의 소유권 변동에 관한 공시방법에 따라 그 압류절차도 달리해야 하기 때문이다.

(1) 일반적인 압류절차

체납자 또는 체납자와 관계있는 제3자에게 질문검사를 하여 압류할 재산을 확정한 다음 압류를 하고, 만일 압류할 재산이 발견되지 아니하면 수색을 하여 압류재산을 찾아낸다. 압류를 하면 압류조서를 작성하여 체납자에게 교부하고 이해관계인에게 통지함으로써 압류처분이 종결된다.

국세징수법이 정하고 있는 압류절차는 다음과 같다.

신분증 제시 → 질문·검사 및 수색 → 재산의 압류 → 압류조서 작성

1) 신분증 제시(국징법 25)

세무공무원이 체납처분을 하기 위하여 질문·검사 또는 수색을 하거나 재산을 압류할 때에는 그 신분을 표시하는 증표를 휴대하고 이를 관계자에게 보여 주어야 한다.

2) 질문·검사(국징법 27)

세무공무원은 체납처분을 집행함에 있어 압류할 재산의 소재 또는 수량을 알고자 할 때에는 체납자 또는 체납자와 거래관계에 있는 자 등에 대하여 질문하거나 장부·서류 기타의 물건을 검사할 수 있다.

세무공무원의 질문·검사의 요구에 고의로 불응하여 직무집행을 거부 또는 기피하거나 거짓으로 진술을 한 경우에는 조세범처벌법상의 조세질서범으로서 처벌될 수 있다(조범법 17 5호)

질문·검사의 대상이 되는 사람은 다음과 같다.

① 체납자
② 체납자와 거래관계가 있는 자
③ 체납자의 재산을 점유하는 자
④ 체납자와 채권·채무관계가 있는 자
⑤ 체납자가 주주 또는 사원인 법인
⑥ 체납자인 법인의 주주 또는 사원

3) 수색(국징법 26)

① 수색의 목적과 대상

압류할 목적으로 체납자의 재산을 찾아내는 것을 수색이라 한다. 질문·검사는 압류할 재산을 찾기 위하여 체납자 등 주로 사람을 상대로 하는 조사방법인 데 대하여 수색은 압류할 재산을 직접 찾아내는 물적 조사방법이라 할 수 있다. 수색을 함에는 법관의 영장을 필요로 하지 않는다. 이는 조세징수의 자력집행권에 기인하는 파생적 권리이기 때문이다.

세무공무원은 다음과 같은 경우에는 체납자 또는 제3자의 가옥, 선박, 창고, 기타의 장소를 수색하거나 폐쇄된 문, 금고 또는 기구를 열게 하거나 열 수 있다(국징법 26 ①, ②).

㉠ 재산을 압류하기 위하여 필요한 때

㉡ 납세자의 재산을 점유하는 제3자가 재산의 인도를 거부한 때

㉢ 제3자의 가옥, 선박, 창고 기타의 장소에 체납자의 재산을 은닉할 혐의가 있다고 인정되는 경우이다.

② 수색의 시간(국징법 26 ④)

㉠ 수색은 해가 뜰 때부터 해가 질 때까지만 할 수 있다. 다만, 해가 지기 전에 수색을 개시한 경우에는 해가 진 후에도 계속할 수 있다.

㉡ 주로 야간에 영업을 하는 다음의 장소에 대하여는 해가 진 후에도 영업 중에는 수색을 개시할 수 있다.

ⓐ 객실을 설비하여 요리와 주류를 제공하고, 접객부로 하여금 객을 유흥하게 하는 영업

ⓑ 무용장을 설치하여 공중에 이용하게 하는 영업

ⓒ 주류, 식사 기타 음식물을 제공하는 영업

ⓓ 위와 비슷한 영업

③ 참여자 설정(국징법 28)

세무공무원이 수색 또는 검사를 할 때에는 당해 수색 또는 검사를 받는 자, 그 가족, 동거인 또는 사무원 기타 종업원을 증인으로 참여시켜야 한다. 참여자가 없는 때 또는 참여에 응하지 아니한 때에는 성년자 2인 이상 또는 특별시·광역시·시·군의 공무원이나 경찰공무원을 증인으로 참여시켜야 한다.

④ 수색조서의 작성·교부(국징법 26 ⑤, ⑥, 국징령 34)

수색을 하였으나 압류할 재산이 없는 때에는 수색조서를 작성하여 체납자 또는 참여자와 함께 서명·날인하여야 하며, 만일 참여자가 서명·날인을 거부한 때에는 그 사실을 수색조서에 부기하여야 한다. 이와 같이 수색조서를 작성한 때에는 그 등본을 수색을 받은 체납자 또는 참여자에게 교부하여야 한다.

4) 재산의 압류

세무공무원은 체납자의 재산을 발견한 때에는 그 재산을 압류하여야 한다. 이 경우

압류 대상이 되는 재산은 체납자에게 귀속되는 재산으로서 양도가능하고 금전적 가치가 있어야 하며, 압류금지재산이 아니어야 한다.

5) 압류조서의 작성(국징법 29, 국징령 35 ②)

세무공무원이 체납자의 재산을 압류할 때에는 압류조서를 작성하여야 하며, 압류재산이 동산·유가증권·채권 또는 무체재산권인 때에는 그 등본을 체납자에게 교부하여야 한다.

압류조서에는 참여자의 서명·날인을 받아야 하며, 참여자가 이를 거부한 때에는 그 사실을 압류조서에 부기하여야 한다. 이러한 압류조서의 작성 및 참여자의 서명·날인이 압류처분의 효력발생요건은 아니므로 그 위배가 압류에 영향을 미치는 것은 아니다.

[별지 제24호 서식] (1997. 4. 10. 개정)

압 류 조 서

체납자	성 명		주 민 등 록 번 호	
	상 호		사 업 자 등 록 번 호	
	주소(사업장)			
압 류 연 월 일		압류		

압 류 재 산 의 표 시

압류에 관계된 체납액의 내용

세목코드	관리번호	법정기일	연도·기분	내 국 세	농어촌특별세
세 목 명		납부기한	계	교육(방위)세	가 산 금

위의 체납액을 징수하기 위하여 에서 참여하에 압류하였으므로 국세징수법 제29조의 규정에 의하여 이 조서를 작성합니다.

년 월 일

세무서 근무 직 성명 (서명 또는 인)

참여인 성명 (서명 또는 인)

22226-12911일
97. 2. 27. 승인

210㎜×297㎜
(백상지 100g/㎡)

(2) 체납처분과 관련한 기타 사항

1) 체납처분 집행중의 출입제한(국징령 33)

세무공무원이 다음과 같은 경우에 필요하다고 인정하는 때에는 체납처분 집행 중 그 장소에 있는 관계인 이외의 사람에 대하여 퇴거를 명하거나 그 장소의 출입을 제한할 수 있다.

① 재산을 압류할 때

② 수색을 할 때

③ 질문 또는 검사를 할 때

2) 공유물에 대한 체납처분(국징령 28)

압류할 재산이 공유물인 경우 그 몫이 정해져 있지 아니하면 그 몫이 균등한 것으로 보아 체납처분을 집행한다.

3) 체납처분의 인계(국징령 29)

세무서장은 체납자가 관할구역 밖에 거주하거나 압류할 재산이 관할구역 밖에 있는 때에는 체납자의 거주지 또는 압류할 재산의 소재지를 관할하는 세무서장으로 하여금 체납처분을 할 수 있도록 인계할 수 있다. 다만 압류할 재산이 채권이거나 체납자의 거주지 또는 압류할 재산의 소재지가 둘 이상의 세무서가 관할하는 구역인 경우에는 체납처분을 인계할 수 없다.

4) 체납처분의 속행(국징령 30)

납세자가 파산선고를 받은 경우에도 이미 압류한 재산에 대하여는 체납처분을 속행하여야 한다.

● 참고 ● 파산선고

채무자가 경제적으로 파산상태에 빠졌을 때 그 총재산으로 총채권자에게 공평한 만족을 주는 재판상의 절차를 말한다. 파산선고는 채권자가 신청하는 것이 보통이지만, 채무자도 신청할 수 있다. 파산선고신청이 있을 때에는 파산사건의 관할법원은 원칙적으로 민사소송법에 준하여 심리하고 파산원인이 없다고 인정하면 그 신청을 기각하되, 파산원인이 있다고 인정하면 파산선고의 결정을 한다.

파산선고가 되면 채무자의 모든 재산을 파산재단에 편입하여 파산관재인이 관리하고 처분하여 채무를 변제하는 등의 청산절차를 밟게 되는 것이나 파산선고가 있기 전에 이미 압류한 재산은 파산재단으로부터 별도로 분리하여 체납처분을 할 수 있다.

이를 별제권(別除權)의 행사라고 한다. 따라서 파산선고 이후에 한 압류는 별제권의 행사가 불가능하므로 국세도 일반채권과 같이 파산관재인에게 채권신고를 함으로써 파산재단의 청산에 참가할 수 있을 뿐이다.

5) 사해행위의 취소와 압류

'사해행위(fraudulent act)'란 거짓을 행함으로써 다른 사람에게 해를 끼치게 되는 행위를 말한다. 민법상으로는 채무자가 채무를 면탈하기 위하여 고의로 자기의 재산을 감소시키는 행위를 하는 것을 말한다. 세법상으로는 민법의 법리에 좇아 납세자가 납세의무를 면탈하기 위하여 고의로 자기의 재산을 타인에게 양도·증여 또는 채무부담 행위 등을 하는 경우라고 할 것이다.

사해행위가 있을 때에는 채권자는 법원에 사해행위 취소를 요구하는 소송을 제기하여 그 행위를 취소케 함으로써 채무자의 재산권을 회복하게 하여 채권실현을 가능하게 하는 것이다. 이를 채권자 취소권이라고도 한다.

조세채권·채무에 있어서도 민사상의 사해행위 취소에 관한 법리와 절차가 그대로 적용되는 것이므로 징세관청은 납세자가 사해행위를 하였다고 판단되는 경우에는 민사소송에 의한 사해행위 취소 소송을 제기하여 그 재판결과에 따라 납세자의 재산권이 회복되었을 때에 그 재산에 대하여 압류 등의 체납처분을 하여야 한다.

국세의 징수는 채권자인 징세관청의 자력집행권이 인정되지만 예외적으로 사해행위는 징세관청의 자의적인 판단을 배제하고 사법부의 판단을 기다려서 체납처분의 절차를 개시하도록 하였으며 이는 채무자 및 그 채무자와 거래한 제3자의 권리보호를 위하여 신중을 기하려는 데 그 뜻이 있다.

(3) 동산과 유가증권의 압류

1) 압류절차

동산 또는 유가증권의 압류는 세무공무원이 이를 점유함으로서 이루어진다. 다만 점유를 함에 있어 운반하기 곤란한 재산은 시장, 군수, 체납자 또는 제3자로 하여금 보관하게 할 수 있다. 이경우의 보관은 일단 점유로써 압류한 후에 이를 다시 보관만을 명하거나 위탁하는 형식의 법률관계인 것이다. 따라서 보관을 확인하고 점유의 손괴 또는 탈취를 방지하기 위하여 보관물품에 봉인 기타의 방법으로 압류재산임을 명백히 표시하여야 한다(국징법 38, 국징통 38-0…1).

● 참고 ● 봉인

압류재산을 표시하는 표식의 하나이다. 동산이나 유가증권 등을 압류하여 운반하기 곤란한 재산을 시장, 군수, 체납자 또는 제3자로 하여금 보관하게 하는 경우에는 봉인, 기타의 방법으로 압류재산임을 명백히 하여야 하며, 그 봉인에 압류 연월일과 압류한 세무공무원의 소속관서 명칭을 명백히 하여야 한다.

2) 압류의 효력

① 질물 인도(국징법 34, 국징령 38)

세무공무원이 질권이 설정된 재산을 압류하고자 할 때에는 질권자는 그 질권의 설정시기 여하에 불구하고 그 질물을 세무공무원에게 인도하여야 한다.

이 경우 질권자가 질물을 인도하지 아니할 때에는 문서로서 그 인도를 요구하여야 하며 인도요구에 응하지 아니한 때에는 직접 질권자(점유자)로부터 압류할 수 있다.

위에서 '질권의 설정시기 여하에 불구'한다는 것은 국세기본법 제35조 제1항 제3호의 규정에 의한 국세 우선의 효력이 미치는 기간인 국세의 법정기일로부터 소급하여 1년 내에 질권이 설정된 질물에 대한 압류의 효력규정이라고 보아야 할 것이며, 국세 우선의 효력이 미치지 않는 기간에 설정된 질권에까지 질물의 인도요구를 할 수 있는 것으로 볼 수는 없을 것이다.

② 압류한 유가증권에 관한 채권의 추심(국징법 40)

세무서장은 유가증권을 압류하였을 때에는 그 유가증권에 관계되는 금전채권을 추심할 수 있다.

● 참고 ● 추심

추심이란 채권자가 금전채권을 행사하여 급부를 받는 것을 말한다. 민법상의 추심채무는 채권자가 채무자의 주소에 와서 목적물을 추심하여 변제를 받아야 하는 채무를 말하며, 민법은 지참채무를 원칙으로 하나 외국의 입법에는 추심채무를 원칙으로 하는 나라도 있다. 이러한 추심채무에 있어서는 채무의 이행에 채권자의 추심행위를 필요로 한다. 따라서, 채권자편에서 추심하러 오지 않는 이상 변제하지 않아도 채무불이행이 되지 않는다. 채권자의 채권추심에는 추심어음, 추심위임배서, 추심화환 등이 있다.

'유가증권에 관계된 금전채권'이라 함은 그 유가증권에 표시된 금전채권으로 풀이하여야 할 것이다. 예를 들어 받을어음을 압류하였다면 그 어음상의 채권자를 대위하여 지급기일에 채무자로부터 어음채권액을 받아들이는 경우이다.

이와 같이 금전채권을 추심한 때에는 그 한도 안에서 체납자의 압류에 관계되는 체납액을 징수한 것으로 본다.

3) 압류재산의 사용·수익(국징법 39)

압류한 동산을 체납자 또는 이를 사용·수익할 권리를 가진 제3자에게 보관하게 한 경우에는 그 체납자 또는 사용 수익권자의 신청이 있는 때에는 국세징수에 지장이 있는 경우를 제외하고는 사용·수익을 허가할 수 있다.

사용·수익 허가신청을 받은 세무서장은 압류재산 보전상의 적부를 조사하여 그 허가 여부를 신청인에게 통지하여야 한다(국징령 42 ②).

허가를 받은 자는 사용·수익을 함에 있어서 선량한 관리자의 주의를 다하여야 하며 세무서장이 해당 재산의 인도를 요구하는 경우에는 지체없이 이에 따라야 한다.

참고 주의의무

민법상 일정한 정도의 주의를 하여야 할 의무를 말한다. 고유한 의미의 의무가 아니라 그 위반 즉, 과실이 법률상의 책임 내지 불이익을 가져온다는 측면에서 법률상의 의무를 의미한다. 어느 정도의 주의를 하여야 할 것이냐에 관하여는 민법은 선량한 관리자의 주의를 원칙적 표준으로 하고 특히 주의의무를 경감하는 경우에는 그 사람의 구체적인 주의능력, 자기재산에 관한 행위와 동일한 주의, 고유재산에 대하는 것과 동일한 주의를 표준으로 한다.

(4) 채권의 압류

1) 압류절차(국징법 41)

채권의 압류는 세무서장이 그 뜻을 해당 채권의 채무자(이하 제3채무자라 함)에게 통지함으로써 이루어진다. 이 경우의 통지는 체납자의 주소, 성명, 압류에 관계되는 국세의 과세연도, 세목, 세액과 납부기한, 압류한 채권의 종류와 금액, 체납자에 대한 채권 이행을 금지하고 그 금액을 세무공무원에게 지급할 것 등을 기재한 문서로서 하여야 한다. 따라서 채권이 압류되면 채무자는 그 채무의 이행을 채권자에게 하지 아니하고 압류관청에 지급함으로써 채무이행의 효과를 얻게 된다.

예를 들어 김씨는 이씨로부터 받을 채권액이 1,000,000원이 있는데 김씨가 500,000원의 체납세액이 있는 경우, 세무서장이 이씨(채무자)에게 김씨가 갖고 있는 채권액 중 500,000원의 압류통지를 하면 이씨는 압류금액 500,000원을 김씨에게 지급하지 아니하고 압류관청인 세무서장에게 지급함으로써 그 금액의 범위 안에서 김씨에게 채무를 이행한 것과 같은 효과가 생기는 것이다.

2) 채권압류의 범위(국징법 43)

① 일반채권

채권압류는 국세·가산금과 체납처분비의 합계액을 한도로 하여야 한다. 위 예시에서 압류를 필요로 하는 금액이 500,000원이라면 500,000원만 압류하여야 하고 그 금액을 초과하여 압류할 수 없다는 원칙이다.

그러나 압류할 채권이 체납세액 등을 초과하는 경우 필요하다고 인정하는 때에는 그 채권 전액을 압류할 수 있다.

● **참고** ●

제43조에서 "필요하다고 인정하는 때"라 함은 당해 채권에 대한 채무자의 자력상태가 그 이행이 확실하다고 인정할 수 없는 경우 또는 당해 채권에 대하여 국세보다 우선하는 질권이 설정된 경우 등으로서 압류에 관련된 국세의 징수가 확실하지 아니하는 것으로 인정되어 세무공무원이 채권의 전부를 압류할 필요가 있다고 인정하는 때로 한다.

② 계속수입채권(국징법 44)

급료, 임금, 봉급, 세비, 퇴직연금 기타 이에 유사한 계속수익채권의 압류는 국세·가산금과 체납처분비를 한도로 하여 압류 후에 발생되는 수입에 대하여도 계속하여 압류의 효력이 미친다.

③ 조건부 채권(국징령 43)

신원보증금, 계약보증금 등의 조건부채권은 그 조건이 성립되기 전에도 압류할 수 있다. 이 경우에 압류한 후 채권이 성립되지 아니할 것이 확정된 때에는 그 압류를 지체없이 해제하여야 한다.

3) 채권압류의 효력

① 채권자 대위권 발생

채권을 압류하면 압류관청은 채권자를 대위하여 채권행사를 할 수 있는 권리가 발생한다. 따라서 채무자는 채권자(체납자)에게 채무를 이행하거나 다른 채권과 상계할 수 없다.

즉 압류관청은 채무자에 대하여 그 이행을 최고하거나 채무불이행을 이유로 채무자를 당사자로 하는 민사소송을 제기하여 채권을 회수할 수 있다.

다만, 채권 그 자체를 압류한 것이므로 압류한 채권에 대한 채무불이행을 이유로 채무자의 다른 재산에 대하여 압류할 수는 없는 것으로 본다.

② 채권의 양도 등(국징통 42-0…4)

제3채무자가 채권의 압류를 받은 때에는 체납자가 그 채권의 양도, 면제, 기한유예 또는 상계를 하여도 제3채무자는 이들 행위에 관계없이 압류채권자에게 이행을 하여야 한다.

③ 압류의 효력발생 시기(국징법 42)
채권압류의 효력은 채권압류통지서가 제3채무자에게 송달된 때에 발생한다.

④ 채권자에 대한 통지(국징법 41 ③)
채권압류를 한 때에는 그 뜻을 채권자에게도 통지하여야 한다. 그러나 채권자에 대한 통지가 압류의 효력은 아니며 체납자가 권리를 주장할 수 있는 기회를 부여하기 위한 주의적 규정이라고 보아야 할 것이다.

(5) 부동산 등 및 항공기 등의 압류

1) 압류절차(국징법 45, 46)

① 부동산 등의 압류
부동산, 공장재단, 광업재단 또는 선박의 압류는 압류등기를 소관 등기소에 촉탁함으로써 행하며, 그 변경의 등기에 관하여도 또한 같다(국징법 45 ①). 세무서장은 압류하기 위하여 부동산, 공장재단 또는 광업재단을 분할하거나 구분할 때에는 분할 또는 구분의 등기를 소관 등기소에 촉탁하여야 하며, 그 합병 또는 변경의 등기에 관하여도 또한 같다(국징법 45 ②).
세무서장은 등기되지 아니한 부동산을 압류할 때에는 토지대장 등본 또는 가옥대장 등본을 갖추어 보존등기를 소관 등기소에 촉탁하여야 한다(국징법 45 ③).
세무서장은 부동산 등을 압류하였을 때에는 그 사실을 체납자에게 통지하여야 한다(국징법 45 ④).

② 항공기 등의 압류(국징법 46)
비행기나 회전익항공기·자동차·건설기계의 압류는 압류의 등록을 소관등기소에 촉탁함으로써 행하며, 그 변경의 등록에 관하여도 또한 같다(국징법 46 ①).

> **참고**
>
> 소유권의 공시방법으로 토지 등에 대하여는 등기라고 하고, 항공기 등에 대하여는 등록이라고 한다.

건설기계·자동차를 압류하였을 때에는 체납자에게 인도할 것을 명하여 이를 점유할 수 있다(국징법 46 ②).

세무서장은 항공기 등을 압류하였을 때에는 그 사실을 체납자에게 통지하여야 한다(국징법 46 ③).

2) 부동산 등 및 항공기 등의 압류의 효력(국징법 47)

부동산 등 및 항공기 등에 대한 압류의 효력은 그 압류의 등기 또는 등록이 완료된 때에 발생한다(국징법 41 ①). 이와 같은 압류는 당해 압류재산의 소유권이 이전되기 전에 국세의 법정기일이 도래한 국세에 대한 체납액에 대하여도 그 효력이 미친다(국징법 47 ②).

3) 압류통지

① 체납자에 대한 통지

부동산 등 및 항공기 등을 압류한 때에는 체납자에게 이를 통지하여야 한다(국징법 45 ④, 46 ③). 이러한 통지는 압류의 효력요건은 아니라고 보며 체납자에게 권리주장의 기회를 부여하는 한편 간접적으로 납부를 최고하는 효과를 갖는 것이다.

② 저당권자 등에 대한 압류통지

세무서장은 전세권·질권 또는 저당권이 설정된 재산을 압류하였을 때에는 그 사실을 해당 채권자에게 통지하여야 한다(국징법 48 ①).

압류통지를 받은 저당권자 등이 해당 압류재산에 대하여 국세에 대한 우선권 행사를 하고자 할 때에는 그 통지를 받은 날부터 10일 내에 그 사실을 세무서장에게 신고하여야 한다(국징법 48 ②). 이는 압류재산의 처분으로부터 교부청구를 받을 수 있는 기회를 부여하기 위해서 압류의 통지와 우선권의 신고절차를 규정한 것이다.

4) 압류 부동산 등 및 항공기 등의 사용·수익(국징법 49)

체납자 또는 체납자의 압류재산을 사용·수익할 권리를 가진 제3자는 압류한 부동산 등 및 항공기 등을 사용·수익할 수 있다. 다만, 압류관청은 그 가치가 현저히 감손될 우려가 있다고 인정되는 때에는 그 사용·수익을 제한할 수 있다(국징법 49 ①, ②).

세무서장은 체납처분을 집행함에 있어서 필요하다고 인정하는 때에는 선박·항공기·건설기계·자동차에 대하여 일시 정박 또는 정류를 하게 할 수 있으며, 이 경우에는 감시와 보존에 필요한 처분을 하여야 한다. 다만, 발항준비를 완료한 선박·항공기에 대하여는 그러하지 아니한다(국징법 49 ③, ④).

체납자 또는 압류재산에 대하여 사용·수익권을 가진 제3자가 압류된 재산을 압류 당시와 달리 사용·수익하고자 하는 경우에는 압류관청에 문서로써 신청하여 그 허가를 받아야 하며, 그 허가를 받은 자는 그 사용·수익을 함에 있어서 선량한 관리자의 주의의무를 다하여야 하고 압류관청의 인도 요구가 있을 때에는 지체없이 이에 응하여야 한다(국징령 54).

5) 제3자의 소유권 주장

압류한 재산에 대하여 소유권을 주장하고 반환을 청구하려는 제3자는 매각 5일 전까지 소유자로 확인할 만한 증거서류를 세무서장에게 제출하여야 한다(국징법 50). 이와 같이 압류한 재산에 대하여 제3자가 소유권을 주장하고 반환을 청구한 경우에는 세무공무원은 그 재산에 대한 체납처분의 집행을 정지하여야 하며, 청구에 대하여 그 이유가 정당하다고 인정하면 지체 없이 압류를 해제하여야 하며, 그 이유가 부당하다고 인정하면 지체 없이 그 뜻을 청구인에게 통지하여야 한다. 청구인이 이 통지를 받은 날부터 15일 이내에 체납자를 상대로 그 재산에 대하여 소송을 제기한 사실을 증명하지 아니하면 지체없이 체납처분을 계속 집행하여야 한다(국징령 55 ①, ②, ③).

(6) 무체재산권 등의 압류(국징법 51)

'무체재산권'이라 함은 채권과 소유권을 제외한 재산권으로 특허권과 같이 발명·저작 등의 정신적, 지능적 창조물을 독점으로 이용할 권리와 지상권, 전세권, 광업권, 입어권, 양도가능한 전화가입권 등을 포함하는 것으로, 관계법률이 정하는 절차에 따라 주무관청에 등록(공시)함으로써 배타적 권리로서 작용하는 것을 말한다. 회계학적 개념으로서 무형자산과 비슷하다고 할 수 있다.

무체재산권의 압류는 그 뜻을 해당 권리자에게 통지함으로써 이루어진다. 다만, 그 무체재산권의 이전에 관하여 등기 또는 등록을 필요로 하는 것에 대하여는 압류의 등기·등록을 하여야 한다. 압류의 등기나 등록은 징세관청이 그 등록관청에 촉탁을 하여야 하며, 그 변경의 등기 또는 등록에 관하여도 또한 같다. 이 경우의 촉탁서에는 압류조서를 첨부하여야 한다.

(7) 국·공유재산에 관한 권리의 압류(국징법 52)

체납자가 국유 또는 공유재산을 매수한 것이 있는 때에는 그 소유권 이전전이라도 그 재산에 관한 체납자의 정부 또는 공공단체에 대한 권리를 압류한다. 세무서장은 국·공유재산을 압류하였을 때에는 그 사실을 체납자에게 통지하여야 한다. 이러한 압류 국·공유재산에 관한 권리를 매각한 경우 그 매수인이 매수대금을 완납한 때에는 그 국·공유재산에 관한 체납자의 정부 또는 공동단체에 대한 모든 권리와 의무를 승계한다.

사유재산의 소유권 이전은 등기함으로써 제3자에게 대항할 수 있으므로 소유권 이전등기를 하지 아니한 상태에서는 매수인의 권리는 채권에 불과한 것이나 국·공유재산에 대한 매수인의 권리는 마치 소유권 이전이 있는 것과 같이 보고 물권적 압류의 효과를 인정하고 이를 압류하여 공매할 수 있도록 하였으며, 그 권리의 매수인은 물권적 청구권을 갖도록 한 것이다.

이상에서 설명한 각 재산종류별 압류절차를 그림으로 표시하면 다음과 같다.

<표 Ⅲ-3> 재산종류별 압류절차

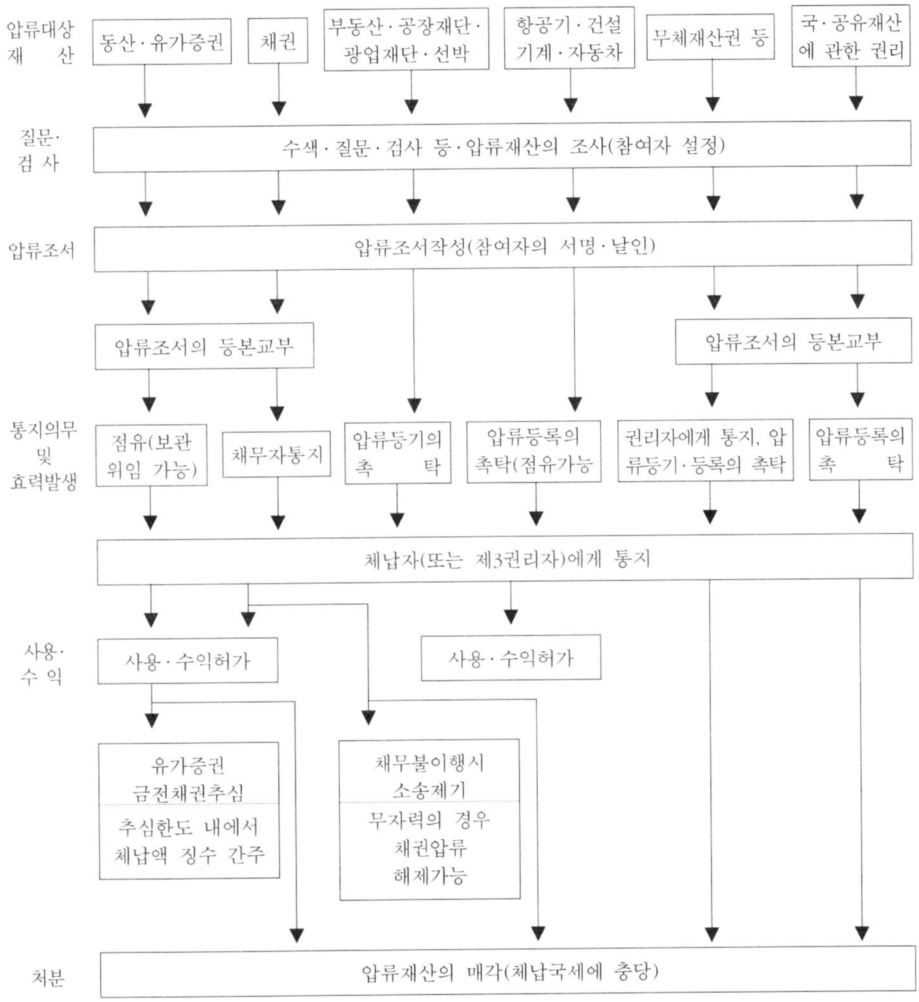

자료 : 김대영, "국세징수실무", p.149

6. 압류의 효력

(1) 간접적 처분제한

압류한 재산은 체납자 또는 소유주가 법률상 또는 사실상의 처분이 어렵게 된다. 처분이 절대로 금지되는 것은 아니며 처분 당사자간의 처분행위의 효력에는 영향을 미치지 아니한다. 그러나 그 압류재산을 처분하는 경우에도 압류의 효력이 그 재산의 매수인 등의 승계인에게 계속되는 것이므로 매수인 등은 양수를 이유로 압류권자에게 대항할 수 없으며 압류권자는 압류의 우선권에 기하여 그 재산을 공매할 수 있다. 따라서 사실상 처분이 어렵게 되는 것이며, 그 처분이 압류권자의 조세채권 확보에 영향을 미치지 아니한다.

(2) 소멸시효의 중단

압류는 국세징수권의 소멸시효를 중단하는 효력이 있다(국기법 28 ①). 압류되어 있는 상태에서는 시효는 진행되지 아니하며 압류가 해제되는 때부터 새로이 진행된다.

(3) 우선징수권의 발생

압류에 관계되는 국세·가산금·체납처분비는 다른 국세 또는 지방세보다 우선하여 징수할 수 있다(국기법 36 ①).

국세는 일반 사채권보다 우선하여 징수할 수 있는 것이나(국기법 35 ①), 국세와 국세 상호간이나 국세와 지방세간에는 압류를 먼저 함으로써 공매 등의 처분권을 먼저 행사할 수 있음은 물론이고 참가압류(국징법 57)나 교부청구(국징법 56)를 해 온 다른 국세나 지방세보다 우선 징수할 수 있다.

(4) 가압류·가처분 재산에 대한 효력(국징법 35)

체납처분은 재판상의 가압류 또는 가처분으로 인하여 그 집행에 영향을 받지 아니한다.

참고

1. 가압류 : 금전채권이나 금전으로 환산할 수 있는 채권을 위하여 채무자의 재산을 확보하고 장래의 강제집행을 목적으로 하는 명령, 그 집행으로서 하는 처분 또는 그 총칭. 채무명의를 취득하고 강제집행에 착수할 때까지 채무자의 재산 은닉, 도망, 빈번한 전입 등의 사실이 생겨 채무명의를 얻어도 집행의 불능 또는 현저히 곤란하게 할 염려가 있을 때 일시적으로 채무자의 재산을 확보하고 그 위험을 예방하여 강제집행을 가능케하려는 제도이다.
2. 가처분 : 금전채권 이외의 특정물의 급여·인도 기타 특정의 급여를 목적으로 하는 청구권의 집행·보전을 목적으로 하고(계쟁물에 관한 가처분), 혹은 쟁의있는 권리관계에 관하여 임시의 지위를 정함을 목적으로 하는(임시의 지위를 정하는 가처분) 재판(민소법 714), 혹은 그 집행으로서 행하는 처분(민법 168), 또는 그 총칭. 가처분절차는 가처분명령을 발하는 절차(가처분소송)와 채무명의로서 행하는 가처분집행절차(가처분집행)와의 양자를 포함하고 각각 가압류명령의 절차와 가압류집행의 절차에 대응하고, 따라서 가압류명령 기타의 절차에 관한 규정이 준용되고 있다(민소법 715). 가처분명령은 피보전채권 및 가처분의 이유(714)가 존재하고, 또 가처분조각사유가 없는 경우에 한하여 발하여진다. 가처분명령은 원칙적으로 본안의 관할법원의 관할에 전속하지만(717), 급박한 경우에 한하여 가

처분할 물건의 소재지의 지방법원 또는 재판장(다만 변론없이 할 수 있는 경우에 한함)이 발할 수 있다(721, 723).

압류한 후에 재판상의 가압류 또는 가처분이 있는 경우는 물론이고 가압류 또는 가처분이 있는 후에 압류를 하는 경우에도 그 가압류나 가처분에 불구하고 체납처분을 할 수 있다. 즉 가압류 또는 가처분이 있는 재산에 대하여도 압류하여 공매하고 청산절차에 따라 체납세액에 충당할 수 있다.

가압류, 가처분의 효력이 국세의 압류권자에게는 대항하지 못하는 것이나 가압류 또는 가처분의 원인이 된 채권 기타 권리가 국세보다 우선하는 때에는 그 우선권을 이유로 하여 압류의 해제를 요구할 수 있음은 별론이다.

가압류 또는 가처분을 받은 재산을 압류할 때에는 그 뜻을 당해 법원·집행공무원 또는 강제관리인에게 통지하여야 하며 그 압류를 해제한 때에도 통지하여야 한다.

참고 강제관리인

민사소송법상 강제집행의 한 방법인 강제관리에 있어서 법원으로부터 임명되어 관리와 수익권을 행사하는 자. 관리인의 자격에 대하여는 별다른 제한이 없으며, 그 지위에 관하여는 사법상의 대리인설과 국가기관설이 있으나, 집행기관인 법원 자신이 그 권한 행사를 하지 않고 1개인에게 실체법상의 관리수익권을 원권위탁하는 점으로 보아서는 대리인설이 정당하다 할 것이다. 강제관리인은 관리와 수익을 하기 위하여 스스로 부동산을 점유할 권리를 가지는 동시에 저항을 받을 때에는 집달리를 참여하게 할 수 있으며(소법 672 ①·②), 제3자가 채무자에게 지급할 수익을 추심할 권한이 있고, 관리방법에 관하여는 법원의 지도감독을 받는다.

(5) 종물에 대한 효력

주물에 대한 압류는 종물에 대하여도 그 효력이 미친다고 보아야 할 것이다. 왜냐하면 종물은 주물의 처분에 따르는 것이 민법의 기본원리이기 때문이다(민법 100).

그러나 동산에 있어 점유하지 아니한 종물에 대하여는 효력이 없다고 함이 타당할 것이다.

참고 종물

계속적으로 어떤 물건(주물)의 이용을 돕기 위하여 그것에 부속된 물건(민법 100 ①), 주물에 대응되는 말로서 이 개념의 실익은 종물은 주물의 처분에 따른다(민법 100 ②)는 점에 있다. 종물은 주물의 구성부분이 아니라 독립한 물건이라야 하고, 양자가 동일한 소유자에 속할 때에 이 관계가 성립한다. 그 주물과 종물관계의 예로는 주택과 그에 딸린 창고, 배와 노, 주유소와 주유기, 자물쇠와 열쇠 등이다.

(6) 과실에 대한 효력(국징법 36, 국징령 40)

과실은 원물로부터 생기는 부가물을 말하며, 과실에는 천연과실과 법정과실이 있다. 천연과실은 원물의 용법에 따라 취득하는 산출물을 말하며, 예컨대 과일, 야채, 동물의 새끼, 달걀, 우유 등이 그것이다. 법정과실은 원물을 사용한 대가로서 받는 금전 기타의 물건으로 예컨대 이자, 임대료 등이 그것이다.

원물에 대하여 압류한 경우에는 그 압류재산으로부터 생기는 천연과실 또는 법정과실에도 압류의 효력이 미친다. 다만, 체납자 또는 제3자가 압류재산의 사용·수익을 하는 경우에는 그 천연과실에는 압류의 효력이 미치지 아니한다. 예를 들면 목장의 젖소는 압류하고 사용·수익을 허가하였다면 그 젖소로부터 생기는 우유나 송아지에는 압류의 효력이 미치지 아니하므로 소유자의 처분이 가능하다. 그러나 그 압류재산이 매각되어 권리를 이전할 때까지 수취되지 아니한 천연과실에는 압류의 효력이 미친다.

천연과실 중 성숙한 것은 토지 또는 입목과 분리하여 동산으로 볼 수 있다(국징령 40). 따라서 체납자가 타인의 토지 또는 입목 위에 그 천연과실만을 소유하고 있는 경우에도 동산의 압류방법에 따라 그 천연과실을 점유함으로써 압류할 수 있는 것이다.

(7) 상속 또는 합병시의 효력(국징법 37)

① 체납자의 재산에 대하여 체납처분을 집행한 후 체납자가 사망하였거나 체납자인 법인이 합병에 의하여 소멸되었을 때에도 그 재산에 대한 체납처분은 그 상속인 또는 합병법인에게도 효력이 미친다.

② 체납자가 사망한 후에 체납자 명의의 재산에 대하여 한 압류는 그 재산을 상속받은 상속인에 대하여 한 것으로 본다. 즉 상속인은 압류로 인한 제한된 재산권을 상속받은 것으로 본다.

7. 압류의 해제

(1) 의 의

압류의 해제는 일단 유효하게 발생한 압류의 효력을 장래에 향하여 상실하게 하는 처분을 말한다. 따라서 압류해제를 할 때까지 압류에 기하여 이미 행한 처분은 유효한 것이며 해제로 인하여 소급하여 그 효력이 상실되는 것은 아니다. 이 점에서 압류의 위법을 이유로 취소하는 경우에 소급하여 압류의 효력이 상실되는 점과 다르다.

(2) 압류해제의 요건(국징법 53 ①, ②)

1) 필요적 해제요건

세무서장은 다음 중 어느 하나에 해당하는 경우에는 그 압류를 즉시 해제하여야 한다.

① 체납세액의 납부, 충당, 공매의 중지, 부과의 취소, 그 밖의 사유로 압류의 필요가 없게 된 때

> ◉ **참고** ◉
>
> 1. '공매의 중지'란 압류재산의 공매에 있어서 공매 집행기일의 전날까지 일정한 사유가 발생하여 그 공매를 그만두는 것을 말한다. 매각결정통지 전에 체납자 또는 제3자가 체납액을 완납한 때, 여러 재산을 일괄공매에 붙이는 경우에 그 일부의 공매대금으로 체납액의 전액에 충당될 때에는 잔여재산의 공매는 중지하여야 한다(국징법 71).
> 2. 법 제53조 제1호에서 '그 밖의 사유'라 함은 체납액이 다음에 게기하는 사유 등으로 인하여 소멸함을 말한다(국징통 53-0…1).
>
> ① 압류된 타재산을 매각하여 그 대금으로 해당 체납액이 전액 충당된 경우
> ② 교부청구에 의하여 교부받은 전액으로 압류에 관계된 체납액을 전액 충당한 경우
> ③ 기타 법률규정의 변경 등으로 인하여 압류에 관계된 체납액 전액이 면제된 경우

② 제3자의 소유권 주장(국징법 50)이 상당한 이유가 있다고 인정되는 때

③ 제3자가 체납자를 상대로 소유권에 대한 소송을 제기하여 승소 판결을 받아 그 사실을 증명한 때

④ 확정전 보전압류를 한 경우에 체납자가 납세담보를 제공하고 압류해제를 요구하거나 압류한 날부터 3월이 지날 때까지 압류에 의하여 징수하려는 국세를 확정하지 아니한 때(국징법 24 ⑤)

2) 임의적 해제요건

세무서장은 다음 중 어느 하나에 해당하는 경우에는 압류재산의 전부 또는 일부에 대하여 압류를 해제할 수 있다.

① 압류한 후에 재산가격의 변동 기타의 사유로 그 가격이 징수할 체납액의 전액을 현저히 초과한 때

② 압류에 관계되는 체납액의 일부가 납부 또는 충당된 때

③ 부과의 일부를 취소한 때

④ 체납자가 압류할 수 있는 다른 재산을 제공하여 그 재산을 압류한 때

(3) 압류해제절차(국징법 54)

1) 해제통지

압류를 해제한 때에는 그 뜻을 재산의 압류통지를 한 권리자, 제3채무자 또는 제3자에게 통지하여야 한다.

2) 압류해제방법

① 압류등기 등의 말소
부동산 등 및 항공기 등의 압류에 관하여 등기 또는 등록부에 압류의 등기·등록을 한 재산은 압류해제조서를 첨부하여 압류말소의 등기 또는 등록을 관계관서에 촉탁하여야 한다.

② 압류물의 반환
세무서장이 제3자에게 압류재산을 보관하게 한 경우로서 그 재산의 압류를 해제하였을 때에는 그 보관자에게 압류해제의 통지를 하고 압류재산은 체납자 또는 정당한 권리자에게 반환하여야 한다. 이 경우 압류재산의 보관증을 받았을 때에는 보관증을 반환하여야 한다(국징법 54 ③). 세무서장이 필요하다고 인정할 때에는 보관자에게 그 재산의 인도를 위촉할 수 있으며, 이 경우 세무서장은 체납자 또는 정당한 권리자에게 보관자로부터 압류재산을 받을 것을 통지하여야 한다(국징법 54 ④).
세무서장이 보관 중인 재산을 반환할 때에는 영수증을 받아야 한다. 다만, 압류조서에 영수 사실을 적고 서명날인하게 함으로써 영수증에 갈음할 수 있다(국징법 54 ⑤).

3) 인지세 등의 면제

① 압류재산의 보관에 따라 작성하는 문서에 관하여는 인지세를 면제한다.
② 압류 또는 압류해제의 등기 또는 등록에 관하여는 등록세를 면제한다(국징법 55). 이 경우 면제받지 못하는 등록세·인지세 등은 체납처분비로 징수한다(국징통 55-0…1).

제 3 절 교부청구와 참가압류

1. 교부청구

(1) 의 의

'교부청구'란 체납자의 재산에 대하여 이미 다른 기관 등에 의하여 체납처분·강제집행·판산선고 및 경매와 같은 강제환가절차가 개시되어 있는 경우 그 절차에 참가하여 그 강제환가대금의 배분을 청구하는 절차를 말한다. 즉 다른 기관 등에 의해 강제환가절차가 개시된 경우 동일 재산에 대한 중복압류를 피하고 해당 재산의 환가대금 중에서 국세채권의 징수의 목적을 달성하고자 기집행기관에 대하여 그 배당을 요구하는 강제징수절차이다.

교부청구는 다른 기관 등의 강제환가절차에 참가하여 배당을 받기 위한 절차로서 체납자의 재산에 대해 직접적인 체납처분을 집행하는 것은 아니기 때문에 징수유예 중에 있는 국세채권이라 하더라도 교부청구는 할 수 있다.

(2) 교부청구사유

납세자가 다음 중 어느 하나에 해당하는 때에는 해당 관서, 공공단체, 집행법원, 집행공무원, 강제관리인, 파산관재인 또는 청산인에 대하여 체납액의 교부를 청구하여야 한다(국징법 14 ①, 56)

① 국세의 체납으로 체납처분을 받을 때
② 지방세 또는 공과금의 체납으로 체납처분을 받을 때
③ 강제집행을 받을 때
④ 어음교환소에서 거래정지처분을 받은 때
⑤ 경매가 개시된 때
⑥ 법인이 해산한 때

(3) 교부청구할 수 있는 국세

아직 확정되지 않은 국세는 징수의 대상이 될 수 없으므로 교부청구의 대상도 될 수 없다. 따라서 당연히 확정된 국세 등만이 교부청구의 대상이 될 수 있으며, 교부청구할 수 있는 국세는 체납자의 체납된 국세에 국한하지 아니하고 다음의 것도 포함된다(국징통 56-0…1).

① 제2차 납세의무자의 국세
② 납세보증인의 국세
③ 확정전 보전압류에 관련된 국세
④ 징수유예를 한 국세
⑤ 체납처분유예를 한 국세

(4) 교부청구의 시기

교부청구시기는 다음 중 어느 하나에 해당하는 시기까지 하여야 한다(국징통 56-0…2).

<표 Ⅲ-3> 교부청구시기 요약

구 분	시 기	상 대 방
① 체납처분	• 관계기관의 배분계산서작성시(국징법 83 ②)까지	세무서장 또는 행정기관
② 강제집행 및 경매		
㉠ 유체동산에 대한 강제집행 또는 경매	• 경매기일의 종료시까지(민집법 189)	법원집행 공 무 원
㉡ 부동산에 대한 강제집행 또는 경매	• 첫 매각기일 이전까지(민집법 220)	
㉢ 금전채권에 대한 강제집행	• 전부명령이 있는 때(민집법 84 ①)에는 전부명령이 제3채무자에게 송달되기 이전까지 또는 추심명령이 있는 경우(민집법 247 ②)에는 압류채권자가 추심하고 집행법원에 신고하기 이전까지	집행법원
㉣ 유체동산에 관한 청구에 대한 강제집행	• 그 동산의 매각대금을 집행관이 영수할 때까지(민집법 247 ①)	법원집행 공 무 원
㉤ 부동산에 관한 청구에 대한 강제집행	• 첫 매각기일 이전까지(민집법 243 ③·220 ①)	집행법원
㉥ 기타 재산권에 대한 강제집행 또는 경매	• 전 각호에 준하는 때까지(민집법 244 ②, 84 ①)	당행집행기관
③ 파산절차인 경우	• 파산종결의 결정, 강제화의 인가결정, 파산폐지의 결정전까지	파산관재인
④ 법인이 해산하는 경우	• 청산인의 최고기한, 청산인의 잔여재산 분배 인도 전까지(상법 260)	청 산 인

자료 : 김대영, "국세징수실무", p.225.

(5) 교부청구의 절차

1) 일반적인 경우

세무서장이 해당 관서·공공단체·집행법원·집행공무원·강제관리인·파산관재인 또는 청산인에 대하여 교부청구서에 의하여 국세·가산금과 체납처분비의 교부를 청구하여야 한다(국징법 56).

● **참고** ●

1. 교부청구의 제한 : 세무서장은 교부청구를 함에 있어서 납세자가 따로 매각이 용이한 재산으로 제3자의 권리의 목적으로 되어 있지 아니한 것을 보유하고 있고 그 재산에 의하여 국세의 전액을 징수할 수 있다고 인정될 경우에는 교부청구를 하지 아니할 수 있다(국징통 56-0…3).
2. 교부청구 후 국세의 증액 및 감액 : 세무서장은 교부청구사유 진행 중 교부청구한 국세의 증감이 생긴 경우에는 즉시 당해 기관에 그 사실을 통지하여야 한다(국징통 56-0…4).

2) 파산선고에 따른 교부청구

납세자가 파산선고시에 가진 모든 재산은 파산재단에 속하게 되므로 이에 속하는 재산으로서 파산선고 전에 이미 압류한 재산 외에는 체납처분을 할 수 없다. 따라서 파산선고 후에 있어서는 국세채권을 다음에 의하여 파산관재인에게 그 교부를 청구하여야 한다.

① 파산선고 전에 압류한 재산의 경우
파산선고 전에 이미 압류한 재산이 있을 때에는 그 재산에 대한 체납처분을 속행하되 그 압류한 재산으로서는 징수할 금액에 부족하거나 부족하다고 인정될 때에는 그 부족액에 대하여 파산관재인에게 재단채권으로서 교부청구를 한다.

② 파산선고 전에 재산압류를 하지 아니한 경우
파산선고 후에는 파산재단에 속한 재산에 대하여는 체납처분을 할 수 없으므로 징수하여야 할 국세채권에 대하여는 이를 파산관재인에게 재단채권으로서 교부청구를 한다.

③ 납세담보제공자가 파산선고를 받은 경우
체납처분에 의하여 파산재단에 속하게 된 납세담보물을 공매하고자 할 때에는 법원에 이를 신고하고, 별제권의 행사로서 그 재산을 환가하여 부족되거나 부족될 금액에 대하여는 파산관재인에게 파산채권으로서 교부청구를 한다.
다만, 파산관재인이 그 재산을 매각하고자 할 때에는 별제권을 행사할 수 없으며, 이 때에는 징수하여야 할 금액 전부에 대하여 파산채권으로서 교부청구를 하여야 한다.

(6) 교부청구의 효력

1) 배당요구의 효력

교부청구는 강제환가절차를 하는 행정기관에 대하여 국세채권을 환가대금 중에서 배당하여 줄 것을 요구하는 것이므로 배당요구의 효력이 있다.

따라서 그 처분의 목적이 된 재산이 집행기관에서 압류한 후에 권리의 이전이 되었다 하더라도 그 교부청구에 의한 배당요구의 효력은 상실되지 아니하며 그 재산의 매각대금 중에서 배당을 받을 수 있는 것이다.

다만, 교부청구 후 교부청구를 받은 집행기관의 체납처분, 강제집행 또는 경매의 절차가 해제되거나 취소된 경우에는 교부청구는 그 효력을 상실하므로 배당요구의 효력 또한 상실된다(국징통 56-0…5).

2) 시효중단의 효력

교부청구는 타집행기관의 강제환가절차에 참가하여 국세채권의 징수목적을 달성하는 일종의 강제환가절차이므로 교부청구에 관계된 국세채권에 대한 시효중단의 효력이 있다(국기법 28). 그리고 이 효력은 관계집행기관의 강제환가절차가 해제되거나 취소된 경우라도 상실하지 아니한다. 다만, 교부청구를 취소한 경우에는 예외로 한다.

(7) 교부청구의 해제

세무서장은 교부청구를 한 후에 교부청구에 관계된 국세채권의 납부·충당·부과의 취소·기타의 사유에 따라 납부의무가 소멸된 때에는 그 교부청구를 해제하여야 한다. 이러한 교부청구의 해제는 교부청구를 받은 기관에 그 뜻을 통지함으로써 행한다(국징법 60).

2. 참가압류

(1) 의 의

'참가압류'란 압류하고자 하는 재산이 이미 다른 기관에 의하여 압류된 경우에 그 압류에 참가하는 것을 말한다. 체납자의 재산에 대하여 이미 다른 기관의 압류가 이루어진 경우에는 원칙적으로 교부청구하여야 하나, 위의 교부청구에서 설명한 것처럼 교부청구를 받은 집행기관이 강제환가절차를 취소 또는 해제한 경우에는 교부청구의 효력도 상실되기 때문에 조세채권을 확보할 수 없게 된다.

이와 같은 조세채권의 일실을 방지하기 위하여 참가압류제도를 두어 먼저 압류한 기관이 압류를 해제한 경우에도 참가압류를 한 날에 소급하여 압류한 것으로 인정되어 참가압류자는 조세채권을 자동적으로 확보할 수 있게 되는 것이다.

(2) 참가압류의 요건

국세징수법 제24조의 압류의 요건이 구비되어 있어야 하며, 압류하고자 하는 체납자의 재산이 이미 다른 기관에 의하여 압류되어 있어야 한다.

한편 징수유예기간 중에는 교부청구는 할 수 있으나 참가압류는 할 수 없다.

(3) 참가압류의 제한

세무서장은 참가압류를 함에 있어서 납세자가 따로 매각이 용이한 재산으로 제3자의 권리의 목적으로 되어 있지 아니한 것을 보유하고 있고 그 재산에 의하여 국세의 전액을 징수할 수 있다고 인정될 경우에는 참가압류를 하지 아니할 수 있다(국징통 57-0…1).

(4) 참가압류의 절차

1) 기압류기관에 참가압류통지

세무서장은 기압류기관에 참가압류통지서를 송달함으로써 그 압류에 참가할 수 있다(국징법 57 ①). 참가압류 후 참가압류한 국세에 증감이 생긴 경우에는 그 사유와 증감액을 즉시 기압류기관에 통지하여야 한다(국징통 57-0…2).

[별지 제44호 서식(갑)] (2001. 3. 31. 개정)

○ ○ 세 무 서

우 ○○○-○○○ 주소	/ 전화 ( ) ○○○-○○○○ / 전송 ( ) ○○○-○○○○		
○○○○과	과 장 ○○○	주 사 ○○○	담당자 ○○○

참 가 압 류 통 지 서 (갑)

<table>
<tr><td rowspan="3">체
납
자</td><td>성 명</td><td></td><td>주 민 등 록 번 호</td><td></td></tr>
<tr><td>상 호</td><td></td><td>사 업 자 등 록 번 호</td><td></td></tr>
<tr><td>주소 또는 거소</td><td colspan="3"></td></tr>
<tr><td colspan="2">참가압류재산의 표시</td><td colspan="3"></td></tr>
</table>

참가압류에 관계된 체납액의 내용				
세목코드	관리번호	연도·기분	내 국 세	농어촌특별세
세 목 명	납부기한	계	교육(방위)세	가 산 금

국세징수법 제57조 제1항의 규정에 의하여 위와 같이 참가압류함을 통지합니다.

년 월 일

세무서장 ㊞

귀하

210㎜×297㎜(백상지 100g/㎡)

2) 체납자와 이해관계인에 참가압류사실 통지

세무서장은 압류에 참가한 경우에 그 뜻을 체납자와 그 재산에 대하여 권리를 가진 제3자에게 통지하여야 한다(국징법 57 ②).

3) 참가압류의 등기·등록의 촉탁

세무서장은 참가압류 하고자 하는 재산이 권리의 변동에 있어서 등기 또는 등록을 요하는 것인 때에는 참가압류의 등기 또는 등록을 관계관서에 촉탁하여야 한다(국징법 57 ③).

이상의 절차를 그림으로 표시하면 다음과 같다.

<표 Ⅲ-4> 참가압류의 절차

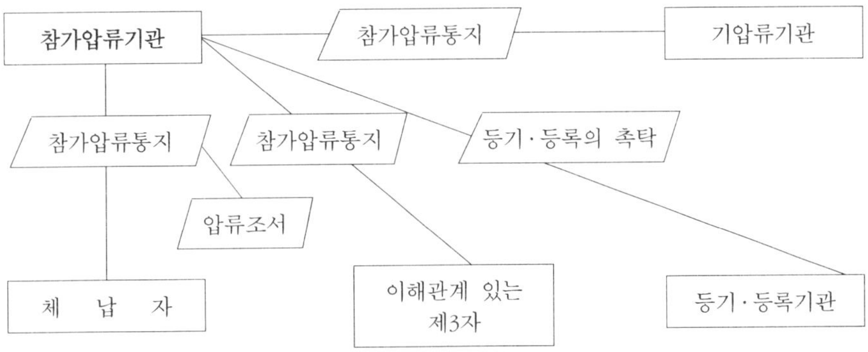

(5) 참가압류의 효력

1) 교부청구의 효력

참가압류는 기압류기관에 대하여 교부청구를 한 효력, 즉 배당요구를 한 효력이 있다(국징통 58-0…2).

2) 압류효력의 소급

기압류기관이 그 재산에 대한 압류를 해제한 때에는 r 참가압류는 다음의 시점으로 소급하여 압류의 효력이 생긴다(국징법 58 ①).

① 권리의 변동에 있어서 등기 또는 등록을 요하는 재산에 대하여는 참가압류의 등기 또는 등록이 완료된 때(둘 이상의 참가압류가 있는 때에는 그 중 가장 먼저 등기 또는 등록된 것으로 함)

② '①' 외의 재산의 경우에는 참가압류통지서가 기압류기관에 송달된 때(둘 이상의 참가압류가 있는 때에는 그 중 가장 먼저 참가압류통지서가 송달된 것으로 함)

3) 참가압류를 한 세무서장의 매각최고

참가압류를 한 세무서장은 기압류기관이 그 압류재산을 장기간이 지나도록 매각하지 아니하는 경우에는 이에 대한 매각처분을 기압류기관에 최고할 수 있다(국징법 58 ③).

4) 시효중단의 효력

교부청구와 마찬가지로 참가압류는 국세채권에 대한 시효중단의 효력이 있다(국기법 28).

(6) 기압류기관의 압류해제시의 절차

1) 압류해제의 통지

기압류기관은 압류를 해제하였을 때에는 압류가 해제된 재산목록을 첨부하여 그 사실을 압류에 참가한 세무서장에게 통지하여야 한다(국징법 58 ②).

2) 동산·유가증권 등의 인도 및 인도통지

기압류기관은 압류를 해제한 동산 또는 유가증권을 압류에 참가한 세무서장에게 인도하거나 압류재산의 매각처분을 최고한 세무서장에게 인도할 때에는 참가압류재산 인도통지서를 보내야 한다. 이 경우 압류재산을 제3자가 보관하고 있는 상태로 인도하려면 참가압류재산 인도통지서에 그 보관증과 보관자에 대한 인도지시서를 첨부하여야 한다(국징법 64).

3) 동산과 유가증권의 인수 및 인수통지

압류에 참가한 세무서장이 기압류기관으로부터 동산 또는 유가증권의 인도통지를 받았을 때에는 지체없이 해당 동산 또는 유가증권을 인수하여야 하며(국징령 65 ①), 동산 또는 유가증권을 인수하였을 때에는 인도를 한 기압류기관에 지체없이 그 사실을 통지하여야 한다(국징령 65 ④).

동산 또는 유가증권을 인수한 세무서장은 필요하다고 인정하면 인수한 동산 또는 유가증권을 체납자 또는 그 재산을 점유한 제3자에게 보관하게 할 수 있다(국징령 65 ③).

4) 둘 이상의 참가압류가 있는 경우의 기압류기관의 압류해제

기압류기관의 압류가 해제된 경우에 있어서 그 재산에 둘 이상의 참가압류가 있을 때에 압류의 효력이 소급하여 생기는 참가압류는 기압류기관에 제일 먼저 참가압류통지서가 송달된 것으로 한다. 다만, 등기·등록을 요하는 재산인 때에는 제일 먼저 참가압류의 등기 또는 등록이 완료된 것으로 한다.

이때에 압류의 해제에 의하여 압류의 효력이 생기는 선순위 참가압류기관에 후순위 참가압류기관이 제출한 참가압류통지서를 인도하여야 하고, 인도에 의하여 당초 참가압류를 한 때에 선순위 참가압류기관에 참가압류를 한 것으로 본다(국징통 58-0…1).

또 압류해제의 순서는 선순위 참가압류를 한 행정기관에 통지와 함께 동산·유가증권 등을 인도한 후에 해제하여야 하고 후순위 참가압류기관에도 그 뜻을 통지하여야 한다(국징통 59-0…1).

이상의 절차를 그림으로 표시하면 다음과 같다.

<표 Ⅲ-5> 기압류기관의 압류해제시의 절차

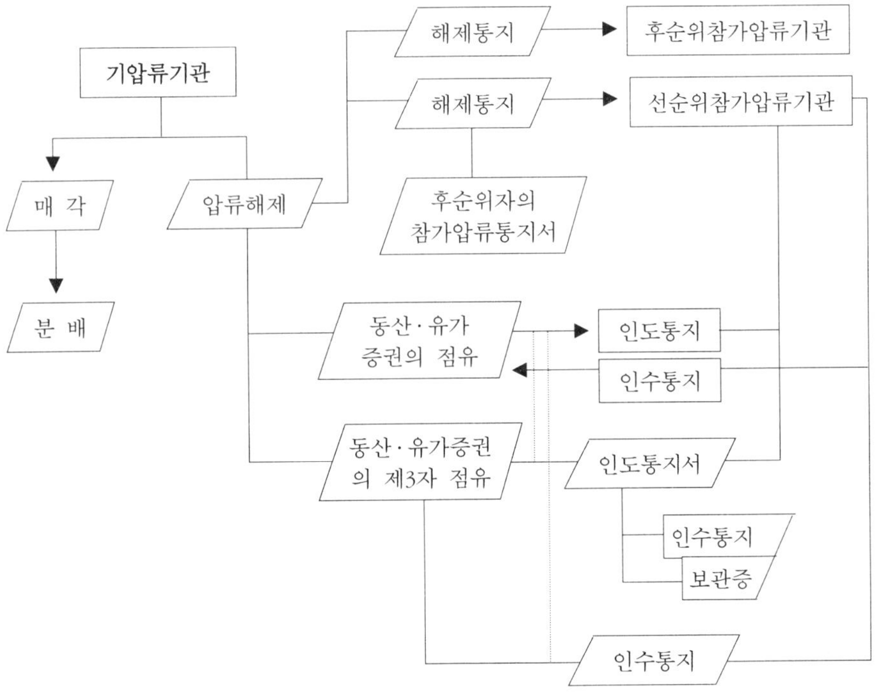

● 참고 ●

기압류기관은 압류를 해제하고 선순위참가압류기관에게 목적물을 인도할 때까지의 보관비용을 부담한다. 이 경우에 있어서 보관 및 인도비용은 체납처분비로 징수할 수 있다(국징통 59-0…2).

(7) 참가압류의 해제

참가압류의 해제에 관하여는 일반의 압류해제에 관한 규정을 준용하는 바, 참가압류에 관계된 국세채권이 납부·충당·부과의 취소 등 사유에 의하여 납부의무가 소멸된 때에는 지체없이 그 참가압류를 해제하여야 한다.

참가압류의 해제에 있어서는 기압류기관과 체납자, 기타 제3자 등에게 그 뜻을 문서로 통지하여야 하며, 또 등기·등록을 요하는 것에 대하여는 참가압류 말소의 등기·등록을 관계기관에 촉탁하여야 한다(국징법 59, 국징령 67).

3. 교부청구와 참가압류의 비교

(1) 공통사항

교부청구와 참가압류는 선집행기관의 강제절차에 참가하여 배당요구의 효력과 시효중단의 효력을 다 같이 갖는다.

(2) 차이점

1) 효력면에서의 차이점

교부청구는 피청구기관의 압류해제 등의 사유가 있는 경우에 효력을 상실하게 되나 참가압류는 기압류기관이 압류를 해제한 경우에 동산과 유가증권 등 등기·등록을 요하지 않는 재산은 참가압류통지서가 기압류기관에 송달된 때, 부동산 등은 참가압류의 등기·등록이 완료된 때로 소급하여 압류의 효력이 생긴다. 또 참가압류를 한 경우에는 기압류기관에 매각최고를 할 수 있으나 교부청구는 이러한 효력이 없다.

2) 요건면에서의 차이점

참가압류는 압류의 요건을 갖춘 후가 아니면 불가능하나 교부청구는 이러한 제한이 없으며 특히 징수유예기간 중에도 교부청구할 수 있다.

3) 절차면에서의 차이점

교부청구는 청구로서 족하지만 참가압류는 등기·등록을 요하는 재산의 경우 참가압류의 등기·등록을 하여야 한다.

(3) 교부청구와 참가압류의 비교

지금까지 살펴 본 교부청구와 참가압류의 내용과 그 차이점을 요약하면 다음과 같다.

<표 Ⅲ-4> 교부청구와 참가압류의 비교

차 이 점	교 부 청 구	참 가 압 류
1. 요건면	① 당해 국세가 확정되어 있을 것(압류의 요건이 충족될 필요는 없음) ② 이미 강제환가절차가 개시되어 있을 것	① 당해 국세가 압류의 요건을 충족하고 있을 것 ② 이미 압류가 행해져 있을 것
2. 절차면	교부통지서를 기집행기관에 송달 *등기·등록 불필요	참가압류통지서를 기압류기관에 송달 *참가압류의 등기·등록 필요
3. 효력면	① 매각대금 배분요구의 효력 ② 징수권 소멸시효 중단의 효력 ③ 기집행기관에 대해 매각최고를 할 수 없다. ④ 기집행기관의 강제환가절차가 해제 또는 취소되면 효력을 상실한다.	① 매각대금 배분요구의 효력 ② 징수권 소멸시효 중단의 효력 ③ 기압류기관에 압류재산의 매각을 최고할 수 있다. ④ 이미 행해진 압류가 해제되면 참가압류시점으로 소급하여 압류로 전환된다.
4. 체납처분면	징수유예기간 중에 교부청구 가능	징수유예기간 중에 참가압류 불가능
5. 해제면	① 해제사유 : 납부·충당·부과취소 등 ② 해제절차 : 교부청구해제통지서를 기집행기관에 송달	① 해제사유 : 압류의 해제사유 준용 ② 해제절차 : 압류의 해제절차 준용

제 4 절 압류재산의 매각

1. 개 념

체납자의 재산을 압류한 과세관청이 그 체납액을 징수하기 위해서는 압류재산을 금전으로 환가하여야 하며 환가를 위해서는 압류재산을 매각하여야 한다. 압류재산의 매각방법은 공매를 원칙으로 하되 예외적으로 수의계약에 의하여 매각할 수 있다.

매각을 시행하는 것은 과세관청이지만 매각으로 인한 소유권이전 등 법률효과는 매각재산의 소유권자인 체납자와 그 재산의 매수인 사이에서 일어나는 매매라고 보는 것이 판례의 태도이다.

따라서 체납자는 사법상 매도인의 지위에 서게 되므로 경락자(매수인)에 대한 담보책임(민법 578) 등이 있으며 특히 소득세법상의 양도자로서 양도소득세의 납세의무 또는 부가가치세법상 재화의 공급자로서 부가가치세 납세의무를 져야 한다.

또한 매수인은 매수대금을 납부한 때에 체납자로부터 매각재산을 승계취득하는 것이며 그 재산의 매각에 따른 위험부담도 매수인에게 이전된다.

<매각의 방법>

- 매각방법
  - 공 매
    - 경 매
    - 입 찰
  - 수의계약

참고

압류재산의 매각은 공매방법에 따르는 것이 원칙이지만 압류된 증권 중 유가증권시장이나 코스닥시장에 상장된 주식은 해당 시장에서 직접 매각할 수 있다(국징법 61 ②).

2. 압류재산 매각의 요건

압류재산을 매각하기 위해서는 다음의 요건을 모두 충족하여야 한다.

(1) 매각의 대상이 되는 재산일 것

매각은 압류재산의 환가절차이므로 금전과 같이 환가를 요하지 않는 재산을 제외하고 동산, 부동산, 유가증권, 무체재산권, 체납자에 대위하여 받은 물건(통화를 제외함)이 매각대상 재산이 된다(국징법 61 ①). 또한 납세담보물의 환가에도 공매절차가 준용되므로(국기령 16 ②), 납세담보물도 매각의 대상이 된다.

유가증권이 매각대상재산인 경우에 그 유가증권이 금전채권을 표창하고 있는 경우에는 추심에 의하여 환가할 수 있으므로 직접 매각할 필요는 없으나, 그 유가증권에 관한 금전채권이 이행기일이 이미 도래하였거나 가까운 장래에 도래하는 것으로서 매각하는 것보다 추심하는 것이 징수에 있어 유리하다고 인정되는 것에 한한다고 해석한다.

(2) 매각제한 대상이 아닐 것

다음과 같은 경우에는 체납자의 재산이 압류되어 있는 경우에도 이를 공매할 수 없다.

1) 확정전 보전압류 재산

확정전 보전압류(국징법 24 ②)에 의하여 압류한 재산은 관계되는 국세의 납세의무가 확정되기 전에는 이를 공매할 수 없다(국징법 61 ③). 체납처분은 확정된 세액이 체납된 것을 전제로 하여야 하는 것이나 조세채권의 확보를 위하여 급박한 사정이 있는 경우에만 예외적으로 압류만을 허용하는 것이므로 납세액이 확정되기 전까지 공매를 유보하는 것은 당연하다.

2) 불복청구중에 있는 압류재산

국세기본법에 의한 이의신청, 심사청구 또는 심판청구 절차가 진행 중이거나 행정소송이 계속 중에 있는 국세의 체납으로 인하여 압류한 재산은 그 신청 또는 청구에 대한 결정이나 소에 대한 판결이 확정되기 전에는 공매할 수 없다. 다만, 그 압류재산이 부패·변질 또는 감량되기 쉬운 재산으로서 속히 매각하지 아니하면 그 재산가액이 감손될 우려가 있을 경우에는 공매할 수 있다(국징법 61 ④).

이러한 공매의 유보는 이의신청, 심사·심판청구 및 소송의 결과, 압류재산에 관계되는 체납액이 부과 취소되었을 때에는 그 재산의 원상회복이 불가능하기 때문에 그 결정 또는 판결결과에 따라 공매 여부를 결정하기 위한 것이다.

3) 공매제한사유에 해당하는 경우

세무서장은 다음의 사유가 있는 때에는 공매를 하지 아니한다(국징통 61-0…4).

① 행정소송법규정에 의하여 법원이 체납처분에 대한 집행정지결정을 한 때
② 체납액 등의 징수유예를 한 때
③ 제3자가 압류재산의 소유권을 주장하고 반환을 청구한 때
④ 회사정리법의 규정에 의하여 법원이 체납처분의 중지를 명한 때와 체납처분의 중지규정에 의하여 체납처분이 중지된 때
⑤ 회사정리법규정에 의하여 정리계획에서 징수유예 또는 환가유예가 인가된 때
⑥ 체납처분유예를 한 때

(3) 매수인이 체납자 또는 세무공무원이 아닐 것

체납자 또는 세무공무원은 직접·간접을 불문하고 압류재산을 매수하지 못한다. 이는 압류재산매각의 공정을 기하기 위하여 관계인의 매수를 금지하는 것이다. 여기서 직접·간접을 불문한다고 함은 자기가 직접 매수인이 되는 것 뿐만 아니라 실질상 자기가 취득할 목적으로 자기의 계산하에 타인을 매수희망자로 하는 것을 포함한다(국징통 66-0…2).

3. 공 매

(1) 개 념

'공매'란 압류재산을 공개적으로 매각하는 방법으로 매입하고자 하는 경쟁자 중 최고가격을 신청한 자에게 압류재산을 매각하는 절차를 말한다.

공매의 방법으로는 입찰과 경매(국세기본법의 규정에 의한 정보통신망을 이용한 것을 포함함)가 있다. 입찰은 매각재산의 매수청약자가 입찰서로서 매수의 신청을 하게 하고 매각예정가격 이상의 입찰자 중 최고가 입찰자를 낙찰자로 매각 결정하여 매수인을 정하는 방법이며, 경매는 압류재산의 매수청약자에게 구두로 순차고가인 매수의 신청을 하게 하여 매각예정가격 이상의 청약자 중 최고청약자를 경락자로 매각결정을 하여 매수인을 정하는 방법이다.

즉 입찰은 서면(입찰서)으로 청약하고 경매는 구두로 청약하며, 입찰은 매수희망가격을 비밀에 붙이는 데 대하여 경매는 매수청약자 상호간에 매수희망가격을 공개하여 순차로 경쟁한다는데 차이가 있다.

(2) 공매절차

1) 절차의 개요

압류재산을 공매하기 위해서는 ① 매각예정가격을 정하여야 하고, ② 신문 등에 공매의 공고를 하여야 하며, ③ 그 다음에 입찰 또는 경매를 시행하고, ④ 낙찰자 또는 경락자를 결정하며, ⑤ 그 낙찰자 또는 경락자와 매매계약이 체결됨으로써 종결된다.

이러한 공매절차는 법원의 강제집행에 의한 매각절차와 비슷하다. 이를 차례로 살펴보기로 한다.

2) 매각예정가격의 결정

압류재산을 공매하고자 할 때에는 그 매각예정가격을 결정하여야 한다. 이는 매각하고자 하는 가격의 최저한을 정하여 이를 매각조건으로 제시하고 매수희망자가 그 예정가격에 미달하는 가격으로 매수신청을 하면 매각을 거부하고자 하는 데 그 뜻이 있다.

세무서장이 매각예정가격을 결정하기 어려운 경우에는 감정평가업자에게 평가를 의뢰하여 그 가액을 참고할 수 있다(국징법 63 ②). 여기서 '매각예정가격을 결정하기 어려운 경우'라 함은 재산평가에 특히 정확을 기할 필요가 있거나 가격결정에 분쟁이 예상되는 경우 등을 말한다(국징통 63-0…2).

3) 공매공고와 통지

압류재산을 공매하고자 할 때에는 이를 공고하여야 하는데, 공고의 내용에는 다음 사항을 기재하여야 한다. 이 경우 동일재산에 대한 공매·재공매 등 수회의 공매에 관한 사항을 일괄하여 공고할 수 있다(국징법 67 ②).

① 매수대금의 납부기한
② 공매재산의 명칭, 소재, 수량, 품질, 매각예정가격 및 기타 중요한 사항
③ 입찰 또는 경매의 장소와 일시(기간입찰의 경우에는 그 입찰기간)
④ 개찰의 장소와 일시
⑤ 보증금을 받을 때에는 그 금액
⑥ 공매재산이 공유물의 지분인 경우 공유자(체납자는 제외)에게 우선매수권이 있다는 사실

공매공고는 지방국세청, 세무서, 세관, 시·군 기타 적절한 장소에 게시하여야 한다. 다만, 필요에 따라 관보 또는 일간신문에 게재할 수 있다(국징법 67 ③). 공매공고를 한 때에는 게시 또는 게재와 함께 국세기본법의 규정에 의한 정보통신망을 통하여 그 공고 내용을 알려야 하며, 즉시 그 내용을 체납자, 납세담보물의 소유자, 공매재산이 공유물의 지분인 경우 공유자, 공매재산에 대하여 전세권·질권·저당권 또는 그 밖의 권리를 가진 자에게 통지하여야 한다(국징법 67 ④, 68).

한편, 매각결정통지 전에 해당 재산의 압류를 해제한 때에는 그 공매의 취소를 공고하여야 한다(국징법 69).

[별지 제52호 서식] (2004.3.11. 개정)

<table>
<tr><td colspan="2">문서번호</td><td colspan="4" rowspan="2">공 매 통 지 서</td></tr>
<tr><td colspan="2"></td></tr>
<tr><td rowspan="2">수신</td><td>성 명</td><td colspan="4"></td></tr>
<tr><td>주 소</td><td colspan="4"></td></tr>
<tr><td rowspan="3">체납자</td><td>성 명</td><td></td><td>주민등록번호</td><td colspan="2"></td></tr>
<tr><td>상 호</td><td></td><td>사업자등록번호</td><td colspan="2"></td></tr>
<tr><td>주 소</td><td colspan="4"></td></tr>
<tr><td colspan="2">공매재산의표시</td><td colspan="4"></td></tr>
<tr><td colspan="2">공매공고연월일</td><td colspan="4">년 월 일 공고</td></tr>
<tr><td colspan="2">공 매 장 소</td><td></td><td>공 매 방 법</td><td colspan="2">일반경쟁입찰(기일입찰, 기간입찰)·경매</td></tr>
</table>

<table>
<tr><td colspan="4">입찰일시(기간)와 매각예정가격</td></tr>
<tr><td rowspan="2">회차</td><td colspan="2">입찰일시(기간)</td><td rowspan="2">매각예정가격</td></tr>
<tr><td>기일입찰</td><td>기간입찰</td></tr>
<tr><td>1 회차</td><td></td><td></td><td></td></tr>
<tr><td>2 회차</td><td></td><td></td><td></td></tr>
<tr><td>3 회차</td><td></td><td></td><td></td></tr>
<tr><td>4 회차</td><td></td><td></td><td></td></tr>
<tr><td>5 회차</td><td></td><td></td><td></td></tr>
<tr><td>6 회차</td><td></td><td></td><td></td></tr>
<tr><td>수의계약</td><td colspan="3">6회차 입찰에서 매각되지 아니하는 경우에는 국세징수법 제62조 제1항 제5호에 의하여 수의계약으로 매각할 수 있습니다.</td></tr>
</table>

<table>
<tr><td colspan="5">압류에 관계된 체납액의 내용</td></tr>
<tr><td>세목코드</td><td>관리번호</td><td>연도·기분</td><td>내 국 세</td><td>농어촌특별세</td></tr>
<tr><td>세 목 명</td><td>납부기한</td><td>계</td><td>교육(방위)세</td><td>가산금</td></tr>
<tr><td></td><td></td><td></td><td></td><td></td></tr>
<tr><td></td><td></td><td></td><td></td><td></td></tr>
<tr><td></td><td></td><td></td><td></td><td></td></tr>
<tr><td></td><td></td><td></td><td></td><td></td></tr>
</table>

위와 같이 공매하겠음을 국세징수법 제62조 및 제68조의 규정에 의하여 통지합니다.

년 월 일

세 무 서 장 ㊞

귀하

※1. 일괄공고의 내용을 통지한 경우에는 매 회차별 공매통지서를 별도로 발송하지 아니합니다.
2. 통지내용에 변경이 있는 경우에는 새로운 통지를 합니다.
3. 매각결정전에 체납자 또는 제3자가 체납액을 완납하는 경우에는 국세징수법 제71조의 규정에 의하여 공매를 중지합니다.
4. 이 통지서는 국세징수법시행령 제69조제2항의 규정에 의한 수의계약에 관한 통지에 갈음합니다.

기안자(직위/직급) 서명 검토자(직위/직급) 서명 결재권자(직위/직급) 서명
협조자(직위/직급) 서명
시행 처리과명-일련번호 (시행일자) 접수 처리과명-일련번호 (접수일자)
우 주 소 / 홈페이지 주소
전화 ( ) 전송 ( ) / 공무원의 공식 전자우편주소 / 공개구분

210㎜×297㎜(일반용지 60g/㎡ (재활용품))

4) 공매장소

공매는 지방국세청, 세무서, 세관 또는 재산소재지의 특별자치도 · 시 · 군 · 자치구에서 한다. 다만, 세무서장이 필요하다고 인정할 때에는 다른 장소에서 공매할 수 있다(국징법 64).

5) 공매의 실시

① 실시시기

공매는 그 공고한 날부터 10일이 지난 후에 행한다. 다만 그 재산의 보관에 많은 비용이 들거나 현저히 그 가액이 현저히 줄어들 우려가 있으면 그러하지 아니한다(국징법 70). 재공매의 경우에는 공고기간을 5일까지 단축할 수 있다(국징법 74 ⑤).

공고는 매수를 희망하는 자뿐만 아니라 체납자 등의 이해관계인에게 알려 관리행사를 할 수 있는 기회를 부여하기 위한 것이므로 이러한 공고기간을 지키지 아니하고 이를 단축하여 공매한 경우에는 위법한 처분으로서 취소대상이 될 수 있음이 관례의 태도이다.

② 공매보증금

압류재산을 공매하는 경우에 필요하다고 인정하는 때에는 입찰보증금 또는 계약보증금을 받을 수 있다. 이는 공매하는 자가 공매조건으로 제시하는 것이므로 보증금이 없는 입찰이나 계약은 이를 무효로 하는 것이 일반적이다.

입찰보증금은 입찰가격의 10% 이상으로, 계약보증금은 매수가격의 10% 이상으로 한다. 이러한 보증금은 현금으로 납입하는 것이 원칙이나 국채·공채, 유가증권시장이나 코스닥시장에 상장된 유가증권(그 납부일 현재의 시가로 평가함) 또는 보험업자가 발행한 보증보험증권으로 이를 갈음할 수 있다. 이 때 입찰보증금 또는 계약보증금에 갈음하여 납부하는 유가증권 등의 평가에 대하여는 국세기본법 시행령 제29조의 규정(납세담보물의 평가방법 등)을 준용하여 다음과 같이 평가한다.

㉠ 상장된 유가증권 중 매매사실이 있는 것 : 납부하는 날 전날의 최종시세가액

㉡ 그 밖의 유가증권 : 납부하는 날 전날의 상속세 및 증여세법 시행령을 준용하여 계산한 가액

낙찰자 또는 경락자가 매수계약을 체결하지 아니하였을 때에는 세무서장은 입찰보증금을 체납처분비, 압류와 관계되는 국세 · 가산금의 순으로 충당한 후 남은 금액은 체납자에게 지급한다(국징법 65 ④).

③ 입찰과 개찰

입찰하려는 자는 그 주소 · 거소 · 성명, 매수하려는 재산의 명칭, 입찰가격, 입찰보증금, 그 밖에 필요한 사항을 적어 개찰이 시작되기 전에 공매를 집행하는 공무원에게 제출하여야 한다(국징법 73 ①).

개찰은 공매를 집행하는 공무원이 공개하여 하고 각각 적힌 입찰가격을 불러 입찰조서에 기록하여야 한다. 매각예정가격 이상인 최고액의 입찰자를 낙찰자로 하고, 낙찰이 될 가격의 입찰을 한 자가 둘 이상일 때에는 즉시 추첨으로 낙찰자를 정하며, 이 경우해당 입찰자 중 출석하지 아니한 자 또는 추첨을 하지 아니한 자가 있을 때에는 입찰 사무에 관계없는 공무원으로 하여금 이를 대신하여 추첨하게 할 수 있다(국징법 73 ②~⑤).

매각예정가격 이상으로 입찰한 자가 없을 때에는 즉시 그 장소에서 재입찰에 부칠 수 있다(국징법 73 ⑥).

④ 매각결정

세무서장은 매각결정을 한 때에는 매수인에게 매수대금의 납부기한을 정하여 매각결정통지서를 교부하여야 한다. 다만, 권리이전에 관하여 등기 또는 등록을 요하지 아니하는 재산의 매수대금을 즉시 납부시킬 때에는 구술로 통지할 수 있다(국징법 75 ①).

이 경우 납부기한은 매각결정을 한 날부터 7일내로 하는 것을 원칙으로 하되, 세무서장이 필요하다고 인정하는 때에는 그 납부기한을 60일을 한도로 연장할 수 있다(국징법 75 ②). 세무서장은 매수인이 매수대금을 지정된 기한까지 납부하지 아니하였을 때에는 다시 기한을 지정하여 최고하여야 한다(국징법 76).

매수인은 매수대금을 납부한 때에 매각재산을 취득하며, 세무서장이 매수대금을 수령한 때에는 그 한도에서 체납자로부터 체납액을 징수한 것으로 본다(국징법 77). 이렇게 매각된 재산에 대하여 체납자가 권리이전의 절차를 밟지 아니할 때에는 대통령령이 정하는 바에 의하여 세무서장이 대신하여 그 절차를 밟는다. 다만, 한국자산관리공사가 대행하여 공매하거나 수의계약한 경우에는 한국자산관리공사가 그 절차를 대행할 수 있으며, 이 경우 절차 이행은 세무서장이 한 것으로 본다(국징법 79).

세무서장은 다음에 해당하는 경우에는 압류재산의 매각결정을 취소하고 그 사실을 매수인에게 통지하여야 한다(국징법 78 ①).

㉠ 매각결정을 한 후 매수인이 매수대금을 납부하기 전에 체납자가 매수인의 동의를 받아 압류와 관련된 체납액을 납부하고 매각결정의 취소를 신청하는

경우

㉡ 최고하여도 매수인이 매수대금을 지정된 기한까지 납부하지 아니하는 경우

이 경우 위 '①'에 따라 압류재산의 매각결정을 취소하는 경우 계약보증금은 매수인에게 반환하고, '②'에 따라 압류재산의 매각결정을 취소하는 경우 계약보증금은 체납처분비, 압류와 관계되는 국세·가산금의 순으로 충당하고 그 남은 금액은 체납자에게 지급한다(국징법 78 ②).

⑤ 공유자의 우선매수권

공매재산이 공유물의 지분인 경우 공유자는 매각결정통지 전까지 공매보증금을 제공하고 매각예정가격 이상인 최고입찰가격과 같은 가격으로 공매재산을 우선매수하겠다는 신고를 할 수 있다(국징법 73의 2 ①). 이 경우 세무서장은 그 공유자에게 매각결정을 하여야 하며(국징법 73의 2 ②), 이와 같이 매각결정된 경우에 매수인이 매각대금을 납부하지 아니한 때에는 매각예정가격 이상인 최고액의 입찰자에게 매각결정을 할 수 있다(국징법 73의 2 ④).

여러 사람의 공유자가 우선 매수하겠다는 신고를 하고 세무서장이 공유자에게 매각결정의 절차를 마친 때에는 특별한 협의가 없으면 공유지분의 비율에 따라 공매재산을 매수하게 한다(국징법 73의 2 ③).

[별지 제55호 서식] (2004.3.11. 개정)

기　관　명

매 각 결 정 통 지 서

매수자	성 명		주민등록번호	
	주소 또는 거소			
체납자	성 명		주민등록번호	
	상 호		사업자등록번호	
	주소 또는 거소			
매각재산의 표시				
매 각 금 액				
매각금액납부연월일		년 월 일		

국세징수법 제75조의 규정에 의하여 위와 같이 통지하오니 매수대금을 납부하시고 매각재산을 취득하시기 바랍니다. 다만, 매수대금 납부 전에 체납자가 매수인의 동의를 얻어 체납액을 완납하는 경우 매각결정이 취소될 수 있음에 유념하시기 바랍니다.

년　월　일

(　　　　　　)　a

귀 하

기안자(직위/직급)　서명　검토자(직위/직급)　서명　결재권자(직위/직급)　서명
협조자(직위/직급)　서명
시행　처리과명-일련번호 (시행일자)　접수　처리과명-일련번호 (접수일자)
우　주소　/ 홈페이지 주소
전화 (　)　전송 (　)　/ 공무원의 공식 전자우편주소 / 공개구분
210㎜×297㎜(일반용지 60g/㎡(재활용품))

[별지 제57호 서식] (2004.3.11. 개정)

기 관 명

<table>
<tr><td colspan="5">매 각 결 정 취 소 통 지 서</td></tr>
<tr><td rowspan="2">매수인</td><td>성 명</td><td></td><td>주 민 등 록 번 호</td><td></td></tr>
<tr><td>주 소 또 는 거 소</td><td colspan="3"></td></tr>
<tr><td rowspan="3">체납자</td><td>성 명</td><td></td><td>주 민 등 록 번 호</td><td></td></tr>
<tr><td>상 호</td><td></td><td>사 업 자 등 록 번 호</td><td></td></tr>
<tr><td>주 소 또 는 거 소</td><td colspan="3"></td></tr>
<tr><td colspan="2">매 각 재 산 의 표 시</td><td colspan="3"></td></tr>
<tr><td colspan="2" rowspan="2">매 각 결 정 취 소 근 거</td><td colspan="3">□ 국세징수법 제78조 제1항 제1호(체납자의 체납액 등 완납)</td></tr>
<tr><td colspan="3">□ 국세징수법 제78조 제1항 제2호(매수인의 매수대금 미납)</td></tr>
<tr><td colspan="2">매 각 결 정 취 소
연 월 일</td><td colspan="3">년 월 일</td></tr>
<tr><td colspan="5">국세징수법 제78조 제1항의 규정에 의하여 매각결정을 취소하였음을 통지합니다.

년 월 일

( ) 인

귀하</td></tr>
<tr><td colspan="5">※ 귀하의 계약보증금은 □ 국세징수법 제78조 제2항 전단의 규정에 의하여 귀하께 반환됩니다.
□ 국세징수법 제78조 제2항 후단의 규정에 의하여 국고에 귀속됩니다.</td></tr>
</table>

기안자(직위/직급) 서명 검토자(직위/직급) 서명 결재권자(직위/직급) 서명
협조자(직위/직급) 서명
시행 처리과명-일련번호 (시행일자) 접수 처리과명-일련번호 (접수일자)
우 주소 / 홈페이지 주소
전화 ( ) 전송 ( ) / 공무원의 공식 전자우편주소 / 공개구분

210㎜×297㎜(일반용지 60g/㎡(재활용품))

6) 공매참가의 제한

세무서장은 다음의 사유에 해당한다고 인정되는 사실이 있는 자에 대하여는 그 사실이 있는 후 2년간 공매장소에의 출입을 제한하거나 입찰에 참가시키지 아니할 수 있다. 그 사실이 있은 후 2년이 지나지 아니한 자를 사용인이나 그 밖의 종업원으로 사용한 자와 이러한 자를 입찰 대리인으로 한 자에 대하여도 또한 같다(국징법 72)

① 입찰을 하려는 자의 공매참가, 최고가격 입찰자의 결정 또는 매수인의 매수대금 납부를 방해한 사실
② 공매에서 부당하게 가격을 떨어뜨릴 목적으로 담합한 사실
③ 거짓 명의로 매수신청을 한 사실

7) 공매의 중지

공매를 집행하는 공무원은 매각결정통지 전에 체납자 또는 제3자가 그 국세·가산금과 체납처분비를 완납하여 압류를 해제한 때에는 공매를 중지하여야 한다.

공매의 중지가 있는 때에는 공매취소공고를 하는 것이 원칙이나 그 사실을 매수하는 자들에게 구술 또는 기타의 방법으로 알림으로서 공고에 갈음할 수 있다.

여러 재산을 일괄하여 공매에 붙이는 경우에 그 일부의 공매대금으로 체납액의 전액에 충당될 때에는 잔여재산의 공매는 중지하여야 한다(국징법 71). 공매의 목적이 성취되었으므로 공매를 중지하는 것은 당연한 규정으로서 선언적 효력을 갖는 것이라고 본다.

8) 재공매

① 의 의

'재공매'란 공매하였으나 그 공매재산이 매각되지 아니한 경우에 다시 공매절차를 밟아 매각하는 것을 말한다.

재공매는 여러 차례에 걸쳐 행할 수 있으나 공매예정가격이 당초 예정가격의 50%에 달하게 되면 매각방법을 바꾸어 수의계약으로 매각하게 된다.

② 재공매 사유

다음의 경우에는 압류재산을 재공매할 수 있다(국징법 74 ①, ②).

㉠ 압류재산을 공매하여도 매수희망자가 없는 경우
㉡ 매수희망가격이 매각예정가격에 미달한 경우
㉢ 공매재산의 매수인이 매수대금의 납부기한까지 대금을 납부하지 아니하여 계약이 해약된 경우

③ 매각예정가격의 변동

압류재산에 대하여 공매를 하여도 유찰되거나 응찰자가 없는 때에는 매각예정가격의 50%에 해당하는 금액을 한도로 하여 다음 회부터 공매를 할 때마다 매각예정가격의 10%에 해당하는 금액을 체감하여 공매하며, 매각예정가격의 50% 해당액까지 체감하여 공매하여도 매각되지 않는 때에는 새로 매각예정가격을 정하여 재공매할 수 있다(국징법 74 ④).

④ 공매공고기간의 단축

재공매를 하는 때에는 공매공고기간을 5일로 단축할 수 있다(국징법 74 ⑤).

⑤ 기타 공매에 관한 규정은 재공매의 경우에도 준용된다(국징법 74 ③).

이상에서 설명한 공매처분절차를 그림으로 나타내면 다음과 같다.

<표 Ⅲ-6> 공매처분절차

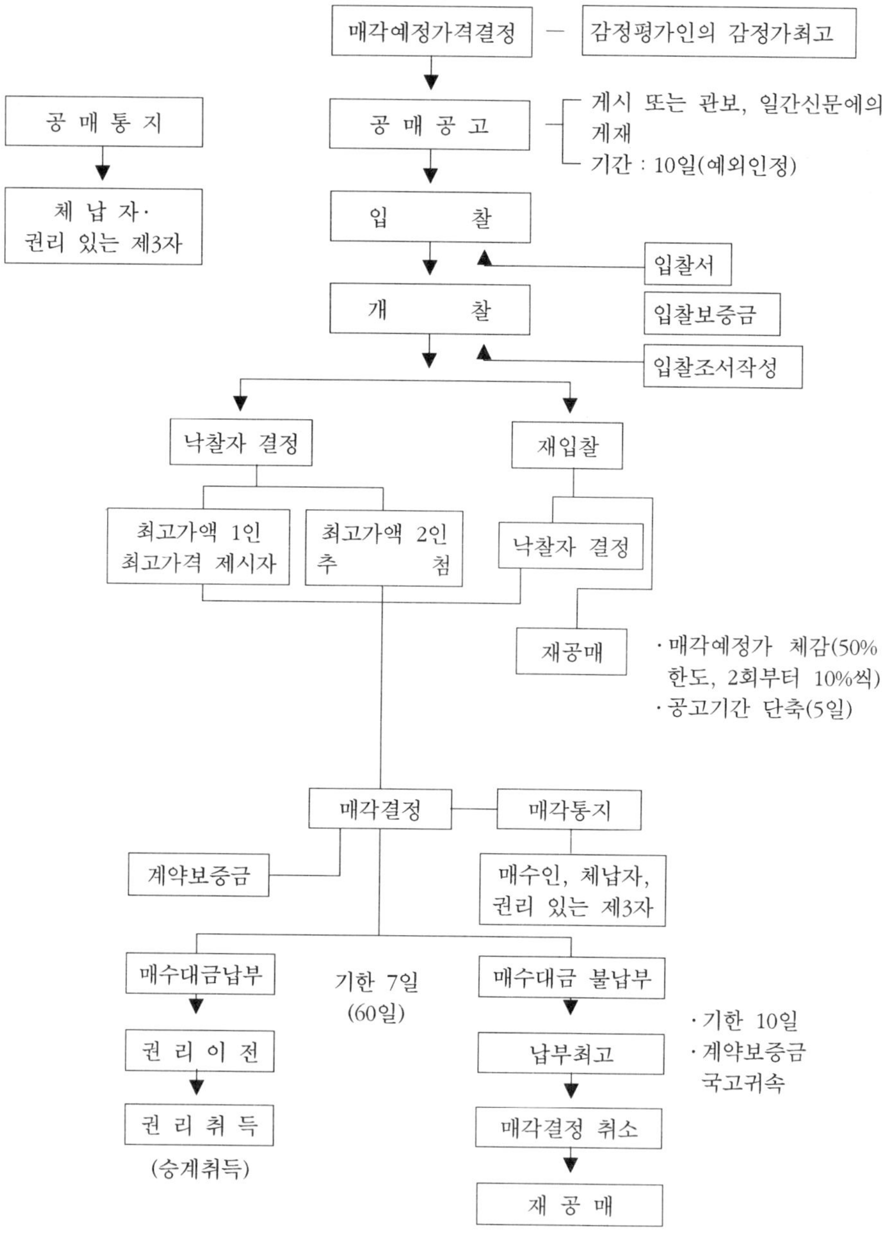

자료 : 세무공무원교육원, 「국세징수법」, p.173.

(3) 공매의 대행

1) 의 의

세무서장은 압류한 재산의 공매에 전문지식이 필요하거나 그 밖에 특수한 사정이 있어 직접 공매하기에 적당하지 아니하다고 인정할 때에는 한국자산관리공사로 하여금 공매를 대행하게 할 수 있으며 이 경우의 공매는 세무서장이 한 것으로 본다(국징법 61 ⑤). 또한 한국자산관리공사가 공매를 대행하는 경우 한국자산관리공사의 직원은 형법이나 그 밖의 법률에 따른 벌칙을 적용할 때에는 세무공무원으로 본다(국징법 61 ⑧).

> ∘ 참고 ∘ **한국자산관리공사**
>
> 금융기관 부실자산 등의 효율적 처리 및 한국자산관리공사의 설립에 관한 법률에 의하여 설립된 공사로서 주로 재산처분을 하는 전문업체이다.

2) 대행절차

① 공매대행 의뢰
세무서장은 한국자산관리공사로 하여금 공매를 대행토록 하기 위해서는 공매대행 의뢰서를 한국자산관리공사에 보내야 한다(국징령 68의 2 ①).

② 체납자 등에 대한 공매대행의 통지
세무서장은 공매대행의 사실을 체납자, 납세담보물 소유자, 그 재산에 전세권·질권·저당권 또는 그 밖의 권리를 가진 자와 압류재산을 보관하고 있는 자에게 통지하여야 한다(국징령 68의 2 ②).

③ 압류재산의 인도
세무서장이 점유하고 있거나 제3자로 하여금 보관하게 한 압류재산은 이를 한국자산관리공사에 인도할 수 있다. 다만, 제3자에게 보관하게 한 재산에 대해서는 그 제3자가 발행한 해당 재산의 보관증을 인도함으로써 재산의 인도를 갈음할 수 있다(국징령 68의 3 ①).
한국자산관리공사는 압류재산을 인수한 때에는 인계·인수서를 작성하여야 한다(국징령 68의 3 ②).

3) 공매대행수수료

세무서장은 한국자산관리공사가 공매를 대행하는 경우에는 대통령령으로 정하는 바에 따라 공매대행수수료를 지급할 수 있다(국징법 61 ⑦, 국징령 68의 5, 국징칙 45의 6).

[별지 제65호 서식] (2004.3.11. 개정)

□ 공 매
대행의뢰서
□ 수의계약

체납자	성 명		주민등록번호	
	상 호		사업자등록번호	
	주소 또는 거소 (본 점)			
	사업장소재지			
	사업의 종류		종 목	
매각재산의 표시				

매각에 관계된 체납액의 내용

세목코드	관리번호	법정기일	연도·기분	내 국 세	농어촌특별세
세 목 명		납부기한	계	교육(방위)세	가 산 금

국세징수법시행령 제68조의 2 제1항 또는 제69조 제3항의 규정에 의하여 위와 같이 압류재산의 공매 또는 수의계약에 의한 매각을 의뢰합니다.

년 월 일

세무서장 ㊞

한국자산관리공사 사장 귀중

기안자(직위/직급) 서명 검토자(직위/직급) 서명 결재권자(직위/직급) 서명
협조자(직위/직급) 서명
시행 처리과명-일련번호 (시행일자) 접수 처리과명-일련번호 (접수일자)
우 주소 / 홈페이지 주소
전화 ( ) 전송 ( ) / 공무원의 공식 전자우편주소 / 공개구분

210mm×297mm(일반용지 60g/㎡(재활용품))

4. 수의계약

(1) 의 의

'수의계약'이란 입찰 또는 경매 등의 경쟁에 의한 매매계약을 체결하지 아니하고 매각하고자 하는 관청(세무서장 또는 한국자산관리공사)이 임의로 적당하다고 생각되는 매수희망자를 골라 계약을 체결하는 방법이다.

압류재산의 매각은 원칙적으로 공매에 의하여 행하며 수의계약은 공매할 수 없는 부득이한 경우에 한하여 적용한다.

(2) 수의계약 사유

압류재산에 다음에 해당하는 사유가 있는 경우에는 압류재산을 수의계약에 의하여 매각할 수 있다(국징법 62 ①). 따라서 수의계약 사유에 해당되지 않는 압류재산을 수의계약에 의하여 매각한 때에는 위법하다고 할 것이나, 이를 이유로 제3자에게는 대항할 수 없을 것으로 본다.

① 수의계약에 의하지 아니하면 매각대금이 체납처분비에 충당하고 잔여가 생길 여지가 없는 때

② 부패, 변질 또는 감량되기 쉬운 재산으로서 속히 매각하지 아니하면 그 재산가액이 감소될 우려가 있는 때

• 참고 •

"속히 매각하지 아니하면 재산가액이 감소할 우려가 있는 때"라 함은 생선, 야채, 식료품 또는 크리스마스용품 같은 계절용품 등 공매시까지 기다리면 부패, 변질, 감량, 수요격감 등으로 재산가격이 감소될 우려가 있는 경우를 말한다(국징통 70-0…2).

③ 압류한 재산의 추산가액이 1천만원 미만인 때
소액재산의 공매는 그 비용이 비례적으로 과다하게 소요되기 때문이다.

④ 법령으로 소지 또는 매매가 규제된 재산인 때

• 참고 •

"법령으로 소지 또는 매매가 규제된 재산"의 예로는 다음의 것이 있다.

1. 주세법에 의한 주정
2. 마약법에 의한 마약
3. 총포화약류단속법에 의한 총포·화약류
4. 홍삼전매법에 의한 홍삼포에서 수확한 수삼

5. 담배전매법에 의한 잎담배

⑤ 제1회 공매 후 1년간에 5회 이상 공매하여도 매각되지 아니한 때
⑥ 공매함이 공익상 적절하지 아니한 때

● 참고 ●

"공매함이 공익상 적절하지 아니한 때"라 함은 토지수용법, 도시계획법 등의 규정에 의하여 토지를 수용할 수 있는 자로부터 압류 토지를 수용할 뜻이 고지된 때, 징발법의 규정에 의하여 징발관이 압류물건을 징발할 의사가 있음을 통지한 때 등을 말한다.

(3) 수의계약의 절차

압류재산을 수의계약으로 매각하고자 할 때에는 추산가격조서를 작성하고 2인 이상으로부터 견적서를 받아야 한다. 다만, 위 '⑤'에 해당하여 수의계약을 하는 경우로서 그 매각금액이 최종 공매시의 매각예정가격 이상인 경우에는 견적서를 받지 아니할 수 있다(국징령 69 ①).

세무서장은 압류재산을 수의계약으로 매각하려는 경우에는 그 사실을 체납자, 납세담보물소유자, 그 재산에 전세권 · 질권 · 저당권 또는 그 밖의 권리를 가진 자에게 통지하여야 한다(국징령 69 ②).

세무서장은 필요한 경우 수의계약을 대통령령이 정하는 바에 따라 한국자산관리공사로 하여금 대행하게 할 수 있다. 이 경우 수의계약은 세무서장이 한 것으로 본다(국징법 62 ②).

제5절 청　산

1. 개 념

압류재산의 매각 또는 교부청구 등 체납처분의 실행으로 얻은 금전을 체납세액에 충당하고 그 잔여가 있을 때에는 다른 채권자에게도 배분하여 체납처분을 종결하는 절차를 '청산'이라고 한다.

배분 순서는 다수채권자 상호간의 우선순위에 따라 결정된다. 즉 한 사람의 채무자

(체납자)에 대하여 다수의 채권자가 존재하는 경우, 배분할 금전이 모든 채권자의 채권액에 충당될 때에는 별 문제가 없으나 부족한 경우에는 각 채권의 우선순위에 따라 배분하게 되며, 이 경우에는 국세기본법 제35조(국세의 우선), 제36조(압류에 의한 우선), 그리고 제37조(담보 있는 국세의 우선)의 규정이 적용된다.

이러한 배분은 세무서장이 행하는 것이 원칙이다. 다만, 한국자산관리공사가 공매를 대행한 경우에는 한국자산관리공사가 이를 대행할 수 있으며, 이 경우의 금전배분은 세무서장이 한 것으로 본다(국징법 80 ①).

2. 배분할 금전의 범위(국징법 80)

체납처분절차에 따라 체납자 또는 그의 납세보증인의 재산으로부터 다음과 같은 여러 가지 방법으로 얻은 금전의 합계액을 배분순위에 따라 배분하게 된다.

(1) 압류한 금전

압류관청이 직접 금전을 압류한 경우에 그 금전을 말한다.

(2) 채권, 유가증권, 무체재산권 등의 압류로 인하여 체납자 또는 제3채무자로부터 받은 금전

체납자 또는 보증인을 대위하여 채권, 유가증권 등을 추심하여 얻은 금전이다.

• 참고 •

유가증권과 무체재산권은 이를 매각하여 얻은 금전으로 배분할 수도 있다.

(3) 압류재산의 매각대금 및 그 매각대금의 예치이자

압류재산을 매각하여 얻은 금전으로서 가장 일반적인 형태의 배분금전이 되는 것이다.

(4) 교부청구에 의하여 받은 금전

청산하고자 하는 징세관청보다 먼저 강제환가절차(체납처분 또는 강제집행 등)를 실행하는 채권자에게 당해 징세관청이 교부청구를 하여 배분받은 금전이 있다면 당해 징세관청이 직접 압류하거나 매각하거나 추심하여 얻은 금전과 합계하여 이를 다수채권자에게 배분하게 된다.

3. 배분방법(국징법 80, 81, 82)

배분할 금전의 조달원천에 따라 다음과 같이 배분방법을 달리한다.

(1) 압류재산 매각대금 등의 배분(국징법 81 ①)

압류한 재산을 매각하여 얻은 금전 및 그 예치이자(국징법 80 ③)와 채권·유가증권·무체재산권의 추심에 의하여 얻은 금전(국징법 80 ②)의 합계액은 다음의 순위에 따라 배분한다.

따라서 후순위의 채권자는 배분할 금전이 부족한 때에는 그 부족액은 배분받지 못하게 된다.

1) 압류에 관계되는 국세·가산금과 체납처분비

즉 매각이나 추심된 당해 재산의 압류원인이 된 국세 등에 제일 먼저 배분한다.

2) 교부청구를 받은 국세·가산금과 체납처분비·지방세 또는 공과금

체납처분을 집행한 징세관청의 체납액은 제1차로 배분되었으므로 두 번째로는 그 밖의 국세를 징수할 관청이나 지방세의 징수관청 및 공과금의 징수단체가 체납처분 집행관청에 교부청구를 해 온 금액에 배분한다. 따라서 교부청구를 하지 아니한 다른 관청의 국세·지방세·공과금은 배분받을 수 없다.

3) 전세권 등에 의하여 담보된 채권

압류재산에 관계되는 전세권·질권 또는 저당권에 따라 담보된 채권은 세 번째 순위로 배분된다.

따라서 체납자에 대한 채권이 있다고 하더라도 매각 또는 추심된 압류재산을 직접 담보로 하지 아니한 채권은 배분을 받지 못하게 되며 반대로 압류에 의하여 매각 또는 추심된 재산에 대하여 전세권 등의 담보권을 설정하였다면 그 담보채권이 국세기본법(35~37)에 따른 우선권이 없는 채권이라 하더라도 배분을 받게 된다(국징령 79). 즉 국세의 법정기일보다 늦은 전세권·질권 또는 저당권에 따라 담보된 채권으로서 세무서장으로부터 해당 담보가 설정된 체납자의 재산에 대한 압류통지를 받았으나 기한 내에 신고를 하지 않은 자에 대하여도 그 매각 잔여금이 있는 경우 이를 교부하여야 한다(국징령 79). 이 경우에 전세권·질권·저당권 등의 담보권자 상호간의 우선순위는 민법 기타 법령에 따르되, 담보권설정의 순위에 따라 배분순위를 정하는 것이 일반적이다(국징법 81 ①).

4) 배분잔여금은 체납자에게 지급한다.

위의 순위에 따라 배분하고 남은 금전이 있을 때에는 체납자에게 지급함으로써 청산이 종료된다.

5) 우선채권 배분순위의 수정에 의한 환급(국징법 81 ②)

체납처분을 집행하는 징세관청이 징수할 국세보다도 우선하는 채권(국기법 35 ① 단서)이 있음에도 불구하고 배분순위의 착오나 교부청구의 부당 기타 이에 준하는 사유로 인하여 체납액에 먼저 배분하거나 충당한 경우에는 세무서장은 그 배분하거나 충당한 금액을 국세에 우선하는 채권자에게 국세환급금의 환급의 예에 의하여 지급하여야 한다(국징법 81 ⑤, 국징통 82-0…1).

예를 들면, 압류하여 매각한 건물에 대한 임차인의 소액보증금채권이 우선함에도 불구하고 압류재산 매각대금을 체납세액에 먼저 충당함으로써 이들 우선채권자가 우선 배분을 받지 못하게 되는 경우이다.

이는 우선채권자가 우선배분을 받을 권리를 빼앗김으로서 생긴 손해를 보전하여 우선배분을 받은 것과 같은 효과를 얻으려고 한 것이다.

(2) 압류한 금전 등의 배분

압류한 금전과 타집행기관에 교부청구를 하여 받은 금전(국징법 80 ①)은 다음과 같이 배분한다.

① 압류나 교부청구에 직접 관계되는 국세·가산금과 체납처분비에 충당한다.
압류하거나 교부청구에 의하여 받은 재산이 금전이므로 법률적 또는 물리적 성질상 그 금전상에 담보권 등의 다른 채권자의 권리를 인정할 수 없기 때문에 그 금전에 대하여 압류 또는 교부청구의 직접적인 원인이 된 국세 등의 체납액에 충당할 수 있을 뿐이고 다른 채권자에게는 배분할 수 없다.

② 체납자에게 지급한다.
압류 또는 교부청구에 관계되는 체납액에 충당하고 잔여가 있을 때에는 체납자에게 지급한다.

③ 우선채권 배분순위의 수정에 의한 환급(국징법 81 ⑤)
체납처분을 집행하는 징세관청이 징수할 국세보다도 우선하는 채권(국기법 35 ① 단서)이 있음에도 불구하고 그 채권에 우선 배분하지 아니하고 체납처분 집행관청이 징수할 체납액에 먼저 배분하거나 충당함으로서 우선채권이 배분을 받지 못하게 된 경우에 그 우선채권액은 국세환급금의 환급 예에 따라 우선채

권자에게 지급하여야 한다.

(3) 국·공유재산 취득권 매각대금의 배분(국징법 82)

체납자가 국·공유재산을 매수하여 이를 취득할 권리를 가지고 있는 상태에서 그 취득권을 압류하여 매각한 경우(국징법 52)에 그 매각대금의 배분은 다음과 같은 순위에 의한다.

1) 부불잔액에 배분

국·공유 재산을 매수하고 그 대금을 연부(할부)로 지급하기로 하고 그 연부금의 일부가 미지급 상태에 있는 취득권을 압류하여 매각한 경우에는 그 매각 대금 중에서 매수자가 미지급한 연부금을 매도자인 국가 또는 공공단체에 대신 지급하고 나머지 금액을 체납액에 충당한다.

즉 체납자의 국·공유 재산 취득권을 체납자의 소유권과 같이 보고 징세관청이 재산권을 압류·매각한 금액 중에서 그 재산권에 관련한 채무를 변제하고 나머지 금액을 체납액에 충당하는 결과가 되는 것이다.

2) 체납액 충당

미지급 연부금에 배분하고 남은 금액을 체납액에 충당한다.

따라서 국·공유 재산의 매수자가 이미 지급한 매수대금에 상당하는 부분을 매각하여 체납액에 충당하는 결과가 된다.

3) 체납자에게 지급

체납액에 충당하고 잔여가 있을 때에는 체납자에게 지급한다. 다만, 압류 후 소유권이 제3자에게 이전된 경우에는 제3자에게 배분한다(국징법 82, 국징통 81-0…5).

이상에서 설명한 청산에 있어서 배분금전의 범위와 배분방법을 요약하면 다음과 같다.

<표 Ⅲ-5> 배분금전의 범위와 배분방법

배분대상이 되는 금전	배 분 방 법
① 압류한 금전 ② 교부청구에 의하여 받은 금전	각각 그 압류 또는 교부청구에 관계되는 국세·가산금과 체납처분비에 충당한다.

③ 채권·유가증권·무체재산권 등의 압류로 인하여 체납자 또는 제3 채무자로터 받은 금전 ④ 압류재산의 매각대금 및 그 매각 대금의 예치이자	다음의 국세·가산금과 체납처분비 기타 채권에 배분한다. ㉠ 압류에 관계되는 국세·가산금과 체납처분비 ㉡ 교부청구를 받은 국세·가산금과 체납처분비·지방세는 공과금 ㉢ 압류재산에 관계되는 전세권·질권·저당권에 담보된 채권

4. 배분절차

체납처분에 의하여 확보된 금전을 배분하기 위해서는, ① 배분계산서를 작성하고, ② 배분계산서에 대한 이의신청에 따라 배분계산서를 수정하여 확정하고, ③ 수정된 배분계산서의 배분순위에 따라 체납액에 충당하는 등의 배분을 실시하고, ④ 배분을 받을 채권자에게 지급하지 못한 금전은 예탁함으로써 청산은 종결된다.

(1) 배분계산서의 작성

세무서장은 금전을 배분할 때에는 배분계산서 원안을 작성하고, 이를 배분기일 7일 전까지 갖추어 두어야 한다. 체납자, 채권신고대상 채권자 및 배분요구를 한 채권자(이하 '체납자 등'이라 한다)는 세무서장에게 교부청구서, 감정평가서, 채권신고서, 배분요구서, 배분계산서 원안 등 배분금액 산정의 근거가 되는 서류의 열람 또는 복사를 신청할 수 있으며, 세무서장은 이러한 열람 또는 복사의 신청을 받았을 때에는 이에 응하여야 한다(국징법 83).

(2) 배분계산서에 대한 이의

배분기일에 출석한 체납자등은 배분기일이 끝나기 전까지 자기의 채권에 관계되는 범위에서 배분계산서 원안에 기재된 다른 채권자의 채권 또는 채권의 순위에 대하여 이의를 제기할 수 있다. 다만, 체납자는 배분기일에 출석하지 아니하였을지라도 배분계산서 원안이 비치된 이후부터 배분기일이 끝나기 전까지 서면으로 이의를 제기할 수 있다(국징법 83의 2 ①, ②).

세무서장은 이의제기가 없거나 이의의 내용이 정당하다고 인정하지 아니하는 때에는 배분계산서를 원안대로 즉시 확정하고, 이의의 내용이 정당하다고 인정하거나 배분계산서 원안과 다른 체납자등의 합의가 있는 때에는 배분계산서 원안을 수정하여 배분계산서를 확정한다(국징법 83의 2 ③, ④).

(3) 배분(충당과 지급 또는 예탁)

배분계산서가 확정되면 각 채권자에게 배분을 하여야 하는 바, 체납세액에 충당하거나 배분권리자에게 지급 또는 예탁하는 것을 말한다.

1) 체납액에 충당

① 체납액에 배분되는 금전은 체납된 국세·가산금과 체납처분비에 충당된다. 이는 배분할 대상으로 보유하고 있는 금전을 체납액의 징수액으로 대체하는 내부적 사무처리로서 이루어진다. 따라서 배분금전으로 충당된 금액의 범위 안에서 체납액에 대한 납세의무는 소멸한다.
② 충당의 순서는 체납처분비, 국세, 가산금으로 한다(국징법 4).

2) 지급 또는 예탁

배분순위에 따라 채권자 또는 체납자에게 배분할 금전을 지급한다. 다만 실제로 지급하지 못하는 경우에는 지급할 금액을 한국은행(대리점을 포함한다)에 예탁하고, 그 사실을 채권자 또는 체납자에게 통지하여야 한다(국징법 84 ①, ②).

[별지 제61호 서식] (2004. 3. 11. 개정)

배 분 계 산 서

<table>
<tr><td rowspan="3">체
납
자</td><td>성 명</td><td></td><td>주민등록번호</td><td></td></tr>
<tr><td>상 호</td><td></td><td>사업자등록번호</td><td></td></tr>
<tr><td>주소 또는 거소</td><td colspan="3"></td></tr>
<tr><td colspan="2">배분할 매각대금의 총액</td><td colspan="3"></td></tr>
<tr><td colspan="2">매각재산의 표시</td><td colspan="3"></td></tr>
<tr><td colspan="2">압류에 관계되는 국세의 금액</td><td colspan="3"></td></tr>
</table>

채 권 자

성 명	주소 또는 거소	채권금액

배분순위 및 금액

순위	성명	주민등록번호	사업자등록번호	금액	교부일	비 고
기타						

국세징수법 제83조의 규정에 의하여 이를 교부합니다.

년 월 일

세무서장 ㊞

기안자(직위/직급) 서명 검토자(직위/직급) 서명 결재권자(직위/직급) 서명
협조자(직위/직급) 서명
시행 처리과명-일련번호 (시행일자) 접수 처리과명-일련번호 (접수일자)
우 주 소 / 홈페이지 주소
전화 ( ) 전송 ( ) / 공무원의 공식 전자우편주소 / 공개구분

210㎜×297㎜(일반용지 60g/㎡ (재활용품))

제 6 절 체납처분유예

1. 의 의

납세자가 납부기한 내에 납세의무를 이행하지 아니하여 체납이 되면 징세관청은 독촉한 후에 압류를 하고 그 압류재산을 매각하여 체납액에 충당하는 일련의 강제징수절차(체납처분절차)를 실행할 수 있다. 그러나 납세자에게 그 체납액을 납부할 수 없는 특별한 사정이 있는 경우에 체납처분의 요건이 이미 충족되어 있음에도 불구하고 납세자에게 기한의 이익을 주기 위하여 압류 또는 공매 등을 일시 유예하여 주는 제도이다.

징수유예는 고지된 납부기한 내에 또는 독촉에 의한 납부기한 내에 납세자의 신청에 의하거나 징세관청의 직권에 의하여 그 납부기한을 연장하는 제도인 데 대하여 체납처분유예는 이미 독촉에 의한 납부기한까지 경과하여 압류를 할 수 있는 상태이거나 압류한 후 매각을 할 수 있는 상태에서 납세자의 사정을 고려하여 압류를 미루거나 매각을 미루어 줌으로써 납세자의 생활을 보호함과 동시에, 사업을 계속할 수 있게 함으로써 국세의 원활한 징수를 도모하기 위한 제도이다.

2. 유예사유(국징법 85의 2 ①)

세무서장은 납세자가 다음 중 어느 하나에 해당하는 경우 체납처분을 유예할 수 있다.

① 국세청장이 성실납세자로 인정하는 기준에 해당하는 때

② 재산의 압류나 압류재산의 매각을 유예함으로써 사업을 정상적으로 운영할 수 있게 되어 체납액의 징수가 가능하다고 인정되는 때

3. 유예절차

(1) 체납처분 유예절차 등의 징수유예규정의 준용

체납처분유예에 관한 유예의 신청·통지에 관하여는 앞서 설명한 징수유예의 규정을 준용한다(국징법 85의 2 ④, 국징령 82의 2 ③). 또한 체납처분유예의 취소와 취소통지 및 체납액의 일시징수에 관하여도 징수유예의 규정을 준용한다(국징법 85의 2 ⑤).

(2) 체납처분유예의 기간

체납처분 유예기간은 유예한 날의 다음 날부터 1년 이내로 하며, 세무서장은 체납처분 유예된 체납세액을 체납처분유예기간 내에 분할하여 징수할 수 있다(국징령 82의 2 ①, ②).

(3) 압류의 해제

세무서장은 체납처분유예를 하는 경우에 필요하다고 인정하는 때에는 이미 압류한 재산의 압류를 해제할 수 있다(국징법 85의 2 ①, ②)..

(4) 담보제공

재산의 압류를 유예하거나 체납처분유예에 필요하여 압류를 해제하는 때에는 그 압류재산 가액에 상당한 납세담보의 제공을 요구할 수 있다. 다만, 성실납세자가 체납세액 납부계획서를 제출하고 국세체납정리위원회가 체납세액 납부계획의 타당성을 인정하는 경우에는 납세담보의 제공을 면제한다(국징법 85의 2 ③).

(5) 체납처분 유예의 효과

① 체납처분 유예기간에는 징수권의 소멸시효가 정지된다(국기법 28 ③).
② 체납처분유예를 받은 경우에도 비록 체납이 되어 있더라도 납세증명서를 발급받을 수 있기 때문에 계속적인 기업활동이 가능하다.
③ 체납처분의 유예는 가산금과 중가산금에 아무런 영향을 미치지 않는다. 따라서 체납처분 유예기간도 중가산금 계산기간에 산입된다. 이러한 점에서 징수유예기간이 중가산금 계산기간에 산입하지 않는 징수유예제도와 차이가 있다.

4. 징수유예와 체납처분유예의 비교

지금까지 살펴본 징수유예 규정과 체납처분유예규정을 비교하면 다음과 같다.

<표 Ⅲ-6> 징수유예와 체납처분유예 비교

구 분	징 수 유 예	체납처분유예
대상자	납세자	체납자
대상국세 등	확정된 국세·가산금에 한함. 다만, 독촉에 따른 납부기한이 지난분은 제외	독촉에 따른 납부기한이 지난 국세 등

사유	재해·도난·질병 등	소규모 성실사업자	상호합의 절차 진행 중	성실납세자
유예기간	9월 내	18개월 내	상호합의 절차 진행기간	1년간
절차	문서로 신청(신청 없어도 가능), 담보제공을 요구할 수 있다.			좌동
효과	① 가산금·중가산금은 없다. ② 체납처분의 금지(교부청구는 가능) ③ 상호합의절차 진행 중인 경우 이자상당액 가산징수 ④ 소멸시효 정지 ⑤ 징수유예증명서 발급			① 가산금·중가산금에 영향 없음 ② – ③ – ④ 좌동 ⑤ 체납처분유예증명서 발급

제 7 절 체납처분의 중지

1. 개 념

체납처분의 목적물인 체납자의 총재산의 추산가액이 체납처분비에 충당하고 잔여가 생길 여지가 없을 때 체납처분을 중지하는 것을 말한다.

납세는 국민의 경제적 부담이라고 할 것이며 그 부담능력은 재산의 소유로서 담보되는 것이므로 체납자의 재산가액이 체납세액을 충당할 수 없음이 추산됨에도 불구하고 체납처분을 강행한다면 체납세액을 징수하려는 목적을 달성하지 못하면서 징세비의 지출과 쓸데없는 노력과 시간을 소비하게 되므로 이러한 경우에는 체납처분을 중지하여 체납자에게 정신적 안정과 담보능력을 회복할 수 있는 기회를 만들어 주기 위한 제도이다.

2. 체납처분중지의 사유

다음의 경우에는 체납처분의 실익이 없으므로 체납처분을 중지하여야 한다(국징법 85 ①, ②).

① 체납처분의 목적물인 체납자의 총재산의 추산가액이 체납처분비에 충당하고 잔여가 생길 여지가 없는 때

② 체납처분의 목적물인 재산이 국세에 우선하는 채권의 담보가 된 재산인 경우에

그 추산가액이 체납처분비와 당해 채권금액에 충당하고 잔여가 생길 여지가 없는 때

3. 체납처분중지의 절차

(1) 국세체납정리위원회의 심의와 결정

세무서장은 체납처분의 집행을 중지하고자 할 때에는 국세체납정리위원회의 심의를 거쳐 결정하여야 한다(국징법 85 ③). 그러나 동 위원회는 심의를 할 뿐이고 결정권은 징세관청에 있다.

체납처분 중지사유에 해당하는 경우에는 체납자 또는 체납처분의 목적물인 재산의 소유자도 체납처분의 중지를 세무서장에게 요청할 수 있다(국징법 85 ④).

(2) 공 고

세무서장이 국세체납정리위원회로부터 체납처분 집행의 중지에 관한 의결을 통지받은 경우에는 그 날부터 10일 내에 체납처분의 중지를 1개월간 공고하여야 한다(국징령 82 ②). 그 공고는 지방국세청·세무서·세관·시·군의 게시판 기타 적절한 장소에 게시하여 행하며, 필요에 따라 관보 또는 일간신문에 게재할 수도 있다(국징령 82 ①).

4. 체납처분중지의 효과

(1) 압류해제

체납처분을 중지한 때에는 당해 체납자의 재산에 대한 압류를 해제하여야 한다(국징령 82 ③). 따라서 체납자는 압류가 해제됨으로써 그 재산에 대한 자유로운 관리 또는 처분의 권능이 회복된다.

(2) 결손처분 요건충족(국징법 86의 1 ②)

체납처분이 중지되면 이에 관계되는 체납액은 결손처분을 할 수 있다. 결손처분을 할 수 있는 시기는 체납처분중지 공고기간이 만료되는 때로 보아야 할 것이다.

그러나 체납처분중지로 인하여 당연히 결손처분이 되는 것은 아니고 징세관청은 다시 결손처분 결정을 하여야 할 것이며 이는 징세관청의 재량에 속한다고 보아야 할 것이다.

제 8 절 결손처분

1. 개 념

적법하게 확정된 조세채권이 납세자의 소재가 분명하지 않거나 납세자가 납세의무를 이행할 만한 재산적 자력이 없는 등의 사유로 그 징수가 불가능한 상태에 있는 경우에 징세관청이 이를 확인하는 처분을 '결손처분'이라 한다. 세무서장이 결손처분을 하더라도 납세의무자의 납세의무는 소멸되지 아니하므로 결손처분 후 납세자의 소재가 밝혀지거나 소유재산이 발견되는 등의 결손사유가 없는 사실이 나타나면 징세관청이 결손처분을 취소하고 그 재산을 체납처분하여야 한다.

참고 2013년부터 결손처분 규정 삭제

현행 결손처분 규정은 법률적 효과 없이 내부적으로 일정 기간 징수권 행사를 보류하는 의미만 있으므로, 법률에 규정할 실익이 없는 점을 고려하여 2013년 1월 1일부터는 결손처분 규정을 삭제한다.

2. 사 유

세무서장은 납세자에게 다음중 어느 하나에 해당하는 사유가 있는 때에는 결손처분을 할 수 있다(국징법 86 ①, 국징령 83 ①, 86 ②).

① 체납처분이 종결되고 체납액에 충당되는 배분금액이 그 체납액에 부족한 때
납세자의 체납처분이 가능한 모든 재산을 체납처분하여 체납액에 충당하여도 부족한 금액은 결손처분 할 수밖에 없다. 납세의무는 경제적 부담이라고 할 것이므로 납세는 소유재산을 한계로 하여야 할 것이며, 납세할 재산적 자력이 부족하여 납세하지 못하는 것은 납세도의나 법률적으로도 허물이 되지 않는 것이다.

② 체납처분의 중지사유에 해당하는 때

③ 국세징수권의 소멸시효가 완성된 때

④ 체납자의 행방이 불명하거나 재산이 없다는 것이 판명되어 징수할 가망이 없다고 인정된 때

⑤ 채무자회생 및 파산에 관한 법률 제251조의 규정에 따라 체납한 회사가 납부의무를 면제받게 된 때

3. 절 차

(1) 국세체납정리위원회의 심의와 결정

위 '②'와 같은 체납처분의 중지와 위 '④'와 '⑤'의 사유로 인한 결손처분은 국세체납정리위원회의 심의를 거쳐야만 가능하다(국징령 86 ②).

(2) 조사와 확인

위 '④'의 체납자의 행방불명 또는 체납자의 재산이 없음을 이유로 결손처분을 할 때에는 지방행정기관 또는 금융기관에 대하여 그 행방 또는 재산의 유무를 조사·확인하여야 한다. 다만 체납된 국세가 10만원 미만인 때에는 그러하지 아니한다(국징령 83 ②).

4. 결손처분의 취소

세무서장은 결손처분을 한 후 압류할 수 있는 다른 재산을 발견한 때에는 지체없이 그 결손처분을 취소하고 체납처분을 하여야 한다. 다만, 국세징수권의 소멸시효 완성 사유로 인하여 결손처분을 한 경우에는 그러하지 아니한다(국징법 86 ②). 따라서 결손처분은 원칙적으로 납부의무의 소멸사유가 될 수 없다.

연습문제

[주관식 문제]

1. 국세징수법상의 체납처분절차에 대하여 설명하라.
2. 재산종류별 압류절차를 설명하라.
3. 교부청구와 참가압류를 비교·설명하라.
4. 국세징수법상 압류재산의 공매절차를 설명하라.
5. 체납처분의 중지와 유예에 대하여 설명하라.
6. 결손처분에 대하여 설명하라.

[객관식 문제]

1. 체납처분절차에 대한 개괄적인 설명으로 맞지 않은 것은?

① 체납처분절차는 크게 압류, 압류재산의 매각, 청산으로 구분된다.
② 압류재산의 매각방법에는 공매와 수의계약의 두 가지가 있다.
③ 청산이란 체납처분절차의 최종단계로서 압류재산의 매각대금을 조세 및 기타 채권에 분배할 금액을 확정시키는 절차다.
④ 압류된 재산은 법률상 처분이 금지되는 효과를 갖는다.
⑤ 재산의 압류절차는 재산의 종류에 상관없이 동일하다.

2. 다음의 국세징수와 관련된 설명 중 잘못된 것은?

① 납세자가 강제집행을 받을 경우에는 납기전징수를 할 수 있다.
② 납세자의 급여에 대해서도 체납액이 많으면 그 총액의 1/2 이상이라도 압류할 수 있다.
③ 교부청구는 배당요구의 효력과 같으며 선행압류의 해제가 있으면 그 실질적인 효력이 상실된다.
④ 참가압류는 선행압류가 해제되어도 압류의 효력이 소급하여 발생한다.
⑤ 압류재산의 매각은 공매를 원칙으로 한다.

정답	1. ⑤ 2. ②

3. 다음 중 두 가지 개념이 잘못 짝지어진 것은?

① 조세범처벌법 … 형법에 대한 특별법
② 납세증명제도 … 간접적인 납세의무 이행의 강제 수단
③ 징수순위 … 체납처분비·국세·가산금의 순서
④ 압류 … 담보자산을 현금화하는 수단
⑤ 교부청구 … 선행압류의 효력에 대하여 부종성을 지니기 때문에 선행압류가 해제되면 그 실질적인 효력이 상실됨

4. 다음의 국세징수법에 관한 설명 중 잘못된 것은?

① 납세증명제도, 체납자의 관허사업 제한제도는 간접적인 징수확보수단이다.
② 체납처분비, 국세, 가산금의 징수순위로 징수한다.
③ 징수의 편의와 납세자의 편의를 위하여 징수유예제도와 납기전징수제도를 운용한다.
④ 체납처분절차는 납세고지 후 납세의무자가 완납하지 않으면 바로 시행한다.
⑤ 납세자가 자발적으로 납세하지 않은 경우 자력집행권이 허용된다.

5. 다음의 국세징수에 관한 설명 중 올바른 것은?

① 국세, 가산금 및 체납처분비의 징수순위는 체납처분비, 가산금, 국세의 순이다.
② 간접적으로 납세의무를 강제하는 방법에는 납세증명제도와 관허사업제한제도 등이 있다.
③ 국세의 납기전징수에서 납부기한 내에 완납하지 않으면 납기경과 후 10일 내에 독촉장을 발부해야 한다.
④ 급여에 대해서는 국세의 한도 내에서 압류할 수 있다.
⑤ 압류재산에 대해 공매해도 유찰되거나 응찰자가 없는 경우에는 다음 회부터 매각예정가격의 10%에 해당하는 금액을 계속 체감하여 공매한다.

6. 국세징수법상 재산압류를 위한 수색에 관한 다음 설명 중 틀리는 것은?

① 수색은 원칙적으로 해뜰 때부터 해질 때까지 하여야 하나 해가 지기 전에 개시한 수색은 해가 진 후에도 계속할 수 있다.
② 수색의 결과 압류할 재산이 없으면 수색조서를 작성하여야 한다.
③ 제3자의 가옥, 창고 그 밖의 장소에 체납자의 재산을 은닉한 혐의가 있다고 인정되는 장소를 수색하는 경우에는 법원의 수색영장을 필요로 한다.
④ 주로 야간에 주류, 식사 기타 음식물을 제공하는 영업을 하는 장소에 대하여는 해가 진 후에도 영업 중이면 수색을 개시할 수 있다.
⑤ 세무공무원이 체납처분을 하기 위하여 수색을 할 때에는 그 신분을 표시하는 증표를

정답	3. ④ 4. ④ 5. ② 6. ③

휴대하고 이를 관계자에게 제시하여야 한다.

7. 압류의 방법으로 옳지 않은 것은?

① 동산과 유가증권－점유
② 부동산－압류등기
③ 무체재산권－점유
④ 채권－채무자에게 압류통지
⑤ 공장재단, 광업재단－압류등기

8. 압류대상재산에 대한 설명으로 옳지 못한 것은?

① 압류금지재산인 것이 외관상 명백한 것을 압류한 때에는 그 압류는 취소의 원인이 된다(국징통 31-0…1).
② 압류대상 재산은 양도성과 환가성이 있어야 한다(국징통 24-0…6).
③ 조건부 또는 기한부 법률행위의 목적이 된 재산을 압류한 경우 압류 후 그 조건의 성취 또는 기한의 도래에 의하여 권리를 취득한 자는 그 권리의 취득으로 국가에 대항하지 못한다(국징통 24-0…16).
④ 과세에 관한 처분, 고지 등에 대하여 불복청구 중인 경우에도 그 처분이 취소될 때까지는 쟁송에 관련된 국세의 체납에 기하여 재산을 압류할 수 있다(국징통 24-0…8).
⑤ 양도담보설정자(체납자)의 체납액을 징수하기 위하여 양도담보권자의 양도담보재산을 압류할 수 있다(국징통 24-0…14).

9. 다음 재산을 압류할 때에는 압류조서를 작성하여 그 등본을 체납자에게 교부하여야 한다. 이에 해당하지 않는 것은?

① 동산
② 채권
③ 무체재산권
④ 유가증권
⑤ 부동산

10. 다음은 국세징수법상 압류대상재산과 관련된 규정이다. 옳지 않은 것은?

① 조건부 압류금지재산이란 압류가능한 다른 재산을 제공하고 압류를 면할 수 있는 재산을 말한다.
② 급여에 대하여는 그 총액에서 소득세, 소득할 주민세를 공제한 금액의 1/3 이상을 압류할 수 없다.
③ 체납자와 그 동거가족이 필요한 3월간의 식료와 연료는 압류금지재산이다.
④ 압류금지재산인 것이 외관상 명백한 것을 압류한 때에는 그 압류는 무효가 된다.
⑤ 발명 또는 저작에 관한 것으로서 공표되지 아니한 것은 압류금지재산이다.

정답	7. ③ 8. ① 9. ⑤ 10. ②

11. 국세징수법에 규정하는 확정전 보전압류에 대한 설명 중 틀리는 것은?

① 확정된 보전압류를 하고자 하는 경우에는 지방국세청장의 사전승인을 얻어야 한다.
② 확정전 보전압류의 통지를 받은 자가 납세담보를 제공하고 압류해제를 요구한 때에는 즉시 압류를 해제하여야 한다.
③ 압류한 날부터 원칙적으로 3월이 지날 때까지 징수하고자 하는 국세가 확정되지 않으면 압류를 즉시 해제하여야 한다.
④ 국세로 확정되리라고 추정되는 금액의 한도 내에서 납세자의 재산을 압류할 수 있다.
⑤ 각 세법에 따른 수시부과사유가 있어 국세의 확정 후에는 당해 국세를 징수할 수 없다고 인정되는 때에 한하여 인정된다.

12. 국세징수법상 압류의 요건에 해당하지 않는 것은?

① 납세자에게 납기전징수사유가 있어 국세의 확정 후에는 당해 국세를 징수할 수 없다고 인정하는 때
② 납세자가 납기전징수규정에 따라 납기 전에 납부의 고지를 받고 지정된 기한까지 완납하지 아니한 때
③ 제2차 납세의무자 또는 납세보증인이 납부최고서를 받고 지정된 기한까지 완납하지 아니한 때
④ 납세자가 독촉장을 받고 지정된 기한까지 국세와 가산금을 완납하지 아니한 때
⑤ 주소, 거소, 영업소 또는 사무소의 불명으로 인하여 징수유예한 후 납세자의 행방을 발견한 때

13. 다음은 압류를 한 경우 그 뜻을 납세자에게 통지하여야 하는 것이다. 해당되지 않는 것은?

① 동산과 유가증권
② 무체재산권
③ 부동산, 항공기 또는 선박
④ 채권
⑤ 국·공유재산에 관한 권리

14. 압류에 관한 설명으로 잘못된 것은?

① 압류의 사유는 납세자가 독촉장을 받고 지정된 기한까지 국세와 가산금을 완납하지 아니한 때와 납세자가 납기 전에 납부의 고지를 받고 지정된 기한까지 완납하지 아니한 때로 한다.
② 압류부동산에 대한 제3자의 소유권주장이 상당한 이유가 있다고 인정할 때는 세무서장은 압류를 해제하여야 한다.
③ 동산에 대한 압류절차는 세무공무원의 점유로서 이루어진다.

정답	11. ⑤ 12. ⑤ 13. ① 14. ⑤

④ 체납자와 그 동거가족이 필요한 3월간의 식료와 연료는 압류가 금지된다.
⑤ 압류한 재산의 추산가격이 100만원 미만일 때 또는 제1회 공매 후 1년간에 3회 이상 공매하여도 매각되지 아니한 때는 수의계약에 의해 매각할 수 있다.

15. 다음 중 재산의 종류와 압류절차가 바르게 짝지워진 것은?

① 동산 및 유가증권－세무서장이 그 뜻을 당해 권리자에게 통지
② 채권－세무서장이 그 뜻을 채무자에게 통지
③ 무체재산권－세무공무원이 점유
④ 부동산 및 공장재단, 광업재단 또는 선박－관계기관에 압류의 등록을 촉탁
⑤ 항공기, 중기 또는 자동차－소관 등기소에 압류등기의 촉탁

16. 압류에 관한 설명 중 틀린 것은?

① 농업·어업에 필요한 기구는 절대적 압류금지대상이다.
② 압류에 관계되는 체납액의 일부가 납부 또는 충당될 때에는 일부에 대해 압류를 해제할 수 있다.
③ 참가압류는 선행압류가 해제되더라도 압류의 효력이 소급하여 발생한다.
④ 압류의 효력은 압류재산으로부터 생기는 과실에도 미친다.
⑤ 압류한 재산의 추산가격이 1천만원 미만인 때에는 수의계약에 의해 압류재산을 매각할 수 있다.

17. 강제징수를 위한 체납처분절차 중 압류에 관한 설명으로서 잘못된 것은?

① 세무공무원은 납세자가 납세고지서를 받고 지정된 기한까지 국세와 가산금을 완납하지 아니한 때에는 납세자의 재산을 압류할 수 있다.
② 압류의 효력은 압류재산으로부터 생기는 과실에도 미친다.
③ 채권에 대한 압류의 절차는 세무서장이 그 뜻을 채무자에게 통지함으로써 이루어진다.
④ 납부, 충당, 공매의 중지, 부과의 취소 기타의 사유로 압류의 필요가 없게 된 때에는 세무서장은 즉시 압류를 해제해야 한다.
⑤ 교부청구나 참가압류는 선행압류의 효력에 부종성을 지니기 때문에 선행압류가 해제되면 실질적 효력이 상실된다.

18. 다음은 압류한 재산에 대한 제3자의 소유권주장에 관한 설명이다. 옳지 않은 것은?

① 제3자가 압류한 재산에 대하여 소유권을 주장하고 반환을 청구하는 경우에도 세무공무원은 그 재산에 대하여 체납처분을 속행하여야 한다.

정답	15. ② 16. ① 17. ⑤ 18.. ①

② 압류된 재산에 대하여 소유권을 주장하고 반환을 청구하고자 하는 제3자는 매각 5일 전까지 소유자로 확인할 만한 증거서류를 세무서장에게 제출하여야 한다.
③ 압류재산에 대하여 소유권주장을 한 제3자는 세무공무원으로부터 반환청구가 부당하다는 통지를 받은 날로부터 15일 내에 체납자를 상대로 그 재산에 대하여 소송을 제기한 사실을 증명하여야 한다.
④ 제3자가 주장한 반환청구에 이유없다고 인정하는 때에는 지체없이 세무공무원은 그 뜻을 청구인에게 통지하여야 한다.
⑤ 세무공무원은 제3자의 소유권반환청구에 대하여 이유가 정당하다고 인정하는 때에는 지체없이 압류를 해제하여야 한다.

19. 국세징수법상 부동산 등의 압류에 관한 다음 설명 중 타당하지 않은 것은?

① 지상권과 전세권은 무체재산권으로서 압류하여야 한다.
② 체납처분의 집행상 필요하다고 인정되는 경우에는 발항준비를 완료한 선박, 항공기에 대해서도 정박 또는 정류를 명할 수 있다.
③ 국세에 대하여 우선권을 가진 채권자가 해당 재산의 압류통지를 받고 그 권리를 행사하고자 할 때에는 통지를 받은 날부터 10일 내에 그 사실을 세무서장에게 신고하여야 한다.
④ 부동산에 대한 압류의 효력은 그 압류의 등기·등록이 완료된 때에 발생한다.
⑤ 건설기계 또는 자동차를 압류한 때에는 체납자에게 인도할 것을 명하여 이를 점유할 수 있다.

20. 국세체납으로 인한 재산압류에 관한 설명 중 옳지 않은 것은?

① 급여에 대한 압류는 국세·가산금과 체납처분비를 한도로 하여 압류 후에 수입할 금액에 미친다.
② 신원보증금·계약보증금 등의 조건부채권은 그 조건성립 전에는 압류할 수 없다.
③ 부동산에 대한 압류의 효력은 당해 압류재산의 소유권이 이전되기 전에 법정기일이 도래한 국세에 대한 체납액에 대하여도 그 효력이 미친다.
④ 채권을 압류하는 때에는 원칙적으로 국세·가산금과 체납처분비를 한도로 하여야 한다.
⑤ 양도가능한 전화가입권은 무체재산권의 압류절차에 의하여 압류한다.

21. 압류대상재산에 대한 다음 설명 중 틀리는 것은?

① 압류의 대상이 되는 재산은 압류당시에 국내·외에 소재하는 체납자 소유의 재산을 말한다(국징통 24-0…4).

정답	19. ② 20. ② 21. ①

② 압류할 재산이 공유물인 경우에 그 몫이 정하여져 있지 아니한 때에는 그 몫이 균등한 것으로 본다.
③ 압류의 대상이 되는 재산은 압류당시에 체납자에게 귀속되고 있는 것이어야 한다(국징통 24-0…2).
④ 당사자간의 계약에 의하여 양도금지의 특약이 있는 재산도 압류의 대상이 된다(국징통 24-0…7).
⑤ 금전적 가치를 가진 것이어야 한다(국징통 24-0…5).

22. 다음은 압류 및 수색에 대한 설명이다. 틀리는 것은?

① 체납자가 파산선고를 받은 경우에도 이미 압류한 재산이 있는 때에는 체납처분을 속행하여야 한다.
② 수색을 하였으나 압류할 재산이 없을 때에는 수색조서를 작성하여 그 등본을 수색을 받는 체납자와 참여자에게 교부하여야 한다.
③ 참여자가 없거나 참여에 응하지 않는 경우에 수색 또는 검사의 증인이 될 수 있는 공무원의 범위에는 제한이 없으므로 공무원 신분에 있는 자이면 전부 증인이 될 수 있다.
④ 수색할 때에는 폐쇄된 문이나 금고 또는 기구 등을 열게 하거나 열 수 있다.
⑤ 세무공무원이 압류를 위하여 수색할 때에는 반드시 참여자를 증인으로 참여시켜야 한다.

23. 다음 중 채권압류에 관한 설명으로서 틀린 것은?

① 채무이행기간이 없는 채권을 압류한 경우에는 세무공무원이 그 이행기간을 지정하여 그 기한까지 이행할 것을 채권압류통지서에 의하여 통지하여야 한다.
② 채권압류의 효력은 채권압류통지서가 채무자에게 송달된 때에 발생한다.
③ 압류의 통지를 받은 채무자가 채무이행기간 내에 이행을 하지 않으면 최고를 하고, 최고한 기한 내에도 채무의 이행이 없으면 세무서장은 채무자의 다른 재산을 압류할 수 있다.
④ 압류조서등본의 교부는 채권압류의 효력발생요건이 되지 아니한다.
⑤ 압류할 채권이 국세·가산금과 체납처분비를 초과하는 경우에도 필요하다고 인정하는 때에는 그 채권전액을 압류할 수 있다.

24. 동산과 유가증권의 압류절차에 관한 다음 설명 중 옳지 못한 것은?

① 세무서장이 압류한 유가증권에 관계되는 금전채권을 추심한 경우에는 추심한 한도 내에서 압류에 관계되는 체납액을 징수한 것으로 본다.

정답	22. ③ 23. ③ 24. ②

② 어음, 수표, 출자증권, 주권, 창고증권, 선화증권, 차용증서 또는 수취증권은 유가증권으로서 압류하여야 한다(국징통 38-0…7, 38-0…8).
③ 압류동산에 봉인 기타의 방법으로 압류가 표시된 때에는 그 재산의 양수로써 압류에 대항할 수 없다(국징통 38-0…13).
④ 압류한 동산을 사용·수익하고자 하는 자는 반드시 세무서장의 허가를 받아야 한다.
⑤ 동산 또는 유가증권의 압류는 세무공무원이 점유함으로써 행하며 점유한 때에 압류의 효력이 발생한다.

25. 무체재산권의 압류에 관한 다음 사항 중 타당치 않은 것은?

① 무체재산권 등을 압류함에 있어서 그 무체재산권 등의 이전에 관하여 등기·등록을 요하는 것에 대하여는 압류등기 또는 등록을 관계관서에 촉탁하여야 한다.
② 무체재산권에 대한 압류효력은 언제나 체납자에게 통지한 때에 발생한다.
③ 무체재산권 등이라 함은 채권과 소유권을 제외한 재산권으로 광업권, 입어권, 양도가능한 전화가입권 등을 포함하는 것으로 한다.
④ 무체재산권 중에는 지상권, 전세권 등 제3채무자 또는 이에 준하는 자가 있는 재산을 압류한 때에는 이들 제3채무자 등에게 압류의 통지를 하여야 한다(국징통 51-0…1 ②).
⑤ 무체재산권 등의 압류등록촉탁서에는 압류조서를 첨부하여야 한다.

26. 다음 중 국세징수법상 필요적 압류해제 요건에 해당하는 것은?

① 압류 후 재산가격의 변동에 의하여 그 가격이 징수할 체납액의 전액을 현저히 초과한 때
② 부과의 일부를 취소한 때
③ 체납자가 압류할 수 있는 다른 재산을 제공하여 그 재산을 압류한 때
④ 압류된 다른 재산을 매각하고 그 대금으로 당해 체납액이 전부 충당된 때
⑤ 압류에 관계되는 체납액의 일부가 납부 또는 충당된 때

27. 다음 중 조건부 압류금지재산이 아닌 것은?

① 동물진료업에 필요한 기구와 약품
② 농업에 필요한 기계, 기구, 가축류
③ 직업에 필요한 기구와 비품
④ 어업에 필요한 어구와 어선
⑤ 사업에 필요한 기계

정답	25. ② 26. ④ 27. ①

28. 다음 보기 중에서 국세징수법상 필요적 압류해제 요건으로만 묶인 것은?

> A. 납부, 충당, 공매의 중지, 부과의 취소 기타의 사유로 압류의 필요가 없게 된 때
> B. 부과의 일부를 취소한 때
> C. 제3자가 체납자를 상대로 소유권에 관한 소송을 제기하여 승소판결을 받고 그 사실을 증명한 때
> D. 체납자가 압류할 수 있는 다른 재산을 제공하여 그 재산을 압류한 때
> E. 제3자의 소유권주장이 상당한 이유가 있다고 인정하는 때

① A, C, D
② B, D, E
③ A, D
④ A, C, E
⑤ B, C, D

29. 다음 중 세무서장의 판단에 따라 압류해제를 할 수 있는 경우가 아닌 것은?

① 압류 후 재산가격의 변동 기타의 사유로 그 가격이 징수할 체납액의 전액을 현저히 초과한 때
② 압류에 관계되는 체납액의 일부가 납부 또는 충당된 때
③ 부과의 일부를 취소한 때
④ 체납자가 압류할 수 있는 다른 재산을 제공하여 그 재산을 압류한 때
⑤ 압류부동산에 대한 제3자의 소유권주장이 상당한 이유가 있다고 인정하는 때

30. 압류의 제한적인 사항에 대한 설명 중 잘못된 것은?

① 제사, 예배에 필요한 물건은 절대로 압류할 수 없다.
② 체납자와 그 동거가족이 필요한 3월간의 식료와 연료는 절대로 압류할 수 없다.
③ 어업에 필요한 어망, 어구와 어선은 절대로 압류할 수 없다.
④ 급료, 임금, 봉급은 그 총액의 1/2을 초과하여 압류할 수 없다.
⑤ 체납자의 생계유지에 필요한 소액금융재산으로서 납입액이 300만원 미만인 보장성보험의 보험금은 절대로 압류할 수 없다.

31. 납세자 갑의 재산이 다음과 같은 경우 국세징수법상 세무공무원이 압류할 수 있는 재산의 총액은 얼마인가?(단, 최저생계비를 감안하여 법령이 정하는 금액은 월 1,200,000원이다.)

> ○ 생계유지에 필요한 소액금융재산
> – 보장성보험의 보험금 5,000,000원(납입액 2,000,000원)

정답 28. ④ 29. ⑤ 30. ③ 31. ⑤

- 적금잔액 : 1,000,000원 ○ 월급여 : 1,800,000원(소득세 및 소득할주민세를 공제한 금액임)

① 600,000원
② 900,000원
③ 3,600,000원
④ 5,600,000원
⑤ 6,600,000원

32. 압류의 해제에 대한 다음 설명 중 틀리는 것은?

① 재산의 압류를 해제할 때에는 그 뜻을 당해 재산의 압류통지를 한 권리자·채무자 또는 제3자에게 통지하여야 한다.
② 압류재산의 보관에 따라 작성하는 문서에 관하여는 인지세는 면제하나 압류 또는 압류해제의 등기·등록에 관하여는 등록세는 면제하지 아니한다.
③ 세무서장이 보관중인 재산을 반환할 때 압류조서에 영수사실을 기입하여 서명·날인하게 함으로써 영수증에 갈음할 수 있다.
④ 동산과 유가증권은 압류해제통지와 함께 정당한 권리자에게 반환하여야 한다.
⑤ 압류의 등기 또는 등록을 한 것에 대하여는 압류해제조서를 첨부하여 압류말소의 등기 또는 등록을 관계관서에 촉탁하여야 한다.

33. 체납자가 국세, 가산금과 체납처분비에 충당할 만한 다른 재산을 제공한 때에는 압류할 수 없는 조건부압류금지재산이 아닌 것은?

① 사업에 필요한 기계, 기구와 비품
② 의료업에 필요한 기구, 약품 기타 재료
③ 직업에 필요한 기계, 기구와 비품
④ 어업에 필요한 어망, 어구와 어선
⑤ 농업에 필요한 기계, 기구, 가축류, 사료, 종자와 비료

34. 압류재산의 압류효력 발생시기에 대한 다음 설명 중 잘못된 것은?

① 등록된 항공기·중기·자동차 등을 압류할 때에는 압류의 등록을 관계관청에 촉탁한 때 압류의 효력이 발생한다.
② 동산 또는 유가증권에 대한 압류의 효력은 세무공무원이 그 재산을 점유한 때에 발생한다.
③ 질물압류의 효력은 질물을 세무공무원에게 인도한 때에 발생한다.
④ 채권압류의 효력은 채권압류통지서가 채무자에게 송달된 때에 발생한다.

정답	32. ② 33. ② 34. ①

⑤ 부동산, 공장재단 등을 압류한 때는 그 압류의 등기 또는 등록이 완료된 때에 압류의 효력이 발생한다.

35. 다음은 국세징수법상의 과실에 대한 압류의 효력을 적은 것이다. 틀린 것은?

① 압류재산에 대하여 체납자에게 사용·수익이 인정된 경우에도 재산압류의 효력은 그 재산의 매각으로 인하여 권리를 이전할 때까지 수취하지 아니한 천연과실에는 미치지 않는 것이 원칙이다.
② 과수를 압류했을 경우 그 재산으로부터 생기는 과실에 대하여도 압류의 효력이 미친다.
③ 압류재산에 대하여 체납자에게 사용·수익이 인정된 경우에는 그 원본 압류의 효력은 압류재산으로부터 생기는 천연과실에는 미치지 아니한다.
④ 채권을 압류했을 경우 압류 후의 이자에 대하여도 압류의 효력이 미친다.
⑤ 압류의 효력은 원칙적으로 그 압류재산에서 생기는 천연과실 및 법정과실에도 미친다.

36. 세무서장이 공매를 하고자 할 때 공고해야 할 사항이 아닌 것은?

① 입찰 또는 경매의 장소
② 매수대금의 납부기한
③ 보증금을 받을 때에는 그 금액
④ 공매의 참여자격에 관한 제한
⑤ 공매재산이 공유물의 지분인 경우 공유자(체납자는 제외)에게 우선매수권이 있다는 사실

37. 국세징수법상 압류재산을 수의계약에 의하여 매각할 수 없는 경우는?

① 수의계약에 의하지 아니하면 매각대금이 체납액에 충당하고 잔여가 생길 여지가 없는 때
② 총포화약류단속법에 의한 총포·화약류인 때
③ 부패, 변질 또는 감량되기 쉬운 재산으로서 속히 매각하지 아니하면 그 재산가액이 감손될 우려가 있는 때
④ 제1회 공매 후 1년간에 3회 이상 공매하여도 매각되지 아니한 때
⑤ 법령으로 소지 또는 매매가 규제된 재산인 때

38. 국세징수법상 압류재산의 공매에 대한 설명 중 타당하지 못한 것은?

① 입찰보증금과 계약보증금은 입찰가격 또는 매수가격의 10% 이상으로 한다.
② 낙찰자 또는 경락자가 매수계약을 체결하지 아니한 때에는 입찰보증금은 체납처분비, 압류와 관계되는 국세·가산금 순으로 충당하고, 잔액은 체납자에게 지급한다.

정답	35. ① 36. ④ 37. ④ 38. ⑤

③ 공매는 공고한 날로부터 10일이 지난 후에 행하는 것이 원칙이나 그 재산의 보관에 많은 비용이 들거나 그 가액이 현저히 줄어들 우려가 있는 때에는 그러하지 아니한다.
④ 공매는 지방국세청·세무서·세관 또는 재산소재지의 시·군에서 행한다.
⑤ 입찰보증금은 국·공채 또는 세무서장이 확실하다고 인정하는 상장유가증권 또는 비상장유가증권 또는 보증보험증권으로 갈음할 수 있다.

39. 압류재산의 매각에 관한 설명 중 가장 옳지 않은 것은?

① 압류재산에 대하여 공매를 하여도 유찰되거나 응찰자가 없는 때에는 매각예정가격의 50%에 해당하는 금액을 한도로 다음 회부터 10%를 체감한다.
② 공매에 있어서 부당하게 가격을 떨어뜨릴 목적으로 담합한 사실이 있는 자는 5년간 공매장소 출입을 제한할 수 있다.
③ 세무서장이 국세청장의 승인을 얻어 체납처분유예를 한 경우 유예기간 동안 압류재산의 매각이 유예된다.
④ 공매를 집행하는 공무원은 공매개시 전에 체납자 또는 제3자가 그 국세·가산금과 체납처분비를 완납한 때에는 공매를 중지하여야 한다.
⑤ 입찰에 의하여 재산을 매각하는 경우에 낙찰이 될 가격의 입찰을 한 자가 2인 이상인 때에는 즉시 추첨으로 낙찰자를 정한다.

40. 국세징수법상 압류재산의 매각에 대한 다음 설명 중 타당하지 아니한 것은?

① 확정전 보전압류의 경우에는 그 압류에 관계되는 국세의 납세의무가 확정되기 전에는 압류재산을 공매할 수 없다.
② 이의신청·심사청구 또는 심판청구가 계류 중에 있는 경우에는 결정이 확정되기 전에는 압류재산을 공매처분할 수 없다.
③ 압류한 재산이 토지로서 필요한 경우에는 세무서장이 직접 공매하지 아니하고 한국토지개발공사에 대행하게 할 수 있다.
④ 체납자 또는 세무공무원은 직접·간접을 불문하고 당해 압류재산을 매수하지 못한다.
⑤ 공매재산이 공유물의 지분인 경우 공유자는 우선매수 신고를 할 수 있으며, 이 경우 세무서장은 그 공유자에게 매각결정을 하여야 한다.

41. 압류하고자 하는 재산이 이미 타기관에 압류되어 있는 경우 참가압류할 수 있다. 다음 중 참가압류를 할 수 있는 경우가 아닌 것은?

① 납기전 징수사유에 해당하는 납세자가 납기전 납부의 고지를 받고 지정된 기한까지 완납하지 아니한 때

정답	39. ② 40. ③ 41. ④

② 납세자에게 납기전 징수사유가 있어 국세의 확정 후에는 당해 국세를 징수할 수 없다고 인정되는 때
③ 제2차 납세의무자가 납부최고서를 받고 지정된 기한까지 국세와 가산금을 완납하지 아니한 때
④ 납세고지서를 받고 납세자가 국세를 납부기한까지 완납하지 아니한 때
⑤ 납세자가 독촉장을 받고 지정된 기한까지 국세와 가산금을 완납하지 아니한 때

42. 교부청구와 참가압류의 차이점을 설명한 것이다. 틀린 것은?

① 교부청구는 교부청구할 국세가 압류의 요건을 충족하지 않았더라도 가능하지만, 참가압류할 수 있는 국세는 압류요건을 충족하고 있어야 한다.
② 참가압류를 한 세무서장은 기압류기관에 대하여 매각처분을 최고할 수 있으나, 교부청구에는 이러한 제도가 없다.
③ 등기 또는 등록을 요하는 재산의 경우에 교부청구는 교부청구서의 송달로써 족하지만, 참가압류는 등기 또는 등록을 관계관서에 촉탁하여야 한다.
④ 교부청구는 지방세 등의 체납으로 압류한 기관의 압류해제로 효력이 상실되나, 참가압류는 참가압류시점에 소급하여 압류효력이 승계된다.
⑤ 교부청구는 국세징수권의 소멸시효를 중단시키는 효력이 있으나, 참가압류는 소멸시효를 정지시키는 효력이 있다.

43. 체납자의 재산이 이미 다른 기관에 의하여 압류된 경우 세무서장은 교부청구나 참가압류를 할 수 있다. 이에 대한 사항의 연결이 가장 부적절한 것은?

① 교부청구–배당요구효력
② 참가압류–선행압류 해제시에도 압류의 효력 소급 발생
③ 교부청구–시효중단의 효력
④ 참가압류–배당요구효력·시효중단효력
⑤ 교부청구–환가최고의 효력

44. 다음 중 교부청구의 사유가 아닌 것은?

① 강제집행을 받은 때
② 지방세의 체납으로 체납처분을 받을 때
③ 경매가 개시된 때
④ 법인이 해산한 때
⑤ 국세를 포탈하고자 하는 행위가 있다고 인정되는 때

정답	42. ⑤ 43. ⑤ 44. ⑤

45. 국세징수법상 참가압류에 관한 설명 옳지 않은 것은?

① 참가압류는 국세징수권의 소멸시효를 중단시키는 효력이 있다.
② 참가압류한 세무서장은 압류기관이 그 압류재산을 장기간이 경과하도록 매각하지 아니한 경우에는 기압류기관에 대하여 매각처분을 최고할 수 있다.
③ 참가압류를 한 후에 기압류기관이 그 재산에 대한 압류를 해제한 때에는 참가압류의 효력은 상실한다.
④ 세무서장은 압류하고자 하는 재산이 이미 다른 기관에서 압류하고 있는 재산인 때에는 참가압류통지서를 기압류기관에 송달함으로써 그 압류에 참가할 수 있다.
⑤ 세무서장은 참가압류 하고자 하는 재산이 권리의 변동에 있어서 등기 또는 등록을 요하는 것인 때에는 참가압류의 등기 또는 등록을 관계관서에 촉탁하여야 한다.

46. 교부청구에 대한 다음 설명 중 틀리는 것은?

① 교부청구는 국세징수권의 소멸시효를 중단시키는 효력이 있다.
② 체납처분을 유예한 경우에는 교부청구할 수 없다.
③ 교부청구를 받은 집행기관의 체납처분, 강제집행 또는 경매의 절차가 해제되거나 취소되는 경우에는 그 교부청구는 효력을 상실한다.
④ 압류한 재산의 가액이 징수할 금액에 부족하거나 부족하다고 인정되는 때에는 재단채권으로서 파산관재인에게 그 부족액에 대하여 교부청구를 하여야 한다.
⑤ 공과금의 체납으로 체납처분을 받을 때에도 교부청구사유가 된다.

47. 교부청구와 참가압류의 차이점과 유사점에 대한 설명으로 잘못된 것은?

① 교부청구는 국세징수권의 소멸시효를 중단시키는 효력이 있으나 참가압류는 소멸시효를 정지시키는 효력이 있다.
② 교부청구는 지방세 등의 체납으로 압류한 기관의 압류해제로 상실되나 참가압류는 참가압류시점에 소급하여 압류효력이 승계된다.
③ 참가압류는 교부청구에 갈음하여 행한다.
④ 참가압류를 한 징세관청은 가압류기관에 대하여 매각처분을 최고할 수 있으나, 교부청구에는 이러한 효력이 없다.
⑤ 체납된 국세의 징수유예기간 중에는 교부청구는 할 수 있으나, 참가압류는 할 수 없다.

48. 세무서장이 교부청구나 참가압류를 행하게 될 때 다음 설명 중 틀린 것은?

① 체납자의 재산이 이미 다른 자에 의해 재산이 압류되었을 경우에 행한다.
② 교부청구는 강제집행절차에 있어서 배당요구의 효력을 가진다.

정답	45. ③ 46. ② 47. ① 48. ③

③ 참가압류는 선행압류가 해제되면 그 실질적 효력이 상실된다.
④ 교부청구는 선행압류의 효력에 부종성을 지닌다.
⑤ 체납자가 압류할 수 있는 다른 재산을 제공하여 그 재산을 압류하면 세무서장은 압류를 해제할 수 있다.

49. 체납처분으로 인한 국·공유재산 매각대금의 배분순위로 옳은 것은?

1. 매수대금부불잔액	2. 체납처분비
3. 가산금	4. 국세

① 1, 2, 3, 4
② 2, 1, 3, 4
③ 1, 2, 4, 3
④ 1, 3, 2, 4
⑤ 2, 3, 4, 1

50. 체납처분의 목적물인 총재산의 추산가격이 얼마인 때 체납처분을 중지하는가?

① 체납액에 충당하고 잔여가 생길 여지가 없을 때
② 가산금과 체납처분비에 충당하고 잔여가 생길 여지가 없을 때
③ 체납처분비에 충당하고 잔여가 생길 여지가 없을 때
④ 국세에 충당하고 잔여가 생길 여지가 없을 때
⑤ 가산금에 충당하고 잔여가 생길 여지가 없을 때

51. 체납처분유예에 대한 다음 설명 중 옳지 않은 것은?

① 체납처분중지의 공고는 세무서장이 국세체납정리위원회의 체납처분중지에 관한 의결의 통지를 받은 날부터 10일 내에 하여야 한다.
② 체납처분 유예기간도 중가산금 계산기간에 산입된다.
③ 체납처분의 유예를 하는 경우에는 그에 상당하는 납세담보의 제공을 요구할 수 있다.
④ 체납처분유예기간은 그 유예한 날의 다음 날로부터 2년 내로 한다.
⑤ 국세청장이 성실납세자로 인정하는 기준에 해당하고 재산의 압류나 압류재산의 매각을 유예함으로써 사업을 정상적으로 운영할 수 있게 되어 체납액의 징수가 가능하다고 인정되는 때에도 체납처분유예를 할 수 있다.

52. 결손처분에 대한 다음 설명 중 옳지 않은 것은?

① 국세징수권의 소멸시효가 완성된 경우와 국세부과제척기간이 만료된 경우에는 결손처분하여야 한다.

정답	49. ③ 50. ③ 51. ④ 52. ①

② 국세에 우선하는 채권이 있음에도 배분순위의 착오로 인하여 국세체납액에 먼저 충당한 경우에는 국세에 우선하는 채권자에게 국세환급의 예에 의해 지급한다.
③ 체납처분의 목적물인 총재산의 추산가액이 체납처분비에 충당하고 잔여가 생길 여지가 없는 때는 결손처분을 할 수 있다.
④ 결손처분을 한 후 결손처분당시 압류할 수 있는 재산이 있었던 것을 발견한 때에는 지체없이 그 결손처분을 취소하고 압류를 하여야 한다.
⑤ 체납된 국세가 10만원 미만인 경우는 결손처분을 위하여 지방행정기관 또는 금융기관에 대하여 그 행방 또는 재산의 유무를 조사·확인하지 아니하여도 된다.

53. 다음 중 국세징수법상 결손처분의 사유가 아닌 것은?

① 국세징수권의 소멸시효가 완성한 때
② 채무자회생 및 파산에 관한 법률의 규정에 의하여 체납한 회사가 납부의무를 면제받게 된 때
③ 체납처분의 목적물인 재산이 국세에 우선하는 채권의 담보가 된 재산인 경우에 그 추산가액이 체납처분비와 당해 채권금액에 충당하고 잔여가 생길 여지가 없는 때
④ 체납자가 체납액을 완납하지 아니하고 국외로 도주한 때
⑤ 체납처분이 종결되고 체납액에 충당된 배분금액이 그 체납액에 부족한 때

54. 다음 중 국세체납정리위원회의 심의를 거치지 아니하여도 되는 결손처분사유는?

① 체권처분의 목적물인 재산의 추산가액이 체납처분비와 국세에 우선하는 채권에 충당하고 잔여가 생길 여지가 없어 체납처분을 중지하고자 할 때
② 국세징수권의 소멸시효가 완성된 때
③ 체납자의 행방이 불명하여 징수할 가망이 없다고 인정되는 때
④ 채무자회생 및 파산에 관한 법률의 규정에 의하여 체납한 회사가 납부의무를 면제받게 된 때
⑤ 납세자의 재산이 없다는 것이 판명되어 징수할 가망이 없다고 인정되는 때

55. 국세징수법상 체납처분의 효력에 대한 다음 설명 중 타당하지 않은 것은?

① 압류물건으로부터 생기는 천연과실 중 성숙한 것은 토지 또는 입목과 분리하여 동산으로 볼 수 있다.
② 체납처분은 재판상의 가압류나 가처분으로 인하여 그 집행에 영향을 받는다.
③ 피상속인에 대하여 집행한 체납처분의 효력은 상속인에게도 미친다.
④ 원본에 대한 압류의 효력은 그 압류 후에 생긴 법정과실에도 영향을 미친다.

정답	53. ④ 54. ② 55. ②

⑤ 체납자가 압류재산을 사용·수익하는 경우에는 압류재산에 대한 압류의 효력은 압류재산으로부터 생기는 천연과실에는 미치지 아니하는 것이 원칙이다.

56. 체납처분의 효력에 관한 설명으로서 틀리는 것은?

① 원본에 대한 압류는 압류시까지 이미 발생한 법정과실에 대하여는 그 압류의 효력이 미치지 아니한다.
② 체납자인 법인의 재산에 대하여 체납처분을 집행한 후 법인이 합병에 의하여 소멸된 경우에도 그 재산에 대하여 한 체납처분은 이를 속행하여야 한다.
③ 압류의 효력은 압류재산으로부터 생기는 천연과실에도 미치는 것이 원칙이다.
④ 원본에 대한 압류는 압류 후에 생긴 법정과실에 대하여 별도의 압류를 한 경우 이외에는 효력을 미치지 아니한다.
⑤ 세무공무원이 질권이 설정된 재산을 압류하고자 할 때에는 그 질권자는 질권의 설정시기 여하에 불구하고 질물을 세무공무원에게 인도하여야 한다.

정답	56. ④

제 Ⅳ 편

조세범처벌법

제1장 총　칙

1. 의　의

조세범처벌법은 세법을 위반한 자에 대한 형벌 및 과태료 등에 관한 사항을 규정하여 세법의 실효성을 높이고 국민의 건전한 납세의식을 확립함을 목적으로 한다(조범법 1).

2. 적용범위

조세에 관한 세법을 위반한 자에 대해서는 조세범처벌법에 따라 처벌한다. 여기서 '조세'란 관세를 제외한 국세를 말한다(조범법 2). 따라서 조세범처벌법의 적용대상은 내국세에 국한하며, 관세와 지방세는 조세범처벌법의 적용대상이 아니다.

3. 양벌규정(책임벌)

법인(국세기본법에 따른 법인으로 보는 단체를 포함한다)의 대표자, 법인 또는 개인의 대리인, 사용인, 그 밖의 종업원이 그 법인 또는 개인의 업무에 관하여 조세범처벌법에서 규정하는 범칙행위를 하면 그 행위자를 벌할 뿐만 아니라 그 법인 또는 개인에게도 해당 조문의 벌금형을 과(科)한다. 다만, 법인 또는 개인이 그 위반행위를 방지하기 위하여 해당 업무에 관하여 상당한 주의와 감독을 게을리하지 아니한 경우에는 그러하지 아니한다(조범법 18). 이와 같이 행위자는 물론 그 법인·개인 사업주도 처벌한다는 의미에서 이를 '양벌규정'이라고 하며, 법인·개인 사업주에 대한 처벌을 '책임벌'이라고 한다.

4. 형법총칙 적용의 일부 배제

조세범처벌법은 형법에 대한 특별법에 해당하므로 형법에 우선하여 적용하되, 조세범처벌법에 정하지 않은 것은 형법총칙을 적용한다.

조세범처벌법에서는 다음의 범칙행위를 한 자에 대해서는 형법총칙 중 벌금경합에 관한 제한가중규정을 적용하지 않도록 규정하고 있다(조범법 20).

① 조세포탈범

② 면세유 부정 유통범
③ 유사석유제품 제조범
④ 무면허 주류 제조범
⑤ 세금계산서 등 관련범
⑥ 납세증명표지 관련범
⑦ 근로소득 원천징수영수증 등 관련범

● 참고 ● **벌금경합에 관한 제한가중 규정**

경합범에 대하여 벌금을 과할 때 가장 중한 죄에 정한 다액(多額)에 그 1/2까지 가중하되, 각 죄에 정한 다액을 합산한 액수를 초과할 수 없는 것을 말한다(형법 38 ① (2)). 조세범처벌법에서 벌금경합에 관한 제한가중규정을 배제하는 취지는 아래에서 열거하는 범칙행위에 이 동 규정을 적용하면 벌금을 줄일 수 있는 다양한 변칙행위를 행하는 빌미를 제공할 수 있기 때문이다.

5. 징역과 벌금의 병과

(1) 의 의

병과죄란 하나의 범죄에 두 가지 이상의 형을 부과하는 벌을 말한다.

조세범은 원래 침해된 재정권의 신속한 회복에 중점을 두고 있었으므로 벌금형을 부과하였으나, 점차 조세범이 형사범화하여 감에 따라 벌금형을 주형으로 하되 정상에 따라 악질적인 범죄자에 대하여는 징역형도 부과한다.

형의 병과에는 범칙행위자의 정상에 의하여 법원의 재량으로 병과할 수 있는 임의적 병과와 법률의 규정에 의하며 반드시 병과하여야 하는 강제적 병과가 있다. 조세범처벌법은 징역과 벌금을 병과할 수 있는 범칙행위를 별도로 규정하고 있어 임의적 병과주의를 채택하고 있다.

(2) 임의적 병과대상 범칙행위

임의적 병과대상 범칙행위는 다음과 같다(조범법 3 ②, 10 ③).

① 조세포탈범
② 세금계산서 등 관련범 중 재화 또는 용역을 공급하지 아니하거나 공급받지 아니하고 세금계산서나 계산서를 발급하거나 발급받은 행위 또는 매출·매입처별세금계산서합계표나 매출·매입처별계산서합계표를 거짓으로 기재하여 정부에 제출한 행위

그러나 원천징수의무자가 정당한 사유 없이 그 세금을 징수하지 않았을 때에는 벌

금형으로만 처벌하며, 조세질서범(현금영수증 발급의무 위반, 금품수수 및 공여, 명령사항 위반)은 형벌이 아닌 과태료를 부과한다.

6. 고발전치주의

조세범처벌법에 의한 범칙행위에 대해서는 국세청장·지방국세청장 또는 세무서장의 고발이 없으면 검사는 공소를 제기할 수 없다(조범법 21).

7. 몰수와 추징

형법은 범죄행위에 제공하였거나 제공하려고 한 물건, 범죄행위로 인하여 생(生)하였거나 이로 인하여 취득한 물건 또는 이들의 대가로 취득한 물건은 몰수하며, 그 물건을 몰수할 수 없는 때에는 그 가액을 추징하도록 하고 있다(형법 48).

이러한 몰수는 범칙행위의 재발방지 및 범죄에 의한 이득의 획득을 금지시킬 것을 목적으로 하는 재산형으로서, 원칙적으로 다른 형에 부가하여 과하는 것이다.

다음 중 어느 하나에 해당하는 것으로서 제조자 또는 판매자가 소지하는 물품은 이를 몰취할 수 있다(조범법 7).

① 주세법에 따른 면허를 받지 아니하고 제조한 물품
② '①'에 따른 물품제조에 공한 기계·기구 또는 용기
③ 주세법에 따른 납세필증인의 압날 또는 납세 사실을 증명하는 일정한 표시를 하지 않은 물품

8. 미수범

조세범처벌법에는 미수범에 대한 처벌규정을 두고 있지 않다.

9. 공소시효

(1) 의 의

'공소시효'란 확정판결 전에 일정한 기간의 경과로 형벌권이 소멸하는 제도를 말한다. 이 경우 검사는 공소를 제기할 수 없게 된다. 공소시효는 확정판결 전에 발생한 실체법상의 형벌권을 소멸시킨다는 점에서 확정판결 후의 형벌권을 소멸시키는 '형의 시효'와 구별된다.

공소시효의 제도적인 존재이유는 시간의 경과에 따라 발생한 사실상의 상태를 존

중하자는 것, 소송법상으로 시간의 경과에 의하여 증거판단이 곤란하게 된다는 것, 실체법상으로는 시간의 경과로 인하여 범죄에 대한 사회의 관심이 약화되는 것, 범죄인의 생활안정을 보장하는 것 등에서 합리적 근거를 찾고 있다.

(2) 공소시효기간

징역형이나 벌금형을 과하는 다음에 해당하는 범칙행위의 공소시효는 5년이 지나면 완성된다. 다만, 양벌규정에 따른 행위자가 특정범죄가중처벌 등에 관한 법률 제8조(조세포탈의 가중처벌)의 적용을 받는 경우에는 양벌규정에 따른 법인에 대한 공소시효는 10년이 지나면 완성된다(조범법 22).

① 조세포탈 등 행위(조범법 3)
② 면세유의 부정 유통행위(조범법 4)
③ 유사석유제품의 제조행위(조범법 5)
④ 무면허 주류의 제조 및 판매행위(조범법 6)
⑤ 체납처분 면탈 및 그 방조행위(조범법 7)
⑥ 장부의 소각·파기 등 행위(조범법 8)
⑦ 성실신고 방해행위(조범법 9)
⑧ 세금계산서의 발급의무 위반 등 행위(조범법 10)
⑨ 사업자등록관련범(조범법 11)
⑩ 납세증명표지의 불법사용 등 행위(조범법 12)
⑪ 원천징수불이행 행위(조범법 13)
⑫ 거짓으로 기재한 근로소득 원천징수영수증의 발급 등 행위(조범법 14)

• 참고 •

조세질서범에 대하여 부과되는 과태료는 범죄에 대한 형벌이 아니므로 그 성질상 공소시효는 있을 수 없다.

연습문제

[주관식 문제]

1. 조세범처벌법상 양벌규정에 대하여 설명하라.
2. 조세범처벌법상 병과벌주의에 대하여 설명하라.
3. 조세범처벌법에서 형법상의 벌금경합에 관한 제한가중규정을 배제하는 취지와 그 내용을 설명하라.
4. 조세범칙행위의 공소시효에 대하여 설명하라.

[객관식 문제]

1. 국가의 조세징수권을 보호할 목적으로 조세범에 대한 처벌근거를 마련한 형법에 대한 특별법은?

① 조세특례제한법　② 조세범처벌절차법
③ 국세징수법　④ 조세범처벌법
⑤ 국세기본법

2. 조세범처벌법은 조세에 관한 법률을 위반한 자를 처벌하는 데 필요한 규정을 정하는 데 목적이 있다. 이 경우 조세란 다음 중 어떤 것을 말하는가?

① 내국세　② 내국세, 관세
③ 내국세, 지방세　④ 내국세, 관세, 지방세
⑤ 내국세, 관세, 지방세, 공과금

3. 다음은 조세범처벌법에 대한 설명이다. 옳지 아니한 것은?

① 국가의 과세권보호라는 측면에서 조세범에 대하여는 징역형보다 벌금형에 더 큰 비중을 두고 있다.
② 조세법규의 실효성보장에 조세범처벌법의 목적이 있다.

정답	1. ④ 2. ① 3. ④

③ 조세범처벌법에서 처벌대상이 되는 조세라 함은 내국세만을 말하므로 관세와 지방세는 그 대상이 아니다.
④ 조세범처벌법의 규정이 형법과 다른 경우에는 형법의 규정이 조세범처벌법에 우선한다.
⑤ 조세범처벌법은 국세기본법상 세법에 해당한다.

4. 조세범칙행위자를 벌금형으로 처벌하는 경우 형법 중 벌금경합에 관한 제한가중규정이 적용되지 아니하는 조세범칙행위는?

① 체납처분 면탈범
② 장부소각·파기·은닉범
③ 성실신고방해범
④ 조세포탈범
⑤ 명의대여행위범

5. 조세범처벌법에 대한 설명 중 잘못된 것은?

① 개인의 대리인이 개인의 업무에 관하여 범칙 행위를 한 경우에는 행위자만을 처벌한다.
② 조세범처벌법은 관세를 제외한 모든 국세에 대한 처벌을 규정하고 있다.
③ 조세범처벌법의 처벌대상은 관세법을 제외한 모든 조세에 관한 법률을 위반한 자이다.
④ 조세범처벌법에는 미수범에 대한 처벌규정을 두고 있지 않다.
⑤ 조세범처벌법에 의한 범칙행위에 대해서는 국세청장·지방국세청장 또는 세무서장의 고발이 없으면 검사는 공소를 제기할 수 없다.

6. 법인의 사용인이 그 법인의 업무 또는 재산에 관하여 조세범처벌법상의 범칙행위를 저지른 경우의 처벌로서 옳은 것은?

① 법인과 사용인 중 어느 하나를 택일하여 처벌한다.
② 법인만을 처벌한다.
③ 사용인과 법인의 대표자를 처벌한다.
④ 사용인과 법인을 처벌한다.
⑤ 법인의 대표자만을 처벌한다.

7. 다음은 징역형과 벌금형을 병과할 수 있는 조세범칙행위이다. 이에 해당하지 않는 것은?

① 조세포탈의 죄를 상습적으로 범한 자
② 포탈세액 등이 5억원 이상인 자
③ 사기 그 밖의 부정한 행위에 의하여 조세를 포탈하거나 조세의 환급·공제를 받은 자
④ 납세증명표지 등의 위조·변조한 자
⑤ 재화 또는 용역을 공급하지 아니하고 세금계산서를 발급한 자

정답	4. ④ 5. ① 6. ④ 7. ④

8. 다음은 조세범처벌법에 의하여 제조자 또는 판매자가 소지한 물품을 몰수할 수 있는 경우이다. 옳지 않은 것은?

① 주세법에 의한 납세필증인을 압날을 하지 아니한 물품
② 주세법에 의한 면허를 받지 아니하고 제조한 물품에 사용된 기구 또는 용기
③ 주세법에 의한 면허를 받지 아니하고 제조한 물품제조에 사용된 기계
④ 주세법에 의한 면허를 받지 아니하고 제조한 물품
⑤ 주세법에 의한 반출신고를 하지 아니하고 제조장에서 반출하는 물품

9. 다음은 조세범처벌법상 책임벌에 대한 설명이다. 틀린 것은?

① 책임벌제도는 행위자처벌의 원칙에 대한 중대한 예외이다.
② 사업주가 대리인 또는 사용인에게 범칙행위를 지시한 경우에만 사업주를 처벌한다.
③ 사업주가 범칙행위자인 대리인 또는 사용인의 선임·감독에 관하여 과실이 없으면 사업주를 처벌하지 않는다는 것이 통설이다.
④ 사업주의 종업원 등에 대한 선임감독상의 과실 책임을 묻는 동시에 범칙행위로 인하여 실제로 이득을 본 자를 처벌하고자 하는 데 그 취지가 있다.
⑤ 법인 또는 개인 등의 책임벌 해당자는 벌금형에만 처하며 징역형에는 처할 수 없다.

정답	8. ⑤ 9. ②

제2장 조세범의 유형과 그 처벌

제1절 유형의 분류

조세범에 대한 처벌로 보호하고자 하는 법익은 종국에 있어서 국가의 조세부과·징수에 관한 권리의 적정한 행사이다. 따라서 조세범은 그 유형에 따라 그 보호법익을 직접적으로 침해하여 조세과징권의 적정행사를 저해하여 세수의 감손을 기도하는 것, 그리고 조세행정의 질서를 저해할 위험을 발생시키는 것 등이 있을 수 있다.

그리하여 조세범은 강학상 첫째, 국가의 과징권을 직접 침해하여 조세수입의 감손을 결과하거나 이를 기도하는 내용의 행위인 탈세범과 직접 조세수입의 감손을 초래하는 행위는 아니지만, 조세질서의 확보를 위해 설정한 세법상의 각종 의무규정에 위반함으로써 조세과징권의 적정행사를 저해할 위험이 있는 행위인 위해범(질서범)으로 크게 나누고, 둘째, 탈세범은 다시 조세수입의 감손을 실현한 결과가 발생되는 실질적인 탈세범과 조세과징권을 직접 침해하여 조세수입의 감손을 기도하는 데 그치고 조세수입의 감손이라는 결과발생까지는 이르지 아니한 형식범인 탈세범으로 분류한다.

조세위해범(질서범)과 형식범인 탈세범은 모두 형식범에 속하지만, 전자는 조세질서의 침해를 그 내용으로 하는 것이기 때문에 조세과징권의 보호가 간접적인 데 반하여, 후자는 조세과징권을 구체적으로 직접 침해하는 것을 내용으로 하는 행위이기 때문에 조세과징권의 보호가 보다 직접적이라고 할 수 있다.

위의 강학상의 조세범 유형에 따라 현행 조세범처벌법상의 범칙행위를 구분하여 살펴보면 다음과 같다.

- 조세범
  - 탈세범
    - 실질범
      - 조세포탈범
      - 면세유 부정 유통범
      - 유사석유 제품 제조범
      - 무면허 주류 제조범
    - 형식범
      - 체납처분 면탈범
      - 장부소각·파기·은닉범
      - 성실신고방해범
      - 세금계산서 등 관련범
      - 명의대여행위범
      - 납세증명표지관련범
      - 원천징수납부불이행범
      - 근로소득 원천징수영수증 등 관련범
  - 위해범 – 형식범 (질서범)
    - 현금영수증 발급의무 위반
    - 금품수수 및 공여
    - 명령사항 위반

제 2 절 조세범의 종류와 처벌

1. 실질적 탈세범

명 칭	범 칙 행 위	처 벌
조세포탈범 (제3조)	① 사기나 그 밖의 부정한 행위로써 조세를 포탈하거나 조세의 환급·공제를 받은 자	2년 이하 징역 또는 세액의 2배 이하의 벌금, 고액 포탈범의 경우에는 3년 이하 징역 또는 세액의 3배 이하의 벌금
	② ①의 죄를 상습적으로 범한 자	형의 1/2을 가중
면세유 부정 유통범 (제4조)	면세유(농업·임업 또는 어업에 사용하기 위한 석유류를 말한다)를 용도 외의 다른 용도로 사용·판매하여 조세를 포탈하거나 조세의 환급·공제를 받은 석유판매업자	3년 이하의 징역 또는 포탈세액 등의 5배 이하의 벌금
	면세유를 공급받은 자(농·어민 등)로부터 취득하여 판매하는 자	판매가액의 3배 이하의 과태료 *관할세무서장이 부과·징수

	외국항행선박 또는 원양어업선박에 사용할 목적으로 개별소비세 및 교통 · 에너지 · 환경세를 면제받는 석유류를 외국항행선박 또는 원양어업선박 외의 용도로 반출하여 조세를 포탈하거나, 외국항행선박 또는 원양어업선박 외의 용도로 사용된 석유류에 대하여 외국항행선박 또는 원양어업선박에 사용한 것으로 환급 · 공제받은 자	3년 이하의 징역 또는 포탈세액 등의 5배 이하의 벌금
	외국항행선박 또는 원양어업선박 외의 용도로 반출한 석유류를 판매하거나 그 사실을 알면서 취득한 자	판매가액 또는 취득가액의 3배 이하의 과태료 *관할세무서장이 부과 · 징수
유사석유 제품 제조범 (제5조)	유사석유제품을 제조하여 조세를 포탈한 자	3년 이하의 징역 또는 포탈한 세액의 5배 이하의 벌금
무면허 주류 제조범 (제6조)	면허를 받지 아니하고 주류, 밑술 · 술덧을 제조(개인의 자가소비를 위한 제조는 제외)하거나 판매한 자	3년 이하의 징역 또는 3천만원(해당 주세 상당액의 3배의 금액이 3천만원을 초과할 때에는 그 주세 상당액의 3배의 금액) 이하의 벌금

2. 형식적 탈세범

명 칭	범 칙 행 위	처 벌
체납처분 면탈범 (제7조)	① 납세의무자 또는 납세의무자의 재산을 점유하는 자가 체납처분의 집행을 면탈하거나 면탈하게 할 목적으로 그 재산을 은닉 · 탈루하거나 거짓 계약을 하였을 때	3년 이하의 징역 또는 3천만원 이하의 벌금
	② 압수물건의 보관자 또는 압류물건의 보관자가 그 보관한 물건을 은닉 · 탈루하거나 손괴 또는 소비하였을 때	3년 이하의 징역 또는 3천만원 이하의 벌금
	③ 그 정을 알고 ①, ②의 행위를 방조하거나 거짓 계약을 승낙한 자	2년 이하 징역 또는 2천만원 이하 벌금
장부소각 · 파기 · 은닉범 (제8조)	조세를 포탈하기 위한 증거인멸의 목적으로 세법에서 비치하도록 하는 장부 또는 증빙서류를 해당 국세의 법정신고기한이 지난 날부터 5년 이내에 소각 · 파기 또는 은닉한 자	2년 이하의 징역 또는 2천만원 이하의 벌금
성실신고 방해범 (제9조)	① 납세의무자를 대리하여 세무신고를 하는 자가 조세의 부과 또는 징수를 면하게 하기 위하여 타인의 조세에 관하여 거짓으로 신고를 하였을때	2년 이하의 징역 또는 2천만원 이하의 벌금
	② 납세의무자로 하여금 과세표준의 신고(신고의 수정을 포함)를 하지 아니하게 하거나 거짓으로 신고하게 한 자 또는 조세의 징수나 납부를 하지 않을 것을 선동하거나 교사한 자	1년 이하의 징역 또는 1천만원 이하의 벌금

<table>
<tr><td rowspan="5">세금계산서 등 관련범 (제10조)</td><td>① 세금계산서(전자세금계산서를 포함)를 작성하여 발급하여야 할 자와 매출처별세금계산서합계표를 정부에 제출하여야 할 자가 다음에 해당하는 경우
㉠ 세금계산서를 발급하지 아니하거나 거짓으로 기재하여 발급한 경우
㉡ 거짓으로 기재한 매출처별세금계산서합계표를 제출한 경우</td><td>1년 이하의 징역 또는 공급가액에 부가가치세의 세율을 적용하여 계산한 세액의 2배 이하에 상당하는 벌금</td></tr>
<tr><td>② 세금계산서를 발급받아야 할 자와 매입처별세금 계산서합계표를 정부에 제출하여야 할 자가 통정하여 다음 각 호의 어느 하나에 해당하는 행위를 한 경우
㉠ 세금계산서를 발급받지 아니하거나 거짓으로 기재한 세금계산서를 발급받은 경우
㉡ 거짓으로 기재한 매입처별세금계산서합계표를 제출한 경우</td><td>1년 이하의 징역 또는 매입금액에 부가가치세의 세율을 적용하여 계산한 세액의 2배 이하에 상당하는 벌금</td></tr>
<tr><td>③ 재화 또는 용역을 공급하지 아니하거나 공급받지 아니하고 다음 각 호의 어느 하나에 해당하는 행위를 한 자
㉠ 세금계산서 또는 계산서를 발급하거나 발급 받은 행위
㉡ 매출·매입처별계산서합계표 또는 매출·매입처별계산서합계표를 거짓으로 기재하여 정부에 제출한 행위</td><td rowspan="2">3년 이하의 징역 또는 매출세액·매입세액의 3배 이하에 상당하는 벌금</td></tr>
<tr><td>④ ③의 행위를 알선하거나 중개한 자</td></tr>
<tr><td>⑤ 세무를 대리하는 세무사·공인회계사 및 변호사가 ③의 행위를 알선하거나 중개한 때</td><td>④의 형의 1/2을 가중</td></tr>
<tr><td rowspan="2">명의대여 행위범 (제11조)</td><td>① 조세의 회피 또는 강제집행의 면탈을 목적으로 타인의 성명을 사용하여 사업자등록을 한 자</td><td>2년 이하의 징역 또는 2천만원 이하의 벌금</td></tr>
<tr><td>② 조세의 회피 또는 강제집행의 면탈을 목적으로 자신의 성명을 사용하여 타인에게 사업자등록을 할 것을 허락한 자</td><td>1년 이하의 징역 또는 1천만원 이하의 벌금</td></tr>
<tr><td>납세증명표지관련범 (제12조)</td><td>다음에 해당하는 자
① 주세법에 따른 납세증명표지를 재사용하거나 정부의 승인을 받지 아니하고 이를 타인에게 양도한 자
② 납세증명표지를 위조하거나 변조한 자
③ 위조하거나 변조한 납세증명표지를 소지 또는 사용하거나 타인에게 교부한 자
④ 인지세법에 따라 소인(消印)된 인지를 재사용한 자</td><td>2년 이하의 징역 또는 2천만원 이하의 벌금</td></tr>
<tr><td rowspan="2">원천징수납부 불이행범 (제13조)</td><td>① 조세의 원천징수의무자가 정당한 사유 없이 그 세금을 징수하지 아니하였을 때</td><td>1천만원 이하의 벌금</td></tr>
<tr><td>② 조세의 원천징수의무자가 정당한 사유 없이 징수한 세금을 납부하지 아니하였을 때</td><td>2년 이하의 징역 또는 2천만원 이하의 벌금</td></tr>
<tr><td>근로소득원천징수영수증 등 관련</td><td>① 근로를 제공받지 아니하고 다음 각 호의 어느 하나에 해당하는 행위를 한 자
㉠ 근로소득 원천징수영수증을 거짓으로 기재하여 타인</td><td>2년 이하의 징역 또는 그 원천징수영수증 및 지급명세서에</td></tr>
</table>

범 (제14조)	에게 발급한 행위 ㉡ 근로소득 지급명세서를 거짓으로 기재하여 세무서에 제출한 행위 ② ①의 행위를 알선하거나 중개한 자	기재된 총급여·총지급액의 20% 이하에 상당하는 벌금

3. 조세위해범(질서범)

명 칭	범 칙 행 위	처 벌
현금영수증 발급의무 위반 (제15조)	소득세법 또는 법인세법에 따라 건당 거래금액(부가가치세 포함)이 30만원 이상인 재화 또는 용역을 공급하고 그 대금을 현금으로 받은 경우에는 상대방이 현금영수증 발급을 요청하지 않더라도 현금영수증을 발급하여야 할 의무를 위반한 자	미발급 거래금액의 50% 상당액의 과태료 *해당 거래가 국민건강보험법에 따른 보험급여의 대상인 경우에는 부과하지 않음 *위 과태료를 부과받은 자에 대해서는 현금영수증 미발급가산세 및 세금계산서 미발급가산세를 부과하지 않음
금품수수 및 공여 (제16조)	① 세무공무원이 그 직무와 관련하여 금품을 수수(收受)하였을 때	금품 수수액의 5배 내의 징계부가금 부과 의결을 징계위원회에 요구 *다른 법률에 따라 형사처벌을 받거나 변상책임 등을 이행한 경우(몰수나 추징을 당한 경우 포함)에는 징계위원회에 감경된 징계부가금 부과 의결 또는 징계부가금 감면을 요구하여야 함
	② 세무공무원에게 금품을 공여한 자	금품 상당액의 2배 이상 5배 내의 과태료 부과 *관할세무서장이 부과·징수 *다른 법률에 따라 형사처벌을 받은 경우에는 과태료를 부과하지 아니하고, 과태료를 부과한 후 형사처벌을 받은 경우에는 과태료 부과를 취소함
명령사항 위반 (제17조)	① 다음의 명령사항을 위반한 자 ㉠ 개별소비세법 및 교통·에너지·환경세법에 따른 납세보전을 위한 명령 ㉡ 부가가치세법에 따른 납세보전 또는 조사를 위한 명령 ㉢ 소득세법 또는 법인세법에 따른 신용카드가맹점에 대한 명령	500만원 이하의 과태료 부과 *관할세무서장이 부과·징수

	㉣ 소득세법 또는 법인세법에 따른 현금영수증가맹점에 대한 명령 ㉤ 주세법에 따른 주세보전명령 ㉥ 주세법에 따른 납세증명표지에 관한 명령 ② 주세법을 위반하여 검정을 받지 아니한 기계 또는 용기를 사용한 자 ③ 주세법에 따른 납세증명표지가 붙어 있지 아니한 주류, 정부의 면허 없이 제조한 주류 또는 면세한 주류를 판매의 목적으로 소지하거나 판매한 자 ④ 인지를 붙일 때 인지세법에 따라 소인하지 아니한 자 ⑤ 소득세법 · 법인세법 등 세법의 질문 · 조사권 규정에 따른 세무공무원의 질문에 대하여 거짓으로 진술을 하거나 그 직무집행을 거부 또는 기피한 자	

제 3 절 조세포탈범

1. 의 의

(1) 개 념

조세포탈범은 사기나 그 밖의 부정한 행위로서 조세를 포탈하거나 세액을 환급·공제받은 자를 말한다(조범법 3 ①). 이는 조세범 중에서 가장 중요한 대표적인 유형이 되고 있다.

● 참고 ●

'사기나 그 밖의 부정한 행위'란 다음 각 호의 어느 하나에 해당하는 행위를 말한다(조범법 3 ⑥).

① 이중장부의 작성 등 장부의 거짓 기장
② 거짓 증빙 또는 거짓 문서의 작성 및 수취
③ 장부와 기록의 파기
④ 재산의 은닉, 소득·수익·행위·거래의 조작 또는 은폐
⑤ 고의적으로 장부를 작성하지 아니하거나 비치하지 아니하는 행위 또는 계산서, 세금계산서 또는 계산서합계표, 세금계산서합계표의 조작
⑥ 조세특례제한법에 따른 전사적 기업자원관리설비의 조작 또는 전자세금계산서의 조작
⑦ 그 밖에 위계(僞計)에 의한 행위 또는 부정한 행위

(2) 실질범

조세포탈범은 국가의 조세과징권을 직접 실질적으로 침해하여 조세수입을 감손케 하는 범죄이므로 실질범(결과범)에 속한다. 즉, 조세수입의 감손이라고 하는 결과의 발생을 필요로 하므로 실질적인 탈세범이 된다. 이 점에서 조세수입의 감손이라는 결과를 필요로 하지 아니하고 단순히 조세질서유지를 위하여 조세과징권의 적정행사를 저해할 위험의 존재만으로 가벌행위가 되는 조세위해범(질서범)과 구별된다.

2. 구성요건

(1) 구성요건 해당성

1) 실행행위

조세포탈범이 성립하기 위해서는 먼저 조세범의 유형에 해당하는 행위가 있어야 한다. 이는 조세포탈의 실행행위를 의미하는 바 조세범처벌법은 사기 기타 부정한 행위로서 조세를 포탈하거나 조세의 환급·공제를 받는 행위라고 규정하였다. 비록 조세과징권의 행사를 방해하여 조세수입의 감손을 결과하였다고 하더라도 그러한 행위를 처벌하는 범죄유형이 조세범처벌법에 규정되어 있지 않다면 처벌의 대상이 되지 아니한다. 이는 형법의 대 법원칙인 죄형법정주의에서 당연히 도출되는 결론이다.

조세포탈범의 구성요건 해당 행위인 사기 기타 부정한 행위에는 특별한 방법의 제한이 없다. 사기는 부정행위의 예시라고 해석된다. 사기는 허위의 사실로서 기만하여 착오에 빠지게 하는 위법한 행위를 뜻하며, 부정한 행위는 사실을 허위 조작하고, 진정한 사실을 왜곡하거나 또는 이를 은닉하는 등 포탈을 가능케 하는 모든 행위가 이에 해당한다. 사기 기타 부정행위에는 작위·부작위(부정한 적극적 행위의 수반을 필요로 한다)를 불문하며, 이러한 행위에 의하여 세무공무원이 착오에 빠졌는가 어떤가는 관계가 없다. 허위기장·허위내용의 신고서를 제출·이중장부의 비치·거래의 일부에 대한 기장누락 또는 거래사실의 일부에 대한 신고탈루, 허위기장의 작성비치 등이 전형적인 방법유형이 될 것이다.

그리고 신고·추계조사결정 또는 실지조사결정에 의해 부과된 세액을 완납하였더라도 후에 위와 같이 부과된 세액산출의 기초가 된 소득금액 또는 수입금액을 초과하는 소득금액 또는 수입금액이 적출된 때에는 그 초과금액에 상당하는 세액만이 포탈한 것이 된다.

"포탈"이란 정당금액을 납부하지 아니하거나 과소납부하는 것을 말하고, "환급"이란 정당하게 납부한 세액을 반환받거나 정당하게 반환받아야 할 세액을 초과하여 반환받는 것을 의미한다.

2) 단순무신고

부작위에 해당하는 과세표준 등의 단순한 무신고행위가 사기 기타 부정행위에 해당하여 조세포탈범의 구성요건을 이루는가? 우리나라의 판례는 "사기 기타 부정한 행위라 함은 조세의 포탈을 가능케 하는 행위로서 사회통념상 부정이라고 인정되는 행위", 즉 "조세의 부과·징수를 불능 또는 현저하게 곤란하게 하는 위계 기타 부정한 적극적인 행위를 말하고, 어떤 다른 행위가 수반됨이 없는 단순히 세법상의 신고를 하지 아니하는 것은 부정행위에 해당하지 아니한다"(대판, 1977. 5. 10, 76 도 4078) 또는 "신고하지 아니한 사실만으로는 부정행위가 있었다고 볼 수 없으며, 세법상 요구되는 장부를 비치·기장하지 않았다는 사유로써 적극적인 부정행위가 있었다고 볼 수는 없다"(대판, 1983. 5. 10, 83 도 693)고 판시하고 있는 것이다.

즉 우리나라에서는 어떤 다른 부정행위가 수반됨이 없이 단순하게 세법상 신고의무를 이행하지 아니하거나 신고를 누락하는 것은 결과적으로 과소신고가 되더라도 사기 기타 부정행위에 해당하지 아니하며, 무신고나 과소신고가 어떤 부정한 적극적인 행위와 결부·수반되어 있어야만 사기 기타 부정행위에 해당된다고 보는 것이 판례의 입장이라고 할 수 있다.

3) 포탈의 결과 발생

조세포탈범은 실질범이므로 결과의 발생을 필요로 하다. 그 결과는 조세과징권을 침해하여 세수입을 감손시키는 것이다. 그러므로 이 결과는 조세를 납부하지 아니했거나, 과소납부한 세액, 또는 정당하지 못하게 환급·공제받았거나 정당하게 환급·공제받아야 할 세액을 초과하여 환급받은 세액으로 집약되는 것이다.

이러한 결과가 발생하는 시점을 언제로 볼 것인가 하는 것이 기수시기의 문제이다. 조세포탈범은 실행행위의 착수 이전 단계인 예비·음모와 실행행위의 완성 이전단계인 미수를 처벌하지 아니하고 있다(다만, 조세포탈미수범만은 예외로 처벌한다). 즉, 실행행위가 완성된 단계인 기수만을 처벌하는 것이다. 기수시기에 관하여는 학설상으로 조세수입의 감손사실을 조세채무의 확정단계에서 파악하려고 하는 조세채무확정시설, 법소정의 신고의무를 이행하여야 할 기한의 경과단계에서 조세수입의 감손사실을 파악하려고 하는 신고기한경과시설과 확정조세채무에 대하여 과세관청이 고지에 의해 지정한 납부기한이 경과하는 단계에서 조세수입의 감손을 파악하려고 하는 납부기한경과시설과 나누어져 있다. 예컨대 납세의무자가 과세표준신고를 허위로 한 후에 법정신고기간 경과 후 또는 정부조사결정 후 고지납부기한 전에 올바른 정정신고를 스스로 한 경우 조세채무확정 시설이나 신고기간경과시설에 의하면 포탈범 성립에는 영향이 없고, 다만 정상참작문제만이 남게 되는데 반하여, 납부기한경과시설에 의하면 조세포탈범이 성립하지 않게 되는 것이다. 그런데 우리나라의 조세범처벌법은 그 기수시기에 관하여 다음과 같이 명문으로 규정하여 입법적으로 해결하였다(조범법 3 ⑤).

① 납세의무자의 신고에 의하여 정부가 부과·징수하는 조세

납세의무자의 신고에 의하여 정부가 부과·징수하는 조세(상속세·증여세 등)에 있어서는 해당 세목의 과세표준을 정부가 결정 또는 조사결정한 후 그 납부기한이 지난 때를 기수시기로 한다. 여기에서 '정부의 결정 또는 조사결정'이라 함은 각 세법에서 규정하고 있는 당해 세목에 대한 결정절차에 의하여 과세표준과 세액을 확정시키는 처분을 뜻한다(국기법 22 ①). 따라서 정부부과제도에 의하여 조세채무가 확정되는 세목의 포탈범칙행위의 기수시기는 이에 해당된다. 이는 납부기한경과시설을 명문화한 것이다.

다만, 납세의무자가 조세를 포탈할 목적으로 법에 의한 신고를 하지 아니함으로써 당해 세목의 과세표준을 정부가 결정 또는 조사결정을 할 수 없는 경우에는 당해 세목의 과세표준 신고기한이 지난 때를 범칙행위의 기수시기로 한다. 이는 정부부과제도를 채택한 조세에 있어서 일정한 요건이 충족된 경우에 한하여 예외적으로 신고기한경과시설을 채용한다는 뜻으로 해석된다.

② 상기 이외의 조세

그 신고·납부기한이 지난 때를 기수시기로 한다. 여기에서 '상기 이외의 조세'에는 신고납세제도를 취하는 국세, 신고의무가 없는 국세, 자동확정되는 국세(인지세 등)를 의미하는 것으로 해석된다. 이 경우 신고납세제도를 취하는 국세는 아무런 문제가 없으나, 신고의무가 없는 국세와 자동확정되는 국세에 있어서는 그 신고·납부기한이 지난 때에 기수시기가 도래한다는 것은 논리적으로 맞지 않는 규정이다. 이에 관해서는 입법적인 보완이 필요하다고 할 것이다.

이상에서 살펴 본 조세포탈범에 대한 기수시기를 요약하면 다음과 같다.

<표 Ⅳ-1> 조세포탈범의 기수시기

구 분	기 수 시 기
(1) 납세의무자의 신고에 의하여 정부가 부과·징수하는 조세	① 원칙 : 해당 세목의 과세표준을 정부가 결정하거나 조사결정한 후 그 납부기한이 지난 때 ② 납세의무자가 조세를 포탈할 목적으로 세법에 따른 과세표준을 신고하지 않음으로써 해당 세목의 과세표준을 정부가 결정하거나 조사결정할 수 없는 경우에는 해당 세목의 과세표준의 신고기한이 지난 때
(2) 위 '(1)' 이외의 조세	그 신고·납부기한이 지난 때

4) 포탈세액의 특정

조세포탈범은 사기 기타 부정한 행위의 결과 포탈된 세액이 구체적으로 특정됨을 요건으로 한다. 이 포탈세액의 특정은 계수적(計數的)으로 명백하여야 하는 것이다. 그리고 1과세기간 중의 일부기간의 포탈세액만 증거에 의하여 입증되고, 나머지 기간에 대한 포탈세액에 대하여는 입증자료 없이 입증된 부분을 입증되지 아니한 부분에 유추하여 포탈세액을 추산하는 것은 허용되지 아니한다. 따라서 조세실체법(각 세법)에서 규정하고 있는 추계조사 결정방법으로 포탈세액을 특정시켜 형사처벌을 하는 것은 위법한 것이다. 그 이유는 포탈세액이 형사처벌에 있어서 양형 특히 벌금형을 정하는 기준이 되기 때문이다. 또한 추정방법에 의하여 범죄의 구성요건사실을 인정하여 형벌을 과하는 것은 증거재판주의의 법리에도 어긋나는 것이다.

(2) 위법성

조세과징권을 침해하여 조세수입의 감손을 가져오는 행위(사기 그 밖의 부정한 행위)가 위법하여야 한다. 이 위법은 구체적으로 어떤 법 몇 조에 위법하다고 하는 것을 의미하지 아니하고, 법질서에 어긋난다는 가치판단을 의미하는 것이다. 따라서 어떤 행위가 가벌적 행위유형에 해당하면 그 행위는 위법한 것으로 추정 받는다.

3. 처 벌

(1) 개 요

조세포탈범에 대해서는 2년 이하의 징역 또는 포탈세액, 환급·공제받은 세액(이하 "포탈세액 등"이라 한다)의 2배 이하에 상당하는 벌금에 처한다. 다만, 다음 중 어느 하나에 해당하는 경우에는 3년 이하의 징역 또는 포탈세액등의 3배 이하에 상당하는 벌금에 처한다(조범법 3 ①).

① 포탈세액 등이 3억원 이상이고, 그 포탈세액등이 신고·납부하여야 할 세액(납세의무자의 신고에 따라 정부가 부과·징수하는 조세의 경우에는 결정·고지하여야 할 세액을 말한다)의 100분의 30 이상인 경우

② 포탈세액 등이 5억원 이상인 경우

이러한 조세포탈의 죄를 범한 자에 대해서는 정상(情狀)에 따라 징역형과 벌금형을 병과할 수 있다(조범법 3 ②).

(2) 형의 감경 및 가중

조세포탈의 죄를 범한 자가 포탈세액등에 대하여 국세기본법에 따라 법정신고기한이 지난 후 2년 이내에 수정신고를 하거나 법정신고기한이 지난 후 6개월 이내에 기한 후 신고를 하였을 때에는 형을 감경할 수 있다(조범법 3 ③).
반면에, 조세포탈의 죄를 상습적으로 범한 자는 형의 2분의 1을 가중한다(조범법 3 ④).

(3) 공소시효

조세포탈범의 공소시효는 5년이 지나면 완성된다. 다만, 양벌규정에 따른 행위자가 특정범죄가중처벌 등에 관한 법률의 적용을 받는 경우에는 법인에 대한 공소시효는 10년이 지나면 완성된다(조범법 22).

제 4 절 조세위해범(질서범)

1. 개 념

'조세위해범'이란 주로 정부의 명령이나 협력의무를 이행하지 않는 자를 말하며, 구체적으로 다음에 해당하는 자를 말한다(조범법 17).

① 다음 각 목의 어느 하나에 해당하는 명령사항을 위반한 자
   ㉠ 개별소비세법(제25조) 교통 · 에너지 · 환경세법(제21조)에 따른 납세보전을 위한 명령
   ㉡ 부가가치세법(제35조 제2항)에 따른 납세보전 또는 조사를 위한 명령
   ㉢ 소득세법(제162조의 2 제5항) 또는 법인세법(제117조 제5항)에 따른 신용카드가맹점에 대한 명령
   ㉣ 소득세법(제162조의 3 제7항) 또는 법인세법(제117조의 2 제7항)에 따른 현금영수증가맹점에 대한 명령
   ㉤ 주세법(제40조)에 따른 주세보전명령
   ㉥ 주세법(제44조)에 따른 납세증명표지에 관한 명령

② 주세법을 위반하여 검정을 받지 아니한 기계 또는 용기를 사용한 자

③ 주세법에 따른 납세증명표지가 붙어 있지 아니한 주류, 정부의 면허 없이 제조

한 주류 또는 면세한 주류를 판매의 목적으로 소지하거나 판매한 자

④ 인지를 붙일 때 인지세법(제10조)에 따라 소인하지 아니한 자

⑤ 소득세법 · 법인세법 등 세법의 질문 · 조사권 규정에 따른 세무공무원의 질문에 대하여 거짓으로 진술을 하거나 그 직무집행을 거부 또는 기피한 자

2. 조세포탈범과 조세위해범의 비교

조세포탈범과 조세위해범을 비교하면 다음과 같다.

<표 Ⅳ-2> 조세포탈범과 조세질서범의 비교

구 분	조세포탈범		조세위해범
요건	사기 그밖의 부정한 행위유무	있어야 함	무관함
	조세의 포탈유무	있어야 함	무관함
처벌	2년 이하의 징역형 또는 포탈세액 등의 2배 이하의 벌금형에 처함. 다만, 일정한 경우에는 3년 이하의 징역형 또는 포탈세액 등의 3배 이하의 벌금형에 처함		징역형은 없으며, 500만원 이하의 과태료 부과
형법총칙의 일부적용 배제 여부	적용 배제함		적용 배제하지 아니함(형법총칙을 그대로 적용함)
징역과 벌금의 병과여부	병과할 수 있음		병과할 수 없음
공소시효기간	5년. 다만, 특가법 적용대상인 법인의 경우에는 10년		공소시효가 적용될 여지가 없음
감경 · 가중 규정	있음		없음
조세범의 유형	실질범		형식범

연습문제

[주관식 문제]

1. 실질적 탈세범의 유형과 그 내용을 설명하라.
2. 형식적 탈세범의 유형과 그 내용을 설명하라.
3. 조세포탈범과 조세위해범(질서범)을 비교 · 설명하라.

[객관식 문제]

1. 다음 중 사기 그 밖의 부정한 행위로 인하여 생긴 소득금액이 아닌 것은?

① 매출금액의 기장누락을 익금에 가산한 금액
② 인건비의 가공지출을 손금부인한 금액
③ 부당행위계산의 부인에 따라 익금에 가산한 금액
④ 가공지급한 이자를 손금부인한 금액
⑤ 가공지급한 접대비를 손금부인한 금액

2. 다음 중 사기 그 밖의 부정한 행위로 인하여 생긴 소득금액으로 보는 것은?

① 대손충당금 한도초과액
② 손금에 산입된 업무와 관련 없는 지출을 세무조정에 의해서 발생한 소득
③ 접대비의 한도초과로 인하여 발생한 소득금액
④ 법인세의 과세표준을 법인이 신고함에 있어서 그 법인의 주주의 배당소득으로 처분된 금액
⑤ 세금계산서의 조작으로 누락된 매출금액

3. 다음은 조세범처벌법상 조세포탈범의 기수시기에 대한 설명이다. 틀린 것은?

① 부가가치세·개별소비세·주세 등 신고에 의하여 확정되는 국세의 기수사기는 해당 세목의 신고·납부기한이 지난 때이다.
② 일정한 절차없이 확정되는 조세는 그 신고·납부기한이 지난 때가 기수시기이다.

정답	1. ③ 2. ⑤ 3. ⑤

③ 상속세·증여세 등 신고에 의하여 부과·징수하는 국세의 기수시기는 해당 세목의 과세표준에 대한 정부의 결정 또는 조사결정을 한 후 그 납부기한이 지난 때이다.
④ 상속세를 포탈할 목적으로 과세표준신고를 하지 아니함으로써 상속세의 과세표준을 정부가 결정할 수 없는 경우에는 신고기한이 지난 때가 기수시기가 된다.
⑤ 청산소득에 대한 법인세의 경우에는 정부가 조사결정한 후 그 납부기한이 지난 때가 기수시기가 된다.

4. 조세포탈범에 관한 설명으로 옳지 않은 것은?

① 조세포탈범이 포탈세액을 법정신고기한이 지난 후 6개월 이내에 「국세기본법」에 따라 수정신고를 한 경우에는 형을 감경할 수 있지만, 기한 후 신고를 한 경우에는 형을 감경할 수 없다.
② 납세의무자의 신고에 의하여 납세의무가 확정되는 국세의 조세범칙행위 기수시기는 그 법정신고·납부기한이 지난 때이다.
③ 조세포탈범에 대해서는 징역형과 벌금형을 병과할 수 있다.
④ 조세포탈죄를 상습적으로 범한 자는 형의 2분의 1을 가중한다.
⑤ 소득금액 결정에 있어서 세무회계와 기업회계의 차이로 인하여 생긴 금액은 이를 사기나 그 밖의 부정한 행위로 인하여 생긴 소득금액으로 보지 아니한다.

5. 조세범칙행위에 대한 공소시효가 다른 하나는?

① 포탈세액이 연간 10억원 이상인 경우로서 특정범죄가중처벌 등에 관한 법률의 적용을 받는 법인의 경우 : 8년
② 거짓 증빙 또는 거짓 문서를 작성·수취하여 조세를 포탈한 자 : 5년
③ 고의적으로 장부를 작성하지 않음으로써 조세를 포탈한 자 : 5년
④ 장부와 기록을 파기하여 조세를 포탈한 자 : 5년
⑤ 전자세금계산서를 조작하여 조세를 포탈한 자 : 5년

6. 다음은 조세범처벌법상 조세포탈범과 질서범을 비교한 것이다. 타당하지 않은 것은?

① 조세포탈범은 주세포탈의 경우를 제외하고 기수범만을 처벌하나 질서범은 미수범과 기수범의 구별이 없다.
② 조세포탈범은 형법총칙 중 벌금경합에 대한 제한가중규정의 적용을 배제하지만 질서범은 벌금경합에 관한 제한가중규정이 적용된다.
③ 원칙적으로 조세포탈범의 공소시효는 5년인 반면, 질서범은 그 성질상 공소시효가 있을 수 없다.

정답	4. ① 5. ① 6. ①

④ 조세포탈범은 징역과 벌금을 병과할 수 있지만 질서범은 징역형이 없으며 과태료 부과에 의해서만 처벌할 수 있다.
⑤ 조세포탈범은 포탈행위 또는 결과발생을 처벌의 요건으로 하고 있지만, 질서범은 직접적인 결과발생 여부를 요건으로 하지 않는다.

7. 다음은 2년 이하의 징역 또는 2천만원 이하의 벌금에 처하는 납세증명표지 불법사용범을 열거한 것이다. 옳지 않은 것은?

① 납세증명표지를 정부의 승인을 받지 아니하고 타인에게 양도한 자
② 소인된 인지를 재사용한 자
③ 위조 또는 변조한 납세증명표지를 소지 또는 사용한 자
④ 납세증명표지를 위조 또는 변조한 자
⑤ 납세증명표지가 없는 주류를 판매하거나 보유한 경우

8. 다음은 납세의무자로 하여금 과세표준의 신고를 하지 아니하게 하거나 거짓으로 신고하게 한 자 또는 조세의 징수나 납부를 하지 않을 것을 선동 또는 교사한 자에 대한 처벌내용이다. 옳은 것은?

① 1년 이하의 징역 또는 500만원 이하의 벌금에 처한다.
② 1년 이하의 징역 또는 1천만원 이하의 벌금에 처한다.
③ 2년 이하의 징역 또는 500만원 이하의 벌금에 처한다.
④ 2년 이하의 징역 또는 1천만원 이하의 벌금에 처한다.
⑤ 2년 이하의 징역 또는 2천만원 이하의 벌금에 처한다.

정답	7. ⑤ 8. ②

저자약력

장 기 용

■ 약 력

- 성균관대학교 회계학과 졸업
- 성균관대학교 대학원 회계학과 졸업(회계학석사)
- 성균관대학교 대학원 경영학과 졸업(경영학박사)
- 강남고시학원 회계학 강사(전)
- (주)KOLON 근무(전)
- 동우대학교 세무회계과 교수(전)
- 건양대학교 세무학과 교수(전)
- 협성대학교 세무회계학과 교수(현)
- 한국국제회계학회 부회장(현)
- 7·9급 세무직공무원시험 출제위원(현)
- 행정고시 출제위원(현)
- 관세사시험 출제위원(현)
- 세무사시험 출제위원(현)
- 공인중개사시험 출제위원(현)

■ 저 서

- 소득세제개론(1992, 웅비출판사)
- 세법Ⅰ(1993, 웅비출판사)
- 조세법개론(1993, 학문사)
- 재산세제법(2002, 탑21 books)
- 소득세법요론(2005, 세학사)
- 포인트 부가가치세법(2005, 경영과 회계)
- 조세통칙법론(2005, 세학사)
- 법인세법Ⅰ(2008, 세학사)
- 법인세법Ⅱ(2008, 세학사)

■ 연구논문

- 상장주식의 자본이득 과세방안에 대한 투자자의 인지와 행태분석
- 최저한세(AMT)가 법인세유연화와 이익유연화에 미치는 영향에 관한 실증적 연구
- 조세회피요인의 상대적 중요성에 관한 연구
- 과세공평성 제고를 위한 1인회사 남용규제의 조세법적 방안
- 세법상 과점주주제도의 문제점 및 개선방안
- 주택에 대한 양도소득세 중과세제도의 헌법적 한계
- 부가가치세법상 마일리지(Mileage)과세의 문제점 및 개선방안
- 1세대 1주택에 대한 양도소득세의 합리적 과세방안
- 고급 또는 고가주택에 대한 현행 과세제도의 합리적 개선방안
- 부동산거래 신고제도의 실효성 확보를 위한 조세법적 방안
- 현행 세법상 가산세제도의 합리적 개선방안 외 다수

세법총론

초 판 1쇄 인쇄——2012년 4월 25일
초 판 1쇄 발행——2012년 4월 30일
지은이——장 기 용
펴낸이——전 두 표
펴낸곳——도서출판 **두남**
서울시 강동구 성내1동 455-12 두남빌딩
신고 : 제25100-1988-9호
(구 제2-624호, 1988. 7. 21)
TEL : 02) 478-2065, 2066, 2067, 2311
FAX : 02) 478-2068
E-mail : dunam1@unitel.co.kr
http://www.dunam.co.kr

정가 25,000원

ISBN 978-89-6414-338-4 93320